# 变与乱

明代社会与思想史论

高寿仙 著

人民出版社

# 目  录

# 前　言

　　明朝延续了 270 多年，在此期间，无论政治体制还是社会面貌都发生了重大变化。今人阅读明史时，面对形形色色、奇奇怪怪的纷繁事象，有时会产生如坠浓雾的困惑感。因而对于怎样评价明朝，无论是在正式发表的学术论著中，还是散见于网络论坛的随意议论中，都存在着巨大的分歧甚至激烈的争辩。由于才识有限，加之天性疏懒，在明史这个专业领域，我自知没有能力完成大制作、体系化的著作，基本上只是零零散散写一些文章，自然对于明朝也难以形成通贯性的认识。如果让我对明朝历史做一简单概括，我似乎只能说出两个字："变"与"乱"。至于怎样"变"，怎样"乱"，我在本书结语中有所概括①，但那也不是系统化的观点，毋宁说只是个人的一种感觉；收入本书的其他文章，也从不同的点或面，为明朝的"变"与"乱"提供了一些注脚。下面简略介绍一下各章内容。

　　将明朝概括为"变"与"乱"，是把明朝中后期与初期加以比较得出的结论。其实朱元璋建立明朝后，因为经历了元朝近百年的统治以及元末的战乱，他非常希望恢复华夏正统秩序，打造一个"画地为牢"的静态社会。其主要手段，无非是历代相传的"礼"和"法"。本书第一

---

① 　参见本书结语《变与乱：光怪陆离的晚明时代》（原载《博览群书》2012 年第 4 期）。

章第一节从"礼"的方面着眼，对朱元璋推行教化政策、从事社会教育、大力移风易俗的举措进行了梳理，并分析了这些政策的积极效果和社会影响①；第二节则从"法"的方面着眼，论述了朱元璋对他认为会危害社会的人物的打击，包括根据官方政令设立的基层组织的首领、享有特权的士绅、地位不高但活动能力颇强的胥吏以及异端性的秘密会社头领、土匪等②。然而，这种带有乌托邦色彩的静态社会不可能长久维持，朱元璋去世后逐渐发生变化，降至晚明已是面目全非。晚明社会之"乱"表现在多个方面，诈骗盛行无疑是其中之一。张应俞编写的《杜骗新书》，对当时形形色色的诈骗活动进行了集中揭露。③书中故事的主人公近半属于商人。本章第三节据此梳理了当时的商业经营和商业风险，可以看出当时商品经济虽然十分繁荣，但商业组织却很不发达，商业活动的风险性很高。④流氓阶层膨胀是"乱"的又一表现，王毅先生对此进行了系统描述和深入分析⑤，但笔者感到其总体判断或许略有夸张，根源剖析也未必尽皆合理，本章第四节略述己见，认为在明代，如同在其他朝代一样，流氓问题仍然只是一种社会病态现象，似难断言社会与文化从整体上流氓化了；商品经济的快速发展，城市生活的空前繁

---

① 参见本书第一章第一节《洪武时期的社会教育与移风易俗》（原载《明史研究》第6辑，黄山书社1999年版）。这方面有不少成果可以参看，其中较突出的有罗冬阳：《明太祖礼法之治研究》，高等教育出版社1998年版；张佳：《新天下之化——明初礼俗改革研究》，复旦大学出版社2014年版。

② 参见本书第一章第二节《明初对地方权势人物的清理整顿》（原载赵毅、林凤萍主编：《第七届明史国际学术讨论会论文集》，东北师范大学出版社1999年版）。

③ 参见毛佩琦：《从〈杜骗新书〉看晚明社会问题》，《博览群书》2012年第4期；刘文香：《论〈杜骗新书〉的现实批判性》，《九江学院学报》2008年第4期。

④ 参见本书第一章第三节《从〈杜骗新书〉看晚明的商业经营与商业风险》（原载《北京工商大学学报》2003年第4期）。并参见吴才茂：《晚明商人的防骗意识——以〈杜骗新书〉为中心考察》，《凯里学院学报》2010年第5期。

⑤ 参见王毅：《明代流氓文化的恶性膨胀与专制政体的关系及其对国民心理的影响——通过明代后期世态小说的内容对社会史的考察》，《社会学研究》2000年第2、5期。

荣，应是流氓阶层滋生蔓延的决定性的和关键性的因素①。

朱元璋进行社会整顿时，特别重视户口登记，希望人户"毕以其业著籍"。由于实行配户当差制度，加之时转势异，明代的籍贯与户籍问题变得越来越复杂。著名历史学家王毓铨先生曾做出"籍是籍、贯是贯"的权威解释②，但也有学者不同意其看法。本章第一节对明代籍贯的含义、籍贯的认定、户籍的分类与性质、役籍与职业的关系等问题进行了比较系统的梳理，认为可以把明代的户籍区分为两大类，即基本户籍和次生户籍。③ 中国古代家族制度发达，作为家族首脑的族长，容易被想象为拥有很高地位和很大权力的人物，其实在不同时期、不同地方，族长的地位和权力可能存在相当大的差异。本章第二节以休宁县朱胜右为例，探讨了明初徽州族长的经济地位，认为不一定由族中富户担任，一般自耕农即可，甚至具备佃人身份也不影响其威望和地位。④ 明代后期依托科举和家族，出现了不少簪缨世家，但对于家族的范围以及族人互助对于科举成功的作用，学者之间却存在着很大的分歧。本章第

---

① 参见本书第一章第四节《关于中国人的"流氓性"以及明代流氓阶层膨胀的社会原因的几点看法——与王毅先生商榷》（原载《社会学研究》2002 年第 1 期）。本文发表后，王毅先生随即撰写了《再论明代流氓文化与专制政体的关系——兼答高寿仙先生》（《社会学研究》2002 年第 2 期）一文，更加系统地讨论了"流氓文化在明代专制政治中的突出地位"、"专制政体及其流氓文化的彻底逆现代性"、"专制主义是否塑造了国民性中卑劣的流氓品格"等问题，请读者参看。因所论实际上涉及对明代社会性质及其变化的定性评价，此问题众说纷纭，观点不同的学者亦无相互说服之可能，故未再撰文继续讨论。

② 参见王毓铨：《籍·贯·籍贯》，《文史知识》1988 年第 2 期。

③ 参见本书第二章第一节《关于明朝的籍贯与户籍问题》（原载《北京联合大学学报》2013 年第 1 期，人大复印资料《明清史》2013 年第 4 期转载）。

④ 参见本书第二章第二节《明初徽州族长的经济地位——以休宁县朱胜右为例》（原载《江淮论坛》1994 年第 4 期）。近些年来徽州宗族研究极为兴盛，成果丰硕，可参见赵华富：《徽州宗族研究》，安徽大学出版社 2004 年版；唐力行：《徽州宗族社会》，安徽大学出版社 2005 年版；朴元熇：《明清徽州宗族史研究》，中国社会科学出版社 2009 年版。

三节通过考察平湖陆氏这一个案，认为族人关系表现为以自己为中心的"差序格局"，而且随着中心"势力"的大小变化，族人的亲疏关系也有所变化。① 家族关系在商业经营中的作用也是一个引人注目的问题，本章第四节初步考察了儒家家族主义伦理对明清商业发展的影响，认为以宗族为主体的乡村社会结构在为商人家庭提供保护的同时，又构成了商业发展的阻碍力量。②

明代的"变"与"乱"虽然在社会各个阶层都有表现，然而最受诟病的，恐怕要属士大夫群体的腐败与堕落。本书第三章从文风、仕风和士风三个相互联系的方面考察了这一问题。明代以科举为出仕正途，而科举取士的主要依据是"制义"，就是俗称的"八股文"。朝廷认为文风怪诞必然导致士风浇漓，所以反复强调要端正文风。然而随着社会、学术和文学思潮的变化，制义风格不可避免地会趋新求异。本章第一节对明代制义风格的嬗变轨迹做了系统梳理，认为制义在题材内容和结构方式上虽然比较僵化，但又绝非"僵而不化"，时代文化的变迁及其深层律动，会对文体的流变产生重大影响。③ 考核制度是否完备合理，对于仕风好坏影响很大。由于明代始终没有制定像唐代"四善二十七最"那样的明确条文，以致学者谈及明代官员考核的标准与内容，往往语焉不详，本章第二节对实政册、考语、访单、察例等进行了系统探讨，并

① 参见本书第二章第三节《社会地位与亲缘关系的交互建构——以明代科第大族平湖陆氏为例》（原载《北京联合大学学报》2016 年第 1 期，《新华文摘》2016 年第 10 期论点摘编）。

② 参见本书第二章第四节《儒家家族主义伦理对明清商业发展的影响》（原载《北方论丛》1994 年第 2 期）。

③ 参见本书第三章第一节《明代制义风格的嬗变》（原载《明清论丛》第二辑，紫禁城出版社 2001 年版）。近年明代八股文颇受重视，发表一批论著，可参见龚笃清：《明代八股文史》，岳麓书社 2015 年版；王炜：《明代八股文选家考论》，武汉大学出版社 2015 年版。

指出明代对地方长吏的考核，经历了一个由抚循到苛敛的过程。① 如同文风一样，明初士风比较淳朴，中叶以降日趋放诞，明代中叶苏州的狂士群体，可以说是明代士风由淳朴趋向放诞的重要标志，本章第三节对这一群体的基本样貌及其出现的社会条件进行了描述和分析，认为他们突破"礼法"的行为，只是落魄士人为保持心理平衡采取的自我调节手段，从中难以演绎出一个更为阔大的精神境界。② 明末清初著名学者顾炎武对明朝政治进行了深刻反思，本章第四节梳理了顾氏对选官设职弊端和官场风气败坏的总结与批判。③ 第五节以著名笑话集《笑林广记》为例，对明清时代儒生和官员的社会形象进行了考察，指出许多儒生和教师过着穷困潦倒的生活，而官员则把做官当作贸易，一方面大肆苛敛钱财，一方面又想留下令名清誉。④

与社会秩序、官风士习的变化相比，明代后期思想的活跃尤其令人印象深刻，以致有人称之为中国历史上的第二次百家争鸣。不过，站在不同立场的人，对于这种变化的评价可能大相径庭，《明儒学案》与《四库全书总目》就是两种对立倾向的代表。本书第四章第一节将两书对同一儒者的评价汇辑在一起，通过直观对比，不仅有助于更加深入地理解黄宗羲、纪昀等人的思想倾向和学术旨趣，也

---

① 参见本书第三章第二节《明代官员考核标准与内容考析》（原载张中政主编：《明史论文集（第五届中国明史国际学术讨论会暨第三届中国明史学会年会）》，黄山书社 1994 年版）。并参见余劲东：《明代文官考察制度运作研究》，香港理工大学博士学位论文，2016 年。

② 参见本书第三章第三节《明代中叶苏州的狂士群体》（原载《原学》第 4 辑，中国广播电视出版社 1996 年版）。

③ 参见本书第三章第四节《顾炎武论明代官场病》（原载《北京行政学院学报》1999 年第 2 期）。

④ 参见本书第三章第五节《明清笑话里的儒生与官员》（原载《历史学家茶座》第 6 辑，山东人民出版社 2006 年版）。

有助于更加全面地了解明代的思想流变和学术特点。① 本章接下来的三节，都是人物思想研究：第二节探讨了著名政治家张居正的治国理念，认为其政治思想的核心是"治体用刚"，这是对现实政治弊端进行观察和思考的结果，当然也继承并融贯了儒法两家的政治理念和治国技术②；第三节探讨了耶稣会士利玛窦来华目的和传教手段之间的悖论，认为身处中西两大文化传统之间的传教士，不可避免地要徘徊于天儒之间，经历一番矛盾和挣扎③；第四节探讨了章学诚的"六经皆史"说，认为他心目中真正的"史"，是指阐述先王之道的"撰述"，因而不仅没有贬低六经之意，反而通过系统化论述强调了六经的崇高地位④。第五节是一篇读书札记，认为应从自主意识与社会责任两个维度来认识宋明思想，特别是明代中后期的思想嬗变。⑤ 第六节针对晚明出现了与西方"过渡"时期极其相似的思想成果和社会思潮的看法提出质疑，主张认识和评价晚明思潮，不应把焦点放在对其与西方思想的相似度的鉴别上，而应放在探究其产生与发展的"内在理

---

① 参见本书第四章第一节《〈明儒学案〉与〈四库全书总目〉对明儒评价之比较》（原载《中国明代文化研究》编委会、南京中山陵园管理局编：《明代文化研究·南京专辑》，中国文史出版社 2003 年版）。

② 参见本书第四章第二节《治体用刚：张居正政治思想论析》（原载《江南大学学报》2013 年第 1 期，并收入荆州市张居正研究会编：《张居正研究》第一辑，湖北人民出版社 2012 年版；南炳文、商传主编：《张居正国际学术研讨会论文集》，湖北人民出版社 2013 年版）。

③ 参见本书第四章第三节《西来何意：利玛窦的知识传播和信仰传播》（原载《北京行政学院学报》2014 年第 2 期，收入赵克生主编：《第三届"利玛窦与中西文化交流"国际学术研讨会论文集》，中山大学出版社 2015 年版；鄂振辉、张西平主编：《文明互鉴：利玛窦与中西文化交流》，人民出版社 2016 年版）。

④ 参见本书第四章第四节《章学诚"六经皆史"说诠释》（原载《北方论丛》1997 年第 5 期，人大复印资料《中国哲学》1998 年第 1 期转载）。

⑤ 参见本书第四章第五节《自主意识与社会责任——读〈朱子学与阳明学〉》（原载《社会科学家》1993 年第 4 期）。

路"上。①

在协助王天有先生编写的《明史》中，我们把明朝概括为"多重性格的时代"②，但对于"多重性格"的具体表现，并没有做太多的说明和解释。"豆瓣读书"上曾贴出一篇书评，其中有这样一段话："在介绍重大史事的过程中，作者很少掺杂个人的主观评论，而是在客观的讲述历史事实的过程中，给读者留下了广阔的思考空间，作者不是在通过摆史事讲道理，让他人赞同自己的某种历史论点，而是在于通过著作，向人们尽量真实地呈现那段五彩缤纷的历史。"③这位书友称誉过甚，但也揭出我们的一点心迹：写那本书时，的确是想尽量客观地展示明朝的复杂面貌，只是最终的成品远未达到最初的设想。著名明史专家徐泓先生将我们所说的"多重性格"，与前辈学者傅衣凌先生所说的"多元结构"④融汇起来，称明朝为"'多重性格'的时代和'多元结构'的社会"，希望大家持毋意、毋必、毋固、毋我的态度，较全盘地了解史实，在明史评价方面取得和而不同的共识，得出不会因时、因人、因地而异的终极结论。⑤徐先生所说目标既宏且远，非笔者所敢企望，但笔者愿意秉持毋意、毋必、毋固、毋我的态度，诚恳地接受学界师友的批评教正。

---

① 参见本书第四章第六节《转型的内在理路：晚明思潮的反思》（原载《新视野》2004 年第 3 期）。

② 参见王天有、高寿仙：《明史：一个多重性格的时代》，（台北）三民书局 2008 年版；《明史：多重性格的时代》，中信出版集团 2017 年版。

③ 鹏心童趣：《不拘一格话明史——读〈明史：多重性格的时代〉》，https://book.douban.com/review/9018602/。

④ 参见傅衣凌：《中国传统社会：多元的结构》，《中国社会经济史研究》1988 年第 3 期。笔者认为傅先生此文具有重要的方法论意义，参见拙文：《发展而又迟滞，早熟而又未成熟——傅衣凌先生的明清社会经济变迁论述评》，载拙著《明代农业经济与农村社会》，黄山书社 2006 年版。

⑤ 参见徐泓：《二十世纪中国的明史研究》，（台北）台湾大学出版中心 2011 年版，第 23 页。

# 第一章

# 社会控制与失序

## 一、洪武时期的社会教育与移风易俗

在儒家的理论模式中，理想的统治者是"君"与"师"两种角色的有机融合体。自汉朝"独尊儒术"以来，历代君主中不乏推行"教化"之道者，其中以明太祖朱元璋最为显著。朱元璋出身低微，早年失学，但在成为地方割据势力首领后，于戎马倥偬之际，勤于问学，遂达到相当文化程度。从史书记载来看，朱元璋于书籍涉猎颇杂，然其要仍在儒家经典①，其治国理想浸透了儒家精神。他一直努力使自己成为符合儒家规范的君主，兼任起有富民之责的"君"与有教民之责的"师"的双重职能，"明教化以行先圣之道"②。终其一生，朱元璋"制礼乐，定法制，改衣冠，别章服，正纲常，明上下"③，做了大量工作，收效也较明显。可以说，在中国历史上，像朱元璋这样切实贯彻教化政策、从事社会教育、大力移风易俗的君主，还是比较少见的。本书拟对明初推行教化政策的背景、内容和效果进行粗略的评述。

---

① 参见张德信：《论朱元璋对传统文化的认识与理解》，《史学集刊》1995 年第 3 期。

② 《明太祖宝训》卷 2《尊儒术》。

③ 《明太祖实录》卷 176，洪武十八年十月己丑条。

### （一）背景："教化行而习俗美"

明朝建立前后，朱元璋反复强调："治天下当先其重且急者，而后及其轻且缓者。今天下初定，所急者衣食，所重者教化。衣食给而民生遂，教化行而习俗美。"① 朱元璋之所以如此推重"教化"，既有深刻的思想史背景，又有急切的现实性根源。

在先秦儒家学说中，"礼治"、"教化"是其治世理想中的重要概念，然其时列国纷争，各国皆讲求富国强兵之术，儒家的治道不受重视。秦朝以法家立国，汉初则黄老是尚。从汉武帝开始，儒家取得"独尊"的地位，然汉家治道实王、霸兼杂。汉代以后的几百年中，儒家思想虽未失去主导地位，但受到佛教、道教思想的强烈冲击，儒家的治世理想无从发挥。唐代后期开始，伴随着门阀世族社会向士大夫社会的过渡，儒学出现了复兴的趋势，并最终形成了在此后数百年间主宰着中国人的思想世界的理学。理学家们期望"为天地立心，为生民立命，为往圣继绝学，为万世开太平"，具有极其热烈的以伦理范世的责任感和使命感。他们对"礼"作出重新阐释，把"礼"视为"理"的外在体现，从而在更高的层次上确立了"礼"的权威性和必然性，使崇尚礼治的意识形态得到进一步强化。

被列为"四书"之一、备受理学家们尊崇的经典《大学》，开头一句本是"大学之道，在明明德，在亲民，在止于至善"，但程颢却将"亲民"校改为"新民"，这一字之别，深刻反映了理学家们教化百姓、伦理范世的强烈冲动。理学的集大成者朱熹非常赞同程氏的校改，并进一步阐述说："新者，革其旧之谓也。言既自明其明德，又当推以及人，使之亦有以去其旧染之污也。"② 可以说，理学家们试图通过"新民"，

---

① 《明太祖宝训》卷1《论治道》。

② 朱熹：《四书集注章句》，中华书局1983年版，第3页。

赋予社会一种新的价值观、新的希望和新的行动方式。而且，理学家们不仅从事抽象的理论阐述，也热衷于构画切实可行的礼仪规范，并努力付诸实施，发动了一场移风易俗的深层社会运动。如张载规范宗族组织、吕大均兄弟创设乡约、朱熹整理家礼，皆是其表现。

宋朝沦亡，蒙古人成为中国的主宰，在中原士人的努力下，理学的影响不仅没有下降，反而大有提高，并导致了制度层面上的变化，而制度层面上的这些变化，又进一步促进了理学的普及。其一，元朝开科取士，明令"明经内《四书五经》以程子、朱晦庵注解为主"①，理学取得了官学的地位，这必然促使士人以讲诵理学为务。其二，元朝曾试图以理学家的礼仪构想礼化社会，如尚书省礼部曾据《朱子家礼》制定婚姻礼制②，扩大了理学在基层社会的影响。

朱元璋崛起的时代，理学已成为整个社会的主导性意识形态，他征辟、任用的儒士，大多是当时著名的理学代表人物。这些人遭逢乱世，期望有王者起，把他们的治世理想付诸实施。如范祖干初见朱元璋，即持《大学》以进，并据此敷陈治国平天下之道。③ 在这些儒士的熏陶下，朱元璋的治国思想打上深深的理学烙印。丙午年（1366年）三月，朱元璋与刘基、王祎讨论治道。朱元璋说："天下兵争，民物创残。今土地渐广，战守有备，治道未充，甚切于心。"刘基对曰："战守有备，治道必当有所更革也。"朱元璋说："丧乱之后，法度纵弛，当在更张，使纪纲正而条目举。然必明礼义，正人心，厚风俗，以为本也。"④ 从这段对话可以看出，朱元璋对治道的理解已浸透着理学的教化精神。

---

① 《通制条格》卷5《学令·科举》。

② 《通制条格》卷3《户令·婚姻礼制》。

③ 《明史》卷282《范祖干传》。

④ 《明太祖宝训》卷1《论治道》。

明朝建立后，朱元璋便开始全面地以理学思想规范士林和社会，正如何乔远所说："明兴，高皇帝立教著政，因文见道，使天下之士，一尊朱氏为功令。"① 朱元璋沿袭元代以程朱注疏作为科举取士标准的做法，并进一步加以规范化、制度化，理学获得至高无上的正统官学地位。朱元璋自己读书面虽广，但对理学经典的兴趣终生不倦，尤喜《大学》，以之作为修齐治平之本。洪武二十二年（1389 年）三月，朱元璋到谨身殿观《大学》之书，对侍臣说："治道必先于教化，民俗之善恶，即教化之得失也。《大学》一书，其要在于修身。身者，教化之本也，人君身修而人化之。好仁者，耻于为不仁；好义者，耻于为不义。如此则风俗岂有不美？国家岂有不兴？苟不明教化之本，致风陵俗替，民不知趋善，流而为恶，国家欲长治久安，不可得也。"②

朱元璋极力推行教化政策，不只是出于对理学思想的热忱，也出于"以夏变夷"的现实需要。关于以朱元璋为代表的元末农民起义的民族色彩问题，在史学界一直是有争议的。随着时代环境的变迁，对这一问题的认识也不断变化。民国时期，由于刚刚推翻满清统治不久，史学家倾向于把这次革命看作一场汉族的复国或复兴运动③；1949 年以后，在阶级分析模式规范下，史学界的主流意见是认为，尽管元末农民起义带有民族斗争的色彩，但这不是主要的，其实质是广大劳动人民反抗地主阶级的阶级斗争④。我个人认为，就朱元璋自身而言，他是从两个方面看待元朝的：一方面是政治的或者说是"政统"的，他把元朝看作一个应天命而起的正统王朝，充分肯定元朝统治的合法性，并多次高度赞

① 何乔远：《名山藏·儒林记上》。

② 《明太祖宝训》卷 1《论治道》。

③ 参见缪凤林：《中国通史要略》，台湾商务印书馆 1989 年版（据 40 年代本重印），第 337 页。

④ 参见陈高华：《元末起义农民的口号》、《元末农民起义中南方汉族地主的政治动向》，均载氏著：《元史研究论稿》，中华书局 1991 年版。

扬元世祖的功绩，在整理祀典时还将元世祖的牌位与古圣先王和历代明君一起放入帝王庙；另一方面是文化的或者说是"道统"的，他把蒙古人入主中国视为华夏的不幸，视为中国文化的沉沦，对作为一个异民族的蒙古人持丑诋态度。

的确，经过金、元两朝，特别是元朝近百年的统治，蒙古族的风俗习惯对汉族社会浸染很深，就是江南饱读诗书的士人也鲜能例外。王祎指出："元既有江南，以豪侈粗戾，变礼文之俗，未数十年，熏渍狃狎，胥化成风，而宋之遗俗，消灭尽矣。为士者辫发短衣，效其语言容饰，以自附于上，冀速获仕进，否则讪笑以为鄙怯。非确然自信者，鲜不为之变。"① 对于这种"先王衣冠礼义之教混为夷狄，上下之间波颓风靡"② 的状况，朱元璋深为不满，决心加以改变。吴元年（1367年）在告谕齐鲁河洛燕蓟秦晋等地民众的檄文中，朱元璋宣称："当此之时，天运循环，中原气盛，亿兆之中，当降生圣人，驱逐胡虏，恢复中华，立纲陈纪，救济斯民。"③ 很显然，朱元璋已把自己当作负有复兴中国文化传统的神圣天命的"圣人"，他要通过"教化"清洗被异族"污染"的风俗，使"先王衣冠礼义之教"重新发扬光大。

朱元璋热衷于"教化"，也怀有建立和维持上下有序的社会秩序的现实目的。朱元璋由乞丐而为天子，这巨大的身份变迁既给他带来惊喜，也给他带来忧惧，他生怕再出现类似自己的人物，危及大明王朝的安全。在朱元璋看来，"世之治乱，本乎人情风俗"④，"治道必先于教化，民俗之善恶，即教化之得失也"⑤，他要通过"教化"，铸造一个"家识

---

① 王祎：《时斋先生俞公墓表》，载李修生主编：《全元文》第 55 册，凤凰出版社 2004 年版。

② 宋濂：《洪武圣政记》，载邓士龙辑：《国朝典故》卷 9。

③ 《明太祖实录》卷 26，吴元年十月丙寅条。

④ 《明太祖宝训》卷 2《厚风俗》。

⑤ 《明太祖宝训》卷 1《论治道》。

廉耻，人知礼让，父慈子孝，兄友弟恭，夫和妇顺"① 的社会，在这个社会中，人人都安分守己，不敢为非，"富者得以保其富，贫者得以全其生"②。朱元璋曾谕廷臣说："古昔帝王之治天下，必定礼制以辨贵贱，明等威。是以汉高初兴，即有衣锦绣绮縠、操兵、乘马之禁，历代皆然。近世风俗相乘，流于僭侈，闾里之民，服食居处，与公卿无异，而奴仆贱隶，往往肆侈于乡曲，贵贱无等，僭礼败度，此元之失政也。"③因此，他不辞辛苦，亲自过问，为各阶层人民制定了详细的礼仪行为规范，以使他们皆有所守而不逾度。

朱元璋还从自己"幼时家贫亲老，无资求师以学业，故兄弟力于畎亩之间，更入缁流，遂致圣人贤人之道一概无知，几丧其身焉"④ 的亲身经历，认识到让人民接受儒家经典教育的重要性，并编写了一些直白简明的读本以供百姓学习之用。因《孟子》中有"民为贵，社稷次之，君为轻"，"君之视臣如土芥，则臣视君如寇雠"一类的话，朱元璋便下令罢孟子配享孔庙⑤，并让人删节《孟子》成《孟子节文》，以免这些带有民本色彩的话语刺激民众的犯上作乱心理。他甚至教导百姓说，即使在家饿死，也比起而造反死于兵革好。⑥

（二）手段："礼法，国之纲纪"

朱元璋认为，礼与法是治国之根本，教化之依据。早在建国前，他就多次强调："礼法，国之纲纪。礼法立，则人志定，上下安。建国

---

① 《明太祖实录》卷135，洪武十四年二月丁丑条。

② 《明太祖实录》卷49，洪武三年二月庚午条。

③ 《明太祖实录》卷55，洪武三年八月庚申条。

④ 《明太祖文集》卷15《资世通训序》。

⑤ 《明史》卷139《钱唐传》。

⑥ 朱元璋：《大诰续编·造言好乱第十二》。

之初，此为先务。"① 又说："剽悍骄暴，非人之性也，习也。苟有礼法以一之，则剽悍者可使善柔，骄暴者可使循帖。若蹄啮之马，调御有道，久则自然驯熟。属兹草创，苟非礼法，人无所守，故必当以此洗涤渐染之习。……方今所急者，此为先务，不可后也。"② 可见，在朱元璋看来，礼仪法度对臣民的行为来说既是内在根据又是外在准绳，是首先应当予以确立的。在赐给礼部尚书的一道诰文中，朱元璋还说明，礼与法是一件事情的两个方面，是"表"与"里"的关系："昔圣人之驭天下也，必先彝伦而攸叙，立条置目，纲以张维之。册书曰令，颁布臣民，使遵守之，则富贵贫贱有别，长幼咸安。若去此道而欲天下安，未之有也。故重其礼者，盖为国之治道，非礼则无法。若专法而无礼，则又非法也。所以礼之为用，表也；法之为用，里也。"③ 在这种思想指导下，朱元璋在明朝建立后耗费了大量心血从事礼法建设，使自己成为历史上少有的醉心于立法垂制的帝王。

朱元璋在建国前就曾对某些仪礼进行改革，如吴元年（1367年）下令将从元朝沿袭下来的"尚右"改为"尚左"④，即是一例。建国以后，朱元璋随即展开大规模的制礼活动。洪武元年（1368年）二月，"诏复衣冠如唐制"，这次服制改革由朱元璋亲加厘定，"斟酌损益，断自圣心"⑤。十二月，诏定官民丧服之制、皇太子亲王及士庶婚礼、官员亲属冠服之制。⑥ 二年八月，朱元璋"以国家创业之初，礼制未备，敕中书省令天下郡县举素志高洁、博通古今、练达时宜之士，年四十以上

---

① 《明太祖实录》卷14，甲辰年正月戊辰条。
② 《明太祖实录》卷14，甲辰年三月丁卯条。
③ 《明太祖文集》卷4《礼部尚书诰》。
④ 《明太祖实录》卷26，吴元年十月丙午条。
⑤ 《明太祖实录》卷30，洪武元年二月壬子条。
⑥ 《明太祖实录》卷37，洪武元年十二月辛未、癸酉、癸未条。

者，礼送至京，参考古今制度，以定一代之典"①。此次征聘儒士纂修礼书活动盛况空前，著名儒士徐一夔、曾鲁、梁寅等皆被网罗其中。纂修机构的设立情况，有的说"开礼、乐二局"②，有的说"以礼、律、制度分为三局"③，当是前后有所变化。三年九月，修礼书成，赐名《大明集礼》④。

朱元璋对这部礼书不太满意，修订工作一直在进行中。洪武五年（1372年）三月，"命礼部重定官民相见礼"，朱元璋谓礼部臣曰："礼者，所以美教化而定民志。……故有礼则治，无礼则乱，居家有礼则长幼序而宗族和，朝廷有礼则尊卑定而等威辨。"⑤四月，"诏天下举乡饮酒礼"，礼部"奏取《仪礼》及唐、宋之制，又采周官属民读法之旨，参定其仪"⑥。六月，"诏定官民婚丧仪物"⑦。六年三月，礼部把经过修订的礼仪奏呈，朱元璋认为仍有进一步完善的必要，他说："礼者，国之防范，人道之纪纲，朝廷所当先务，不可一日无也。自元氏废弃礼教，因循百年，而中国之礼变易几尽。朕即位以来，夙夜不忘，思有以振举之，以洗污染之习，故尝命尔礼部定著礼仪。今虽已成，宜更与诸儒参详考议，斟酌先王之典，以复中国之旧，务合人情，永为定式，庶几惬朕心也。"⑧到十六年十月，又再次"颁乡饮酒礼图式于天下"⑨。十八年三月，礼部主事陈章应上疏请定冠、婚、丧、祭之礼，"颁示天下，使

---

① 《明太祖实录》卷44，洪武二年八月月末条。

② 宋端仪：《立斋闲录》卷1，载邓士龙辑：《国朝典故》卷39。

③ 《明史》卷282《梁寅传》。

④ 《明太祖实录》卷56，洪武三年九月月末条。

⑤ 《明太祖实录》卷73，洪武五年三月辛亥条。

⑥ 《明太祖实录》卷73，洪武五年四月戊午条。

⑦ 《明太祖实录》卷74，洪武五年六月丙申条。

⑧ 《明太祖实录》卷80，洪武六年三月甲辰条。

⑨ 《明太祖实录》卷157，洪武十六年十月乙未条。

遵而行之"，朱元璋"嘉纳之"①。蓝玉事件后，朱元璋以功臣多"越礼犯分"，命翰林学士刘三吾等"重加考定，以官民服舍器用等类编成书，申明禁制"，至二十八年十一月成书颁行，定名为《礼制集要》。② 后又命翰林儒臣取唐、宋制度及国初以来所定礼制，参酌损益，类编成书，赐名《稽古定制》，于二十九年十二月颁之功臣之家。③

在法制建设方面，朱元璋同样是反复斟酌，作为基本法典的《大明律》就经过多次修订，而且每次修订朱元璋都亲自参与律文的变更损益。朱元璋自攻下武昌以后，即议定律，到吴元年（1367年）十月，遂正式命中书省制定律令，任命李善长、杨宪、刘基等28人为议律官，并命"凡刑名条目，逐日来上，吾与卿等面议斟酌之，庶可以为久远之法"④。至十二月，律令成，"命有司刊布中外"⑤。建国之后，朱元璋"念律令尚有轻重失宜，有乖中典，命儒臣四人与刑部官讲唐律，日写二十余条取进，止择其可者从之。其或轻重失宜，则亲为损益，务求至当"⑥。到洪武六年（1373年）四月，诏令"重刊《律令》、《宪纲》，颁之诸司"⑦，作为行政之依据。

朱元璋对这次颁布的《律令》并不满意。洪武六年（1373年）八月，命"更定亲属相容隐律"⑧，这一律条在历代法典中一直是最能体现儒家教化精神的条款之一。到十一月，又诏命详定《大明律》，并令"其间损益务合轻重之宜，每成一篇，辄缮写以进"，朱元璋"揭于两庑

① 《明太祖实录》卷172，洪武十八年三月壬戌条。

② 《明太祖实录》卷243，洪武二十八年十一月乙亥条。

③ 谈迁：《国榷》卷10，太祖洪武二十九年十二月己巳条。

④ 《明太祖实录》卷26，吴元年十月甲寅条。

⑤ 《明太祖实录》卷28上，吴元年十二月甲辰条。

⑥ 《明太祖实录》卷34，洪武元年八月己卯条。

⑦ 《明太祖实录》卷81，洪武六年四月戊戌条。

⑧ 《明太祖实录》卷84，洪武六年八月辛巳条。

之璧，亲加裁定"，及成，颁行天下。① 九年十月，朱元璋在阅览《大明律》时，感到"犹有议拟未当者"，复令"详议更定，务合中正"，此次"厘正者凡十有三条"②。十六年三月，又"命刑部尚书开济议定诈伪律条"③。到洪武二十二年，刑部上言"比年律条增损不一，在外理刑官及初入仕者不能尽知，致令断狱失当"，朱元璋遂接受刑部建议，再次更定《大明律》，"命翰林院同刑部官取比年所增者参考折衷，以类编附旧律，名例律附于断狱下"，书成颁行。④ 二十九年，皇太孙朱允炆"请于太祖，遍考礼经，参之历朝刑法，改定洪武律畸重者七十三条"⑤，这是《大明律》的又一次重大修订。三十年五月，作为最后定本的《大明律》颁行天下⑥，成为有明一代的基本大法。在《大明律》之外，朱元璋还先后颁布过不少具有法律效力的诰、条例、榜文等，其中最著名的是洪武十八年至二十年陆续颁布的《大诰》三编和《大诰武臣》。三十年颁布《大明律》时，还特将《大诰》条目附于相关律文之后，一并使用。

　　大概是由于自己原来文化水平不高，深知百姓阅读儒家经典和礼书律典的艰难性，朱元璋不仅致力于整理经典，编订礼律，还特别重视以通俗化的形式让平民百姓普遍了解和接受。在古代帝王中，朱元璋可能是唯一一位对编纂通俗读物充满高度热情的。建国前，当儒士熊鼎、朱梦炎等到达建康后，朱元璋命他们编写《公子书》和《务农技艺商贾书》。他阐述编写目的说："公卿子弟虽读书，多不能通晓奥义，不若集古之忠良奸恶事实，以恒词直解之，使观者易晓，他日纵学无成，亦知古人行事可以劝戒。其民间商工农贾子弟亦多不知读书，宜以其所

---

① 《明太祖实录》卷86，洪武六年十一月己丑条。

② 《明太祖实录》卷110，洪武九年十月辛酉条。

③ 《明太祖实录》卷153，洪武十六年三月壬申条。

④ 《明太祖实录》卷197，洪武二十二年八月月末条。

⑤ 《明史》卷4《恭闵帝纪》。

⑥ 《明太祖实录》卷253，洪武三十年五月甲寅条。

当务者直辞解说，作《务农技艺商贾书》，使之通知大义，可以化民成俗。"丙午年（1366年）十一月书成，在辖区颁行。① 吴元年（1367年）律令修成后，朱元璋"以律令初行，恐民一时不能尽知法意"，谓大理卿周祯等曰："律令之设，所以使人不犯法。田野之民，岂能悉晓其意，有误犯者，赦之则废法，尽法则无民。尔等前所定律令，除礼乐、制度、钱粮、选法之外，凡民间所行事宜，类聚成编，直解其义，颁之郡县，使民家喻户晓。"书成，赐名《律令直解》，颁之天下，朱元璋喜曰："今吾以《律令直解》遍行，人人通晓，则犯法自少矣。"② 建国后，朱元璋还"命刑部取凡丽于法者类编成书，名曰《申明诚谕》"③，五年八月书成颁行④。

对于儒家经典，朱元璋也大力进行普及工作。洪武六年（1373年），朱元璋"以为经之不明，传注害之，传注之害，在乎辞繁而旨深"，遂命孔克表、刘基、林温"取诸经要言，析为若干类，以恒言释之，使人皆得通其说而尽圣贤之旨意"。朱元璋还怕这些文化程度很高的儒臣"未达注释之凡"，亲自注释《论语》二章以为范例。书成，赐名《群经类要》。宋濂对此举赞颂说："臣闻圣人之治天下，养之以政而教之以道。民非养不生，非教不明。三代之降，未有兼之者也。钦惟皇上，以圣智之资，治民之政，壹法乎古。复虑经旨晦而人不知道，乃释经以教之。其为后世虑者，可谓详且备矣！"⑤ 八年，朱元璋亲自撰写《资世通训》一书，他在序中说："吾尝静以思之，凡君天下者，代天理物，统寰宇之大，负教民之重。上古哲王，道与天同。今朕匪才薄德，

---

① 《明太祖实录》卷21，丙午年十一月壬辰条。

② 《明太祖实录》卷28上，吴元年十二月戊午条。

③ 陈谟：《乡饮酒读法诗序》，载钱伯城等主编：《全明文》卷71。

④ 《明太祖实录》卷75，洪武五年八月丙戌条。

⑤ 宋濂：《宋文宪公集》卷33《恭题御制论语解二章后》。

却乃握乾符而统寰宇，德将安在？于是宵昼弗敢自宁，但见世人性愚而见浅。古有圣经贤传，立意深长，为先儒注以繁辞，评论不一，愈愚后学者。朕特以一己之见，总先贤之确论，托谒者评之，直述其意，以利今后人。"① 朱元璋颁行《大诰》的目的是"警省愚顽"，故语言也是朴实无文，《大诰武臣》因其对象是文化水平低下的军人，更是不用"吏员话"、"秀才文"，而是用当时白话"直直地说着"，以求"大的小的都要知道，贤的愚的都要省得"②。

朱元璋还采取了一些制度化措施，向民众灌输礼法，推行社会教化。第一，设立申明亭。洪武五年（1372 年），朱元璋"以田野之民不知禁令，往往误犯刑宪，乃命有司于内外府州县及其乡之里社，皆立申明亭，凡境内人民有犯，书其过名，榜于亭上，使人有所惩戒"③。十五年又规定："自今犯十恶、奸盗、诈伪，干犯名义，有伤风俗，及犯赃至徒者，书于亭，以示惩戒。其余杂犯公私过误，非干风化者，一切除之，以开良民自新之路。其有私毁亭舍、除所悬法令及除抹姓名者，监察御史、按察司官以时按视，罪如律。"④

第二，举行乡饮酒礼。洪武五年（1372 年），朱元璋诏令天下举行乡饮酒礼。⑤ 诏令发布后，各地开展得不够积极，所以到十四年"命礼部申明乡饮酒礼"⑥，十六年又"颁乡饮酒礼图式于天下"⑦。乡饮酒礼"使民岁时燕会，习礼读律，期于申明朝廷之法，敦叙长幼之节"⑧，

---

① 《明太祖文集》卷 15《资世通训序》。

② 朱元璋：《大诰武臣·序》。

③ 《明太祖实录》卷 72，洪武五年二月月末条。

④ 《明太祖实录》卷 147，洪武十五年八月乙酉条。

⑤ 《明太祖实录》卷 77，洪武五年四月戊戌条。

⑥ 《明太祖实录》卷 135，洪武十四年二月丁酉条。

⑦ 《明太祖实录》卷 157，洪武十六年十月乙未条。

⑧ 万历《明会典》卷 97《礼部三十七·乡饮酒礼》。

确是一种重要的教化手段，可以说是朱元璋对《周礼》的一项创造性运用。

第三，设立社学。朱元璋对学校教育十分重视，建国之后，即令郡县普遍设立学校，并选派国子生到教育落后的北方地区任教。洪武八年（1375 年），朱元璋又令天下立社学，他说："昔成周之世，家有塾，党有庠，故民无不知学，是以教化行而风俗美。今京师及郡县皆有学，而乡社之民未睹教化，宜令有司更置社学，延师儒以教民间子弟，庶可导民善俗也。"①

第四，强制讲读《大诰》。朱元璋颁行初编《大诰》时，为了迅速普及，规定官民每家都要置备一本，凡犯笞杖徒流罪，家有《大诰》则减罪一等，无则加罪一等。②颁行《大诰续编》时，更规定"务必户户有之，敢有不敬而不收者，非吾治化之民，迁居化外，永不令归"③。为了让百姓不但收藏还要熟悉《大诰》，朱元璋特令"民间子弟于农隙之时讲读之"④。朱元璋还将《大诰》颁给国子监及府州县学生⑤，后又令"科举岁贡于《大诰》内出题，或策论判语参试之"⑥，讲读《大诰》在各级学校蔚成风气，洪武三十年（1397 年）统计，"天下讲读大诰师生来朝者，凡十九万三千四百余人，并赐钞遣还"⑦，真可谓盛况空前。

第五，设立老人。朱元璋在推行里甲制后，下令设立耆宿，每里一人，洪武二十一年（1388 年）一度罢之，二十七年复置，名称不一，一般称为老人，选择处事平谨、为人敬服的高年老人充任，每里员数从

---

① 《明太祖实录》卷96，洪武八年正月丁亥条。
② 朱元璋：《御制大诰·颁行大诰第七十四》。
③ 朱元璋：《大诰续编·颁行续诰第八十七》。
④ 《明太祖实录》卷182，洪武二十年闰六月甲戌条。
⑤ 《明太祖实录》卷177，洪武十九年正月庚辰条。
⑥ 《明太祖实录》卷212，洪武二十四年九月乙酉条。
⑦ 《明太祖实录》卷253，洪武三十年五月己卯条。

三五人以至十人均可。老人最重要的职责，就是掌行教化。到三十年，朱元璋又令"天下民每乡里各置木铎一，内选年老或瞽者每月六次持铎徇于道路，曰：'孝顺父母，尊敬长上，和睦乡里，教训子孙，各安生理，毋作非为。'"① 这几句话就是朱元璋制定的著名的教民"六谕"，它在明初被频繁宣讲，起到了一定教化作用，正如一部方志中所说："洪武初，亲制谕俗六谕，令耆民执木铎，于每月朔望及每日五更天将明，朗诵通衢。使斯民夜气清明之际，忽闻此语，冷然省惕，湔洗前非，坚其善行。圣王爱人之心，至无已也。"②

（三）内容："致治在于善俗"

教化的核心是移风易俗。朱元璋承蒙元之后，把清除"胡风"作为一项首要的工作来抓，颁禁令，定礼仪，可谓不遗余力。

服饰、姓氏、语言是民族特色的重要标识。元朝时期，汉族地区受蒙古人影响，"士庶咸辫发椎髻，深襜胡俗［帽］，衣服则为袴褶窄袖，及辫线腰褶，妇女衣窄袖短衣，下服裙裳，无复中国衣冠之旧。甚者易其姓氏为胡名，习胡语，俗化既久，恬不知怪"。朱元璋登上皇位不久，即下诏"悉命复衣冠如唐制，士民皆束发于顶，官则乌纱帽、圆领袍、束带、黑靴，士庶则服四带巾、杂色盘领衣，不得用玄黄"，"不得服两截胡衣，其辫发椎髻、胡服、胡语、胡姓，一切禁止"。据记载，这套服式的制定，"斟酌损益，皆断自圣心"，足见朱元璋之重视程度。③

中国人讲究慎终追远，对丧葬仪礼十分看重。但在元朝，受蒙古习俗影响很大，不要说北方，即使在被蒙古人征服较晚、汉族文化传统比较浓厚的南方地区亦然。明初南京居民"循习元氏旧俗，凡有丧葬，

---

① 《明太祖实录》卷255，洪武三十年九月辛亥条。
② 康熙《永州府志》卷7《学校》。
③ 《明太祖实录》卷30，洪武元年二月壬子条。

设宴会亲友，作乐娱尸，惟较酒肴厚薄，无哀戚之情"①。为了禁止这种陋俗，朱元璋命礼官制定官民丧服之礼，以为仪则。受蒙古习俗影响，明初多有实行火葬者。洪武三年（1370年），朱元璋令民间立义冢，并谕礼部说："古者圣王治天下，有掩骨埋骴之令，推恩及于朽骨。近世狃于胡俗，死者或以火焚之，而投其骨于水。孝子慈孙，于心何忍？伤恩败俗，莫此为甚。其禁止之。"②

包括蒙古族在内的北方少数民族曾经有收继婚的习俗，朱元璋认为这种习俗不合华夏文化传统、有违人伦之大防，深恶痛绝，力加禁绝。此外，同姓、两姨姑舅婚姻虽在中国古已有之，朱元璋也把它算到胡俗里面，一并加以禁止。《御制大诰·婚姻第二十二》云："同姓、两姨姑舅为婚，弟收兄妻，子承父妾，有一妇事于父生子一，父亡之后，其妾事于正妻之子，亦生子一，所以夫妇无别，纲常大坏，与我中国圣人之教何如哉！……今后若有犯先王之教，罪不容诛。"虽然禁令屡颁，民间仍有犯者，所以洪武二十七年（1394年）朱元璋再次申明："先王之治天下，彝伦为本。至于胡元昧于教化，九十三年之间，彝伦不叙，至有子纳父妾而弟妻兄妻、兄据弟妇者，此古今大变，中国之不幸也。朕应天命，君主华夷，复先王之教，以叙彝伦，务使各得其序。既定于律，又著之《大诰》，以明天下。比闻民间尚有顽不率教者，仍蹈袭胡俗，甚乖治体。宜申禁之，违者论如律。"③

日常相见礼节，"元俗官僚相见，辄跪一足以为礼，拜则以叩头为致敬，既拜复跪一足"。朱元璋对此类礼节非常厌恶，即位之初即下令禁止，"然旧习不能尽革"，于是在洪武五年（1372年）正式颁布官员之间、官民之间、庶民之间的诸种相见礼仪，令天下遵守。朱元璋为

---

① 《明太祖实录》卷37，洪武元年十二月辛未条。

② 《明太祖实录》卷53，洪武三年六月辛巳条。

③ 《明太祖实录》卷232，洪武二十七年三月癸卯条。

此告谕礼部官员说："礼者，所以美教化而定民志。……元以夷变夏，民染其俗，先王之礼几乎息矣。而人情狃于浅近，未能猝变。今命尔稽考典礼合于古而宜于今者，以颁布天下，俾习以成化，庶几复古之治也。"①

就是对于音乐，朱元璋也没有丝毫轻视。他曾对侍臣说："礼以导敬，乐以宣和。不敬不和，何以为治？元时古乐俱废，惟淫词艳曲更唱迭和，又使胡虏之声与正音相杂。甚者，以古先帝王祀曲神祇，饰为队舞，谐戏殿廷，殊非所以导中和、崇治体也。"为了清除音乐文化中的异族因素和"非礼"成分，他下令"自今一切流俗喧哓淫亵之乐，悉屏弃之"，并在《大明集礼》中对钟律、雅乐和俗乐都作了具体规定。②

在朱元璋眼里，所谓"胡风"并不限于带有异族色彩的风俗习惯。举凡官吏的贪贿荒怠、民众的背礼弃法等在中国历代王朝都可以看到的现象，他都将之归入"胡元风气"之中，并采取措施加以改造。作为一位务实型的政治家，朱元璋对官员在实际政务方面的态度和能力非常重视。在《大诰》中，他曾严厉申斥官员"不才者众，往往蹈袭胡元之弊，临政之时，袖手高坐，谋由吏出，并不周知，纵是文章之士，不异胡人"③。为了改变这种风习，他亲自参与制定了《诸司职掌》、《宪纲》、《到任须知》等规范性法规，督促官员们按照要求踏踏实实地去做实事，勿蹈袭虚文。对于官吏的贪酷行为，他更是恨之入骨，采取严刑峻法加以惩治。他对自己"严法禁"的政策比喻说："若守己廉而奉法公，犹人行坦途，从容自适；苟贪贿罹法，犹行荆棘中，寸步不可移，纵得出，体无完肤矣。"④官员生活易流于腐化，挟妓饮酒自古以来就是常见

---

① 《明太祖实录》卷73，洪武五年三月辛亥条。

② 宋濂：《洪武圣政记》，载邓士龙辑：《国朝典故》卷9。

③ 朱元璋：《御制大诰·胡元制治第三》。

④ 《明太祖实录》卷38，洪武二年二月甲午条。

之事，唐、宋、元皆流行官妓制度。朱元璋认为这是官风败坏的表现，遂对娼妓业进行整顿，并严禁官员狎妓，规定"官吏宿娼，罪亚杀人一等，虽遇赦，终身弗叙"①。

士子是官僚集团的后备队伍，也是推行教化政策的重要力量。朱元璋十分重视士子的培养，他曾就教学内容等问题多次训谕国子监的师儒，要求他们"一以孔子所定经书诲诸生"，"若苏秦、张仪，由战国尚诈，故得行其术，宜戒勿读"②。他还为士子们制定了非常严格的行为规范，以求彻底箝制他们的言行，牢笼他们的身心。如国子监规一款云："在学生员，当以孝弟忠信礼义廉耻为本，必先隆师亲友，养成忠厚之心，以为他日之用。敢有毁辱师长及生事告讦者，即系干犯名义，有伤风化，定将犯人杖一百，发云南地面充军。"③对这些在严酷的规章制度下培养出来的学生，朱元璋是比较器重的。他曾特意选派一些国子监生到北方地区任教，担负教民之责，临行前训谕说："致治在于善俗，善俗本于教化。教化行，虽闾阎可使为君子；教化废，虽中材或坠为小人。"④

或许由于朱元璋本人就是从游民阶层脱颖而出的缘故，他对社会上那些不务生理的游手好闲之徒特别厌恶。他曾对户部官员说："朕有天下，务俾农尽力畎亩，士笃仁义，商贾以通有无，工技专于艺业。所以然者，盖欲各安其生也。然农或怠于耕作，士或隳于修行，工贾或流于游惰，岂朕不能申明旧章而致然欤？抑染胡俗尚未革欤？然则民食何由而足，教化何由而兴也？"他让户部榜谕天下，"令四民务在各守本业，医卜者土著不得远游。凡出入作息，乡邻必互知之，其有不

---

① 王锜：《寓圃杂记》卷1《官妓之革》。

② 黄佐：《南雍志》卷1《事纪》。

③ 黄佐：《南雍志》卷9《学规本末》。

④ 宋濂：《洪武圣政记》，载邓士龙辑：《国朝典故》卷9。

事生业而游惰者，及舍匿他境游民者，皆迁之远方"①。他特别规定百姓邻里之间要"互知丁业"，严厉稽查拿办游民，"一里之间，百户之内，见《诰》仍有逸夫，里甲坐视，邻里亲戚不拿，其逸夫者或于公门中，或在市间里，有犯非为，捕获到官，逸夫处死，里甲四邻，化外之迁"②。他还建立路引制度，军民出外超过百里，即需持有路引，"一切臣民，朝出暮入，务必从容验丁，市村人民舍客之际，辨人生理，验人引目"，无引者要加以重处。③ 对于投附官府的闲民，更以严刑酷法痛加惩治。④

对于民间通俗文化，朱元璋尽力按照儒家精英文化的理念加以改造，作了不少以礼化俗的工作。在中国，自古以来就把祭祀视为国之大事，有着严格的仪礼规定。但民间自原始宗教一脉相承流传转化而来的带有"巫术"色彩的仪式也大量存在，崇祀的神灵多种多样。这类活动，在士大夫眼里一向被视为"淫祠"。朱元璋起自基层社会，对于民间文化不会陌生，但随着地位上升，与儒生和儒家经典接触日多，他逐步接受了士大夫的观念，对民间文化采取排斥的态度。洪武三年（1370年），朱元璋下令"禁淫祠"，命中书省、礼部定议郊庙及百神祀典。他指出："朕思天地造化，能生万物而不言，故命人君代理之。前代不察乎此，听人民祀天地，祈祷无所不至。普天之下，民庶繁多，一日之间，祈天者不知其几，渎礼犯分，莫大于斯。古者，天子祭天地，诸侯祭山川，大夫、士庶各有所宜祭。其上下合祭之神，礼部其定议颁降，违者罪之。"于是省、部奏："凡民庶祭先祖，岁除祭灶，乡村春秋祈土

---

① 《明太祖实录》卷177，洪武十九年四月壬寅条。
② 朱元璋：《大诰续编·互知丁业第三》。
③ 朱元璋：《大诰续编·辨验丁引第四》；姚思仁：《大明律附例注解》卷15《兵律·关津·私越冒度关津》。
④ 参见朱元璋：《大诰续编》之《松江逸民为害第二》、《再明游食第六》、《罪除滥设第七十四》等篇。

谷之神。凡有灾患，祷于祖先。若乡厉、邑厉、郡厉之祭，则里社郡县自举之。其僧道建斋设醮，不许章奏上表，投拜青祠，亦不许塑画天地神祇。及白莲社、明尊教、白云宗、巫觋、扶鸾、祷圣、书符、咒水之诸术，并加禁止。庶几左道不兴，民无惑志。"诏从之。① 这样，庶民除自己的祖先外，祭祀活动便被限于灶、厉和土谷之神等载入"祀典"的少数几种，大量带有巫术色彩的地方祭祀活动均遭禁止。对于婚嫁一类的人生仪礼，朱元璋也试图用朱熹编写的《朱子家礼》加以规范，早在吴元年（1367 年）颁布的《大明令》中，就曾规定"凡民间嫁娶，并依《朱文公家礼》"②。此外，朱元璋登上皇位后，还立即下令"凡孝子顺孙，义夫节妇，志行卓异者，有司正官举名，监察御史、按察司体核，转达上司，旌表门闾"③，利用这种历代相传的"旌表"方式激劝风俗。

明初的地方官员多从儒士中选用，这些人到任后，有不少在辖区积极进行移风易俗，使朱元璋的教化政策得到切实贯彻。如儒士吴菱被任为广州南海知县，对人说："某弗敏，窃闻先生长者之论，三季而降，治法张而教典废，读城旦书，视载籍犹刍狗，心甚悼之。故自束发即知猒举子业，从闽县恐斋陈先生求洙泗濂洛之绪言。于家用朱氏礼，于乡遵吕氏约，屏异端，崇正学，诚不自揆，将少裨于世教。属时改物，叨辱误知，其曷为仰称德意？第以平日闻父师者黾勉从事，庶不获戾于官箴，而敢有他冀！"④ 又如儒士吴履任江西南康县丞，"邑有淫祠，每祀则有蛇出户，民指为神。履缚巫责之，沉神像于江，淫祠遂绝"⑤。

---

① 《明太祖实录》卷 53，洪武三年六月甲子条。
② 万历《明会典》卷 71《礼部二十九·婚礼五·庶人纳妇》。
③ 万历《明会典》卷 79《礼部三十七·旌表》。
④ 张以宁：《送南海知县吴允思序》，载钱伯城等主编：《全明文》卷 42。
⑤ 《明史》卷 281《吴履传》。

### （四）效果："有质行之士，而无同异之说"

明初教化政策的推行，收到一些积极的社会效果。其最显著者，就是形成了俭朴淳厚的社会风气。《歙志·风土论》对明初的社会风气极表推崇，认为当时"诈伪未萌，讦争未起，纷华未染，靡汰未臻"，犹如欣欣向荣的春天，风俗之美远远超过汉文景、唐贞观、宋太平之时，直可与三代盛世比隆。① 的确，从明人文集、笔记以及地方志中，我们可以看到不少描述明初俭约守礼风气的文字。如乾隆《震泽县志》记载，"明初风尚诚朴，非世家不架高堂，衣饰器皿不敢奢侈。若小民，咸以茅为屋，裙布荆钗而已"②。顾起元以南京为例说明风习之变："正、嘉以前，南都风尚最为醇厚。荐绅以文章政事、行谊气节为常，求田问舍之事少，而营声利、畜伎乐者，百不一二见之。逢掖以呫哔帖括、授徒下帷为常，投贽干名之事少，而挟倡优、耽博弈、交关士大夫陈说是非者，百不一二见之。军民以营生务本、畏官长、守朴陋为常，后饰帝服之事少，而买官鬻爵、服舍亡等、几与士大夫抗衡者，百不一二见之。妇女以深居不露面、治酒浆、工织纴为常，珠翠绮罗之事少，而拟饰娼妓、交结姏媪、出入施施无异男子者，百不一二见之。"③ 可见，由于朱元璋大力整顿奠定下坚实基础，明初形成的淳朴风气延续了百余年之久。这种俭朴淳厚的社会风气，对于社会秩序的稳定、生产的恢复和发展，是发挥了一定的积极作用的。朱元璋严禁官员嫖娼、打击游手好闲等社会陋习，也起到了净化社会空气、减少寄生人员的作用。此外，朱元璋强调"礼准人情"，他虽沿袭了对孝子顺孙、义夫节妇进行"旌表"的做法，但对有乖人理的陋习并不欣赏，曾下诏说："凡割股或致

---

① 　转引自顾炎武：《天下郡国利病书·凤宁徽备录》。
② 　乾隆《震泽县志》卷 25《风俗一·崇尚》。
③ 　顾起元：《客座赘语》卷 1《正嘉以前醇厚》。

伤生，卧冰或致冻死，自古不称为孝，若为旌表，恐其仿效，通行禁约，不许旌表。"① 这也有利于社会风俗的理性化。

但是，明初大力推行教化政策也带来十分明显的消极后果。教化的目的，就是要用官方的意识形态统一、约束、规范人们的思想观念和行为方式。这样做虽有其必要性，但做得过头了，必然会造成社会生活的单调化和思想文化的僵硬化。朱元璋在推行教化方面可谓不遗余力，已如上述。更令人骇然的是，他的教化政策是与严刑峻法结合在一起的，终洪武一朝，因不合或有违他的教化之道而丧生覆家的人不知凡几。② 他确实达到了目的，人们的思想一致化了，社会的风气纯朴化了，正如何乔远所说，"明兴，高皇帝立教著政，因文见道，使天下之士一尊朱氏为功令。士之防闲于道域而优游于德囿者，非朱氏之言不尊"，一时形成了"有质行之士，而无同异之说，有共学之方，而无颛门之学"的局面。③ 但是，整个社会也因此日趋呆板化、程式化了，人们不再有选择自己的生活方式和思想趋向的自由，失去了创造性的活力。以文学为例，黄宗羲在《明文案·序》中谓："有明之文，莫盛于国初。……国初之盛，当大乱之后，士皆无意于功名，埋身读书，而光芒卒不可掩。"其实，所谓"国初之盛"，只能就洪武初期而言，当时一批由元入明的文人活跃于文坛，他们"各抒心得，隽旨名篇，自在流出"④，维持了文学的繁荣。但不久之后，在朱元璋严酷的文化专制政策下，这些文人遭到致命摧残，鲜能幸免⑤，文学领域一时变得暗淡无光，

① 　万历《明会典》卷 79《礼部三十七·旌表》。

② 　参见高寿仙：《朱元璋的滥杀心理及其后果初探》，载陈怀仁主编：《明史论文集（第六届明史国际学术讨论会）》，黄山书社 1997 年版。

③ 　何乔远：《名山藏·儒林记上》。

④ 　陈田：《明诗纪事·序》。

⑤ 　参见高寿仙：《论明代中叶苏州的狂士群体》，载陈少峰主编：《原学》第 4 辑，中国广播电视出版社 1996 年版。

极度寂寥、平庸、乏味，与元末战乱时依然红红火火的文坛景观相比，真使人有"流水落花春去也，天上人间"之叹。

## 二、明初对地方权势人物的清理整顿

乡村在以农业经济为支柱的古代中国一直是帝制统治的社会基础，因而乡村治理便不仅是地方性的问题，而是与王朝的兴衰治乱息息相关的根本性问题。至迟自秦代以来，中国便呈现出由分散的个体小农经济承载高度集权的专制政权的社会政治形态，对乡村的治理，有赖于地方权势人物的支持与合作。可以说，乡村治理的成功与否，在很大程度上取决于国家对地方权势人物控制能力的强弱。所谓"地方权势人物"，是指在县级以下的地方舞台上发挥支配作用的任何人物，包括根据官方政令设立的基层组织的首领、享有特权的士绅、地位不高但活动能力颇强的胥吏以及异端性的秘密会社头领、土匪等。① 明朝建立后，朱元璋把"锄强扶弱"作为乡治政策的重要一环，雷厉风行地推行了一系列"罪顽民，清吏弊"的措施②，"于大姓兼并，贪吏渔取，深恶嫉之，犯者必置诸法"③。经过一番清理整顿，横行乡里的地方权势人物虽然不能说因之绝迹，但与元代后期相比，明初乡治确实大有改观。大体说来，明初对地方权势人物的清理整顿，主要表现在以下几个方面。

---

① 本书所用的"地方权势人物"，相当于现在西方学者常用的"地方精英"（local elite）。因"精英"一词易生误解，故权用"权势人物"以代之。关于"地方精英"，参见周锡瑞（Joseph W.Esherick）和兰金（Mary B.Rankin）编辑的论文集 *Chinese Local Elites and Patterns of Dominance*（University of California Press，1990）中的有关论述。

② 《明太祖实录》卷160，洪武十七年三月甲子条。

③ 解缙：《天潢玉牒》，载邓士龙辑：《国朝典故》卷1。

### （一）取缔影响地方安定的武装性和异端性组织

元朝后期，由于政府丧失了维持社会治安的能力，乡村社会进入了一个持续数十年的军事化时期，各类地方权势人物利用自己的影响力，"结寨自保"，建立起或大或小的以家族和乡里关系为统系的武装性团体，其领导人往往还给自己加上带有军事色彩的称号。正如《明史》卷124《陈友定传》所说："元末所在盗起，民间起义兵保障乡里，称元帅者不可胜数。"一些规模较大的地方武装团体成为军阀扩充势力的目标，大多主动地或被动地并入某一割据者的军事力量之中。朱元璋在其崛起过程中，就收编兼并了不少此类武装组织。①

明朝建立后，大多数以自我防卫为目的的武装组织随之解散，但在一些地区，特别是社会秩序尚未完全复原和有山林之险可以依恃的地区，则仍有存留。如果说，在战乱时期，这类组织发挥了一些保卫乡里的作用，但在统一政权建立、和平重新降临之后，它们自然会被视为影响地方安定的离心力量了。甲辰年（1364年）八月，朱元璋命左丞相徐达率师按行荆湖等处，谕之曰："今武昌既平，湖南列郡相继款附。然其间多陈氏部曲，观望自疑，亦有山寨遗孽，凭恃险阻，聚众殃民。今命尔按行其地，当抚辑招徕，俾各安生业。或有恃险为盗者，以兵除之，毋遗民患也。"② 洪武元年（1368年）平定元都后，朱元璋诏告天下，再次申明："避兵人民，团结小寨，诏书到日，并听各还本业，若有负固执迷者，罪在不原。"③

在朝廷的号召和威慑下，残存下来的地方武装组织大多自动解散，

---

① 　关于元末武装性组织及朱元璋收编此类组织的事例，参见高岱：《鸿猷录》卷2《延揽群英》；吴晗：《朱元璋传》，三联书店1980年版，第174—176页。

② 　《明太祖实录》卷15，甲辰年八月己未条。

③ 　《明太祖实录》卷35，洪武元年九月戊寅条。

没有解散的一经发现，则必遭武力芟除。《明史》卷281《吴履传》载，安化"大姓易氏保险自守，江阴侯吴良将击之，召（知县吴）履计事。履曰：'易氏逃死耳，非反也，招之当来。不来，诛未晚。'良从之，易氏果至。"可以设想，像易氏这样的武装性组织，除了归顺投诚，是没有其他路可走的。至于有明显"聚众作乱"迹象者，自然是诛杀不贷，《实录》中就有不少此类事例。已经解散的山寨的首领，在当地仍会有相当影响力，因而朱元璋对这些人很不放心，力加清除，《诸司职掌》所列"合编充军"条例，就专有"旧日山寨头目"一款①，可见是不准这些人存在于乡村社会之中的。

自汉代以来，带有宗教色彩的秘密会社，就是蕴育着反抗力量的异端性组织。当社会秩序不稳时，秘密会社极易发展成为武装性团体。这种情况在元代后期表现得很突出，长期流行于民间的以白莲教为主干的秘密会社迅猛发展，其领袖一时间成为最有影响力的地方权势人物，并最终发展成为农民大起义的主导性力量。朱元璋集团最初也是隶属于白莲教徒建立的龙凤政权，但在他羽翼丰满后，他便表现出对这种异端宗教的深恶痛绝，并对其"惑民倡乱"的能力深存戒惧。在一篇谕民榜文中，他描述元末白莲教运动造成的局势时说："致使愚民，误中其术，不解偈言之妄诞，酷信弥勒之真有，冀其治世，以苏其苦，聚为烧香之党，根据汝、颍，蔓延河、洛。妖言既行，凶谋遂逞，焚荡城郭，杀戮士夫，荼毒生灵，无端万状。"②

明朝建立后，秘密宗教组织仍在活动，如陕西王金刚奴等"聚众于沔县西黑山等处，以佛法惑众"③，还建立了政权。为了从根本上抑制这种带有反抗倾向的组织力量，朱元璋便采取措施，禁止一切民间秘

---

① 《诸司职掌·刑部·司门科》。
② 佚名：《皇朝平吴录》上，载邓士龙辑：《国朝典故》卷6。
③ 沈德符：《万历野获编》卷29《再僭龙凤年号》。

密宗教的传播。洪武三年（1370年），朱元璋命中书省和礼部定议百神祀典，省、部建议"不许塑画天神地祇，及白莲社、明尊教、白云宗、巫觋、扶鸾、祷圣、书符、咒水诸术，并加禁止"①，朱元璋予以接受。这一内容后来纳入《大明律》中。尽管颁布了严苛的法令，秘密宗教活动迄未停止。如湖广蕲州王玉二"聚众烧香谋为乱"②，罗田王佛儿"自称弥勒佛降生，传写佛号惑人，欲聚众为乱"③，四川"广安州山民有称弥勒佛者，集众惑人"④，福建僧人彭玉琳"行脚至新淦，自号弥勒佛祖，烧香聚众，作白莲会"⑤，后建立政权组织。针对这种情况，朱元璋在《大诰三编·造言好乱第十二》中讲述了"江西有等愚民，妻不谏夫，夫不戒前人所失，夫妇愚于家，反教子孙一概念诵'南无弥勒尊佛'，以为六字，又欲造祸以殃乡里"，以及新淦等县人民追随彭玉琳导致"全家诛戮"的事件，再次告诫说："今后良民，凡有六字者，即时烧毁，毋存毋奉，永保己安，良民戒之哉！"明初切实贯彻了厉禁政策，运用各种手段取缔秘密会社组织，上述各例最后都是被官军残酷镇压的。各级地方政府也严密监视秘密教派活动，力图把秘密会社首领从地方权势人物的队伍中彻底清除出去。如"温有邪师曰大明教，造饰殿堂甚侈，民之无业者咸归之"，岐宁卫经历熊鼎"以其瞀俗眩世，且名犯国号，奏毁之，官没其产而驱其众为农"⑥。

## （二）铲除祸害百姓的在闲与在役胥吏

胥吏是各级衙门中不可或缺的角色，他们名位虽低，却握有实权，

---

① 《明太祖实录》卷35，洪武三年六月甲子条。
② 《明太祖实录》卷78，洪武六年正月月末条。
③ 《明太祖实录》卷81，洪武六年四月丙子条。
④ 《明太祖实录》卷138，洪武十四年八月丁卯条。
⑤ 《明太祖实录》卷178，洪武十九年五月戊辰条。
⑥ 宋濂：《宋文宪公全集》卷31《故岐宁卫经历熊府君墓铭》。

往往把持官府，并运用手中掌握的权力盘剥乡民，捞取实惠。元代末期，政治腐败至极，胥吏贪残的本性恶性膨胀，对此朱元璋是有切身体会的。所以在建立政权之后，朱元璋便把"去贪酷"视为治政之要务，不遗余力地铲除害民胥吏。在三编《大诰》中，朱元璋反复申说由胥吏把持官府是胡元之弊政，为害极大，告诫官员宜仿效历代贤人君子，亲自处理政务，严格约束属吏，"视吏卒如奴仆"，"善者礼之，不善者奏闻黜之"①。言及吏害之处，更是比比皆是，如谓："一切诸司衙门吏员等人，初本一概民人，居于乡里，能有几人不良？及至为官、为吏，酷害良民，奸狡百端，虽刑不治。"② 可见，在朱元璋的观念中，官场就像是一个大染缸，品质再好的人进入其中也难免不变色。

除了在役胥吏外，明初还存在着一批"在闲之吏"，也称"闲吏"、"罢闲之吏"等，主要是指罢职赋闲之吏，也包括应服现役而借故逃避者，如"考满不给由、丁忧服满不起、得代不赴京、因事赴京还不着役者"③。这些人利用与官府的关系营利害民，尤为朱元璋所痛恨。《大诰续编·容留滥设第七十三》就列举了一些官员容留闲吏害民的事例，如"溧阳县知县李皋容留闲吏在乡，结党害民"；"嘉定县知县张敬礼等纵容闲吏陆昌宗匿过复入衙门，把持官府，以秋粮为由买批下乡，骗诈小民"；"南昌府新建县丞郑宗道，容留罢闲官吏杨杰等在县说事过钱"等。

明朝政府虽然对地方官府可以设立的胥吏种类及数量作了大致规定，但一是因为地方事务繁杂，人手少不够使用，二是因为市井无赖、地方豪强极力钻营以投靠官家，谋取私利，所以在正式编制的吏员、皂隶和狱卒之外，各地方官府都有大量的投附者。这类人有的被地方官府正式收编为额外的胥吏，有的则是依附于正役胥吏讨生活。由于他们人

---

① 朱元璋：《御制大诰·官亲起稿第二》。
② 朱元璋：《御制大诰·吏属同恶第五十一》。
③ 《明太宗实录》卷250，永乐二十年八月壬寅条。

数众多，投附的目的就是谋取私利，对百姓的危害比正役胥吏还要大。这种情况，尤以江南为甚。《大诰续编·罪除滥设第七十四》云："民有不能修福而造祸者，无如苏、松两府市井良民中刁顽不良之徒，造祸有如是耶！人皆市井之徒，民不四业，此等之徒，一业不务，惟务好闲，结构官府。此等之类，松江一府坊厢中，不务生理交结官府者一千三百五十名，苏州坊厢一千五百二十一名。呜呼！务业者有限，此等不务生理者如许，皆是市井之徒，不知农民艰苦，余业费心。此等之徒，帮闲在官，自名曰小牢子、野牢子、直司、主文、小官、帮虎，其名凡六。不问农民急务之时，生事下乡，搅扰农业。芒种之时，栽种在手，农务无隙，此等赍执批文抵农所在，或就水车上锁人下车者有之，或就手内去其秧苗锁人出田者有之。……呜呼！此等之徒，上假官府之威，下虐吾在野之民。"

针对在役、在闲胥吏及各类投附者肆虐害民的状况，朱元璋采用严酷刑法惩治之。如为根除投附者，朱元璋特制定以下规定："今后敢有一切闲民，信从有司，非是朝廷设立应当官役名色，而于私下擅称名色，与不才官吏同恶相济、虐害吾民者，族诛。若被害告发，就将犯人家财给与首告人，有司凌迟处死。"① 洪武中期，朱元璋还掀起大规模"起取天下积年民害"运动。《御制大诰·乡民除患第五十九》规定："今后布政司、府、州、县在役之吏，在闲之吏，城市乡村老奸巨猾顽民，专一起灭词讼，教唆陷人，通同官吏害及州里之间者，许城市乡村贤良方正、豪杰之士，有能为民除患者，会议城市乡村，将老奸巨猾及在役之吏、在闲之吏，绑缚赴京，罪除民患，以安良民。敢有邀截阻当者，枭令。拿赴京之时，关津渡口毋得阻当。"江南地区尤为起取重点，朱元璋谓李善长曰："湖广、江西、直隶府州县六房，有主文、老先生、

---

① 朱元璋：《大诰续编·闲民同恶第六十二》。

书手，积年把持官府，蠹政害民。尔行文书，尽起赴京，发云南五开卫充军。"① 对于能驭制胥吏的官员，朱元璋每加奖劝，鼓励了地方官员打击胥吏的积极性。如浙江温、台有"豪胥猾隶六百余户"，分理此地的浙江提刑按察司佥事熊鼎"悉屏之别郡"以靖地方。② 经过不断清理，各地方政府额外滥设的胥吏和各类投附者的人数确实大为减少，正役胥吏的害民行径也颇有收敛。

### （三）清理横行乡里的豪民富户

豪民富户是在乡村社会中发挥着重大支配作用的地方权势人物，各地皆有，但要论人数多、势力大，则要首推江南地区。江南豪富之为非作歹由来已久，至迟在元代就已成为严重的社会问题。约略说来，其危害主要体现在两个方面：第一，是大肆兼并土地，役使贫民，逃避赋役，给国家财政造成重大损失。第二，是与官府勾结，欺压良民，成为地方社会一大公害。江南豪民富户肆无忌惮的不法行为使得民怨鼎沸，也引起元朝各级政府以至最高统治集团的不满，采取措施对他们进行了一些惩治，其中最严重的惩治方式是迁徙。但是，元朝的约束政策似乎收效不大，直到元末，豪民富户仍是我行我素。在元末群雄混战中，豪民富户受到不小的冲击，但总体说来，他们的势力保存了下来。

对于豪民富户的不法行为，生于贫苦农家的朱元璋有亲身体会，心怀愤怒，并力矫其弊。至正十八年（1358 年），朱元璋部队攻下婺州，改名宁越府（后改金华府），遂于当年"选宁越七县富民子弟充宿卫，名曰御中军"③。此举有的学者认为是拉拢和保护地主阶级利益的表现，实际上兼有以富民子弟为人质之意。浙西因经济发达，更是豪民富

---

① 刘辰：《国初事迹》，载邓士龙辑：《国朝典故》卷 4。

② 宋濂：《宋文宪公全集》卷 31《故歧宁卫经历熊府君墓铭》。

③ 《明太祖实录》卷 6，戊戌年十二月月末条。

户人数较多、危害较大的地区，对此朱元璋早已熟知，况且此地的豪民富户依附于张士诚政权，当然更为朱元璋所痛恨。是以攻下苏州的次月，朱元璋就"徙苏州富民实濠州"①，开始推行迁徙富民政策。朱元璋认为"富民多豪强，故元时此辈欺凌小民，武断乡曲，人受其害"，于洪武三年（1370年）二月将富民召到南京，训谕说："尔等当循分守法，能守法则能保身矣。毋凌弱，毋吞贫，毋虐小，毋欺老，孝敬父兄，和睦亲族，周给贫乏，逊顺乡里，如此则为良民。若效昔之所为，非良民矣。"② 又据陈谟记载，"国制：田赋之家，大者岁朝受谕。"③ 看来明初朱元璋训谕富民非止一次，已制度化了。

朱元璋当然明白，仅训诫是起不到多大作用的，他这样做无非是表明自己是推行"教化"的皇帝，寓有先礼后刑之意。而富豪们却不曾从这番训诫中嗅出危险，依然故我，未有明显改观。不久，朱元璋就掀起一场以籍没家产为核心的打击运动，"凡诸豪族之田亦籍之，并及富民沈万三等"④，于是"闾右以赀自焚者，十室而五"⑤。籍没田产的目的，是为了削弱豪民富户赖以存在和行使其权势的基础。在籍没家产的同时，还将许多人迁于他处，以彻底斩断他们在地方社会建立起来的盘根错节的联系。经过集中摧击，三吴巨姓"数年之中，既盈而覆，或死或徙，无一存者"⑥。苏州人吴宽追述说："洪武之世，乡人多被谪徙，或死于刑，邻里殆空。"⑦

---

① 《明太祖实录》卷26，吴元年十月乙巳条。

② 《明太祖实录》卷49，洪武三年二月庚午条。

③ 陈谟：《集太白句序》，载钱伯城等主编：《全明文》卷71。

④ 赵翼：《廿二史札记》卷30《元代以江南田赐臣下》。

⑤ 许承尧：《歙事闲谭》第4册，转引自张海鹏、王廷元主编：《明清徽商资料选编》，黄山书社1985年版，第149条。

⑥ 贝琼：《清江贝先生文集》卷19《横塘农诗序》。

⑦ 吴宽：《匏庵家藏集》卷57《先世事略》。

在洪武前期集中打击之后，朱元璋仍一直未放松对江南豪民富户的警惕和控制。洪武十五年（1382 年）十一月，他命户部榜谕两浙、江西之民，内中说："近来两浙、江西之民多好争讼，不遵法度，有田而不输租，有丁而不应役，累其身以及有司，其愚亦甚矣。"①看来此时受惩罚者不少。十九年八月，"命吏部选取直隶应天诸府州县富民子弟赴京补吏，于是与选者凡千四百六十人"②。朱元璋对吏颇反感轻蔑，此举明显有控制打击之意。二十四年七月，朱元璋谕工部臣曰："昔汉高祖徙天下豪富于关中，朕初不取。今思之，京师天下根本，乃知事有当然，不得不尔。朕今欲令富民入居京师，卿其令有司验丁产殷富者，分遣其来。"③于是工部徙天下富民至者凡五千三百户。直到洪武三十年（1397 年），朱元璋仍对豪民富户深存戒心，让户部奏上天下富民籍名④，名义上是将从中擢取官员，真实用心仍在控制。

此外，从洪武中期开始，朱元璋还允许百姓将害民豪户直接绑缚赴京接受处理，《大诰三编·臣民倚法为奸》中列举有一些"顽民"借此敲诈祸害富户豪民的事例，说明绑缚之事当时确实常有发生。一些朝廷大案，如空印案、胡惟庸案、郭桓案等，也总是广泛牵连到江南豪民富户，成为打击他们的重头武器。如清查胡案时，"浙东西巨室故家，多以罪倾其宗"⑤。处理郭桓案时，"核赃所寄遍天下，民中人之家大抵皆破"⑥。此虽不免有所夸张，但在诸案中荡家倾宗的豪民富户确有

---

①　《明太祖实录》卷 150，洪武十五年十一月丁卯条。

②　《明太祖实录》卷 179，洪武十九年八月辛卯条。

③　《明太祖实录》卷 210，洪武二十四年七月庚子条。另，顾起元《客座赘语》卷 2《坊厢始末》记载："高皇帝定鼎金陵，驱旧民置云南，乃于洪武十三等年，起取苏、浙等处上户四万五千余家，填实京师，壮丁发各监局充匠，余为编户，置都城之内外，名曰坊厢。"

④　《明太祖实录》卷 252，洪武三十年四月癸巳条。

⑤　方孝孺：《逊志斋集》卷 22《郑处士墓石表辞》。

⑥　《明史》卷 94《刑法二》。

不少，尤以江南为多。直到统治的最后一年，因上年发生了"南北榜"事件，朱元璋还"以江南大家为窝主，许相讦告"①，足见其打击豪民富户的严厉政策是贯彻其统治始终的。

（四）约束准官僚性的乡村首领

所谓准官僚性的乡村首领，是指根据政府规划和有关法令建立的行政性的或具有专门职能的各种乡村基层组织的领导人。在明初，这些人主要包括粮长、里长、老人等。由他们构成的乡村基层组织，发挥催征赋税徭役、管理人丁事产、维持社会治安、裁决乡里诉讼、推行礼仪教化、监管农业生产等多方面的职能。耆老系根据以乡老理乡政的传统原则设立的，他们非官非吏亦非役，具有准官僚身份；而粮长、里长等半公职性的职位从本质上说属于役而不是官，但朝廷为了充分发挥他们的作用，给予他们一些特权，遂使他们也具有了准官僚的身份。

朱元璋乡治政策的一条主要原则，是"以良民治良民"②。他在谈到以殷实户充任粮长的本意时说："往为有司征收税粮不便，所以复设粮长，教田多的大户，管着粮少的小户。想这等大户，肯顾自家田产，必推仁心，利济小民。"③实际上，由于朱元璋倚重有产阶层对乡村社会实行控制，明初准官僚性的乡村首领却多非"良民"，粮长、里长的佥充标准主要是赀产而非品德，耆老虽强调要"选民间年高有德者"、"择民间耆民公正可任事者"，但充任者却"颇非其人"④。这些人成为乡村基层组织首领后，在由权力导致腐败的"官场病"的侵袭下，往往更加贪婪，利用职权牟取私利、欺凌小民的现象屡见不鲜。于是，朱元璋在让

①　王锜：《寓圃杂记》卷7《都文信代死》。

②　《明太祖实录》卷68，洪武四年九月丁丑条。

③　朱元璋：《大诰续编·水灾不及赈济第八十五》。

④　《明太祖实录》卷193，洪武二十一年八月月末条；卷232，洪武二十七年四月月末条。

他们充分发挥作用的同时，也对他们严格地加以约束，毫不留情地打击他们中的营私害民者。

在《大诰》中，朱元璋多次指斥粮长害民之弊，如《大诰续编·水灾不及赈济第八十五》云："朕设粮长，本欲便于细民，不期此等之徒，奸贪无厌，身家不顾，实为民患。"里长倚势害民者，也时有所见。如"德安县丞陈友聪，通同里长唐佑等，欺隐茶株，不行踏勘，接受本人罗绢布共十匹，钞八十贯"。嘉定县民顾匡是"积年害民里长"，"蒲辛四充耆宿，一男充里长，孙充甲首，皆为乡里之害"。① 耆宿、老人中也多有不良之徒。《大诰续编·耆宿第八》云："盖谓充耆宿者，皆系无籍小人。苟延寿至于高年，是等有昔为皂隶者，有为簿书者，有屡犯过恶者，有弓兵者，有说事过钱者，皆为今之耆宿。其善人官于一方，皆不审实明白，去此之徒，崇尚德人，又将同恶相济，以患吾民。诰至，所在有司，务必崇尚德人，上助朕躬，下福生民。无籍之徒见此，即早退去。……设若不奉朕命，仍复在官应当耆宿，运不良之谋，陷有德之官，害天民之善者，非有天灾，又必假手于法司，身亡家破有日矣。"对于这些人，朱元璋每加严惩，丧家殒命者所在多有，如《大诰续编·拖欠秋粮第四十一》中就提到，"粮长张时杰等一百六十名，身亡家破"。

通过大刀阔斧地清理整顿，地方权势人物的队伍得到净化，他们营私害民的一面在一定程度上得到遏制，为朱元璋推行的与民休息政策提供了保障，这对明初社会经济的恢复和发展是十分有利的。当然，也应看到，限于当时的历史条件，朱元璋政权的社会基础仍是地主阶级，因而他也不可能从根本上解决地方权势人物的害民问题。

---

① 朱元璋：《大诰三编·臣民倚法为奸第一》。

## 三、从《杜骗新书》看晚明的商业经营与商业风险

《杜骗新书》是浙江人张应俞撰写的一部笔记小说。根据熊振骥所撰《叙江湖奇闻杜骗新书》，以及两则标明了发生年代的故事，可知此书撰成于万历末年。① 此书旨在揭露形形色色的诈骗活动，共讲述了88个故事，这些故事大多是根据传闻加工而成的，具有较高的真实性。此书长期未曾引起研究者注意，近些年来，书中蕴含的丰富的社会经济史资料才受到有关学者重视，如足立启二曾对书中商业资料进行细致评析，黄霖曾结合书中故事揭示晚明世风，林丽月曾以书中故事为基础探讨晚明妇女生活，陈学文则对此书进行了全面评介。② 由于产生于商品经济空前活跃的晚明时代，此书带有浓重的商业色彩，全书多数故事都或多或少地涉及商业活动，其中近一半故事的主人公为商人，从而勾勒出一幅斑驳陆离的晚明商业世界图景。本书拟对其中有关商业经营和商业风险的资料，略做梳理和分析。

### （一）从《杜骗新书》看晚明的商业经营

《杜骗新书》里描写的商人，以行商居多，但各种行商在经营资金多少、贸易距离远近方面差别很大。其中经营规模最小的，是向居民兜

---

① 关于此书的早期版本情况，参见牛建强：《晚明短篇世情小说集〈杜骗新书〉版本考》，《文献》2000 年第 3 期。

② 足立启二：《明末の流通构造——〈杜骗新书〉の世界——》，《熊本大学文学部论丛（史学编）》第 41 号，1993 年；黄霖：《〈杜骗新书〉与晚明世风》，《文学遗产》1995 年第 1 期；林丽月：《从〈杜骗新书〉看晚明妇女生活的侧面》，《近代中国妇女史研究》第 3 期，1995 年；陈学文：《明清时期商业书及商人书之研究》，洪叶文化事业公司 1997 年版，下篇，第 6 章。

售基本生活用品的流动小商贩。《哄婶成奸骗油肉》谈到，石氏、左氏姑娌向卖油者买了两斤油、向卖肉者买了四斤肉，但因家中无银，当时都未付款，约定过几日再来接银。很显然，卖油者和卖肉者就属于走街串巷的小商贩，他们一般都在固定范围内的村镇中走动。也有一些被称为"挑贩"的小商贩，在一定的地域范围内从事本小利微的贩运活动。如《明骗贩猪》提到，"福建建阳人邓招宝者，常以挑贩为生，一日贩小猪四只，往崇安、大安去卖"。邓招宝的贩运路程比前面提到的卖油者、卖肉者要远，但建阳与崇安相邻，大约也在数十里之内。

　　财本雄厚的商人多从事长途贩运，许多商人的贩运资本达数百两以至千两以上。《好赌反落人术中》谈到，福建人张鄂"有余囊数百两，亦买纸往京卖"。《诈称公子盗商银》谈到，山东人陈栋，"同二仆带银一千余两，复往长埂买布"。《傲气致讼伤财命》谈到，广东人魏邦材，富冠一省，"一日在湖州买丝一百担，转往本省去卖"。《炫耀衣妆启盗心》谈到，徽州人游天生，"尝同一仆徐丁携本银五百余两，往建宁府买铁"。《盗商伙财反丧财》谈到，徽州休宁人张沛，"大贾也，财本数千两，在瓜州买棉花三百余担"。《父寻子而自落嫖》谈到，"富人左东溪，止生一子少山，常带千金财本，往南京买卖"。从事长途贩运业务的中小商人，资本也有数十两以至百余两。如《盗商伙财反丧财》提到一个叫刘兴的小商人，是徽州歙县人，"乃孤苦茕民，一向出外肩挑买卖，十余载未归家，苦积财本七十余两"。《成锭假银换真银》谈到，泉州人孙滔，"带银百余两，往南京买布"。《买铜物被艄谋死》谈到，凤阳临淮人罗四维，"带银一百余两往松江买梭布，往福建建宁府卖"。《行李误挑往别船》谈到，江西进贤人陆梦麟，"往福建海澄县买胡椒十余担，复往芜湖发卖"。《高抬重价反失利》谈到，云南西河人于定志，"买栀子往四川处卖，得银八十余两"。长途贩运者大多数都是长期在外行走的职业商人，但也有偶尔出外行商者。如《诈封银以砖换去》提到的郝天广，本是福建建宁的大地主，只是因为本地米价太低，才临时运米到省城粜卖。

《杜骗新书》提到的行商，基本上都是个体经营，同本经营者较少。书中只有《青蛙露出谋娶情》一则故事提到同本经营，讲的是徐州人陈彩，见邻居潘璘之妻美貌绝伦，"遂起不良心，邀璘同本往瓜州买棉花，发广州等处卖"，途中将潘璘害死，陈彩独自回乡后，"乃将所卖账簿并财本，一一算明，交还璘之父母"。但是，在个体经营方式下，经营规模较大的行商，仅靠自己照管生意是很困难的。为了解决这一问题，有些商人便带家人同行，如《先寄银而后拐逃》谈到的通州商人苏广，就是"同一子贩松江梭布往福建卖"。但当时更为常见的方式，是带仆人同行。如前面提到的郝天广、陈栋、游天生、魏邦材、罗四维、陆梦麟，都有一二个仆人随行，仆人既可照料其生活，又可协助其经营。《带镜船中引谋害》还讲到这样一件事：富人熊镐想外出旅游，假称出外经商，其兄劝阻说："汝刚而无谋，莫思赚钱，还恐生祸。"熊镐说："老仆满起有力多智，与我同去，何妨？"兄不能阻，熊镐遂带百余金行。及游资将尽，买了一些小礼物乘船回乡，途中赖满起看破舵公的歹意，主仆二人才幸免于难。可见，一个有智慧、有经验的仆人，确能给主人以很大帮助。与商人同行的仆人，有的是像满起这样的家仆，也有的是商人临时雇来的。如《父寻子而自落嫖》谈到，左东溪欲往南京寻子，"思空行费盘缠，乃带三百金货物，雇仆施来同往京寻子"。很显然，施来是临时受雇于左东溪为仆。

为了降低经营中的危险性，当时商人还往往结伴同行。有的与朋友结伴，如《信僧哄惑几染祸》提到，徽州人丁达，"与友林泽往海澄买椒木，到临清等处发卖"。有的是乡族同行，如《好赌反落人术中》中谈到，闽人徐华胜买纸往京卖，张鄂亦买纸往京卖，"二人同县异乡，托处共店"，"鄂乃孤客，徐姓众多"。在这一事例中，徐华胜是与同族之人一同外出，张鄂则是一人独行，因系同县异乡，故路上一同行止。《冒州接着漂白鱵》谈到，福建安海人钱天广往山东冒州药王会卖布，卖完后，"检束行李，与乡里即雇骡车，直到临清，去买回头货物"，可见钱天广也是与乡里同行。乡里观念在当时的商人中间是普遍存在的，旅途中遇到同乡，虽素不相识，也很容易建立起密切关系。如《先寄银而后拐逃》谈到，通州商人苏广，途中遇到纪胜，"自称同府异县，乡语相同"，纪胜"途中认广为亲乡里，见广财本更多，乃以己银二拾余两寄藏于苏广箱内"。《盗商伙财反丧财》中的徽州府休宁商人张沛，是财本数千两的大贾，遇到一向出外肩挑买卖的歙县小商人刘兴，"二人同府异县，沛一相见，乡语相同，认为梓里，意气相投，有如兄弟焉"。

在经营项目方面，有的行商固定经营某种货物。如《假马脱缎》提到的江西商人陈庆，就是以"贩马为生"的专门性商人。但绝大多数行商的贩运货物并不固定。《买铜物被艄谋死》谈到：凤阳府临淮县商人罗四维，"带银一百余两往松江买梭布，往福建建宁府卖。复往崇安买笋，其年笋少价贵，即将银在此处买走乌铜物，并三夹杯盘诸项铜器，用竹箱盛贮，并行李装作三担"，准备运回家乡出售。《行李误挑往别船》也谈到：江西进贤人陆梦麟，"往福建海澄县买胡椒十余担，复往芜湖发卖。有一客伙，将硼砂一担对换，余者以银找之。次日，叫店家写舵公陈涯四船，直到建宁"。在当时，大多数行商都像罗四维、陆梦麟这样，根据行情变化相机置货，贩运的目的地和商品种类可以随时变化，经营方式带有较大的随意性。

除行商外，《杜骗新书》也提到一些坐地经商的坐贾。有的坐贾在某地开设货栈从事贸易。《僧似伽蓝诈化疏》谈到，僧人若冰为了化得巨资，"前去大江边，有柴商财本巨万，若冰备干粮在身，直到柴排厅中，朗讽一经，结跌而坐"，最后柴商荆秀云施舍给天元寺现银五百两，并令出银五百两买置香灯田。这则故事所说的"柴排厅"，就是木材商的货栈。而大多数坐贾，是开设店铺购销货物的铺商。有的店铺经营种类单一，只购销一种商品。《乘闹明窃店中布》谈到，"吴胜理，徽州府休宁县人，在苏州府开铺，收买各样色布，揭行生意最大，四方买者极多，每日有几十两银交易"。《尼姑撒珠以诱奸》提到，白鉴"为王军门公干，差之上京，妻向氏在家开纸马店，常遣婢兰香接钱交易"。这两个店铺虽然规模相差很大，但都属于单一类店铺。也有的店铺经营种类多样，同时购销多种商品。《累算友财倾其家》谈到："金从宇、洪起予，俱是应天府人。相隔一十余店，皆开大京铺，各有资本千余金。但从宇狡猾奸险，起予温良朴实。时常贩买京货，累相会席。"这种大京铺，就是购销京货的大杂货铺。

从《杜骗新书》有关故事看，当时铺商的经营方式都很简单，即便规模很大的店铺，往往也没有雇员。《诈称偷鹅脱青布》谈到，"有一大铺，布匹极多，交易丛杂，只自己一人看店"。《乘闹明窃店中布》提到吴胜理的布店，"外开铺面，里藏各货。一日，有几伙客人凑集买布，皆在内堂作帐对银。一棍乘其丛杂，亦在铺叫买布。胜理出与施礼，待茶毕，安顿外铺少坐，胜理复入内，与前客对银。其棍蓦其铺无守者，故近门边，诈拱揖相辞状，遂近铺边拿布一捆，拖在肩上，缓步行去"。《累算友财倾其家》提到，金从宇欲将洪起予开设的大京铺收归己有，便日招其饮酒，"起予果中其奸，日在醉乡，不事买卖。从宇虽日伴起予游饮，彼有弟济宇在店，凡事皆能代理。起予一向闲游，店中虚无人守。有客来店者，寻之不在，多往济宇铺买。由是金铺日盛，洪铺日替"。上述几家都是资本雄厚的大店铺，但经营者皆未雇人手，多由店主一人经营，只有金从宇有一弟做帮手。

在货物购销方面，有些行商，特别是本小利微的挑贩，大多直接与顾客交易。如《明骗贩猪》提到的挑贩邓招宝、《借他人屋脱客布》和《巷门口诈买脱布》提到的布贩，都直接向顾客卖货。但一般说来，从事大宗商品贩运的行商，到达目的地后，必须通过牙行交易，不可私自购销。《杜骗新书》中有不少关于商人投牙的记载。《狡牙脱纸以女偿》提到，福建大安人施守训运纸"往苏州卖，寓牙人翁滨二店"；《贫牙脱蜡还旧债》提到，四川人张霸，"买蜡百余担，往福建建宁府丘店发卖"；《傲气致讼伤财命》提到，徽州人汪逢七，将自己货物"发落在牙人张春店内"；《盗商伙财反丧财》提到，徽州府休宁人张沛与歙县人刘兴，"棉花各买毕，同在福建省城陈四店卖"。常在江湖行走的商人，往往与某个牙商建立起固定联系。如《假马脱缎》提到江西人陈庆，"贩马为生，常在三山行走翁春店发卖"；《奸人婢致盗失银》提到宁城人李英，"常买夏布，往苏州阊门外，寓牙人陈四店"。如果客商对某家牙店不满，也可以另投他牙。《高抬重价反失利》谈到，云南商人于定志因嫌价低，怒责牙人，牙人辩曰："公欲重价，凭公发别店卖之，何必怒焉？"当时只有个别集市不设牙人，商人可以自行交易。如《冒州接着漂白鏪》提到，山东冒州药王会"无牙折中，贸易二家自处"。此外，也有的大店铺自行买进卖出，不通过牙行，《乘闹明窃店中布》提到的吴胜理在苏州开设的大布店就是一例。

## （二）从《杜骗新书》看晚明的商业风险

在晚明时代，只有经商才能向人们提供迅速致富的机会，因而有不少人弃本逐末、弃儒就贾，促进了商品经济的空前繁荣。但是，商业经营是一项风险性很高的事业，在充满诸多不确定因素的商业世界里，有些商人幸运地成了腰缠万贯的大富豪，也有许多商人终生奔波而所获甚微，流落异乡，甚至丢掉性命者亦不鲜见。《杜骗新书》通过一个个故事，生动展现了晚明商人所面临的种种风险。

晚明时代，社会治安状况日益恶化，漂泊四方的商人，在旅途中经常会遇到各种危险。单独行走的商人，最容易成为窃贼和强盗的作案对象。《诈称公子盗商银》谈到，山东人陈栋同二仆带银一千两余，往福建建阳贩卖机布，途逢一棍，带有四仆，诈称福建分巡建南道公子，一路与陈栋同店，陈栋虽心存警戒，最后还是被其灌醉，财物悉被偷去。陈栋只是失了财物，还有商人丢了性命。《炫耀衣妆启盗心》谈到，徽州人游天生同一仆往建宁府买铁，乘船到建阳县，因欲往拜乡亲，开箱取衣物。艄公见其衣服鲜丽，所带用物俱美，晚上以陀陀花入酒，将游主仆迷倒，推入深潭，游被淹死。张应俞在按语中警告说："大凡孤客搭船，切须提防贼艄谋害。昼宜略睡，夜方易醒。煮菜暖酒，尤防放毒。"《买铜物被艄谋死》也谈到，凤阳临淮人罗四维，同仆程三郎外出经商，在崇安购买铜货，准备回乡销售。途中艄公、水手见其行李甚重，疑是金银，半夜将其主仆杀死。张应俞于按语中亦特加提醒："若带实银在身，须深藏严密。或带铜器铅锡等物，镇重类银，须明与说之，开与见之，以免其垂涎，方保安全。"

集体行走的商人，则须与同行者搞好关系，否则易遭算计。《傲气致讼伤财命》谈到，广东人魏邦材，富冠一省，为人骄傲非常，出外为商，无人可入其目。一日，在湖州买丝一百担，转往本省去卖。在杭州讨大船，共客商二十余人同船。魏以财势压人，惹起众怒。徽州人汪逢七与众人商议，设下计谋。汪在船中与魏相殴数次，魏极受亏，到县告状，汪趁机将魏丝挑去一半，然后以猪血涂头，亦到县告状。魏见丝被搬去，复告抢丝五十担。众商到县作证，均称未见搬丝，知县判断抢丝事系魏捏造。魏屡次上诉，均维持原判。魏余丝俱用尽，又叫一兄来帮讼，所带五百余两银亦多用去。魏因气发疽，数月而死。张应俞因此感叹说："为商者，寄寡亲之境，群异乡之人，刚柔得中，止而丽明，尚恐意外之变，而可以傲临人乎！"

商人交易必须通过牙行，但牙商坑骗客商是十分普遍的现象。《杜骗新书》专列"牙行骗"以警商人，其中讲了两个故事。一个故事名

《狡牙脱纸以女偿》，讲的是福建大安人施守训，带着千余篓纸，"价值八百余两，往苏州卖，寓牙人翁滨二店。滨乃宿牙，叠积前客债甚多，见施雏商，将其纸尽还前客，误施坐候半年。家中又发纸五百余篓到苏州，滨代现卖。付银讫，托言系取旧账者，复候半年。知受其笼络，施乃怒骂殴之。滨无言可应，当凭乡亲刘光前议，谕滨立过借批银八百两，劝施暂回。次年，复载纸到苏州，滨代现卖。只前账难还，施又坐待半年。见其女云英有貌，未曾许配，思此银难取，乃浼刘光前为媒，求其女为妾，抵还前账"。另一则故事名《贫牙脱蜡还旧债》，讲的是四川人张霸，"买蜡百余担，往福建建宁府丘店发卖。此牙家贫彻骨，外张富态，欠前客货银极多。霸蜡到，即以光棍顶作鬼名来借蜡，约后还银。数日后，霸往街游玩，其蜡遍在诸铺。及问其姓名，皆与账名不同"。张霸意识到自己的蜡被丘牙抵了前客旧账，便逼丘牙到官府作证，称各店借客蜡不还银，张霸收回了银子，但从丘牙处买进蜡的各店铺则彻底亏损。在这两则故事后面，张应俞都写有按语，谓："凡牙侩之弊，客货入店，彼皆作纲抵偿，又多窃取供家，每以后客货盖前客账，此穷牙常态也。""出外为商，以缥渺之身，涉寡亲之境，全仗经纪以为耳目。若遇经纪公正，则货物有主。一投狡侩，而抑货亏价必矣。"

准确掌握市场信息，根据行情变化及时交易，对商业经营来说是至关重要的。做不到这一点，就很容易蒙受损失。《高抬重价反失利》就讲述了一个因不懂得随时变通而导致失利的故事："于定志，云南西河县人。为人心贪性执，冒昧于利。一日，买栀子往四川处卖，得银八十余两。复买当归、川芎，往江西樟树卖，每担止着本脚银二两六钱。到时，归、芎虽缺，然比前价稍落些。牙人代发当归，十两一担；川芎六两一担。定志怒责牙人曰：'前日十二两价，如何减许多？'牙人辩曰：'若到二三担，则可依前价。今到二十余担，若从前价，何以服行情？公欲重价，凭公发别店卖之，何必怒焉？'定志与牙角口，旁有一客伙张淳者，劝曰：'公货获利三倍，当要见机。倘价若落，未免有失渡无船之悔矣。'定志坚执不听。数日后，到有当归三四担，牙人发价十两卖讫。淳又劝之曰：'此客已卖十两价耳，公何不卖也？'彼亦不听。后又二客人，有十五担到，牙人发价七两，亦卖讫。过数日，又有十余担来，止卖四两。定志暗悔无及，众客又背地代他扼腕。定志又坐一月余，价落货贱，与牙人不合，遂转发到福建建宁府，止卖三两七钱一担，比樟树价又减，更废船脚又多。定志自恨命薄，不当赚钱。人谓其非命薄也，乃心高也；非挫时也，乃过贪也。"

晚明交易率用银，准确判断银的成色和真假，是商人必备的一项基本技能。但道高一尺，魔高一丈，当时造假手段繁杂多样，商人们尽管小心谨慎，但还是有不少人在这方面吃了大亏。《冒州接着漂白鐕》谈到，福建安海人钱天广，到山东冒州药王会卖布。一棍以漂白鐕银来买布，每五两一锭，内以真银，如假银一般，色同一样。棍将丝银先对。广以铁槌凿打，并无异样。打至十余锭，通是一色。钱说："不须再凿槌打。"棍遂以漂白鐕出对，共银六百余两，内只有细丝银一百余两，余者皆假鐕也。银交完讫，布搬去了。广收其银，检束行李，与乡里即雇骡车，直到临清，去买回头货物。取出其银，皆假银也。在这则故事的按语中，张应俞指出，"棍之用假银，此为商者最难提防"，并详细列举出各种成色的真假银的特征，以供商人参考。当时还常有人施展种种伎俩，借兑换之机以假银骗取真银，商人被坑骗者甚多。《成锭假银换真银》谈到，泉州商人孙滔，往南京买布，途中陡遇一棍，名汪廷兰，诈称与孙同乡，同船数日，相处甚欢。汪知孙朴实可骗，便假称往芜湖起岸买货，并称"尚未倾银，有银一锭，细丝，十二两重，若有便银，打换为妙"。孙有意要换，"因取出小鐕八九钱重的，只九一二成色"，汪故意重估为九四五成色，与孙对换，并趁孙不注意，用假鐕替出真银，"孙一向到南京，取出前银，乃是锡鐕"。

商人的嗜好，也常会被人利用，成为丧家破财的祸根。《好赌反落人术中》谈到，徐华胜与张鄂均买纸往京卖，同处一店。张曾因赌破家，知徐酷好赌钱，便邀徐以棋小赌。张棋术远胜于徐，但屡次诈输。后徐邀张夜赌东道，张故激其赌银，徐一夜输银数十两。徐华胜是因赌破财，《累算友财倾其家》中的洪起予则是嗜酒败家。洪起予与金从宇皆开有大京铺，各有资本千余金。金欲谋取洪铺，见其好酒，乃时时饮月福、打平和、邀庆纲，招饮无虚日。洪果中其术，日在醉乡，不事买卖。金铺有弟照管，洪铺无人看守，自然买卖日稀。洪用度渐乏，屡向金借银，积欠日多，金遂力逼还债，洪只得将产业尽数写契抵还，"千余金家，不两三载，一旦罄空"。倘若商人好色，更是容易破财败家。《奸人婢致盗失银》谈到，宁城商人李英，住在苏州牙店，与邻居婢女调戏成奸，邻居支使婢女盗去银一百余两。《奸牙人女被脱骗》谈到，商人张鲁买闽笋数十担，在廖三店中发卖，因与廖女偷情，笋价一百余两皆被勒为财礼银。晚明娼妓业发达，不少商人把持不住，沉湎酒色，荒废了经商正业。《父寻子而自落嫖》谈到，富人左东溪之子左少山，常带千金财本往南京买卖。既而长住妓院，经年不归。左东溪闻其财本已费过半，乃带三百金货物入京寻子，结果自己也落入妓家圈套，将财本嫖尽。

综上所述，晚明时代，商品经济虽然十分繁荣，但商业组织却很不发达，当时常态的商业经营方式还是个体经营。商人们利用地区性或季节性差价赚取利润，经营项目和贩运地域都带有很大的随意性。当时商业经营的环境也不够完善，商业活动的风险性很高，商人们必须处处小心，时时警惕，注重自我修养和自我控制，否则很容易在充满不确定性的商海中翻船。长期以来，学术界对于晚明商品经济的发展程度一直评价很高，《杜骗新书》提醒我们，应该充分注意商品经济繁荣背后所存在的问题和不足。

# 四、关于中国人的"流氓性"以及明代流氓阶层膨胀的社会原因的几点看法

——与王毅先生商榷

近些年来，随着明代社会史研究的蓬勃发展，一些社会病态现象也受到学者们的关注，流氓问题就是其中之一。对于明代流氓的构造成分、活动方式和社会影响，王春瑜、陈宝良等学者运用丰富的史料进行了细致描述①，大大加深了我们对于这一社会阶层的了解和认识。《社会学研究》2000 年第 2 期和第 5 期刊载了王毅先生的长篇论文《明代流氓文化的恶性膨胀与专制政体的关系及其对国民心理的影响——通过明代后期世态小说的内容对社会史的考察》（以下简称"王文"），该文的目标显然不仅仅是为明代流氓史增添一些文学性的事例，而是试图探究"中国流氓文化"的发展根源以及此种文化对中国人的心理和性格的深刻影响。作者提出的问题是十分重要而且颇有趣味的，但作者对问题的某些解说却使笔者感到有些疑惑，特提出来加以简略讨论。

## （一）关于流氓文化与中国国民性问题

首先就"流氓"的概念问题谈一点看法。在社会生活中，什么样的人算是"流氓"，恐怕是见仁见智，难衷一是。陈宝良曾对"流氓"的定义问题进行分疏，认为"流氓"有广狭二义，广义上的"流氓"泛指"无业游民"，狭义上的"流氓"则专指不务正业、为非作歹的人。可见，"流氓"的队伍虽然成分庞杂，大体上还是有其可以辨识的共同

---

① 　王春瑜:《明代流氓及流氓意识》,《社会学研究》1991 年第 3 期;陈宝良:《中国流氓史》,中国社会科学出版社 1993 年版,第 153—247 页。

特征的。土匪、游丐、习拳舞棒者、帮会人员、纨绔子弟、帮闲之类的形形色色的人物，虽大多带有流氓气，但与正牌流氓还是有一定区别的。① 至于将政坛上的背信弃义、心狠手辣、蝇营狗苟一类的人物称为"政治流氓"，将无行文人称为"文痞"，甚至将"奸商"也视同流氓等等，则更是对"流氓"概念的扩展和延伸。笔者认为，在对流氓问题进行专门性的学术讨论时，最好不要把"流氓"的范围推衍得过于宽广，否则就会出现"泛流氓化"的倾向。王文将官场上的贪赃枉法、谄事上司以及商业交易中的欺诈一概都视为流氓行为，概念使用就略显泛化。

　　当然，王文将"流氓"概念加以泛化，并非是对词语的滥用，而是有意识的，目的是凸显和强调流氓因素在中国社会文化构成中的重要地位和作用。王文认为，"流氓文化在国民性格中的植根，是中国传统社会（特别是明清社会）遗留给以后的国人最主要的文化遗产之一，它给中国后来命运带来的惨痛和'走出中世纪'进程的阻力之大，也许怎样估计都不过分"。可见，王文是将"流氓文化"上升到"国民性"的高度加以研究的，它试图告诉人们，"流氓性"早已弥漫于中国传统文化的各个方面，并深深地植根于国民心理之中，近代中国之所以落后挨打，中国之所以在现代化的道路上步履蹒跚，在很大程度上都要归罪于中国人的这种"病态国民性"。王文的这种研究方法和结论，令人颇有似曾相识之感。在整个 20 世纪，中国的"国民性"（或曰"文化精神"、"国民心理"等等）一直是备受关注的焦点问题，人们或是为了寻找中国落后的病根，或是为了探求民族复兴的契机，纷纷给中国人的精神状态把脉定性，所得结论五花八门。一位学者在阅读了一本汇集了有关中国国民性的各种观点的资料集② 后，不免感慨系之："中国人居然既被说成'诚实'的，又被说成'说谎'的，既被说成'中庸'的，又被

---

①　陈宝良：《中国流氓史》，中国社会科学出版社 1993 年版，第 2、32—37 页。

②　沙莲香主编：《中国国民性（一）》，中国人民大学出版社 1989 年版。

说成'极端'的，既被说成'智慧'的，又被说成'愚昧'的，既被说成'知足'的，又被说成'贪婪'的，既被说成'平和'的，又被说成'残虐'的，既被说成'省俭撙节'的，又被说成'好色逸乐'的，既被说成'富有商才'的，又被说成'非功利主义'的……"① 这些议论基本上都是有感而发的情绪宣泄，普遍存在着攻其一点（或颂其一点）不及其余的问题，甚至同一个人在不同场合对中国国民性的概括也会大相径庭。

必须说明，笔者发出上述议论，并非认为不应该研究"国民性"，而是希望这类研究能够建立在更加坚实的资料基础和更加严密的逻辑推理之上，否则所得结论便不过是一种感情发露。笔者从王文中所得印象便是如此。王文的基本观点是认为中国国民心理中存在着根深蒂固的"流氓性"，而造成流氓文化蔓延的根本原因和动力则是中国的极端专制主义政体。的确，中国存在着不断趋于强化的君主专制政体，社会上也始终存在着为数众多的流氓，但这两种同时并存的现象之间是否一定存在着因果关系或高度的正相关性，还需要从事实和理论的层面加以证实和分析。王文引用了一些西方思想家的观点，如舍勒认为"就整个人类而言，将'狡诈'、'机智'、'工于心计'的生活方式发展到无以复加的，总是那些内心最为恐惧，最为压抑的民族"；赖希认为专制政体会造成"权威主义性格"，即底层人物的心理具有相反相成的两个基本的侧面，一面是对政治权威的畏惧，由此导致对自我个性的强烈抑制，另一面是对专制权威的渴望，希望通过获得和加盟于专制权威而改变自己的地位和命运。显然，王文若想用这些理论印证自己的看法，还需要若干环节的逻辑推论。比如，"权威主义性格"是否等同于"流氓心理"，或者一定会造成"流氓心理"？"专制体制"下的传统中国人是否真的比"民主

---

① 刘东：《刘东自选集》，广西师范大学出版社 1997 年版，第 119 页。

体制"下的西方人更"狡诈"、"机智"、"工于心计"？

　　王文还引用了法国思想家孟德斯鸠关于"中国人的生活完全以礼为指南，但他们却是地球上最会骗人的民族"①的说法，认为孟氏深刻指出了中国传统政治体制中的专制性与国民的流氓性格之间具有某种必然的联系。实际上，孟氏对中国并无多少了解，他只是根据来华的欧洲商人所谓的中国人在贸易中盛行欺诈的报道，就得出了中国人"是地球上最会骗人的民族"的结论；而当时在华时间更久的传教士与商人的看法并不完全相同，他们认为中国政体的指导原则"是畏惧、荣誉和品德兼而有之"，但孟氏不予采信。另一位法国思想家魁奈就认为孟氏的大胆推测都是"似是而非的推论"，他认为即使中国的外贸商人确有欺诈行为，也不能据此推论中国人的品德："用欧洲商人的叙述来反对传教士的报道，这是冒险的做法，因为欧洲商人不愿告诉我们，他们与之做生意的中国采取欺诈手段，是否为一种报复行为。""如果孟德斯鸠先生想要探究的恰好是中国人的品德，那末仅仅对从事于外贸的商人的品德加以评论，这是一个公正的分析吗？"②当然，孟德斯鸠和魁奈都不是中国文化方面的专家，他们对中国政体和中国人品德的贬与褒，其实都是根据自己的政治理念和思想体系作出的悬揣之论，我们切莫过于当真，更不可为了印证自己的观点而为拔高之论。

　　王文并没有将中国的"流氓文化"放到比较文化的视野中进行观照；但是，要证明专制政体与流氓文化之间具有必然的联系，恐怕还是应该看看不存在专制集权体制的社会文化中是否也有流氓群体存在。历史文献告诉我们，中世纪的西方社会中也是不缺乏流氓这种社会角色的。法国年鉴学派史学家雅克·勒戈夫在介绍中世纪的欧洲城市时曾谈到，"到了中世纪后期，'城市群氓'经常能遇到。这个懒惰和犯罪的阶

---

① 孟德斯鸠：《论法的精神》，商务印书馆1987年版，第316页。

② 弗朗斯瓦·魁奈：《中华帝国的专制制度》，商务印书馆1992年版，第93—94页。

层有它自己的组织和专门的隐语，有它的丑恶，有时也有它的迷人之处"①。马克思、恩格斯在《共产党宣言》中提到"流氓无产阶级"，认为"流氓无产阶级是旧社会最下层中消极的腐化的部分，他们有时也被无产阶级革命卷到运动中来，但是，由于他们的整个生活状况，他们更甘心于被人收买，去干反动的勾当"②。王文谈到的依附于专制权力体系和权力社会体系、以欺诈钻营为生的宋明时代的流氓，与马克思、恩格斯谈到的以"好勇斗狠"、"懒散怠惰"为特点的"流氓无产阶级"，在表现形式上或许有所不同，本质上恐怕没有太大差别。事实上，即使在绝不能称之为"专制集权体制"的现代美国，也有大量流氓活动于街头。20 世纪 30 年代怀特对一座美国城市中的意大利侨民社区进行了细致调查，并撰写了一部有名的学术著作，其中就专辟一章讨论了"非法团伙活动的社会结构"③。因此，流氓绝不是专制集权体制的特产。如果因为中国传统社会中存在流氓，就断言专制政体与流氓文化之间存有必然联系，那么，当然也可以根据西方社会中也存在流氓的事实，断言西方的政治体制与流氓文化之间也存有必然联系。这样的推论恐怕没有多少实际意义，倒不如研究一下"流氓"在不同的社会文化中的存在形态和活动方式的差异更有价值。

为了证实"流氓性"在国民心理中的根深蒂固，王文举出了秦始皇、董卓（按：王文称董为"专制帝王"，不确，董并未做过皇帝）、曹操、苏峻、桓康等以凶残暴虐著称于世的人物被奉为神明，以及民间信仰中有诸如"蒋神"、"五通神"、"泰山三郎"、"草鞋四相公"一类的品德恶劣、流氓成性的神灵的现象，用以说明"由于传统社会中专制权威

---

① 卡洛·M.奇波拉主编：《欧洲经济史》第 1 卷，商务印书馆 1988 年版，第 76 页。

② 《马克思恩格斯选集》第 1 卷，人民出版社 1972 年版，第 262 页。

③ 威廉·富特·怀特：《街角社会——一个意大利人贫民区的社会结构》，商务印书馆 1994 年版，第 4 章。

巨大威慑力量对国民信仰心理的长期作用"，"与专制权力的膨胀结合在一起的流氓性，可以非常直接方便地转化成为国民心目中崇高的神权和神性"。这种说法也有似是而非之处。中国宗教的特点之一，就是一直保持了"巫教"的因素和特征，民间信仰的神灵多不胜数，来源复杂，生前行为乖张或死亡情形异常的人物容易转化为神灵，甚至许多动物和无生命的物件（如蛇、黄鼠狼、狐狸、树木、石头等）也成为民间供奉的对象，因而不能因为有一些流氓型人物死后成为神灵或某些神灵带有流氓性，就断言国民有崇拜流氓的心理。事实上，在庞大的神灵队伍中，由流氓人物转化而来或带有流氓性的神灵所占比例很小，而且对这些神灵的崇拜还常常被视为"淫祀"而遭到士大夫的指责和取缔。此外，凶残暴虐或品德不端的人物转化为神灵，中古以前还时有所见，但宋代以后，也就是王文所说的流氓文化恶性膨胀的时代，随着儒家教化在基层社会的开展，此类现象相对来说反而更少见一些。如果要证实流氓神崇拜与国民心理之间具有直接的对应关系，似需要对上述现象作一些解释。

### （二）关于明代流氓阶层膨胀的社会原因

王文认为，中国的流氓文化在明代得到空前的发展，恶性化程度迅速蹿升，其表现有三：第一，官僚体系的日益堕落，使得流氓文化迅速改变以前的非主流地位，而通过国家权力执掌者的权威操作而具有了制度性的意义，成了"国家行为方式"的典型特征；第二，在规模和恶性化程度这两方面，流氓文化在明代中后期都呈现出急遽扩大和升级的态势；第三，流氓文化在明代中期以后迅速向全社会蔓延，并成为社会的整体性状。笔者认为，王文的上述判断，实际上应分解为两个问题：一个问题是明代的流氓问题是否比以前更加严重和恶化？另一个问题是流氓文化是否在整体社会文化体系中占据了主流性的、决定性的地位？

前者属于经验现象层面的问题，后者属于价值判断层面的问题，不可混为一谈。

与以前的朝代相比，明代的流氓问题是否更加严重和恶化了？这个问题需要经过严格的对比研究才能作出确切回答。受历史资料所限，进行严格的对比研究并不容易。不过，从笔记小说中的记述来看，明代的流氓确实为数众多，活动方式复杂多样，因此我们大体上可以接受王文关于明代流氓问题恶性膨胀的判断。问题是，仅仅根据当时人对官场腐朽、世风败坏的一些议论，以及流氓活动的一些事实，就断言明代社会根本性的、整体性的"流氓化"了，这未免失之轻率。在每一个朝代的后期，都会出现政治黑暗腐败、伦理秩序失范、越轨行为增多的局面，也会出现以"世风日下、人心不古"为基调的议论和叹息，这几乎是一种规律性的现象，不独明代为然。当然，随着人口规模和社会经济成分的复杂化，越往后来，包括流氓活动在内的种种社会失范现象表现得越严重，但这些现象始终是作为"反文化"存在，并未上升到主流性的地位。就明代后期的情形而言，尽管确实存在着政治腐败、道德滑坡的现象，但整个社会还是富有活力的，在社会经济、科学技术、文学艺术等方面都有很大发展，以致中外许多学者声称从明代社会发展中看到了中国"走出中世纪"的曙光。如果"流氓文化"在明代后期成为"社会的整体性状"，明代社会文化"在整体性状上呈现着极度的怪诞和扭曲"，上述各方面的巨大发展还能够发生吗？难道是"流氓文化"的膨胀创造了社会经济的繁荣？

因此，笔者认为，在明代，如同在其他朝代一样，流氓问题仍然只是一种社会病态现象；我们可以说明代存在着严重的"流氓问题"，但却不能说明代的社会与文化从整体上流氓化了。王文根据明代小说对欺诈现象的大量描述，证明当时流氓文化的恶性膨胀，其实文学作品透射出的社会事象虽然不乏真实的成分，但也往往不免有夸大以至于变形的成分，不可完全信以为真。比如，晚明小说中描写了不少在婚前和婚外发生性关系的女性形象，我们可以相信当时确实有这样的事情存在，但绝不可据此认为当时的女性都是性开放主义者，更不可断言当时已进入性开放时代。同样，在文学作品中，大多数商人都被赋予贪婪、欺诈的性格，而就实际情形而言，尽管欺诈的确是商业活动中的常见现象，但绝非商业活动中通行的行为准则，更非中国商人特有的品性；倘若如此，中国的商人之间以及商人与社会其他阶层成员之间就不可能维持恒定长久的关系，规模浩大的商业经营也不可能顺利开展和运行。一些研究表明，明清时期在商界赫赫有名的徽州商人和山西商人，总体而言，在经商活动中是很讲究诚、信、义等商业伦理道德的，这是他们取得巨大成功的重要因素之一。①

至于明代流氓阶层膨胀的原因，王文只用三言两语提及城市经济的发展，并认为这只是表层的次要原因；而根本性的原因，则是明代"皇权的专制性发展至前所未有的程度，以及由此而产生的对权力体系的依附之空前强化"。在这一点上，笔者亦有不同看法。首先，专制皇权的强化并不一定导致官僚集团的腐败和社会道德的堕落。学术界讨论明代专制皇权的空前强化，列举的证据大多集中于明朝初期，而朱元璋这位不遗余力地强化皇权的开国皇帝，身上恰巧带有浓重的流氓气，以致谈论"流氓皇帝"的学者，常常将他与汉朝的开国皇帝刘邦一起举为例证。然而，明初的社会并未因此而出现"流氓化"趋势；相反，这位极端专制集权的流氓皇帝，采取了最严厉的措施打击社会上的流氓分子②，倒是创造了一个社会秩序相对稳定、社会风气相对淳朴的社会环境。其次，统治集团的道德腐败以及不择手段地肆意掠夺社会财富，当

---

① 张海鹏、唐力行：《论徽商"贾而好儒"的特色》，《中国史研究》1984 年第 4 期；张正明：《晋商兴衰史》，山西古籍出版社 1995 年版，第 159 页。

② 陈宝良：《中国流氓史》，中国社会科学出版社 1993 年版，第 155—156 页。

然会在一定程度上影响和促进社会上不良因素的滋生，但也应看到，统治集团自身尽管日益腐朽化，但他们却并不甘心让社会彻底没落下去，在聚敛财富的同时，他们也很关心社会秩序问题。明代后期有许多士大夫对伦理道德的堕落表示忧虑和谴责，这一方面固然说明当时的社会确实出现了严重的道德危机，另一方面也说明士大夫集团并未完全丧失良知，不少人还在思考，还在行动，试图挽回颓风，重振社会道德。

　　笔者认为，统治集团的腐败堕落确实是明代后期流氓阶层膨胀、流氓风气蔓延的重要动因之一，但同时也不能忽略，商品经济的快速发展，城市生活的空前繁荣，也是流氓阶层滋生蔓延的决定性的和关键性的因素。应该说，流氓这类人物所在多有，并非是城市的特产，但城市确实是流氓滋生的适宜温床，流氓活动的主要场所，这无论在中国还是在欧洲都是如此。这是因为，一方面，城市就像一块巨大的磁铁，会吸引和聚拢大量的物资财富和人口，失去生活资料或期望改善生活境遇的农民往往会涌入城市谋生，而城市并不能为涌入的人口提供足够的正当职业以维持生存，许多人便只能依靠欺诈、盗窃、乞讨之类的手段谋生；另一方面，城市是达官贵人、富商大贾们集聚的场所，他们需要大量的随从、仆人和打手，许多没有正当职业的城市游民便是依附于上流社会讨生活，这些人常常在主子的非法活动中充当帮凶，也常常依恃主子的权势进行流氓活动。① 唐代以前，都市一直就是流氓麇集的地方。从唐代后期开始，中国社会出现了被学术界称为"唐宋转型"或"唐宋变革"的深刻变化，城市经济的飞速发展，社会流动性的空前提高，是这一社会转型的重要标志。② 宋代以来，随着"社会的城市

---

① 王春瑜：《明代流氓及流氓意识》，《社会学研究》1991 年第 3 期；谢和耐：《中国社会史》，江苏人民出版社 1997 年版，第 64—72 页；卡洛·M.奇波拉主编：《欧洲经济史》第 1 卷，商务印书馆 1988 年版，第 65—66、75—76 页。

② 谢和耐：《中国社会史》，江苏人民出版社 1997 年版，第 274—276 页。

化"，"城市社会的弊端"也开始变得更加明显和严重。① 到了明代，城市经济达到空前繁荣的境地，出现了"小城市起来越大，大城市起来越多"的都市化发展趋势②，遂为流氓阶层的滋生蔓延提供了更加广阔的空间和更加肥厚的土壤。明代城市经济最发达的地方，也是流氓活动最猖獗的地方，像"打行"那样的组织化的流氓团伙，就首先出现在经济最富庶的苏州、松江等城市。相比而言，经济比较落后的地方虽然也有流氓分子存在，但不容易形成规模，其活动方式和流氓手段也显得比较粗陋简单。可以说，流氓阶层的膨胀，是城市社会经济发展的副产品。

政府的社会控制能力在社会经济发展与都市化程度提高的条件下未能相应增强，是造成流氓阶层膨胀、流氓活动猖獗的另一项重要原因。学术界普遍认为，唐宋转型在政治层面的重要表现，是皇帝集权和独裁的程度明显增长，有学者甚至认为，中国的"皇帝独裁体制"是宋代以后成立的，宋代才是中国"专制国家"的起点③，或者说宋代才是中国历史上"第一个较成熟的郡县制国家"④。但是，专制主义中央集权制度不断发展，并未带来政府在社会控制和管理方面的能力的增强。不少学者认为，唐代后期以降的中华帝国是以"小国家"为标志的。⑤ 在人口和资源的规模不断扩张的条件下，行政城市的数量和官僚队伍的规模却没有随之增长，官方涉足社会事务的态度逐步下降。甚至有学者认为，晚期帝制中国正是靠有系统地减少基层管理功能的范围、鼓励降低

---

① 费正清、赖肖尔：《中国：传统与变革》，江苏人民出版社 1992 年版，第 143—144 页。

② 参见刘石吉：《明清时代江南市镇研究》，中国社会科学出版社 1987 年版。

③ 檀上宽：《明朝专制支配の史的构造》，汲古书院 1995 年版，第 490—491 页。

④ 汪晖：《天理之成立》，载刘东主编：《中国学术》第 3 辑，商务印书馆 2000 年版。

⑤ 包弼德：《唐宋转型的反思——以思想的变化为主》，载刘东主编：《中国学术》第 3 辑，商务印书馆 2000 年版。

地方体制内官僚政府的效用才得以延续和维持。① 就城市而言，宋代以来其经济功能不断增强，坊市制度和城郭的限制均被打破，涌入城市的人口越来越多，大大提高了控制和管理的难度，而地方政府能够投入的人力和物力却严重不足，只得将大量的社会管理事务交由地方精英主导的基层社会组织处理，这些基层组织规模都不大，在控制有固定居住场所的居民方面还能发挥一定效力，但对于居无定所、四处活动的游荡者就很难钤束管制，从而使流氓分子和团伙获得广阔的社会活动空间。

---

① 施坚雅：《中国封建社会晚期城市研究——施坚雅模式》，吉林教育出版社 1991 年版，第 40—47 页。

# 第二章
# 户籍与家族关系

## 一、关于明朝的籍贯与户籍问题

关于明代的籍贯与户籍问题，王毓铨曾发表《籍·贯·籍贯》、《明朝的配户当差制》等重要论文①，进行了系统深入的探讨。近些年来，随着登科录等文献的大量刊布，明代科举研究十分兴盛，不少论著也涉及籍贯与户籍问题。② 然而，这个问题十分复杂，学者们的看法颇有歧异，而且不乏误解臆说之处。本书拟在前人研究基础上，对籍贯的含义、籍贯的认定、户籍的分类与性质、役籍与职业的关系等问题略作分疏。

### （一）籍贯及相关词汇释义

王毓铨《籍·贯·籍贯》一文的基本观点，是认为在中国古代，

---

① 王毓铨：《籍·贯·籍贯》，《文史知识》1988 年第 2 期；《明朝的配户当差制》，《中国史研究》1991 年第 1 期。均收入《王毓铨史论集》下册，中华书局 2005 年版。

② 钱茂伟：《国家、科举与社会——以明代为中心的考察》，北京图书馆出版社 2004 年版，第 151—176 页；沈登苗：《明代双籍进士的分布、流向与明代移民史》，载《历史地理》第 20 辑，上海人民出版社 2004 年版；吴宣德：《明代进士的地理分布》，（香港）中文大学出版社 2009 年版，第 14—19 页；等等。

籍是籍、贯是贯，前者指"役籍"，后者指"乡贯"，不可混淆。当时并无现代概念之"籍贯"，文献中所见"籍贯"或"贯籍"，应当读作"籍·贯"或"贯·籍"。到了清代，因废除了明朝役籍人户的世役，"籍"遂与"贯"结合，成为"籍贯"。这种说法影响很大，至今仍常被引用。但也有学者提出不同看法。如顾诚不点名地引述了王氏观点，认为"这种解释在一定范围内是正确的，然而却不能用以说明卫籍"①。沈登苗认为，王氏对"籍贯"的释义，"无意间排斥明代最基本的贯——户籍（现籍）住址，也就是说，将乡贯（祖籍）取代了现籍。明朝并不存在所谓的'籍贯'制度，说明代的'籍'指役籍，'贯'指居住地也都可接受。但问题是，在历史文献中，大量的明代人物既有祖居地，又有现居地。要研究这些人物，就自然引出了对于'贯'的双重意义之讨论，贯有乡贯，又有户籍登记住址。"②

　　搜检文献中"籍贯"及相关词汇的用例，与王氏之说不尽相合。从理论上说，所谓"籍是籍、贯是贯"，必须以存在户役制为前提。在中国历史上，抑金某些人户承当某种差役的现象，确实一直存在，但将全体人户都分编为种类繁杂的"役户"，却是元、明两朝特有的制度。因而元代以前文献中出现的"籍贯"或"贯籍"，未必是"役籍"与"乡贯"的复合词。即使到了实行户役制的元代，文献中所见"籍贯"，大多也单指乡贯。如元代选格规定："甘肃、中兴行省所辖系西夏边地，除本处籍贯见任官外，腹里迁去甘肃者，拟升二等，中兴府拟升一等。"③崔彧奏言："自今调官，宜如旧制，避其籍贯，庶不害公。"④又

---

① 顾诚：《谈明代的卫籍》，《北京师范大学学报》1989 年第 5 期。
② 沈登苗：《明代双籍进士的分布、流向与明代移民史》，载《历史地理》第 20 辑，上海人民出版社 2004 年版。
③ 《元史》卷 83《选举三》。
④ 《元史》卷 173《崔彧传》。

《元典章》所载"舡户揽载立约"格式云："今后凡雇乘舡之人，须要经由管舡饭头人等三面说合，明白写立雇舡文约，舡户端的籍贯、姓名，不得书写无籍贯，并长河舡户等不明字样。"① 这些语境中的"籍贯"，显然都是着眼于乡贯而言。

为了证明"籍"与"贯"判然为二事，王氏列举登科录为例："杨荣，贯云南大理府太和县保和乡搭桥里，民籍；王嗣先，贯江西吉安府泰和县信实乡四十九都，民籍。"明代沿袭元制，要求考生开报"籍贯"，此处"籍"指户籍类别，"贯"指入籍贯址，确为二事。但需注意，在明代，"籍贯"是一个常用词汇，观其上下文，大多单指"乡贯"，并无"役籍"之义。如靳辅疏言："凡有商舶去来，俱彼此移会通知，设有此省舶只失风，误入彼省疆界者，即便诘明籍贯，收之登陆。"② 何乔新疏云："不问军民舍余，系河南籍贯者发辽东边卫，浙江者发福建沿海卫分，福建者发浙江沿海卫所，各充军，家小随住。"③ 他们所说"籍贯"，显然皆指"乡贯"，因为在这些情形下，没有必要了解其"役籍"。又雷礼《顺天府题名记》云："确山受斋刘公总尹务，钧阳颖谷马公以丞副之，慨然有动于中，思法前修，表京师。因阅碑刻多讹逸，复搜辑增次，具其姓名、籍贯及历官大略，镌之于石。"④ 明代各级官署多立有题名碑，例记官员乡贯而无役籍，所以雷礼所说"籍贯"，肯定专指"乡贯"。小说中亦多见此种用法。如《警世通言》中郑氏讼状云："年四十二岁，系直隶涿州籍贯。"⑤《三宝太监西洋记》中"元帅吩咐挨查军士甚么籍贯，甚么姓名"，一会儿回复道："军士姓刘，双名

① 《大元圣政国朝典章》卷 59《工部二·造作二·舡只》。
② 靳辅：《文襄奏疏》卷 7《生财裕饷第二疏（开洋）》。
③ 何乔新：《椒邱文集》卷 32《题为裨补治道事》。
④ 于敏中等编纂：《日下旧闻考》卷 62《官署一》。
⑤ 冯梦龙：《警世通言》卷 11《苏知县罗衫再合》。

谷贤。原籍湖广黄州府人氏，现隶南京虎贲左卫军。"①

这方面最直接的证据，可以从辽东都司残档中看到。都司要求各卫开报役满吏典姓名、年甲、籍贯等项，细阅各卫报单，所列籍贯格式共有四种情况，各举一例如下：

> A. 魏迪，年二十三岁，山东济南府德州平原县人。
>
> B. 郭珊，年二十七岁，山东都司登州卫人。
>
> C. 乔思尧，年二十三岁，广宁卫经历司寄籍人。
>
> D. 金承武，年二十二岁，系招集人。②

明代都司卫所中的吏典，不少都是"农民参充"，并非都属军籍。而各卫所报吏典"籍贯"，都只有占籍贯址而无役籍类别，足证在当时人的观念中，所谓"籍贯"就是指占籍地，而与役籍并无关系。其中 A 种属于州县人户参充吏役者，B 种属于卫所军户参充吏役者，而 C、D 两种则比较特殊：C 种只写"寄籍"而无明确籍贯，可能是已迁离原籍而尚未在居住地附籍；D 种当是招集安置的流民或边民，所以没有明确的籍贯。

由于太过强调籍、贯之别，王氏对相关词汇的解释也不尽确切。如他指出，古人所说"原籍"，不是现代的"原籍贯"，而是"祖遗户役"。此说也只适用于部分场合。如《大明律》规定："凡军、民、医、匠、阴阳诸色户，许以原报抄籍为定，不许妄行变乱。违者治罪，仍从原籍。"此处"原籍"，的确是指原属户役类别。但在另外一些场合，"原籍"并无"役籍"之义。如杨廷和乞恩省亲云："臣父春，原任湖广

① 罗懋登：《三宝太监西洋记》第 93 回《宝赍船离酆都国　太白星进夜明珠》。

② 参见《明代辽东档案汇编》，辽沈书社 1985 年版，第 244—267、285—287、289、296—300、307—309 页。

按察司佥事，致仕。见在原籍四川成都府居住。"① 李奎《题为褒崇忠节事》云："今考得宋忠臣谢枋得，字君直，号叠山，系臣原籍江西广信府弋阳县人。"② 王世贞记"吴中盛事"云："状元凡六人，吴县施盘，长洲吴宽，昆山毛澄、朱希周、顾鼎臣，吴县申时行。又山阳沈坤，原籍昆山，亦当为七人。"又"文臣赐第"云："天顺李文达、王忠肃、马恭襄俱有赐第，又为忠肃造第原籍盐城。"③ 这些用例中的"原籍"，显然都是指称乡贯而非役籍。

　　王氏还谈到"祖籍"的含义。他见到的文献资料中，只有"祖贯"而无"祖籍"一词，指祖宗所居之贯址。他据此推测，很可能也有"祖籍"，"指的是祖先的役籍，和今人之言宋朝明朝某人之'祖籍'意指祖先的住址者不同"。"祖贯"一词，明代文献中用例甚多，确如王氏所言，是指祖宗之贯址；此外，文献中还有"原贯"、"本贯"等词语，含义与"祖贯"相同。"祖籍"一词，文献中亦不鲜见，但多非指祖先之役籍。随手拣拾几例：沈炼自称："余祖籍浙之丽水，然本归安迁去。"④ 御史何廷枢言："应选云南、两广者，宜速令赴任，勿许借口祖籍，希图规避。"⑤《三宝太监西洋记》中天师老爷问一老者："你姓甚名谁？祖籍何处？"老者道："小老姓马名欢，原籍浙江会稽县人氏。"⑥《鼓掌绝尘》中杜翰林问："但不知贤契祖籍还在那一府？"舒状元欠身道："门生祖籍就是巴陵。"⑦ 这些用例中的"祖籍"，显然皆指祖居地。顺便说明，文献中还常见"本籍"一词，与"原籍"、"祖籍"含义相

---

① 杨廷和：《杨文忠三录》卷5《辞谢录一》。

② 谢枋得：《谢叠山集》，附录。

③ 王世贞：《弇山堂别集》卷3《盛事述》；卷11《异典述》。

④ 沈炼：《青霞集》卷3《书沈孝子碑铭》。

⑤《明熹宗实录》卷66，天启五年十二月戊戌条。

⑥ 罗懋登：《三宝太监西洋记》第93回《宝赍船离郮都国　太白星进夜明珠》。

⑦ 金木散人：《鼓掌绝尘》第9回《老堪舆惊报状元郎　众乡绅喜建叔清院》。

同。如《万历野获编》云："严寅所太宰（清），滇人也，本籍嘉兴县人。"①《今古奇观》中一少年问刘东山："今先辈欲何往？"刘东山道："小可要回本籍交河县去。"②《明珠缘》中，田尔耕对魏进忠说："小弟姓田名尔耕，本籍山西平凉。因在北京住久，只为有些薄产在此，特来收租。"③

综上所述，明人所说的"贯"，以及"乡贯"、"贯址"、"祖贯"、"原贯"、"本贯"等词汇，含义比较明确，绝大多数场合都是指祖居地。而"籍"以及"原籍"、"祖籍"、"本籍"等词汇，含义比较复杂，有时指"役籍"，有时指"乡贯"。如明代科举多有"冒籍"者，又称"冒贯"、"诈冒乡贯"，假冒的主要是"乡贯"而非"役籍"。至于"籍贯"一词，有时是并指役籍与乡贯，但更常见的是单指乡贯，必须根据上下文判断。可以肯定地说，明代甚至更早，"籍"的含义便与"贯"混融趋同，与现代概念相近的、单指乡贯意义的"籍贯"一词，并非如王毓铨所说，是到清代取消役籍之后才形成的。

## （二）户籍册与籍贯的认定

明代所有人都要入"籍"，否则便是"无籍之徒"。宗室成员编入玉牒，其他人则编入黄册及专门的户籍册。关于黄册名称的由来，有两种说法：一是源自前代"黄籍"，二是因为册面用黄纸。梁方仲、吴晗皆从后说，而栾成显认为前说可信，理由有二：其一，早在西汉初年，就称户籍簿册为"黄簿"，两晋南朝时称为"黄籍"，明代称"黄册"，显然是与此一脉相承；其二，洪武十四年初造黄册，封面用纸未见规定，二十四年才规定"进呈用黄纸面，布政司、府、州、县

---

① 沈德符：《万历野获编》卷11《严恭肃》。
② 抱瓮老人：《今古奇观》卷73《刘东山夸技顺城门》。
③ 佚名：《明珠缘》第11回《魏进忠旅次成亲　田尔耕窝赌受辱》。

册用青纸面"，亦即在没有规定封面使用黄纸前，就已称"黄册"①。此说亦有需要斟酌之处。其一，经初步检索隋唐以迄元代文献，未见称户籍簿册为"黄籍"②，可见此词虽渊源有自，但久弃不用。其二，从黑城出土的元代户籍残卷看，明代黄册的登录内容和格式与之基本相同。元代户籍册称"青册"，学者推测可能是其封面为青色的纸或布。③明代藏于布政司、府、州、县者亦用青纸面，当系沿用元制，唯进呈者用黄纸面。关于封面颜色的规定，确实始见于洪武二十三年奏准的黄册格式，但这也可能是重申原有做法。就现有资料而言，《明史·食货志》"上户部者，册面黄纸，故谓之黄册"，是一种审慎可从的说法。

明代编制黄册之前，已在全国推行户帖制度。一般认为，此制是洪武初年宁国府知府陈灌首创的，唐宋时代虽有"户帖"之称，但"仅与赋税催科相关，而与户籍人口无涉"④。笔者感觉，户帖之制，未必是陈灌首创。元代登记户籍时，首先由各户填写"手状"，也叫"手实"，此亦前代旧制，《续资治通鉴长编》卷254引天圣户令，"手实者，令人户具其丁口、田宅之实也"。虞集曾谈到，至元二十六年，"朝廷以内附既毕，大料民，新版籍，自淮至于海隅，不知奉行，民多惊扰"，马煦"在庐州，令其民家以纸疏丁口、产业之实，揭门外。为之期，遣吏行

① 栾成显：《明代黄册研究》（增订本），中国社会科学出版社2007年版，第12—15页。

② 按，唐代称正式的职田、公廨田簿籍为"黄籍"，临时的则称为白簿。如《新唐书》卷55《食货五》云："先是，州县职田、公廨田，每岁六月以白簿上尚书省覆实；至十月输送，则有黄籍，岁一易之。后不复簿上，唯授租清望要官，而职卑者稽留不付，黄籍亦不复更矣。德宗即位，诏黄籍与白簿皆上有司。"

③ 参见刘晓：《从黑城文书看元代的户籍制度》，《江西财经大学学报》2000年第6期；陈高华、史卫民：《中国经济通史·元代经济卷》，经济日报出版社2000年版，第510—512页。

④ 栾成显：《明代黄册研究》（增订本），中国社会科学出版社2007年版，第22页。并参见陈学文：《明初户帖制度的建立和户帖格式》，《中国经济史研究》2005年第4期。

取之，即日成书，庐民独不知其害"①。马可·波罗述及杭州情况："此城市民及其他一切居民皆书其名，其妻名，其子女名，其奴婢名，以及居住家内诸人之名于门上，牲畜之数亦开列焉。此家若有一人死，则除其名，若有一儿生，则增其名。由是城中人数，大汗皆得知之。蛮子、契丹两地皆如是也。"②陈灌推行户帖制，当是承袭或借鉴了元代旧制。③

明代攒造的户籍册，包括各里赋役黄册、司府州县总册，以及军匠等专职役户册籍等。④钱茂伟指出："韦庆远在上世纪60年代曾提出一个观点，认为明代有两种户籍册，一是户口册，一是户役册。"并称"这是韦先生的一大贡献"。他结合顾诚的明代疆土管理两大系统论，提出一种新见解："行政管理区的人口，就是民黄册的对象；而军事管理区的人口，就是军黄册的对象。这是一种纯粹的户口册，也就是我们现在所说的人口统计册，只在行政管理上有意义。"⑤查核原书，韦氏的说法是："户籍黄册或称赋役黄册仅是一种户口总册，它登载着全国除了军队卫所现役官兵以外的一切编入里甲的人户，不论军、民、匠、灶等户都要在黄册上登记，注明所属的户类。这种黄册是以里甲作为编制单位的。除此以外，还有其他按照不同户类分别登载的户口册，如所谓匠籍册、灶籍册、军黄册等（民户只在一般黄册上登记，不用另编其他册籍）。"⑥显然，韦氏自己并未区分"户口册"与"户役册"，实际上这是不可能的，因为黄册绝非与户役无关的"纯粹的户口册"。里甲攒造黄

---

① 虞集：《道园学古录》卷15《户部尚书马公墓碑》。

② 冯承钧译：《马可波罗行纪》，河北人民出版社1999年版，第528—529页。

③ 本段所述元代情况，皆据刘晓：《从黑城文书看元代的户籍制度》，《江西财经大学学报》2000年第6期。

④ 栾成显：《明代黄册研究》（增订本），中国社会科学出版社2007年版，第32—40页。

⑤ 钱茂伟：《国家、科举与社会——以明代为中心的考察》，北京图书馆出版社2004年版，第152—155页。

⑥ 韦庆远：《明代黄册制度》，中华书局1961年版，第54页。

册时，无论军、民、匠、灶等户一律编入，而军黄册乃是从中将军户摘出。换句话说，州县军户既登载于基础黄册（即民册），又登载于军黄册。钱氏认为民、军黄册分载行政管理区和军事管理区的人口，缺乏根据。

明代除宗室等特殊人户外，都应当编入相应户籍册，但不一定都编入州县黄册。已经编入某州县黄册者，又有不少因各种原因迁居他地。明代文献中，对于原初入籍之地，习称"原籍"、"本籍"、"祖籍"，而入籍他处则称为"占籍"、"著籍"、"附籍"。明代人户的著籍情况比较复杂，大致有以下类别：（1）州县单籍。即在某州县著籍编入黄册，未曾迁移改籍。此种既有民户，也有军、匠、灶等户。（2）卫所单籍。明初有些从征、归附军人，特别是获得各级世袭武职者，应当只有卫所户籍，而没有编入州县黄册，即没有在原籍对应的州县军户。此外，未设州县地方由卫所代管的非军籍人户，也当归入此类。（3）因起赴役地形成双籍。即已在某州县著籍编入黄册，因起赴指定机构服役，又在服役机构或地点占籍。又有两种情形：一是占籍于服役机构，如军户占籍于卫所，医户占籍于太医院，天文户、阴阳户占籍于钦天监；二是占籍于服役地所在州县，如站户占籍于驿站所在州县，南京仓脚夫占籍于上元、江宁二县，北京轮班匠户、富户占籍于宛平、大兴两县等。（4）因自由迁移形成双籍。即已在某州县著籍编入黄册，因经商、仕宦、流移等各种原因迁居其他州县并占籍。需要指出的是，无论是因起赴役地还是自由迁移者，随着时间推移，在占籍地出生的人丁，实际与原籍并无联系，也不可能登入原籍黄册户内，但他们仍然保持着"双籍"属性。

明代按籍金派徭役，占籍何处即在何处承役当差。迁离原籍而又未在寓居地占籍，就意味着逃避了徭役，因为原籍州县无法使之承役，寓居州县又无权使之承役。所以自明初开始，政府就十分注意流民的著籍问题，总的原则是尽量使之返回原籍，并允许在寓居地已有生活基础者就地占籍。如洪武二十四年，明太祖谕："今逃移之民，不出吾疆域之外，但使有田可耕，足以自赡，是亦国家之民也，即听其随地占籍，令有司善抚之。"① 宣德三年，明宣宗谕："各处逃徙人民，已有招谕复业，近闻不复业者尚多。尔户部宜榜谕之，限三月内复业，凡前所负税粮，悉与蠲免。其有久居于彼，产业已成者，许令占籍，仍令有司善加抚绥。"② 正统元年，"命逃民占籍于所寓。先是，行在户部奏：各处民流移就食者，因循年久，不思故土，以致本籍田地荒芜，租税逋负。将蠲之则岁入不足，将征之则无从追究。宜令各府州县备籍逃去之家并逃来之人，移文互报，审验无异，令归故乡。其有不愿归者，令占籍于所寓州县，授以地亩，俾供租税。则国无游食之民，野无荒芜之地矣。"③ 不过，由于不愿承当徭役，许多人长期寓居而不肯占籍。沈榜曾谈到宛平县情况："五方之民，各挟所长，以游京师，典买田园，因而贾富十百千万，其所受固宛之廛也，而彼则曰：吾偶寄居耳，不可以丁。其名曰流寓。久之长子孙，有亲戚，墓坟或渐增地至顷亩，则既食宛土之毛矣，而彼则又曰：吾故土尚未脱籍，固自有丁差在焉。其名曰寄庄。"④

除攸关徭役外，明代官员任职，例应回避本籍。如弘治十四年，"命南京刑部右侍郎金泽与南京兵部右侍郎潘蕃两更其任。以南京给事中史后等言：泽占籍都下，亲旧颇多，每问刑之际，动涉嫌疑，难于回避故也。"⑤ 万历十五年，都察院题："巡视下江、苏松等处御史黄正色，祖籍嘉兴守御千户所，旧隶苏州卫，相应回避。"⑥ 金泽原籍浙江鄞县，

① 《明太祖实录》卷 208，洪武二十四年三月癸亥条。
② 《明宣宗实录》卷 41，宣德三年四月辛酉条。
③ 《明英宗实录》卷 24，正统元年十一月庚戌条。
④ 沈榜：《宛署杂记》卷 6《力役》。
⑤ 《明孝宗实录》卷 177，弘治十四年闰七月壬辰条。
⑥ 《明神宗实录》卷 191，万历十五年十月丙子条。

占籍于应天府江宁县；黄正色原籍直隶苏州卫，占籍于浙江秀水县。据此看来，明代官员任职，原籍和占籍地都应回避。

明代审核籍贯最为严格的场合，当属科举考试。这是因为明代乡试以布政司为单位举行（南、北直隶各相当于一个布政司）并有规定的解额，会试则分南、北、中三个地域按既定比例录取，为防止因"冒籍"而影响地域公平，所以要求考生开报籍贯并严加审核。但从现存登科录看，对于如何开报籍贯，似乎并无统一标准，以致所报格式不一，可以归纳为以下几种类型，兹举例略加说明：

> A1.（万历五年）李植，贯山西大同府大同县，民籍。
> A2.（嘉靖二十六年）张居正，贯湖广荆州卫，军籍。

A 类皆开报一籍，又分两种情况：A1 所报当为原籍地。但需注意，这些人并不一定实际居住在原籍。据《明史》，李植父李承式"自大同徙居江都"，可知李植实际居住地为江都，但因并未占籍江都，所以仍须开报原籍，并在山西参加乡试。A2 所报当为占籍地。据张敬修介绍，张居正"其先庐州合肥人也，始祖福以壮士从高皇帝起濠，渡江克采石，从大将军定吴越闽广，累功授归州长宁所世袭千户，其后四世孙自称归徙家江陵，遂为江陵人"①。可知江陵既非张居正的远祖居地，也非始祖张福的原籍卫所，张福四世孙迁隶荆州卫，荆州卫遂成为其家占籍地，而荆州卫地处江陵，所以习称其为江陵人。

---

① 张敬修：《张文忠公行实》，《张太岳集》卷 47。按，张居正《先考观澜公行略》（《张太岳集》卷 17）与张敬修说法有所不同。该文谓"其先凤阳定远人也，始祖关保，国初以军功授归州守御千户所千户"，至张居正之曾祖张诚，"以别支徙居郡城"。张居正之弟居易，时任荆州右卫指挥佥事，当系承袭其家军职。

　　B1.（洪武四年）胡澄，贯浙江绍兴府诸暨县，儒籍，寓温州府。

　　B2.（嘉靖十四年）萧体元，贯江西吉安府泰和县人，河南南阳府新野县，民籍。

　　B3.（嘉靖四十一年）徐学古，贯河南河南府洛阳县，民籍，浙江杭州府仁和县人。

B 类皆开报"双籍"，其籍贯改变与役籍无关，当属于自行迁徙的移民。具体情况也有差异：B1 胡澄虽开报了双籍，但其籍贯仍在诸暨，虽实际居住于温州，但并未在温州入籍。B2 萧体元与 B3 徐学古，其家分别从江西、浙江迁居河南，但两人开报籍贯的方式却相反，萧体元以原籍地为"贯"，而徐学古是以占籍地为"贯"。从两人都在河南乡试可知，他们被官府认可的籍贯（户籍登记地）均在河南，虽然开报籍贯方式相反，实际情况应当是相同的。

　　C1.（成化二十三年）沈瓒，贯浙江宁波府慈溪县人，顺天府大兴县，民匠籍。

　　C2.（正德三年）冯裕，贯辽东广宁左卫，军籍，山东临朐县人。

　　（正德六年）高文豸，贯辽东定辽中卫，军籍，山东黄县人。

　　（嘉靖四十一年）严镃，贯光禄寺，厨籍，顺天府丰润县人。

　　（万历五年）冯琦，贯山东青州府临朐县，军籍，辽东广宁左卫人。

　　C3.（成化八年）高升，贯辽东定辽中卫，军籍，辽阳盖州人。

　　D.（嘉靖八年）冯彬，贯广东雷州卫，官籍，附籍海康县。

C、D 两类亦属于"双籍"情形，且双籍是由于服役造成的，其开报籍贯的方式也不统一：C1 是以原籍为"贯"，后列为占籍地；C2 是以占籍地为"贯",后列为原籍地;而 C3 亦以占籍为"贯",后列则是居住地。其中正德三年冯裕,原籍山东临朐县,远祖赴广宁左卫服役,遂占籍于此,故冯裕参试时报为辽东广宁左卫军籍,后列原籍。冯裕显达后,归居临朐并复籍,万历五年冯琦为其曾孙,参试时报为山东青州府临朐县军籍,而又以广宁左卫为原籍。成化八年高升与正德六年高文豸为父子,两人均以占籍地为"贯",但高文豸后列山东黄县,当是其原籍地,而高升后列辽阳盖州,当是其居住地(定辽中卫治所在辽阳)。D 类冯彬是以役籍所隶为"贯",并说明附籍于海康县。明代允许卫所军户有条件地在附近州县附籍,海康县隶属雷州府,与雷州卫应当邻近,冯彬应当就是在附近州县附籍的事例。

上述复杂情况说明,明代对于籍贯的表述,并无明确而统一的标准,考生的理解也大不相同。王毓铨在谈到"贯"时,认为"指的是一个人的出生地、居住地,他的户役役籍所在地"[1],确如沈登苗所说不尽准确,因为有些人的出生地、居住地和役籍所在地是合一的,有些人却是分离的[2]。但结合考生的乡试地点加以观察,可以看出,明代双籍考生开报的籍贯,无论先后顺序如何,凡在某府县、某卫或某机构(如太医院、钦天监、王府仪卫司)后附户籍类别者,才是其占籍地(即实际户籍所在地)[3];未附户籍类别的贯址,大多都是原籍地,但也有的是寓居地。除非法令允许在异地参试[4],考生例应在占籍地省份参加乡

---

① 王毓铨:《籍・贯・籍贯》,《文史知识》1988 年第 2 期。

② 沈登苗:《明代双籍进士的分布、流向与明代移民史》,载《历史地理》第 20 辑。

③ 笔者翻阅登科录,基本上都符合这一原则,但也偶有例外。如成化十七年李旦,贯直隶河间府献县,军籍,陕西榆林卫军。李旦系陕西乡试,其占籍地当为榆林卫。

④ 如"南、北京闱,例令四方髦士游太学、寄京畿及依亲仕宦者,皆得应试"(黄瑜:《双槐梦钞》卷 5《京闱二科举首》)。有些官员似可在任职地乡试。如建文二年黄钺,贯直隶苏州府常熟县儒籍,由监生任湖广宜章县典史,在湖广乡试;成化十四年谭溥,贯四川泸州民籍,山东旧县驿驿丞,在山东乡试;嘉靖四十一年赵应元,贯浙江杭州府仁和县民籍,直隶六安州学训导,在应天府乡试。

试，但也有极个别的例外情况。如成化十四年鲁义，贯辽东定辽右卫，官籍，湖广黄冈县人，似应在山东乡试，而实际是在湖广乡试。观其家状，鲁义曾祖为百户，而祖、父皆无职，或许是已经作为余丁返回原籍定居。

在科举等场合需要严格确认籍贯，日常生活中则无此必要，人们惯常所说"籍贯"、"本籍"、"本贯"等，大多是原籍而非占籍地。事实上，由于多次迁移，有些人可能有两个以上的籍贯，自家人说法也不一定一致。除前揭高升、高文豸父子所报籍贯不同外，又如成化十一年进士佟珍与正德十六年进士佟应龙为父子，前者报为"山东青州府人"，后者报为"直隶山阳人"。明末允许宗室子弟参试，所报乡贯亦不一致。如崇祯七年朱统铚，江西南昌府新建县人，宁藩石城王府宗籍，是以宁王府所在地为乡贯；崇祯十年朱统镇，南直隶凤阳府泗州盱眙县人，宁藩江西新建县宗籍，是以明太祖之祖居地为乡贯。

史籍在著录人物籍贯时，也往往随意取舍。如清修《明史》中的人物传记，在籍贯问题上就比较混乱。有些是以占籍地为其籍贯。如成化二年进士郑己，据《登科录》"贯浙江宁波府鄞县人，直隶山海卫军籍"，《明史》谓其"山海卫人"；成化十一年进士曹元，据《登科录》"贯直隶含山县人，大宁前卫官籍"，《明史》谓其"大宁前卫人"；弘治九年进士胡献，据《登科录》"贯直隶扬州兴化千户所军籍，江西新喻县人"，《明史》谓其"扬州兴化人"；嘉靖四十四年进士沈鲤，据《登科录》"贯河南归德卫军籍，直隶苏州府昆山县人"，《明史》谓其"归德人"。有些则以原籍地为其籍贯。如弘治十二年进士张文锦，据《登科录》"贯辽东广宁左屯卫军籍，山东安丘县人"，《明史》谓其"安丘人"；万历五年进士王谦，据《登科录》"贯锦衣卫官籍，山西平阳府蒲州人"，《明史》谓其"蒲州人"。至于地方志，更是热衷于搜罗本地名人，一个名人可能出现在多种地方志中。要想弄清某人的真实籍贯，必须结合传记资料加以判断。

### （三）户籍分类及与职业的关系

明代实行配户当差制，存在着多种多样的役户。这方面的资料，较集中地保存在地方志和进士登科录、题名碑中。地方志中的相关资料，王毓铨曾进行系统翻检，并广泛披阅实录、文集、政书等文献，共找到 80 多种役户，见所撰《明朝的配户当差制》一文所附《明朝户役概况表》和《县级户役种数额举例表》。朱保炯、谢沛霖《明清进士题名碑录索引》，则对进士题名碑中所见之"籍"进行了归纳，共分为民、军、匠、灶（盐）、官、监、站（驿站）七大类，除"官籍"外，其他六类又都包括一至十几种的籍别。① 对于明代的户籍分类，学者们看法不一，甚至存在一些误解，有必要加以分疏讨论。这里集中探讨两个问题。

一是明代户籍的分类与性质。

关于明代的户籍，《明史》有如下概述："凡户三等：曰民，曰军，曰匠。民有儒，有医，有阴阳。军有校尉，有力士，弓、铺兵。匠有厨役、裁缝、马船之类。濒海有盐灶。寺有僧，观有道士。毕以其业著籍。"② 这段话不够清晰准确，但有一点是明确的：明代役籍有层次上的区别，民、军、匠以及盐灶属于基础性的役籍，其下都包括若干次一层的役别。现代学者论述明代户役制，大多援据《明史》的说法，朱保炯、谢沛霖的户籍分类表，则是将这一说法具体化、明细化。而王毓铨概述明代役户时，则是平行地罗列了 80 多种役户，并未进行层次区分。钱茂伟将这两种看法概括为"层次分类说"和"平行分类说"，认为后

---

① 朱保炯、谢沛霖编：《明清进士题名碑录索引》上册，上海古籍出版社 1980 年版，编例第 4 页。

② 《明史》卷 77《食货一》。

者"更符合明代户籍种类体系"，因为从进士户籍来源看，"儒籍、生员籍、阴阳籍和民籍是平行关系；同样，弓兵、铺兵与军籍也是平行关系，厨籍、马船夫籍也与匠籍平行的"①。

明代法令条例中，并未对各种户籍进行说明和归类，因此地方志对各种户籍往往并列杂陈，而登科录中的户籍也是五花八门。但仔细观察这些户籍，可以看出它们并非处在同一层级，确如《明史》所示，可以进行层级的区分。只是由于明代户籍过于庞杂，各种户籍的确定原则差别很大，必须首先弄清各种户籍的性质，才可以恰当地判断其层级。笔者认为，可以将明代户籍区分为基本户籍和次生户籍两大类，有的大类之下可以分出若干小的户别。基本户籍的特点是，它们彼此之间不能兼容并存，但可在其上叠加次生户籍；次生户籍的特点是，它们都是因适应某种需要（承担徭役或确定身份）而在基本户籍的基础上编定的，因此可与基本户籍兼容并存，而且一种次生户籍之中可以包含数种基本户籍。

基本户籍可以分为良、贱两类。属于良民的基本户籍，包括民、军、匠、灶四种，正如《后湖志》所说："人有千门万户，总出于军、民、匠、灶之一籍。惟据旧籍以查驳，庶欺隐者、改窜者始不能逃。"②这四种役户已为学者熟知，无需赘论。

属于贱民的基本户籍，大多分布于特定地域，主要包括以下几种：(1) 丐户（堕民），存在于浙江绍兴、宁波以及南直隶苏州、松江等地。关于浙东堕民的职业，万历《会稽县志》卷3云："四民中居业不得占，彼所业民亦绝不冒之。"祝枝山《猥谈》"丐户"条谈到，明代早期奉化堕民"官给衣粮"，"妇女稍妆泽，业枕席"，而官府"征其淫贿"。徐渭

---

① 钱茂伟：《国家、科举与社会——以明代为中心的考察》，北京图书馆出版社2004年版，第168—170页。

② 《后湖志》卷10《事例七》。

《徐文长文集》卷18《会稽县志诸论·风俗论》谓"四民中所籍,彼不得籍,彼所籍,民亦绝不入",清雍正元年巡视两浙盐课噶尔泰曾上疏要求削除堕民丐籍,可知丐户确实属于一种专门户籍。(2)九姓渔户。贯属浙江严州府建德县,踪迹遍布杭州、绍兴、金华、衢州四府之间,亦编有专门户籍,以船为家,或在江上结网打鱼,或从事沿江客运,多雇觅妇女在船为娼,官府向其征收渔课。(3)疍户。分布于广东、福建、广西滨海沿江地区,或隶河泊所,或隶州县,以艑艇为家,从事捕鱼割蠔、水上运输等业,少数垦种沙田,上岸陆居,官府有时强迫他们采珠。(4)乐户。在京者隶教坊司,在地方者隶州县,尤以山西、陕西等地较多,平日从事娼妓以及其他"贱业",负责为宫廷、官府、王府提供音乐歌舞等项服务。①

上述各种基本户籍,无论良贱多寡,都有专门户籍,而且相互之间不能兼容,一个人户只能属于其中一种,而不能同时属于两种。如不可能既为民户又为军户或匠户,既为民户又为疍户或乐户,等等。其中的贱民诸籍,不可能见于登科录,因为根本不允许他们参加科举。另外,诸种基本户籍中,民户又是基本之基本,无论是良民中的军、匠、灶,还是各种贱籍,倘若被允许"落籍"或"脱籍",便成为民户。

基本户籍之外的其他户籍,都是次生户籍,其种类前后有所变化。如明初确定户籍,基本上以元朝旧籍为定,保留了一些元朝时期的户籍类别,但明朝本身并不设立此籍。儒籍就是如此,所以洪武年间,儒籍进士特多,其后日益稀少,就是因为在元朝为儒户者才可继续称儒户,而明朝新兴起的儒士并不能归入儒籍。还有不少户籍是明朝新兴的,如陵户、署户就是如此,元朝皇帝葬处保密,自然不需要相应役户。

次生户籍,按其性质也可以分为两类。一类属于役籍,其情形可

---

① 参见经君健:《清代社会的贱民等级》,中国人民大学出版社2009年版,第165—191页。本段史料亦转引自该书。

分三种：第一种需要某种专门技能，或者带有一定程度的特权性质，所以在继役时有限制条件。如隶属钦天监的阴阳户，"子孙只习学天文历算，不许习他业"，但当天文生有缺，必须通过考校才能收用；隶属太医院的医户，"凡医士，俱以父祖世业代补"，但补用时也要经过考校。①隶属锦衣、旗手等卫的校尉、力士，其来源比较复杂，其中一部分从民间佥充，"例不勾丁，如有老疾，听于岁终具告兵部，行该卫勘明，具奏释放"，后来作为一项优待，规定"虽例不勾丁，而子孙愿替补者，亦准查收"②。第二种是佥拨一些人户，使其从事某种专业徭役，其种类甚为繁杂，王毓铨找到的80多种役户，绝大多数属于此类。③仅在北京就有坛户、庙户、陵户、坟户、园户、果户、海户、养户、栽户、瓜户、冰户、菜户、藕户、酒户、磨户、油户、靛户、乐户、轿户、旛户、米户、窑户、羊户等数十种。第三种属于虚拟户，僧户、道户即属此类，按照规定，庵院寺观已给度牒僧道，如有田粮，也要编入黄册纳粮当差，无田粮者编入带管畸零，因此僧、道户实际上是一种特殊的民户。

另一类并非役籍，王毓铨指出，有些县志将官户、官籍、生员户等"与役户并列，这不妥当"，因为仕籍（官籍）"是居官人本人身份之籍，不是他所从属的役籍"，"户之有生员者，即为生员户，无者即非生员户，这和户役户籍无关"④。王氏对"官籍"、"生员户"的具体解释容或可商，但这两种户籍，以及见于地方志或登科录中的儒籍、宗籍、四

① 万历《明会典》卷223《钦天监》；卷224《太医院》。
② 万历《明会典》卷144《兵部二十七·力士校尉》。
③ 王毓铨提示，脚夫、弓兵、铺兵、水防夫、祗禁等，以及《祁门志》所列儒学户、东山书院户等，系由均徭法编佥，非世役。按，明代各地役法差别很大，弓兵、铺兵等在不少地方志中都列为一种役户，可能有的地方是由一些人户长期充当，有的地方编入均徭数年一轮。
④ 王毓铨：《明朝的配户当差制》，《中国史研究》1991年第1期。

裔籍等，确实与役籍有所不同，主要是为了确认某种特殊身份。不过，这些特殊身份者大多享有一定数量的徭役优免权，可以视为"免役户"，与徭役也有一定关联，地方志将它们与役户并列，并非毫无道理。有的次生户籍，则确实与徭役毫无关系。比如"商籍"，虽然看起来像是一种役籍，实际不然，这是为便于寓居的盐商子弟参加科举的一种优待，所以徽商在两浙者可以入"商籍"，在两淮者因未出南直隶不得入"商籍"。①

上述各种类别的次生户籍，与基本户籍的关系也有两种情况：第一种是派生自基本户籍之一种，如上述佥自民间的力士、校尉，例不勾丁替补，因老疾释放回籍后，如其家无人要求替补，便仍为民户。天启二年进士傅永淳"贯直隶真定府灵寿县劾籍"（当为"校籍"之误），据傅维鳞介绍，傅氏之先为锦衣卫校尉，灵寿一支"事耕读，以武世职，子孙易荡逸，弗屑袭，于是灵寿为民籍"②。傅氏参加科举报为"校籍"，而又自称"民籍"，实际并不矛盾，有学者视为"从军籍变为民籍"，认为"明朝后期户籍政策松弛了"③，未必妥当。再如北京富户，据进士登科录，正统四年章绘所报为"贯浙江宁波府鄞县民籍，顺天府富户"，嘉靖二十九年刘光远所报为"贯河南开封府杞县民籍，宛平县富户"，有人认为这"是富户籍转变民籍的实例"④，实际上并不存在户籍转变问题，因为富户本就是从民户中佥充的，既属民籍也属富户籍。第二种是几种基本户籍的混合。如非徭役性的商籍，凡寓居两淮、两浙的外省盐商，无论民、军、匠、灶，都可入籍参试。又如轮充役性质的弓兵、铺

---

① 　王振忠：《明清徽商与淮扬社会变迁》，三联书店 1996 年版，第 58—62 页。
② 　傅维鳞：《明书》卷 170《叙传一》。
③ 　钱茂伟：《国家、科举与社会——以明代为中心的考察》，北京图书馆出版社 2004 年版，第 168—170 页。
④ 　廖英舜：《天一阁登科录中的明代进士户籍分析》，《史耘：东吴大学历史学系研究生学报》（台北）2008 年第 4 期。

兵等，民户以及州县所辖的军户、匠户等，都要按其人丁事产编充。水马驿夫系按田粮照额均派，除民户外，军、匠户有民田者亦在佥充之列。再如城市的铺户，无论民、军、匠籍，凡从事工商业者都要编审当差，以北京为例，"锦衣卫官校多占籍行户者"①。

　　明代所谓世袭其役、籍不可改，作为基本户籍的军、匠、灶确实如此，故《明史》有"凡军、匠、灶户，役皆永充"②之说。但次生户籍的情况比较复杂。有的确实需要世袭，如南直隶仪真等地，"有渔户，有船户，俱祖充，隶应天府六合河泊所。岁办采打，赍贡鲜及麻铁翎鳔油料。仍当里甲正差"③。但也有的不必世袭，甚至可以自由选择。如"王府老疾厨役名缺，原户丁不愿替役者，务要奉有本管上司明文，方许于相应人户内佥补"④。

　　如果对明代户籍了解得不够清楚，在判断某种户籍的属性时容易出现偏差。如上引《明史》将厨役归入匠籍，实际上光禄寺、太常寺很多厨役都佥自民籍。郡王厨役原来"行有司与护卫人户内中半佥拨"，后令"通查各王府民厨，退回原籍当差，止拨军厨应役"，如无护卫仪卫司、例该佥拨民厨，则于均徭内带征银两，由布政司转给长史司雇人应役。⑤可知厨役的基本户籍，既有民籍也有军籍，并非都是匠籍。再如《明史》将校尉、力士、弓兵归入军籍，正如上面所论，部分校尉、力士的基本户籍是民籍，而弓兵虽有永充者，但多数都是从丁粮相应人户内佥充，属于均徭内的"民役"。现存登科录等资料中的进士户籍，情形十分复杂，其中既有役籍也有非役籍，同种役籍又说法不一（仅以

① 《明世宗实录》卷557，嘉靖四十五年四月庚辰条。

② 《明史》卷78《食货二・赋役》。

③ 隆庆《仪真县志・户口考》。

④ 万历《明会典》卷146《礼部七十四・厨役》。

⑤ 同上。

军籍为例，就有军籍、军官籍、总旗籍、旗籍、官籍、卫籍、屯种军籍等说法）。

近些年来，有些学者利用这些资料考察各籍进士的数量和比重，由于进士所报户籍原本就标准不一，加之研究者或是将各个层次的户籍平铺并叙，或虽做层次区分而归类不当，或对某籍的隶属和性质发生误解，从而难以反映实际情况。以颇使学者困惑的官籍为例①，其家庭可以分为三种情况：一是属于卫所军官（此类人数最多）。如正统十三年沈琮，贯南京旗手卫官籍，直隶武进县人，祖父为旗手卫百户；成化二年贺钦，贯浙江宁波府定海县人，辽东广宁后屯卫官籍，兄为百户；嘉靖二十九年钱錞，贯湖广显陵卫官籍，曾祖、祖、父未见任职，但据钱錞传记资料，其七世祖以功授荆州左卫百户，后徙承天护显陵，而钱錞家在荆州。二是隶属特殊机构。如正德九年方楷，为钦天监官籍；万历二年郝国章，太医院官籍，山西太原府阳曲县人，曾祖、祖、父皆为太医院官；万历十四年孙承荣，四夷馆官籍，直隶苏州府长洲县人；崇祯元年葛逢夏，顺天府文思院官籍。三是父祖有仕宦经历。如宣德五年王复，贯浙江宁波府慈溪县官籍，父为金溪县知县；正统十年申祐，贯贵州思南府婺川县官籍，父为婺川县五堡三坑巡检司巡检；景泰二年章格，贯直隶苏州府常熟县，父为前监察御史，兄为平湖县学训导；嘉靖十一年张合，贯云南永昌府官籍，应天府江宁县人，其父以南京户部右侍郎致仕。笔者认为，明代并无法定的"官籍"，登科录所见乃是参试者的自我判定，或为世袭武职，或隶特殊机构，或因父祖曾任大小官

---

① 参见钱茂伟：《国家、科举与社会——以明代为中心的考察》，北京图书馆出版社 2004 年版，第 164 页；沈登苗：《评钱茂伟教授著〈国家、科举与社会〉之得失——兼论学术书评的追求》，学术批评网，http://www.acriticism.com/article.asp? newsid=6931；廖英舜：《明代官籍进士研究——以天一阁藏明代登科录为主》，台湾东吴大学历史学系硕士班论文，2010 年。

职，虽皆与"官"有关，其性质差别很大，而且具有同样身份者未必报作官籍。所以，将"官籍"作为户籍或役户之一种加以统计分析，并无学术价值。

二是明代役籍与职业的关系。

吴智和曾专门论述明代的职业户，指出："明代黄册的编订，主要是依据'户口以籍为断，籍以职业为断'的原则，将全国各阶层的职业人口，包括直属政府机构的各职业人口，以某'户'来区分其所从事之职业。"他具体介绍了 14 种职业户，即民户、佃户、茶户、渔户、马户、矿户、匠户、织户（机户）、船户、商户、营生户、铺户、盐户、军户。从其内容看，吴氏确定"职业户"的标准不一。其中有些是官府确定的役户类别，如匠户："有民匠、军匠二种，民匠又有轮班与住坐之分。匠籍，世代相袭，不得转业。"军户："人民之中有供应军差的特定人户，隶军籍者皆属之。"盐户："凡以煮盐、晒盐为生者，皆属之。盐户对国家皆有制造定额盐斤之义务。"另一些虽然也是役户类别，但吴氏将其包容范围大大扩展，如茶户："凡植茶为生的户口皆属之。"渔户："凡捕鱼、养鱼资生者皆属之。"还有一些完全与役籍无关，如佃户："无田为人佃作者皆属之。"商户："凡从事贸迁有无的商贾否认是铺户、贩户、揽户者皆属之。"营生户："专于贩易佣作者皆属之。"① 看来吴氏是将役籍与职业混为一谈了。

关于王毓铨对这一问题的看法，钱茂伟提示说："职业的含义首先是政府规定的各种不同的户役，一种职业往往构成一种专门的徭役，此称为籍。这意味着，明代有多少'役'，就应有多少'籍'。"② 翻检《明朝的配户当差制》一文，未见专门论述职业与役籍的关系；所谓一个职

---

① 吴智和：《明代职业户的初步研究》，《明史研究专刊》（台湾）1981 年第 4 期。

② 钱茂伟：《国家、科举与社会——以明代为中心的考察》，北京图书馆出版社 2004 年版，第 156 页。

业就构成一种役种、有多少"役"就有多少"籍"，也未必合乎王氏的本意，因为明代许多役是由人户（除民户外，也包括州县军户、匠户等）轮流承当，无须金编专门役籍。王氏只是谈到，明朝以户为编制单位，把人户编成若干不同的役种，为每一种立一役籍（版籍、册籍），驱使他们去承担朝廷的各类生产、造作、兵防、奔走、祗应差役。总观王氏的观点，他认为职业与役籍具有一定的关联度，但又并非所有户丁都从事役籍所规定的职业。曹树基基本接受了王氏的看法，认为："在明代，职业的含义首先是政府规定的各种不同的户役，一种职业往往构成一种专门的徭役，此称为'籍'；其次，职业与徭役是紧密联系在一起的，因此，从法律上讲，职业具有世袭和不易更改的特点，而在事实上，由于各类徭役的额度具有某种固定的特征，随着时间的推移，大批'籍'内人口从事与本'籍'无关的职业。"①

事实上，役籍虽然不能说与职业毫无关系，但两者之间确实不存在直接的对应关系，正如栾成显所强调的："黄册之户籍，既不表示人户的贯址，也不表示人户所从事的职业，乃是指人户著于官府册籍上的应役种类。……就其划分原则来说，与人户所从事的各种职业不无关系，但最终以明王朝的需要为准，是由官府金定的，实质上为一种配户当差制。"② 首先，明代金定役户是为了得到相应的物品或劳役，并非所有从事某种职业者都编入相应役籍。如在产茶地区，有些人户被金为"茶户"，负责向宫廷提供茶叶，但还有很多以种茶为业者并非"茶户"。随着时间推移，有些"茶户"也不一定世代种茶。易言之，隶"茶户"者不一定种茶，而种茶者不一定隶"茶户"。其次，官府金点役户时，并不一定考虑其职业。如两京以及各地所金"铺户"，有些不但不是本行

①　曹树基：《中国人口史》第4卷《明时期》，复旦大学出版社2000年版，第370—374页。
②　栾成显：《明代黄册研究》（增订本），中国社会科学出版社2007年版，第338、463页。

铺商，甚至根本就不从事工商业。福建惠安知县叶春及谈到，"本县虽冲实小，原无铺户……只一人领纲银，共具过客，亦名铺户，实无居货"①。张永明谈到南京情况："行役陪累重难，则以城坊衣食得过之家充应，家无货物之储，官有铺行之役。"②

（四）小结

王毓铨提出"籍是籍、贯是贯"的著名论点，提醒人们注意"役籍"与"乡贯"的区别，体现了敏锐的学术眼光，也有助于澄清以往的模糊认识。王氏的观点，在一定范围内确实成立，但同时也有矫枉过正之嫌：其一，在一些语境中，"籍"与"贯"确实分指"役籍"与"乡贯"，但在另一些语境中，"籍"与"贯"的含义已经混融趋同。用以指称某人祖居地或出生地的"籍贯"一词，并非如王氏所说，是到清代才形成的。其二，王氏特别强调"贯"是指"一个人的出生地、居住地，他的户役役籍所在地"，实际上由于服役、仕宦、经商、流移等原因，出生地、居住地与户役役籍所在地相互分离的现象十分常见，因而籍贯认定便成为一个复杂问题。从登科录等资料看，明代官府确定某人籍贯的标准，是以占籍地（户籍登记地）而非原籍（祖先著籍地）为定。但在不涉及服役、科举等与籍贯密切相连的事项时，特别是在日常生活的场合，并无确定单一籍贯的必要，人们往往更倾向于认同自己的祖籍，而史籍和地方志著录人物籍贯时也没有统一标准，一个人常常出现两个甚至更多的籍贯。

在地方志、登科录等资料中，可以看到多种多样、形形色色的户籍（有时称"某户"，有时称"某籍"），有些学者认为可以将各种户籍

① 叶春及：《石洞集》卷 8《免铺户置簿》。
② 张永明：《张庄僖文集》卷 2《议处铺行疏》。

区分为不同层级，也有学者认为各种户籍之间都是平行关系。在明代法令条例中，确实找不到关于户籍区分的明确说明，但各种户籍决非同一层级的平等关系。根据其性质不同，可以将明代各种户籍区分为基本户籍和次生户籍两大类。基本户籍又有良、贱之分，前者包括民户、军户、匠户、灶户，后者包括丐户、九姓渔户、蜑户、乐户等，其特点是彼此之间不能兼容并存，但可在其上叠加次生户籍；次生户籍种类极其繁杂，有的属于役籍，有的则与徭役无关，都是在基本户籍的基础上编定的，因此可与基本户籍兼容并存，而且一种次生户籍之中往往包含数种基本户籍。要想了解某种户籍的属性，必须弄清其来龙去脉，否则很容易判断失误。关于役籍与职业的关系，学者们看法也不尽一致。事实上，两者之间虽然不能说毫无关系，但确实也不存在直接的对应关系。换句话说，隶属某种役籍者不一定从事此项职业，从事此项职业者不一定隶属此种役籍，将役户等同于"职业户"是不确切的。

## 二、明初徽州族长的经济地位
### ——以休宁县朱胜右为例

### （一）引言

近些年来，徽州地区因其保存下来的大量契约文书受到学术界越来越多的关注。其中对家族的研究，是"徽学"最重要的方面之一。学者们普遍认为，徽州是传统家族制度相当完善的地方，家族充当着基层政权的角色，影响遍及各方面。可以说，了解家族制度是理解徽州社会结构的钥匙。就目前的研究状况而言，由于资料的欠缺，关于徽州家族的总体性论述成果较多，而有关个别家族的形成、结构与功能的微观个案研究还比较贫乏，这恐怕应成为今后研究的重点。

以族长为例，学术界认为族长是家族的首脑，享有至高无上的独尊地位和权力，但这只是笼统的看法。不同时期的族长有什么不同特点，族长的选拔依靠什么标准、通过什么程序进行，族长的经济地位和社会地位如何，族长通过什么方式行使权力，诸如此类的许多问题仍是模糊不清的，需要挖掘资料，分析资料，一点一点地爬梳勾勒。

在现存的明代初期的徽州契约中，有少数族长的名字因作为土地买卖中的担保人被保留下来；同时，还保存了一些能反映这些族长的经济地位的契约。本书将依据《明清徽州社会经济资料丛编》第 1 辑① 中的有关地契，对明代初期休宁县的一位族长的经济状况略作分疏。

（二）有关契约的内容

在下面这件契约中，朱胜右的名字是作为族长出现的：

> 十二都九保住人朱宋寿，同母亲吴氏商议，今将故父户下有田壹号，坐落本都九保，土名前岩，系己字六百六十五号田，共二亩三分六厘三毫，内取壹亩壹分七厘九毫，东至塝，西至水坑，南至朱德田，北至朱德未田。每年硬上租籼谷壹拾贰秤，上田租[租]。今来缺少钱物用度，情愿将前项字号四至内田，尽行立契出卖与同都人江猷干名下，面议时值价钞九贯文整，当用籼谷折还。其价当成契日一并收足。其田今从出卖之后，一任买人自行闻官受税、收苗，永远管业为定。如有内外人占拦，四至不明，重迭交易，并是出卖人自行祇当，不及买人之事。所有上手来脚，

---

① 安徽省博物馆编：《明清徽州社会经济资料丛编》第 1 辑，中国社会科学出版社 1988 年版。

别产相连，缴付不便，日后要用，本家索出参照不词。今恐无凭，立此卖契为用。

洪武三十年二月初十日出产人朱宋寿契

同母亲　吴氏

见人　朱舟保

依口代书人　汪克忠

保名族长　朱胜右

今就领去前项价钱并收足讫。同时再批。①

　　很显然，朱胜右是作为朱宋寿所在的朱氏宗族的族长进行担保的。契约中没有写上佃人姓名，可见这块二亩余的土地由朱宋寿自耕。除此之外，朱胜右与朱宋寿之间还有无其他关系？朱宋寿的经济状况如何？幸运的是，在朱宋寿的另一件卖田契中，朱胜右的名字又作为佃人和见人两次出现，使我们可以了解更多的情况：

　　十二都九保人朱宋寿，今为日食不给，同母亲吴氏已姑商议，愿将承父户下有田二号：系九保乙字一千七十二号田，取五分二厘一毫，东［至］□□，西［至］□□，北［至］□□，土名隐［引］江，佃人胡辰保，上租谷三秤；又将同保一千七十三号田，取九分五厘二毫，东［至］□□，西［至］□□，南［至］□□，北［至］□□，土名引江，佃人朱胜右，上租谷壹拾壹秤。自情愿将前项二号四至内田，尽行立契出卖与汪猷干名下，面议时值价钞九贯文［整］。其钞当成契日一并交收足讫。其田今从出卖之

① 安徽省博物馆编：《明清徽州社会经济资料丛编》第1辑，中国社会科学出版社1988年版，第3—4页。

后，一任买人自行文［闻］官受税、收苗，永远管业。如有内外人占拦，四至不明，重迭交易，并是出产人抵当，不及买人之事。所有上手来脚入户契文与别产相连，缴讨不便，日后要用，本家索出参照不词。今恐人心无凭，立此卖契文书为用。

洪武二十六年十二月日出产人朱宋寿卖契

同母亲　吴氏己姑

见人　朱胜右

朱德林

汪　午

胡　驴

今领去前项契内价钞，并收足讫。同年月日再批。①

　　将这件契约与上引洪武三十年（1397 年）卖地契结合起来分析，大概可以推知此时正处于衰落过程之中的朱宋寿本来是一位富裕的自耕农，一部分土地自种，另一部分出租，朱胜右即是他的佃户之一。朱胜右虽为佃户，但与主家同族，两者之间的关系是平等的，他在洪武二十六年还不是族长，但有资格作为中见人出现，可见在族中有一定地位。这件契约使我们知道朱胜右具有佃人的身份，但他租种的朱宋寿的土地面积多大则不详，朱宋寿只是在一块土地中割取了九分五厘二毫出卖，并未出卖整块土地，而这整块土地大概均由朱胜右佃耕。这笔土地买卖成交后，朱胜右在保持作为同族的朱宋寿的佃户身份的同时，又成为异姓的汪猷干的佃户，这似乎对他在族内的地位并无影响，他后来被推为族长。

---

① 安徽省博物馆编：《明清徽州社会经济资料丛编》第 1 辑，中国社会科学出版社 1988 年版，第 1—2 页。

　　具备佃户身份的朱胜右能在族中保持较高的地位和影响，恐怕是因为他不是纯粹的佃农，他自己也据有一些土地，现存的几件卖地契充分证明了这一点。

　　　　太平里十二都三图朱胜右，本户下有田二坵，系十保体字五百一号田，计三亩一分九厘六毫，土名吴失塘下，东至水坑，西至汪彦善田，南至王贵远田，北至朱士祥田。每年硬上籼谷三十 [秤]，上田，佃自。今来为日食不给，情愿将前项四至内田取一半，计一亩五分九厘八毫，出卖与同里人汪猷名下，时值价钱壹拾伍贯。其价当成契日俱系籼谷准足无欠。其田今从出卖之后，一任买人自行闻官受税，收苗管业为定。如有四至不明，重迭交易，内外人占拦，并是卖人祇当，不及买人之事。所有原入户契文，一并缴付。今恐无凭，立此卖契文书为用。

　　　　　　　　　　　　　洪式二十九年九月日朱胜右卖契

　　　　　　　　　　　　　　　见人　胡延寿

　　　　　　　　　　　　　　　依口代书人　李资袞

　　　今领去前项契内价钱籼谷收足。同日再批。

　　　　　　　　　　　　　　　　领谷人　朱周虎①

　　此契距标明朱胜右为族长的洪武三十年（1397 年）二月朱宋寿卖地契仅五个月左右，朱胜右此时应该已具备族长身份。然而这在经济上似乎对他无所助益，与朱宋寿一样，他的家庭经济状况正在恶化，不得不依靠连续出卖土地维持生活。

---

① 安徽省博物馆编：《明清徽州社会经济资料丛编》第 1 辑，中国社会科学出版社 1988 年版，第 3 页。

太平里十二都三图朱胜右，本户下有田一号，系九保乙字
二百三十八号田，内取二亩三分四厘二毫，东至吴祖龙田，西至
高腾八保界，南、北至程仲芳田，土名大干口。佃人自，每年硬
土籼租谷二十三秤。上田租［租］。今来为日食不给，情愿将前
项四至田内取一半，计一亩六厘三毫，出卖与汪猷干名下，面议
时值价钞三十贯文。其价当诚［成］契日俱系籼谷准足无欠。其
田今从出卖之后，一任买人自行闻官受税，收苗管业为定。如有
四至不明，重迭交易，内外人占拦，并是卖人自行祇当，不及买
人之事。所有原入户契文，一并缴付。今恐无凭，立此卖契文书
为用。

洪武三十一年八月　日出产人　朱胜右　卖契

领价谷男　朱护祖

朱周虎

朱　计

见交易人　胡原寿

依口代书人　汪丑干

今领去前项契内价钞籼谷并收足讫。同日再批。①

从这件契约中可以知道，朱胜右有三个儿子，大约并未析产分家。
时隔一年，朱胜右又从另外三块土地中各取一半出卖：

十二都三图朱胜祐，自己置到叁号：系九保乙字贰佰六十一
号，田一亩一分九厘六毫，东至□□，西至□□，南至□□，北

---

① 安徽省博物馆编：《明清徽州社会经济资料丛编》第 1 辑，中国社会科学出版社 1988
年版，第 6 页。

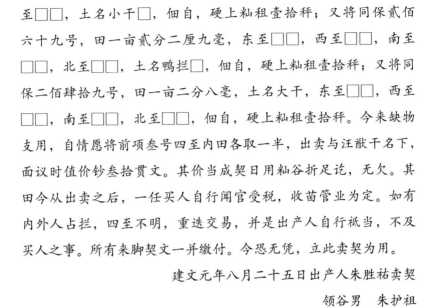

至□□，土名小干□，佃自，硬上籼租壹拾秤；又将同保贰佰六十九号，田一亩贰分二厘九毫，东至□□，西至□□，南至□□，北至□□，土名鸭拦□，佃自，硬上籼租壹拾秤；又将同保二佰肆拾九号，田一亩二分八毫，土名大干，东至□□，西至□□，南至□□，北至□□，佃自，硬上籼租壹拾秤。今来缺物支用，自情愿将前项叁号四至内田各取一半，出卖与汪猷干名下，面议时值价钞叁拾贯文。其价当成契日用籼谷折足讫，无欠。其田今从出卖之后，一任买人自行闻官受税，收苗管业为定。如有内外人占拦，四至不明，重迭交易，并是出产人自行祗当，不及买人之事。所有来脚契文一并缴付。今恐无凭，立此卖契为用。

建文元年八月二十五日出产人朱胜祐卖契

领谷男　朱护祖

朱　计

依口代书人　胡隆舟

今领前项契内价谷并收足讫。同日再批。①

本契内出产人为朱胜祐，从契尾领谷男的名字看，朱胜祐即为朱胜右。上述契约均由"依口代书人"书写，看来朱胜右及其子均不识字，自己不会写。徽州契约中别字、错字时有所见，由他人代写而将自己名字写成同音别字，实不足怪。

（三）结论性评论

综合上列各契，我们可以得到如下认识：

---

① 安徽省博物馆编：《明清徽州社会经济资料丛编》第1辑，中国社会科学出版社1988年版，第8页。

（1）朱胜右的经济地位属于自耕农。他虽然租种了朱宋寿等人的土地，但数额较小，他主要依靠自己土地上的收入生活。本书引用的三件卖地契共涉及九亩多土地，这自然不可能包括他的全部地产；但从他的衣食艰难的情况看，他在这之外拥有的土地不会太多。估计在盛期，他拥有十几亩土地，经营方式全部为"佃自"，即自己耕种。

（2）朱胜右父辈的经济状况不会比朱胜右强。徽州地契中往往写明所卖土地的来源，如"承祖父户下有田"、"承父户下有田"、"原阄分得田"、"承父户原买得某某田"、"原用价钞买某某田"、"自己置到田"等等。本书所引前两件卖地契没有说明土地来源，只说"本户下有田"，且卖出时可以即刻交付"所有入户契文"，可见这些来脚契文并未与别产相连，显然不是祖业，很可能为朱胜右自置，最早也不过是朱胜右父亲所置而由其承继。第三件卖地契所出卖的三块田均说明是朱胜右自置，且三块地的面积均只有一亩余，应是朱胜右陆续购置的。据此推断，即使朱胜右的父亲拥有一些土地，但不会比朱胜右时多，应属小自耕农。

（3）从洪武二十九年（1396 年）九月到建文元年（1399 年）八月不到四年的时间里，朱胜右连续四次出卖土地，主要原因是"日食不给"。三件契约中的地价均用宝钞作为价值尺度，但实际支付的并不是宝钞，而是籼谷。钞谷折算比例未载，当据时价。可见，朱胜右出卖土地的直接原因确系缺乏食物，他收取籼谷而不是宝钞，只不过为了方便省事，若收取宝钞，还须立即到市场籴谷。三件契约的订立日期，两件为八月，一件为九月，此时夏粮已尽，秋粮未熟，正是青黄不接之时。朱胜右卖地实属为了活命出于无奈。

（4）造成朱胜右家食物紧缺的原因，契文无载，笔者推测当是由于家庭人口多，消费大。朱胜右能出任族长，年纪不会太轻，三子恐均已长大成婚，假设每人均有一个孩子，连同朱胜右及三子配偶，则全家即已有 11 人。从契尾具名情况看，朱胜右尚未分家析产，同居共炊的原因大概是分家后，各家所有田地过少，无力维持自耕农的地位和生活状况，而共同生活则可暂时维持这一点。

（5）假设朱胜右家有 11 人，则人均土地 1 亩左右。据考证，明清徽州水田的田产量大致在 200 至 300 斤之间，受灾时则只有百余斤。[①]在这样的产量下，朱胜右家的口粮肯定不够，需要佃耕和其他营生补充。但省吃俭用，似尚能勉强维持生活，不致急剧破产。所以，朱胜右家经济状况如此急剧地恶化必定还有另外缘由，倘无人灾，则必是连续的自然灾害造成的减产所致。

朱胜右的例子表明，明代初年徽州的族长并不一定由族中的富户担任，一般自耕农即可，甚至具备佃人的身份也不影响他的威望和地位。胡圣右的例子可为此提供佐证。在洪武三十年（1397 年）十月订立的休宁县胡周印卖田赤契中，胡圣右作为"主盟族长"具名[②]，然而从建文元年（1399 年）八月初二日订立的休宁县永康里十都汪得厚卖田赤契中可以知道，胡圣右租佃有汪得厚的土地，在汪得厚将这块土地的一部分出卖与汪猷后，胡圣右还又成为汪猷的佃户[③]。朱胜右、胡圣右的这种经济地位，在明初的徽州族长中是有代表性的。

---

① 参见周绍泉：《明清徽州亩产量蠡测》，载王毓铨主编：《明史研究》第 2 辑，黄山书社1992 年版。

② 安徽省博物馆编：《明清徽州社会经济资料丛编》第 1 辑，中国社会科学出版社 1988年版，第 5 页。

③ 同上书，第 7—8 页。

# 三、社会地位与亲缘关系的交互建构

## ——以明代科第大族平湖陆氏为例

## （一）引言

何炳棣先生在《明清社会史论》中，将明清举子分为四类：A 类是其祖宗三代未有一人得过初级功名；B 类是其祖宗三代中产生过一个或更多生员，但未有更高的功名与官位；C 类是其祖宗三代中产生过一个或更多拥有更高的科名或官位的；D 类是 C 类的次类，其祖宗三代中产生过一个或更多任三品以上的高官者。其中 A 类和 B 类属于来自平民家庭的举子。按照这种分类对搜集到的一万四五千份进士样本进行统计，平民出身进士的比例，明代平均值为 49.5%，清代平均值为 37.6%。此外，据现存南宋两种有祖宗家世资料的进士名册统计，平民出身进士的比例分别为 56.3% 和 57.9%。[①] 尽管从宋到清，平民出身进士的比率逐渐降低，但其总体规模相当可观，说明科举对向上社会流动发挥了重要的促进作用。

这种假设和分类标准，受到一些学者质疑和批评。[②] 如韩明士（Robert P. Hymes）在研究宋代江西抚州精英时，认为考察科举对于社会流动的作用，不能仅以直系父祖三代家世为据，而应扩展到家族甚至姻亲。按照这种新的标准统计，非精英家庭出身的进士比例极低，科举似乎不能发挥促进统治阶层与平民间的"血液循环"的作用，因此是否

---

[①] 何炳棣著，徐泓译注：《明清社会史论》，台北联经出版事业股份有限公司 2013 年版，第 134—141、321 页。

[②] 参见同上书，译者序，第 xix—xxiii 页。

中举并没有那么重要，更重要的是家族互助和人际关系网络。① 长期致力于明清科举研究的艾尔曼（Benjamin A. Elman），也批评何先生低估了家族、姻戚对向上社会流动的功能，从而高估了平民出身进士的比例。在他看来，近千年来科举制度在很大程度上不过是统治阶层的政治、社会、文化的"再生产"而已。② 卜正民（Timothy Brook）在研究宁波士绅时，也提醒"一味地强调流动性会导致过分地强调社会结构的弹性和开放性，以至于忽略其长时段的凝固性和稳定性"，他特别重视"家族的传承"和"精英社会的族系"，认为"族系势力控制着浙江东北部地区直到帝制时代结束之前个人的社会、经济地位和教育机会"③。

　　针对这些批评，何先生在自传中做了简单回应。他坚持自己原初的看法，认为这些批评意见实属"对两宋以降家族功能的误解"，他们对"家"、"族"的定义含混不清，夸大了"族"的功能，"根本不顾官方及世俗之以'族'为一五服之内的血缘组织"。为了批驳这种"误解"，何先生详述何家一门四房的内情，说明族人之间的提携是极其有限的。他据此质疑说："回到帝制晚期，族中最成功者都无法保证本房本支每一世代都能通过科举而延续其成功（事实上大多数都是不能的），又怎能有无边法力泽及嫡堂、再堂、五服内外的同姓者们呢？"何先生

① Robert P. Hymes, *Statesmen and Gentlemen：The Elite of Fu-chou，Chiang-Hsi，in Northern and Southern Sung*, London：Cambridge University Press，1986. 参见周鑫：《韩明士：〈官宦与绅士：两宋江西抚州的精英〉》，《中国社会历史评论》第7卷，天津古籍出版社2006年版。

② Benjamin A. Elman，"Political，Social and Cultural Reproduction via Civil Service Examinations in Late Imperial China"，*The Journal of Asian Studies*，Vol.50，No.1.(Feb.，1991)；*A Cultural History of Civil Examinations in Late Imperial China*，Berkeley：University of California Press，2000. 参见谢海涛编译：《艾尔曼论中华帝国晚期科举的三重属性——政治、社会和文化再生产》，《北方民族大学学报》2010年第6期。

③ 参见卜正民：《家族传承与文化霸权：1368年至1911年的宁波士绅》，《中国社会经济史研究》2003年第4期。

深知此类争议无法依靠统计数字解决，他提示说："从纯方法论的观点，纠正此类无坚实统计根据，多凭主观揣想的宏观'理论'最佳的办法，是大量多面地从事家族、生活方式、婚姻网络方面的微观研究。"①

在提倡"万般皆下品，唯有读书高"的传统中国，进入仕途确实是社会流动最重要的一个面相，而存留下来的大量登科录之类的资料，为计量化地判断社会流动程度提供了可能。计量研究必须以一个适当的分类标准为基础，何先生根据当时官方和民间流行的观念，把举子的家世背景限制在祖宗三代，确有依据和道理。不过，现实情况是非常复杂的，对于这一标准不能僵硬地坚持。韩明士等人的说法确有荒诞偏颇之处，但亦有值得重视的合理因素。②笔者在阅读明清家族资料的过程中，感觉"家"、"族"都是弹性很大的概念，可以随着成员身份或观念的变化而收缩或扩展。就家族与科举的关系而言，家族互助确实对某些人的科举成功颇有助益，而科举成功又往往会成为家族凝聚力增强、亲缘圈扩展的重要推力。兹以科第大族浙江平湖陆氏为例，粗略探讨一下社会地位与亲缘关系的交互建构问题，姑且算是何先生所提倡的一个"微观研究"吧。

### （二）科第大族与锦衣世家

浙江嘉兴府平湖县居住着众多的陆姓人口，明清时期分为靖献、南陆、灵溪、祥里、泖西、陈田、当湖七大支。③据说七支皆源出西晋长沙太守陆英，其中当湖支是陆英第四子、东晋太尉陆玩之后，其他六

① 参见何炳棣：《读史阅世六十年》，中华书局 2012 年版，第一章，特别是第 23—29 页。
② 参见柳立言：《科举、人际关系网络与家族兴衰——以宋代明州为例》，载常建华主编：《中国社会历史评论》第 11 卷，天津古籍出版社 2010 年版。
③ 关于平湖陆氏，特别是靖献支的情况，参见方复祥、蒋苍苍、郭杰光："《金平湖》下的世家大族"，中国文史出版社 2008 年版，第 71—95 页；吴仁安：《明清江南著姓望族史》，上海人民出版社 2009 年版，第 580—581、583—587 页。

支皆为陆英第六子、东晋中书侍郎陆瓘之后，更具体地说，皆为陆瓘裔孙、唐朝宰相陆贽之后。西晋时期，陆氏是江南著名大族，陆机《吴趋行》云："八族未足侈，四姓实名家。"据李善注，四姓指朱、张、顾、陆。① 此后陆氏长期保持着世家大族地位，宋朝张九成谈到："江南多巨族，论其盛，未有加于陆氏者也。"② 明代中叶陆光祖谈到先世历史，自豪地指出："俯念吾宗三十余世，世以忠孝节义诗书相传。"③ 不过，宋代以降，社会流动程度大为提高，世家大族不能像以前那样"平流进取"，子孙无法仅凭门第维持社会地位或登上仕进阶梯，必须利用各种资源和机会苦心经营。

　　尽管源自共同的祖先，平湖陆氏七支的社会地位和声望差距颇大，其中最为兴盛的是靖献支。据统计，明代平湖陆氏共出进士 21 名，其中靖献支 13 名，南陆支 1 名，灵溪支 1 名，祥里支 4 名，当湖支 2 名，泖西和陈田两支皆无。④ 潘光旦先生《明清两代嘉兴的望族》列有平湖陆氏血系图三支⑤，一支收列 16 世 60 余人，属于靖献支；一支收列 4 世 7 人，属于当湖支；一支收列 9 世 17 人，属于南陆支。吴仁安先生《明清江南著姓望族史》列举平湖陆氏两族，一为陆炳家族，一为陆宗秀家族⑥，

---

① 萧统：《文选》，中华书局 1977 年版，第 399 页。

② 陆凤诏修：《陆氏世谱·序》。转引自方复祥、蒋苍苍、郭杰光：《"金平湖"下的世家大族》，中国文史出版社 2008 年版，第 72 页。

③ 光绪《平湖县志》卷 2《地理下·古迹》。

④ 方复祥、蒋苍苍、郭杰光：《"金平湖"下的世家大族》，中国文史出版社 2008 年版，第 76—77 页。按，清代平湖县东立有一座"世科坊"，正面列陆氏靖献支举人 22 人，背面则为其中登进士者 15 人名单，除最后两名陆陇其、陆澍为清朝人，其他均为明朝人，参见光绪《平湖县志》卷 4《建置下·坊表》。

⑤ 潘光旦：《明清两代嘉兴的望族》，载《潘光旦文集》第 3 卷，北京大学出版社 1995 年版，第 318—319、320、322—323 页。

⑥ 吴仁安：《明清江南著姓望族史》，上海人民出版社 2009 年版，第 580—581、583—587 页。

皆属靖献支。当然，如同所有大家族一样，靖献支内各房支发展也很不平衡，上述 13 名进士中，除陆淞本人外，还有 7 名是他的直系子孙。

靖献支的始祖，为宋末元初学者陆正。陆正原名唐辅，宋亡后，与族父霆龙"以家世宋臣"，誓不仕元，遂更名正。数荐不起，隐居教授，著有《正学编》《学律考》《七经补注》。至治三年（1323 年）卒，门人谥为靖献先生，立书院于陈山奉祀。① 其后裔称靖献支，即由此而来。陆正长子应礼，仕元为河北大都督府提控，濠州兵起死于任上；其子士原，于元末避乱移居湖州双林。因此，平湖陆氏靖献支，皆为陆正次子应奇后裔。应奇（字景祥）洪武初尚存，"郡守刘泽民召主宣公祠，察其贤，欲奏官之，谢曰：'祥老矣，早丧先人，失学，不愿为官。'守曰：'名儒之子，何言不学。'力辞而止。"应奇长子士贤，"乐善好文，有意气，元末名士流落者，如会稽杨维桢、宣城贡师泰、钱塘陈彦博，多客于其家"。② 士贤后裔世居平湖，人数众多，明代中叶以降，成为奕叶簪缨的科第大族。应奇次子士亨，后裔人数较少，后移居北京，嘉靖年间崛起成为锦衣世家。

陆士贤有三子。长子宗秀，"为人敦朴有至行，与弟宗达、宗俊友爱最笃"，永乐二十二年（1424 年）举贤良方正，征至京师，引见于便殿，明仁宗异其礼貌，命至扆前问曰："如何则天下太平？"宗秀对曰："皇帝亲贤纳善，大臣秉公持正，自然太平。"皇帝赞曰："好言语。"留京师月余，以疾辞，赐宝钞银币还。正统五年（1440 年）大饥，宗秀"倾家得粟二千四百六十石，又售产得麦四百六十石，散赈乡民之饥者"，皇帝赐敕书褒美，旌表其门曰"尚义"，蠲免本户杂泛差役。③ 宗

---

① 万历《嘉兴府志》卷 22《隐逸》。

② 陆基忠纂：《平湖陆氏景贤祠志》卷 2《史馆重修宋史列传》。按，《"金平湖"下的世家大族》记"应奇"名为"应祺"。

③ 陆基忠纂：《平湖陆氏景贤祠志》卷 1《敕命》；卷 2《陆征君坦庵先生传》。

秀获得朝廷的征召和旌表，对于提升陆氏社会地位应当大有助益。陆氏后裔陆增《鹦鹉湖棹歌》云："石牌泾里话沧桑，遗址惟看尚义坊。一代中兴从此始，八貂世泽后先扬。"①

陆宗秀有珪、瓛、瑜、瑾四子。长子珪，"性好义，有父风"。平湖县是宣德五年（1430 年）从海盐县析置的，因初建县，财力困诎，未建庙学。陆珪说："范文正何人哉，以其宅为吴学矣！士无庙何瞻，无学何群？吾与以资丰后人，宁佐公家急，使士瞻且群于斯耳！"于是捐资建大成殿，而同邑大族沈昊佐建学宫。大成殿成，县令罗荣醉酒曰："愿两家世世衣冠不绝。"后来陆珪与沈昊子孙果然科第鼎盛。陆珪还不惜家赀，"尝代输一邑赋，以宽民力"。景泰六年（1455 年），当地发生饥疫，珪与弟瑜"给谷种，施槽以千数"。次年又饥，四兄弟出谷 5000余斛以赈，诏授珪迪功郎，兄弟四人还获得"赐宴光禄"的荣誉。据说因为陆珪"以德义著于乡，乡人有不平事，皆就取直，不至官府"②。

从陆士贤、宗秀、珪祖孙三代的举动看，其家无疑已是财力雄厚的在地势力。但在当时的社会环境中，要想维持甚至提升家庭的社会地位，还需要获得某种政治身份。同邑沈氏在正统七年（1442 年）就出了本县第一个进士③，与他们相比，陆氏在科举方面是落后的。恰巧从正统年间开始，朝廷为了动员民众赈灾助饷，推出了"义民旌表""冠带荣身"政策④，陆宗秀和陆珪凭借雄厚财富积极捐赈，陆宗秀获得旌

---

① 方复祥、蒋苍苍、郭杰光：《"金平湖"下的世家大族》，中国文史出版社 2008 年版，第 77 页。按，平湖陆氏靖献支修谱奉唐朝陆齐望为一世祖，齐望有八子：泌、瀍、润、淮、灞、浐、渭、澧。诗中所说"八貂"，即指齐望八子。

② 光绪《平湖县志》卷 3《建置上·学宫》。

③ 光绪《平湖县志》卷 13《选举上·进士》。

④ 参见赵克生：《义民旌表：明代荒政中的奖劝之法》，《史学月刊》2005 年第 3 期；方志远：《"冠带荣身"与明代国家动员——以正统至天顺年间赈灾助饷为中心》，《中国社会科学》2013 年第 12 期。

表，陆珪进而获授正八品散官迪功郎，这自然会进一步提升其家族的社会地位。陆珪四兄弟中，陆瓛、陆瑾后裔均不显。陆瑜后裔科第亦不顺利，直到其七世孙锡明，才登万历四十六年举人、天启五年（1625年）进士，官至江西提学副使；八世孙灿，登顺治十八年（1661年）武进士，任广西平乐三里营守备。① 使陆氏跻身仕宦大族的，主要是陆珪后裔。

陆珪有四子，除次子鉴外，其他三子或后裔均有所成就。长子钢为七品散官，当因输粟而得。钢长子溥为邑诸生，纳赀为国子监生，授上海县丞，调丰城督运。据说"夜过采石，舟漏，溥跪祷曰：'舟中一钱非法，愿葬江鱼腹。'祷毕，漏止。天明视之，有三鱼裹水草塞漏"，但因性格亢直，不久罢归。② 陆溥子孙科举并不顺利，陆光祖曾感叹说："公（陆溥）为大宗子，以孝友承家，以廉惠守官，仗忠信，踏风波，受天之佑，公之子孙宜硕大繁昌，而至今尚未有显者。"③ 他期望"天将昌公于后"，后来果然实现。陆溥六世孙灿，登崇祯七年（1634年）进士，任山东济南府推官，十一年清兵攻陷济南，阖门遇难④；七世孙陇其，登康熙九年（1670年）进士，为一代理学名臣，得到入祀孔庙的殊荣。陆珪三子镜，成化七年（1471年）成为本支第一名举人，官陈留知县，但后裔不显。四子鋹为岁贡生，成化年间授广东程乡知县，颇有惠政。⑤ 陆鋹长子淳，获授承仕郎（正七品散官），当亦系纳粟而得；淳子楷，为国子监生，任鸿胪寺序班；楷子梦韩，登嘉靖三十五年（1556）进士，官至广东按察佥事。是后此支不显。陆鋹次子淞，弘治

---

① 光绪《平湖县志》卷 13《选举上》。

② 光绪《平湖县志》卷 15《人物·列传一》。

③ 光绪《平湖县志》卷 2《地理下·古迹》。

④ 光绪《平湖县志》卷 15《人物·列传一》。

⑤ 同上。

二年举人（1489 年）、三年进士，官至南京光禄卿。[①] 其官职虽不太高，但是明代该支第一位进士，也是该支上升为科第世家的标志性人物。

陆淞子辈出了两名进士、两名举人、一名府学生，堪称辉煌。长子杰，正德八年举人（1513 年）、九年进士，官至工部右侍郎；次子耒，嘉靖十年（1531 年）举人，官刑部司务；三子槩，府学生；四子杲，嘉靖十六年举人、二十年进士，官刑部主事；五子集，嘉靖十三年举人，官南京吏部司务。陆淞孙辈，陆杰子光弼、光畿皆为荫生，后光弼授前府都事，终南左府经历；陆耒子光宇、光宙为诸生；陆集子光儒、光任为例监，后光任仕至建昌府通判。只有陆杲四子最为显达：长子光祖，嘉靖十六年举人、二十六年进士，官至南京吏部尚书；次子光裕，嘉靖三十四年举人；三子光祚，嘉靖二十二年举人、三十八年进士，官至陕西提学副使；四子光宅，隆庆四年（1570 年）举人。可以说，因陆淞诸子、杲诸子在科举方面的连续成功，平湖陆氏靖献支达到了鼎盛状态。但陆淞曾孙辈竟无一人中举，光畿子在廷以祖荫仕至太仆寺丞，光祖子基忠、基恕以父荫仕至郎中、基志因父荫以例监授詹事府主簿。此代之后，在科举上又续有斩获：光祚孙锡恩，万历十六年（1588 年）举人、二十三年进士，官至刑部主事；锡恩子澄原，万历三十七年举人、天启五年（1625 年）进士，官至兵部员外郎；锡恩侄清原，崇祯六年（1633年）举人、七年进士，任云南道御史，南明唐王授都御史，清兵攻至，投江死。陆杰曾孙鏊，举人、进士皆与澄原同榜，官至湖广按察使；鏊兄鑿（入籍华亭），天启四年举人。[②]

与陆应奇长子士贤一支相比，次子士亨一支，无论在人数还是科第上都大为逊色。但在嘉靖年间，此支因特殊机缘骤然崛起，甚至对朝

---

① 万历《嘉兴府志》卷 19《乡贤一》。

② 万历《嘉兴府志》卷 17《恩荫》，卷 19《乡贤》；光绪《平湖县志》卷 13《选举上·文科》，卷 15《人物·列传一》。

廷政治都产生了重要影响。士亨子宗深，为七品散官。显然此时宗深也像其堂兄宗秀一样，试图借助"义民旌表"提高家庭的社会地位。宗深子轼，事迹无闻。轼子墀，举茂才，选充锦衣卫小旗。兴王朱祐杬之国，墀选充兴府仪卫司总旗。墀卒，子松袭职。兴王子（即明世宗）入继大统，松扈从入京，擢锦衣卫千户，官至后府都督佥事，协理锦衣卫事。陆松长子炳，登嘉靖十一年（1532 年）武进士，授锦衣卫副千户，父卒，袭指挥佥事，后署指挥使，掌南镇抚事。陆松父子得到信用，一个重要原因是，明世宗出生后，陆松妻为其乳母，陆炳长明世宗一岁，随母入宫，整天与明世宗玩在一起。嘉靖十八年，明世宗南巡，途中行宫失火，陆炳冒险将皇帝背出，从此更得宠信，官职不断擢升，长期掌管锦衣卫。其长子经，荫授锦衣卫署百户、累升至指挥使，次子绅为总旗，皆早卒。嘉靖三十九年，陆炳去世，赠忠诚伯，官其子绎为锦衣卫指挥佥事。陆松次子炜，以荫授中书舍人，登嘉靖二十三年进士，官至太常少卿。子绪，以伯父陆炳功，荫授锦衣卫百户，累升指挥使。明穆宗即位后，追论陆炳之罪，炳子弟均被夺职。万历三年（1575 年），张居正等言陆炳救驾有功，遂免其罪，官其孙逵世袭锦衣卫千户。陆炜子绪、孙选，均官至锦衣卫指挥使，绪孙之元中举人，官知县。①

可以说，平湖陆氏靖献支应奇的两支后裔，一支经过长期经营，一支遭逢特殊机缘，在嘉靖年间文武并起，分别成为科第大族和锦衣世家。明清时期竖立在平湖的众多牌坊，就是陆氏地位的物化象征。如尚义坊为宗秀所立，世科坊为镜、淞、杰、棐、集、杲、光祖、梦韩、光祚、炜、光裕、光宅、锡恩、鏊、澄原、之元、锡明、鏊、灿、清原、

———————

① 徐阶：《世经堂集》卷 17《明故太保兼少傅后军都督府左都督掌锦衣卫事赠忠诚伯谥武惠东湖陆公墓志铭》；《明史》卷 307《陆炳传》；张瀚：《松窗梦语》卷 7《权势纪》；嘉靖《嘉兴府图志》卷 16《人文七·乡贤》；万历《嘉兴府志》卷 17《恩荫》；光绪《平湖县志》卷 13《选举上·文科》。

陇其、澍所立，世尚书坊为淞、杰、杲、光祖立，元魁继武坊为淞、杲、光祚立，三代名卿坊为淞、杰、光祖立，文武勋贤坊为炳、炜立，柱国坊为松、炳立，宫保太宰坊为光祖立，丙辰亚魁坊为梦韩立，传胪坊为光祚立，文苑持衡坊为光祚、锡恩立。[1] 由于完全依附于皇权，锦衣一支在陆炳去世后迅速衰落。科第一支虽亦有所下滑，但在明代一直保持了大族地位，而"明亡后即阒焉无闻"。陆陇其虽然也是陆珪后裔，"但别为一支，且亦未能维持长久"[2]。

### （三）亲缘关系与科举成功

从上面的介绍可以看出，就科举而言，平湖陆氏靖献支的鼎盛期，无疑是嘉靖年间。从嘉靖二十年至三十八年（1541—1559 年），两代人中出了五名进士、三名举人。这两代在科举上如此成功，除了家族确实具有深厚的文化底蕴，可能还有一个尚未引起关注的因素，即他们采用了在顺天参加乡试的策略。而这种策略的顺利实施，又利用了同族的亲缘关系。

平湖陆氏靖献支的第一位举人陆镜，为成化七年（1471 年）浙江乡试第 22 名。[3] 第一位进士陆淞，也是以县学增广生身份，获得弘治二年（1489 年）浙江乡试解元。次年会试时所填家状如下：

> 陆淞，贯浙江嘉兴府平湖县，灶籍。县学增广生，治《书经》。
> 字文东，行七，年二十五，十二月十七日生。

---

[1]　光绪《平湖县志》卷 4《建置下·坊表》。

[2]　潘光旦：《明清两代嘉兴的望族》，载《潘光旦文集》第 3 卷，北京大学出版社 1995 年版，第 318 页。明清科第家族在臻于鼎盛后，一般都难以维持那样的成功，这似乎是一个普遍规律。参见何炳棣著，徐泓译注：《明清社会史论》第 4 章《向下流动》，台北联经出版事业股份有限公司 2013 年版。

[3]　光绪《平湖县志》卷 13《选举·文科·举人》。

> 曾祖宗秀，义民。祖珪，义官。父钑，监生。母曹氏。重
> 庆下。

> 兄溥，监生；渊；济；淳；洪；潍。弟沂；淮；浩；瀚。

> 娶王氏。

> 浙江乡试第一名，会试第一百名。①

这份家状显示，陆淞现贯为浙江嘉兴府平湖县，役籍属于灶籍。②
陆淞只有一个亲兄弟淳，其所填行七，当系叔伯兄弟（即陆珪孙辈）的
大排行，所填兄弟名字也是将叔伯兄弟一并列入。靖献支的第二位进
士，亦即陆淞长子杰，为正德八年（1513 年）浙江乡试第 36 名，次年
登进士。是科登科录现已无存，《国朝历科题名碑录初集》载其为"浙
江嘉兴府平湖县灶籍"③，与其父完全相同。

但此后情况发生了变化，陆淞次子棐于嘉靖十年（1531 年）、五子
集于十三年、四子杲及孙光祖于十六年、弟孙梦韩于十九年分别中举，
但均是参加顺天乡试。④兹以其中最早登进士的陆杲家状为例，可以看
出与其父兄差异很大：

> 陆杲，贯锦衣卫，官籍，浙江嘉兴府平湖县人。国子生，治
> 《礼记》。

> 字元晋，行四，年三十六，二月初九日生。

---

① 陈文新、何坤翁、赵伯陶主撰：《明代科举与文学编年》，武汉大学出版社 2009 年版，
第 1184 页。

② 明代籍贯问题比较复杂，参见高寿仙：《关于明朝的籍贯与户籍问题》，《北京联合大学
学报》2013 年第 1 期。

③ 光绪《平湖县志》卷 13《选举·文科·举人》；李周望辑：《国朝历科题名碑录初集》，
《北京图书馆古籍珍本丛刊》第 116 册，北京图书馆出版社 1998 年版，第 711 页。

④ 光绪《平湖县志》卷 13《选举·文科·举人》。

　　曾祖珪，义官。祖锒，知县，累赠南京鸿胪寺卿，加赠都察院右副都御史。父淞，南京光禄寺卿，赠都察院右副都御史。母王氏，封太淑人。慈侍下。

　　兄楷，监生；东；杰，工部右侍郎兼都察院右副都御史；棐，贡士；樟；槩。弟集，贡士；炳，锦衣卫指挥使；炜，中书舍人；标；槃。

　　娶沈氏。

　　顺天府乡试第四名，会试第八十一名。①

　　这份家状有两点值得注意：其一，陆淞、陆杰的籍贯，均为"浙江嘉兴府平湖县灶籍"，而陆杲的籍贯则变为"锦衣卫官籍"。其二，陆杲所填行四，是他在亲兄弟间的排行，而其所列兄弟名字，血缘关系的密疏极其悬殊。如陆杰、陆棐、陆槩、陆集是其亲兄弟，陆楷是其堂兄弟（三服），陆东等是其再从兄弟（四服），陆炳、陆炜已是其七服兄弟。明代进士家状中的兄弟填到几服，并无明确规定，有人只填亲兄弟，也有人扩展到叔伯兄弟或堂兄弟，但将远至七服的族兄弟列入，应当是极其少见的，必然有其实际功能。

　　按照明代的制度规定，籍贯浙江的考生，如系府州县学生员，只能参加本省乡试；如果成为贡生，因浙江贡生只能入南京国子监，可以选择在本省或应天参加乡试。浙江和南直隶号称人文渊薮，专攻举业者人数众多，而且水平很高，两地乡试竞争都很激烈。相比而言，顺天乡试解额较多，录取率较高②，更重要的是，本地文化教育比较落后，东南地区的士子如果能在顺天参试，中举概率肯定会大为提高。哪些人可

---

① 陈文新、何坤翁、赵伯陶主撰：《明代科举与文学编年》，武汉大学出版社 2009 年版，第 1992 页。

② 参见吴宣德：《明代进士的地理分布》，香港中文大学出版社 2009 年版，第 106—119 页。

以参加顺天乡试呢？其规定前后有所变化，嘉靖前期大约有如下几类：一是北直隶各府州县学生员；二是北京国子监监生；三是京卫武学幼官及军职子弟；四是在京各衙门吏典、承差人等；五是钦天监天文生、阴阳人及官生子弟，太医院医士、医生及医官子弟；六是在京官员随任子孙弟侄；七是流寓儒士，此项控制较严，需要"查审辨验籍贯明白，其附籍可疑之人，取有同乡正途出身官印信保结，方许应试"。①

明代对户籍控制甚严，上述几类资格，除富户子弟可以纳粟进入国子监外，其他几类如果本不具备，就需要通过"冒籍"方式获得。明代"冒籍"现象各地都有，以顺天乡试最为严重。嘉靖年间，礼科给事中陈斐指出："奸宄之徒，或因居家之时，恃才作奸，败伦伤化，削籍为民，兼之负累亡命，变易姓名，不敢还乡者有之；或因本地生儒众多，解额有限，窥见他方人数颇少，遂逃入京，投结乡里，交通势要，钻求诡遇者有之；或以顺天乡试，多四海九州之人，人不相识，暮夜无知，可以买托代替者有之。一遇开科之岁，奔走都城，寻觅同姓，假称宗族，贿嘱无耻，拴通保结，不得府学则谋武学，不得京师则走附近，不得生员则求儒士，百孔营私，冀遂捷径。"②甚至在会试的场合，"举人报籍印卷，亦有假托族属，改附籍贯，朦胧开具，以南作北"③的现象。从这些言论可知，"寻觅同姓，假称宗族"，是"冒籍"者最常采用的手段。

对于陆家来说，陆淞长子杰虽于正德年间登进士，但其他子侄如在竞争激烈的浙江或应天应试，未必都能顺利考中。如果到顺天参试，成功机率就增大许多。上述几类资格，一、四、五、六、七项，陆家都不具备，而二、三两项，却可以轻易获得。于是他们便采取了两条腿走

---

① 万历《明会典》卷 77《礼部三十五·贡举·科举·乡试》。
② 《明世宗实录》卷 279，嘉靖二十二年十月辛巳条。
③ 《明世宗实录》卷 281，嘉靖二十二年十二月乙酉条。

路的办法。一是利用富厚家赀，根据朝廷的开纳事例，为子弟获取国子监生资格。根据《平湖县志》"例贡生"名单，陆钢子溥，陆淳子楷、孙梦韩，陆淞子耒、集、杲，集子光儒、光任，光祖子基志，光祚孙锡命，皆是捐纳入监。① 其中陆溥纳监当在弘治时，陆楷纳监当在嘉靖以前，而陆耒、集、杲、梦韩纳监应当都在嘉靖前期，并都考中顺天乡试举人，而陆杲进一步登进士。

从道理说，仅凭北京国子监生资格，他们就可以参加顺天乡试，为什么还要"冒籍"成为"锦衣卫官籍"呢？推测起来，北京国子监生资格，只是一种个人身份，不能传给子孙。而且关于纳粟入监，历来议论纷纷，朝廷时开时辍，他们的子孙是否也能凭借此路在顺天参试，实在是个未知数。而如果将籍贯变换成"锦衣卫官籍"，不需要纳赀，其子孙就有资格成为顺天府学或京卫武学生员，甚至进而成为北京国子监生，自然可以在顺天参试。根据陆光祖年谱，陆杲、光祖父子一直住在家乡，嘉靖十五年（1536 年），陆杲"北游太学，携先生（光祖）以行"，次年父子两人同登顺天乡试。② 陆光祖并非例监生，他可以直接参加顺天乡试，显然就是依靠"锦衣卫官籍"获得参试资格，光裕、光祚等人情况当亦如是。

除陆光祚外，其他诸人参加顺天乡试均很顺利。顺天乡试虽然向来多有"冒籍"，但除切身利益受损的顺天生员外③，其他人对冒籍多

---

① 光绪《平湖县志》卷 14《选举下·贡监》。

② 《平湖陆氏景贤祠志》卷 3《庄简公纪年事略》。按，李维桢《大泌山房集》卷 109《赠太子太保吏部尚书陆庄简公神道碑》谓陆光祖"年十七举于浙，刑部公（即陆杲）亦举京兆"，此说不确，当为父子同举顺天。神道碑一般是据逝者后人所撰行状，其后人可能故意说他"举于浙"以掩盖冒籍事实。

③ 蒋一葵记载了这样一则笑话："顺天府青衿有惯打冒籍之名，犯者往往击死。会报海寇数多而实中土奸人附之，增虚数耳，此冒籍寇也。一时献策陈言者纷然，一生独曰：策皆非奇，惟有令顺天府青衿攻打便了矣。"（《长安客话》卷 2《冒籍寇》）

采取宽容态度，被告发查处者为数不多。而陆光祚参加嘉靖二十二年
（1543 年）顺天乡试，恰巧就遇上这种情况。该科录取名单公布后，有
人举报"余姚人钱德充易名仲实，冒大兴籍以中；慈溪人张汝濂易名
张和，冒良乡籍以中"。明世宗方令提学御史核实，又有官员举报工部
侍郎陆杰从子光祚、太仆卿毛渠子廷魁、鸿胪卿陈璋子策等十人"冒
京卫、顺天二学中式"。最后礼部提出如下处理意见："孙镒、孙钥、王
宸、陆宏共四人，系锦衣卫、太医院见任官亲子侄，当存留会试。郑梦
纲、陶大壮、沈谱、丁子载、陆可承、翟钟玉共六人，俱诈冒籍贯，当
发回原籍入学肄业，仍得应其省试。陆光祚、陈策、毛廷魁虽称随任，
亦当一体发回。"明世宗令"孙镒等、郑梦纲等俱依拟，陆光祚等姑准
存留，不许对制"①。

陆光祚等人"被讦冒京卫、顺天二学中式"，显然不是以国子监生
身份参试。而其能够获得京卫武学或顺天府学生员身份，当然是依凭锦
衣卫官籍。但其家实为浙江平湖县灶籍，尽管其父辈就已依托陆炳家转
为锦衣卫官籍，但由于两家血缘关系太远，如果认真追究起来，不但不
能脱罪，反而正好成为冒籍的证据。为脱此困，陆杰、光祚只能向前述
顺天参试资格第六条上靠，即以"随任"为借口。但这种说法也有漏
洞：陆杰此前一直在外任职，嘉靖十七年（1538 年）由广东左布政使升
湖广巡抚，二十一年加工部右侍郎衔，提督重修显陵裕恩殿及兴王旧邸
工程，二十二年六月方奉命回部管事②，说陆光祚"随任"，显然有点勉
强。此时陆炳权势炽盛，陆杰亦颇受皇帝信任，礼部的意见有点模棱两
可，既未坐实冒籍，又要求发回原籍。而明世宗法外施恩，保留了陆光
祚等人的举人资格，只是不准参加次年会试。此事使陆光祚的科举生涯

---

① 《明世宗实录》卷 279，嘉靖二十二年十月辛巳条。
② 《明世宗实录》卷 217，嘉靖十七年十月庚申条；卷 266，嘉靖二十一年九月甲寅条；卷
275，嘉靖二十二年六月庚寅条。

略有波折，直到三十八年才登进士。会试时，其所填兄弟情况如下：

> 兄梦韩，工部主事；美照；光祖，南京礼部郎中；光裕，贡士。弟光儒；光伦；经，锦衣卫指挥使；光弼，官生；光宅；绪，锦衣卫指挥使；光鑑，官生；绎，锦衣卫千户。①

其中经、绎为陆炳子，绪为陆炜子，与光祚已是八服兄弟。

嘉靖三十九年（1560年）陆炳去世，其长子经、次子绅先卒，家中只有幼子绎，势力大衰。隆庆初追论陆炳之罪，其家地位更是急剧衰落。这一变故对平湖陆氏子弟的直接影响，是他们无法再凭借锦衣卫官籍，获取顺天府学或京卫武学生员身份，而在顺天参加乡试了。陆杲最小的儿子光宅，隆庆四年（1750年）中举，参加的就是应天乡试②。陆杲曾孙、光祚孙锡恩万历二十三年（1595年）登进士，陆杰曾孙鏊天启五年（1625年）登进士，其籍贯均为"浙江嘉兴府平湖县灶籍"③，也就是恢复了祖宗原籍贯。锡恩子澄原亦登天启五年（1625年）进士，《国朝历科题名碑录初集》记其籍贯为"浙江杭州府平湖县民籍"④，所记"杭州府"显误，因为平湖县一直隶属嘉兴府。至于"民籍"，不知是否有误，经过赋役改革，明末役籍已基本失去作用，可能报为"灶籍"还是"民籍"已无关紧要。

---

① 陈文新、何坤翁、赵伯陶主撰：《明代科举与文学编年》，武汉大学出版社2009年版，第2328页。
② 光绪《平湖县志》卷13《选举·文科·举人》。
③ 李周望辑：《国朝历科题名碑录初集》，《北京图书馆古籍珍本丛刊》第116册，北京图书馆出版社1998年版，第834、876页。
④ 李周望辑：《国朝历科题名碑录初集》，《北京图书馆古籍珍本丛刊》第116册，北京图书馆出版社1998年版，第877页。

### （四）社会地位与亲缘关系

学者们在争论家族范围与族人互助等问题时，可能心中存在了一个潜在前提，即把家族看作一个范围相对固定的社会组织或亲缘群体。在现实生活中，尽管家族确实建立在血缘基础上，但族人之间的关系，或者说族人互助的范围，每个家族都不相同；甚至同一家族在不同时期，或者同一时期同一家族的不同成员，都表现得千差万别。可以说，族人关系如同其他社会关系一样，表现为以自己为中心的"差序格局"，其范围和功能具有很大的弹性。正如费孝通先生所说："在中国乡土社会中，家并没有严格的团体界限，这社群里的分子可以依需要，沿亲属差序向外扩大。"① 影响家族范围大小和族人关系亲疏的因素有很多，其中以财富和权力为根基的"势力"是最重要的因素之一。费先生指出："范围的大小也要依着中心的势力厚薄而定。有势力的人家的街坊可以遍及全村，穷苦人家的街坊只是比邻的两三家。……中国传统结构中的差序格局具有这种伸缩能力。在乡下，家庭可以很小，而一到有钱的地主和官僚阶层，可以大到像个小国。"② 平湖陆氏靖献支亲缘关系的建构，的确表现出随着社会地位上升而扩展的趋势。

明朝前期，陆氏应当还没有形成组织化的宗族。对于本支日后发展有重大影响的陆宗秀，"事父母孝，产业让二弟，友爱甚笃"③，可知兄弟很早就分家。他全力投身地方公益事业，但文献并未特别提及他对族人的帮助。陆宗秀子珪捐建县学，是以个人名义，与另一大姓沈昊合作，就连其弟似乎也未参与此事。景泰年间两次捐谷赈饥，一次是陆珪、陆瑜共捐，一次是兄弟四人合捐，说明当时兄弟四人已经分家。在

---

① 费孝通：《乡土中国　生育制度》，北京大学出版社 1998 年版，第 39 页。

② 同上书，第 27 页。

③ 陆基忠纂：《平湖陆氏景贤祠志》卷 2《陆征君坦庵先生传》。

这种家族形态下，陆珪兄弟与其四服兄弟轼（士亨之孙），关系应当不会太密切。轼子墀离开家乡后，两支相隔遥远，恐怕也难保持联系。兴王朱祐杬是弘治七年（1494年）之国的，弘治三年陆淞到北京参加会试时，陆墀正任职于锦衣卫，不知他们是否见面互通族谊。但有一点很明确，由于血缘关系已很疏远，陆淞在家状中并未将其六服兄弟陆松写入。随着明世宗入继大统，陆松、陆炳父子都担任了锦衣卫要职，一跃成为陆氏靖献支中最显赫的一房，自然会被原籍族人视为可以借重的对象。在这种情况下，血缘关系本已疏远，且居住地相隔遥远的两房，又重新建立起密切联系。

北京陆氏虽为锦衣卫高官，但毕竟出自书香世家，并非粗鄙武夫。陆墀以举茂才隶锦衣卫，应当是读书人。陆松也有较高的文化根底，著有《介庵集》。[①] 两子陆炳、陆炜，分别考中武、文进士，文化程度当亦不低。因为有这样的家世背景，陆炳喜欢与文士交往，加意访求人才。据记载，陆炳曾访士于沈炼，沈炼推举周述学，"炳礼聘至京，服其英伟，荐之兵部尚书赵锦"[②]。张瀚曾记载自己的亲身经历："岁戊午，余往次铨曹，陆遣使者一二辈远迎。余曰：'误矣。吾与乃公生平无半面之识，何故来迎？'使者曰：'不误。'往复主命，即扫除舍馆以待矣。迨入京，陆即过访，厚馈饮食。余曰：'仆素无交谊，足下遇之何厚也？'陆曰：'若非能知公，因公故人五台知之。'"[③] 文中"陆"指陆炳，"五台"是陆光祖。陆炳如此爱惜人才，对陆光祖推重的人都如此礼遇，可以想见，对于诗书传家的原籍族人，肯定会加意帮助。陆棐、陆杲等人能够冒入锦衣卫官籍，当然需要得到锦衣陆家的配合和支持。这种事情比较隐秘，其详情难以查考，但从陆棐子光宙的经历可窥见一斑：

①　光绪《平湖县志》卷23《经籍》。

②　《明史》卷299《周述学传》。

③　张瀚：《松窗梦语》卷7《权势纪》。

"光宙，字与常，号巨石，晚称顽石老人。四岁而亡父，上京城投靠陆炳，年十六，补顺天博士子弟员。闻母讣，南归。隐居郊外，与宋初旸等十八人结文酒社。"[1] 可以想见，倘若光宙不是因为母死南归，肯定会参加顺天乡试，陆家或许会增加一个举人。

需要指出的是，陆松、陆炳在京担任锦衣卫要职，与原籍族人不一定有经常性的联系。倘若原籍陆氏在功名上没有成就，而只是作为地方大族存在，两家可能依然不会建立密切关系。换句话说，双方政治地位的提升，为建立联系提供了契机，把两个本已疏远的房支重新联系起来，以致在进士家状中，竟将远至七八服的族兄弟列入。此外，由于陆炳位高权重，势焰熏天，这两个房支的交往并非完全对等的，锦衣陆家实际处在庇护人的位置。前引陆杲家状，将陆炳、陆炜列入兄弟行列，而迟陆杲一科登进士的陆炜，其家状兄弟部分则只列一位：

> 兄炳，壬辰武举，锦衣卫管卫事指挥使。[2]

因为无须证明或抬高身份，陆炜并未将血缘疏远的陆杲兄弟列入，与陆杲家状形成鲜明对比。

社会地位与亲缘关系的交互建构，不仅体现在靖献支两个房支之间的交往中，也在家族建设方面表现出来。明朝以前，广陈靖献祠"故有祭田、义田数千亩，元季湮于乱，存不满四百"[3]，宗族经济基础非常薄弱。明代前期，相关文献中没有发现陆氏宗族活动的痕迹，说明当时

---

① 方复祥、蒋苍苍、郭杰光：《"金平湖"下的世家大族》，中国文史出版社 2008 年版，第 79 页。

② 陈文新、何坤翁、赵伯陶主撰：《明代科举与文学编年》，武汉大学出版社 2009 年版，第 2054 页。

③ 陆基忠纂：《平湖陆氏景贤祠志》卷 4《陆氏景贤祠记》。

族人之间的关系是比较松散的。因纳粟获授迪功郎的陆珪，除积极投身于地方公益事业，对家族建设也比较关心。他制定了"家训"十四则，包括勤俭起家、诗书不坠、兄弟友爱、财利分明、内助要紧、继娶须知、早完粮税、宗族处分、谦虚忍耐、款待宾客、敬老恤贫、禁绝倡优、严禁出入、惩戒十恶。① 但此后很长时间，陆氏仍然缺乏共同的经济基础和家族组织。谢良弼在撰于隆庆五年（1571 年）的《陆氏族田引》中谈到："陆氏苗裔，盛自有唐，代有闻人。延及国朝，名卿巨儒，崇功茂绩，炳如蔚如。然宗盟未订也。至胥峰公（即陆杲）益敦孝思，缵厥先志，爰始大明宗法，如祀有主，祭有规，赡族有田，礼昭义备，哀然擅称江左懿矣。"② 可以说，陆杲是推动陆氏宗族组织化的关键人物。

陆杲父淞、兄杰先后登进士，但他们都长期在外做官。而陆杲任职时间不长，他以刑部主事"理漕抚刑，执法不阿，与漕臣左，会漕臣罢，杲亦罢"。据说他"略无恺意"，且曰："得砥修礼训，以式乡间，岂不若一官耶?"③ 陆杲家居时，赶上"岁荒民饥，族属流散"，他除"蠲谷收赡"外，"复念旱涝不常，用助难继，欲访宋参知政事范仲淹义田遗意，置田赡族"，得到子侄和族人支持，陆续购置"在县田六百余亩，议为族田"。④ 祭祀靖献支始祖陆正的靖献祠，原本位于陈山海滨，因倭寇猖獗，浙江巡抚阮锷惧其遭罹兵燹，于嘉靖三十三年（1554 年）移建于县治东，题名景贤祠，内祀陆赞，以陆正配亨，后又增配陆宗秀、陆錝等。此祠虽为官建，但"令陆氏子孙为庠生者二人主祠"，实为陆氏"家庙"。⑤ 景贤祠建成后，陆杲及子侄所置族田便都归于该祠

① 光绪《平湖县志》卷 23《经籍》。

② 陆基忠纂：《平湖陆氏景贤祠志》卷 4《陆氏族田引》。

③ 光绪《平湖县志》卷 15《人物·列传一》。

④ 陆基忠纂：《平湖陆氏景贤祠志》卷 4《奏请遵守义田疏》、《惠宗祠纪事》。

⑤ 陆基忠纂：《平湖陆氏景贤祠志》卷 2《平湖县志·景贤祠》；《平湖陆氏景贤祠志续刻》卷 1《奏为先贤专祠擅更书院恳敕赐改正以光祀典事以弘风教事》。

名下。族田之外，"又置田五十亩归世德祠，畀宗子供禴祀，谓之祭田；群里族之子弟，置塾讲业，置田二百亩以给稍廪，谓之学田；宗族日繁，更徭不支，置田三百亩分赡之，谓之役田。"①

为了规范族人行为，陆杲制定了《陆氏家训》，并针对族田的管理和使用，制定了非常详细的"赡族规则"，包括周贫、优老、助婚、恤丧、赡寡、励节、育才、尚贤、劝廉、规过、纪丁、祭祀、出纳等 14款。各款内容都很具体细致，仅举与科举密切相关的"育才"条为例："凡灯火束修，必校文背书，第其优劣，以为多寡，庶足激励。已成材者，试文一等，赏纸笔银五钱，首名加三钱，仍各给灯火米二石；二等赏银四钱，三等二钱，仍各给灯火米一石五斗；文不完者不赏，仍量给灯火米。未成材者，背诵经书全熟者为上等，给束修米一石二斗，《四书》熟者为中等，给米一石；《学》《庸》《论语》熟者为又中等，给米八斗。其背法，八岁以内背《学》《庸》，十岁以内背《论语》，十二岁以内背《孟子》，十四岁以内背本经。非通本成诵者不给，止熟《大学》者不给。年十五以上者，不必背书，每年择定试期，直岁半月前报知，不赴试者，虽补卷不给。已告衣巾者不给。家事稍赡者，灯火束修当推让贫族。"②

陆杲后裔，保持了乐善恤族的传统。长子光祖不但资助父亲购置族田，后来还"整顿挍拓，陆续营置"，使族田规模达到千亩以上。③他还"以田二顷助里之役于官而不给费者"。此外，居乡期间，还"就家塾为乡约，率父老子弟诵高皇帝圣谕谕之，已，具酒脯，聘乡有德者为社，子弟行酒，歌《鹿鸣》，如乡饮酒礼"④。三子光祚，"父兄置族田义

---

① 光绪《平湖县志》卷 15《人物·列传一》。
② 陆基忠纂：《平湖陆氏景贤祠志》卷 4《陆氏家训》、《景贤祠族田规则》。
③ 陆基忠纂：《平湖陆氏景贤祠志》卷 4《奏请遵守义田疏》。
④ 李维桢：《大泌山房集》卷 109《赠太子太保吏部尚书陆庄简公神道碑》。

熟，咸翼成之"①。四子光宅长期居乡，"性好施，赈人厄困，而自食脱粟，衣布素"，位于二十四都的漏泽园就是他捐置的。②光祖长子基忠，感到"族田原以赡乏，而非册籍在官，则久后不无湮没；赡族虽有家规，而非仰赖国法，则人众易至纷更"，遂以父亲遗愿为借口，上疏皇帝，请求"将臣所造田亩都圩丘段号数册籍二本，用印钤记，一留本县附卷，一付臣家存照，仍将陆景贤立户，造入黄册，赋税除正粮之外，冀免杂泛差徭"，经户部议覆获准，在黄册正式设立陆景贤户，户下有田 1078 亩。③光祖三子基志，"创惠宗祠于景贤祠后，祀司寇杲，以族之捐田及有功于祠者配"④，后将自己和侄辈所积田 250 余亩归于祠下。光祚子基诚，"重义气，戊子大饥，悉发储蓄以饷族戚，遍择五父之衢，为糜粥以食饥者，复设冢市槥櫝，收瘗路殍。度大祲后必疫，剂药饵以待，已而果疫，人赖以全"⑤。基诚子锡命，"生平救灾恤难，亲友待以举火者常数十家，率厚息称贷为之。又捐田百亩于家祠以赡族"⑥。截至明末，先后入祀惠宗祠者，有杲、桥、炳、梦韩、光祖、光裕、光祚、光宅、基诚、基忠、锡恩、基仁、基志、锡命、基恕、洽原等。⑦其中除陆桥为"处士"外，其他人均有功名或官职。

　　宋代开始出现的家族组织，是随着唐宋变革期政治、经济和社会结构的深刻变化而出现的新型事物，到明代逐渐趋于普遍和定型。⑧家族组织虽然基于血缘关系而成立，但它并不是天然存在的。陆杲曾谈

①　万历《嘉兴府志》卷 19《乡贤》。
②　光绪《平湖县志》卷 4《建置·义产》，卷 18《人物·列传四》。
③　陆基忠纂：《平湖陆氏景贤祠志》卷 4《奏请遵守义田疏》、《户部札付（遵守义田事）》。
④　光绪《平湖县志》卷 15《人物·列传一》；陆基忠纂《平湖陆氏景贤祠志》卷 4《惠宗祠祭田记》。
⑤　光绪《平湖县志》卷 18《人物·列传四》。
⑥　光绪《平湖县志》卷 15《人物·列传一》。
⑦　光绪《平湖县志》卷 9《祠祀·祠宇》。
⑧　参见高寿仙：《明代农业经济与农村社会》，黄山书社 2006 年版，第 193—196 页。

到："君子于人，无所不爱，而必自亲始，《书》称亲九族是也。夫族有
尊属卑属，有服无服，皆本之于祖，能无念乎？"① 但若把"有服无服"
的族人聚合成一个功能性的社会组织，需要通过人为的建构过程。正如
许多研究所显示的，在家族组织的形成和维护过程中，家族内的精英分
子，特别是科举成功的精英分子，往往发挥了关键性的作用，平湖陆氏
亦是如此。平湖陆氏虽为历史悠久的大族，但支派众多，居住分散，明
代前期，即使靖献支内部，也缺乏功能性的家族组织。明代中叶，陆氏
崛起成为科第大族，长期居乡的陆杲热心家族公益事业，并得到子侄的
大力支持，从而使家族内部的互助性和凝聚力大大提升。可以说，科举
成功和社会地位的提升，为亲缘关系的建构提供了契机和动力。而家族
组织化程度的提高和救助能力的增强，也有利于家族社会地位的维持。
陆基忠针对"赡族规则"的作用曾评论说："遵行五十余年，而族人知
礼让，免冻馁，相激劝，盖不止于赒恤补助，且藉以联睦规诲，利赖于
子姓者甚渥也。"②

（五）结语

何炳棣先生发表其开创性著作《明清社会史论》后，引发了大量
后续研究，学者们除关注社会流动问题外，还试图探究社会身份的再生
产机制，其中科举仕途的成功与家族亲属的关系成为一个重要的观察视
角。在这个问题上，学者们产生了较大分歧，何先生将家族限定在五服
之内，认为族人之间的提携极其有限；而韩明士、艾尔曼则认为何先生
严重低估了家族、姻戚对向上社会流动的功能，在分析中大大扩展了家
族的范围。这个争议无法通过统计数字加以解决，只能尽量多积累一些
个案性的微观研究。

---

① 陆基忠纂：《平湖陆氏景贤祠志》卷 4《景贤祠族田记》。
② 陆基忠纂：《平湖陆氏景贤祠志》卷 4《景贤祠族田规则》。

事实上，家族的范围有多大，可能是一个很难说清的问题，如同其他社会关系一样，族人关系也表现为以自己为中心的"差序格局"，而且随着中心"势力"的大小变化，亲疏关系也有所变化。本文提供的个案显示，两个本已关系疏远的房支，随着双方社会地位的提升，又重新建立了密切关系，远至七八服的兄弟，在进士家状中竟被列入兄弟行列，大大超出了五服的范围。这一个案还提示，家族间的相互提携，除直接的经济扶助外，还有其他一些方式。在特别强调籍贯的科举场合，共享有利于科举成功的籍贯，也是一种重要扶助。

通过梳理包括陆氏靖献支在内的家族史，可以发现，社会地位与亲缘关系之间具有交互建构的功能，社会地位的提升往往成为亲缘圈扩大和巩固的契机，而亲缘圈的扩大和巩固，当然也有利于保持或进一步提升社会地位。近些年来，研究科宦大族的论著很多，大家只是关注哪家出了多少进士和举人，其实还应该进一步考查一下，他们的籍贯和参试地点是否一致。像冒籍这种途径，显然势家大族容易开通，而一般平民不易做到，这可能也是影响社会流动、维持大族地位的重要手段。

## 四、儒家家族主义伦理对明清商业发展的影响

### （一）导论：儒家伦理与经济发展

马克斯·韦伯的名著《新教伦理与资本主义精神》的发表，如果不能说是一种新的学术趋向的开始，至少可以说大大加强了这样一种学术旨趣：这就是对经济发展与文化背景的相关性的关注。在韦伯看来，基督教的新教伦理观念引发的某些心理状态是促成资本主义发展的重要因素；为了进一步验证自己的结论，韦伯还考察了其他一些文化传统和

宗教，并在《中国宗教：儒教和道教》中得出儒家思想和现代资本主义发展绝缘甚至冲突的结论。在资本主义世界经济高速发展的物质背景下，在相当长一个时期里，韦伯对儒家以及传统中国文化的看法影响着学术界，尤其是西方汉学界。但是，20 世纪 50 年代以来，特别是从 70 年代开始，儒家文化的价值重新受到重视，这种转机并非是思想史演进的内在理路所致，而是因为经济和企业管理方面的原因，也就是日本、韩国、新加坡以及中国香港、台湾等国家或地区的工业文明的崛起和企业管理的成功经验。

还在 20 世纪 60 年代，有些学者就明确指出，儒家思想不仅是中国的精神文明，其影响还广被东亚，中世纪后期的东亚诸国都是"儒家的时代"。以后研究东亚工业文明崛起原因的学者，逐步把目光深入其以儒家思想为核心的文化背景中。1979 年，卡恩在《世界经济发展》一书中首先提出"后儒家文化（post-Confucian culture）"说，认为儒家思想影响下的中国传统文化具有家族主义、阶层意识、团体认同倾向、人际关系互补观念等特质，对东亚社会中的企业及其他组织产生正面效应，加速了这些国家或地区的现代化进程。[1] 霍夫汉斯和卡尔德在 1982 年出版的《东亚锐锋》一书中，虽然主张东亚地区的优势是结构性的，特别重视政府明智的行政工程对经济发展的促进，但也很强调"文化态度"对东亚经济体系的塑造，认为儒家伦理中的家族主义、重视教育、勤奋节俭、尊重政府等有利于经济发展，是东亚工业文明崛起的共同文化心理源头。[2] 其后柏格也提出类似观念，认为渗入到日常生活的世俗化儒家伦理包含了一套引发人们努力工作的信仰和价值，如提倡对家庭无私奉献、重视纪律、节俭、和谐、团结等，都可以从传统的中国家庭

---

[1]　H. Kahn, *World Economic Development: 1979 and Beyond*, London: Croom Helm, 1979.

[2]　R. Hofheinz and K. E. Calder, *The East Asia Edge*, N. Y. Basic Book, 1982.

成功地转化到现代企业之中，从而促进企业的兴旺和经济的发展。①

　　近几年来，直接或间接讨论儒家伦理与经济发展关系的论著日多，对有利于经济发展的儒家伦理的特点的总结也不尽相同，总起来看，可以归结为两大方面：第一方面是家族主义观念和组织的内在潜力；第二方面是仁爱、修身、和谐、诚实、守信、节俭、勤奋一类的品德和工作伦理。笔者认为，如果没有信用、互利和秩序等人际关系原则的支撑，商业长久的顺利发展是不可能的，在任何政治—经济模式中，良好的工作伦理和敬业精神都是事业发展的重要条件，在这方面新教伦理影响下的商人和儒家伦理影响下的商人并无太大差别，不是影响社会转型和经济起飞的决定性因素。与工作伦理相比，家族主义观念和组织对商业发展的影响要重要得多，涉及经济组织和社会结构等一系列深层次的问题，是探讨传统中国社会经济发展的独特性的一个重要视角。

　　许多研究儒家伦理与东亚经济发展关系的学者将"家族集团主义"列为儒家文化最重要的特征，并认为这是儒家伦理在现代社会中焕发着旺盛活力的体现，颇有道理。在远古时代，中国和世界其他各民族一样经历了氏族制社会，但当国家建立以后，政治组织的转型并未导致社会组织的根本性改组，氏族血缘关系没有受到摧毁或破坏，依然作为社会组织的中心原则发挥着作用，并影响着意识形态。可以说，早在儒家学派形成以前，家族主义就是中国文化的重要特征之一，孔子开创的儒家学派只不过是吸收了这一普遍的社会观念，使其系统化、理论化。在儒家的价值体系中，"仁"被界定为最根本、最高层次的品德，是人与禽兽相区别、人之作为人存在的终极根据。然而，"仁"虽然是与宇宙精

---

① P.L. Berger 最早完整提出这一看法是在 1983 年 1 月在日本国学院大学创立百周年研讨会上提交的题为"Secularity：West and East"的论文中，其后他又对宗教伦理与资本主义精神的关系进行了更系统的研究，参见 *The Capitalist Spirit：Toward a Religious Ethic of Wealth Creation*，San Francisco，Calif：ICS Press，1990。

神等同的人的内在精神原则，但人要真正地体认它，不能仅依靠内在的自省，更重要的是在人际关系中的实践，没有这种实践，人就不能把握"仁"，不能真正认识真实的自我。儒家曾将人的社会关系概括为"五常"，这意味着家族伦理在社会关系中占据着中心位置，家族是人在社会、政治以及整个世界中的活动的根据地。

儒家的上述理论和理想来自于社会，也试图重新推向社会，故特别强调"教化"，即用儒家伦理教育大众，使他们放弃或改造不合乎儒家理想的行为，形成一个纯粹的"儒化社会"。道德、宗教、法律、习俗是维持社会秩序的支柱，汉代独尊儒术以后，儒家取得影响社会的主导地位，这四者也越来越多地浸染了儒家精神，家族主义伦理长久不衰地对社会发生着制约作用。特别值得注意的是，自唐代后期以来，与门阀制向官僚制转变的历史趋势相适应，以宋明理学为代表的儒学新趋向更加强调"礼化"社会的理想并为之付出巨大努力，这使包括商贾在内的平民大众受到更广泛、更深刻的儒家伦理熏陶，这一点在明清时代表现得很突出。在这种文化氛围中，除了纵向分布的官僚机构以外，与家族主义伦理相抵触的民间社会组织很不发达，经济组织和金融机构极端缺乏，家族比在现代东亚社会中发挥着更核心的作用，对经济运行有着多方面的影响。下面的讨论将围绕两个方面进行：一是家族主义伦理对商业资本的影响；二是家族主义伦理对商业运行和商业精神的影响。

### （二）儒家伦理对商业资本的影响

对于想到商海泛舟的人来说，第一步工作是筹措一笔资金作为启动资本。对于富裕家族的成员来说，这一点是不成问题的。但也并不是说穷人便不能出去经商，明清时期那些著名的商业区之所以闻名，不仅因为拥有一批赀财巨万的大商人，还因为拥有人数众多的中小商人，商业成为大多数人追求的事业。家境贫寒、生计困难不仅不能阻止人们迈入商途，反而会促使人们更早地走上此路，以有能力养家糊口。如"山西商人多商于外，十余岁辄从人学贸易，俟蓄积有资，始归纳妇，纳妇后仍出营利，率二三年一归省，其常例也"①；徽州"歙人多外服贾，其贫者趋事尤早"②。

在明清时代，没有完善的商业法和信贷组织，除变卖家产外，最有可能利用的资本来源便是借贷，其中宗族内的借贷和援助占有极为重要的地位。在徽州休宁《茗洲吴氏家典》卷 1 中，我们可以看到这样的规定："族中子弟不能读书，又无田耕，势不得不从事商业。族众或提携之，或从他亲友处推荐之，令有恒业可以糊口。"③ 家典是宗族的成文法，对族众有一定约束作用。事实上，即使没有这些规定，许多人在儒家伦理浸染下，也乐于向资金匮乏的族人伸出援助之手，贷予或赠予商本。如山西蒲州商人王海峰，"其闾里子弟，受钱本持缗券，以化居于郡国者，肩相摩趾相接也"④；陕西西安府高陵县商人王克俭，"其族能任贾者，与之本业，不问子钱，凡数十人，皆以资雄楚蜀间"⑤；徽州歙县人许积庆，"处昆弟笃恩，委财利为外物，九族贾而贫者多惠贷，不望其息"⑥；婺源人王悠炽，"房叔、房弟某某合伙经商，各移五百金为资本，又轸其困于遇，折券还之"⑦。史籍中此类例子甚多，不多枚举。

除宗族间的资金调剂外，宗族以外的借贷关系也是大量存在的。

---

① 纪昀：《阅微草堂笔记》卷 23《滦阳续录五》。

② 歙县《棠樾鲍氏宣忠堂支谱》卷 21《中宪大夫肯园鲍公行状》。

③ 休宁《茗洲吴氏家典》卷 1《家规八十条》。

④ 张四维：《条麓堂集》卷 21《海峰王公七十荣归序》。

⑤ 李维桢：《大泌山房集》卷 106《赠罗田令王公墓表》。

⑥ 歙县《许氏世谱》第 5 册《诰封奉政大夫坦斋许公行状》。

⑦ 光绪《婺源县志》卷 33《人物·义行》。

如金声曾谈到，徽州许多人"虽挟赀行贾，实非己赀，皆称贷于四方之大家，而偿其什二三之息"①。金声没有道出债权人与债务人之间的关系，但从"四方之大家"一语看来，双方似无血缘关系。但是，由于当时法律的保护作用有限，为了降低贷款所承担的风险，债权人一般在对债务人有所了解，并且在有一定担保的条件下，才肯贷出资金，这其中家族伦理依然发挥着重要作用。由于保人分担了相当风险却没有或只有很少收益，一般人是不肯担当的，但在儒家家族主义伦理影响下，一个人对其族人、特别是对衣食艰难的族人的生活在道义上负有照顾的责任，不论他内心是否愿意，当借贷双方要求他提供担保时，他往往会答应的。万承风云："黟俗尚贸易，凡无赀者，多贷本于大户家，以为事蓄计。每族党子弟告贷于大户，大户必取重先生一言而后与之。"② 这段话可视为上引金声之言的补充，说明即使非同族成员间的借贷关系，也往往以血缘关系作为中介。

当时还盛行一种名为"伙计"的经营方式，为贫穷之人走上商业道路提供了另一条途径。王士性云："平阳、泽、潞，豪商大贾甲天下，非数十万不称富，其居室之法善也。其人以行止相高，其合伙而商者，名曰伙计。一人出本，众伙共而商之。"③ 归庄亦云："凡商贾之家贫者，受富者之金而助之经营，谓之伙计。"④ 可见这是一种合伙经营方式，富者出钱股，贫者出力股，营业利润按约定俗成的比例分红。与借贷关系一样，富者发放资金要承担相应风险，因而愿从自己了解的人中寻找伙计，族人自然首当其位。江苏洞庭山人叶懋"婚仅三月，出为同宗富人

① 金声：《与徐按院书》，载康熙《徽州府志》卷8《蠲赈》。
② 万承风：《训导汪庭榜墓志铭》，转引自傅衣凌：《明清时代商人及商业资本》，人民出版社1956年版，第75页。
③ 王士性：《广志绎》卷3《山西》。
④ 《归庄集》卷7《洞庭三烈妇传》。

伙计"①；徽州商人"挈其亲戚知交而与共事"②，这些亲戚知交许多是以伙计身份同行的，如歙人吴德明"起家坐至十万，未尝自执筹策，善用亲戚子弟之贤者"③，就是典型例证。与富者没有血缘关系的伙计，除家仆、义子一类的人物外，也多由亲友推荐，上引《茗洲吴氏家典》所谓"从他亲友处推荐之"，就是要求努力将无力谋生的族人推荐给经商的亲友做伙计。

以上分析表明，宗族在资本调剂方面发挥了重要作用，这必然大大有利于商人队伍的扩大，有利于商业资本的总体规模的扩张。然而，也应看到，儒家家族主义伦理对商业资本还有另一方面的影响，这就是严重导致了商业资本的耗散，限制了再投资的可能性，使商业经营长期不能突破"家计型"模式而转入"营利型"模式④，成为经济起飞的严重障碍。

在造成资本耗散的家族性因素中，家产分割制度的影响是第一位的。从世界范围来看，中国是诸子均分制的典型之一。中世纪的西欧实行一个儿子继承家产的制度，没有获得继承权的儿子往往很早就要单独出外谋生，也有的在兄弟继承了农庄后仍在这里逗留几年再外出，但这时他是作为他兄弟的"佣工"留在农庄上的。日本实行长子继承制，如果长子缺乏继承家业与家艺的能力，则由次子继承，而倘若所有儿子都缺乏能力，有时会以有能力的年轻人为养子，让他继承家业，未能继承家业的儿子只能出外谋生。对于受儒家伦理影响的中国人来说，这种冷酷无情的分家制度似乎是完全不能接受和无法理解的。孝悌观念规定了

---

① 《归庄集》卷7《洞庭三烈妇传》。

② 金声：《金太史集》卷4《与歙令君书》。

③ 吴吉祐辑录：《丰南志》第5册《德明公状》。

④ 韦伯认为经济史研究的根本问题之一，是研究"专有的功用与机会，是家计的利用之或营利的利用之"（韦伯：《社会经济史》，台湾商务印书馆1985年版，第19页）。二者具有本质差异。

父与子、兄与弟两方面的权利和义务，其中当然包括物质利益和生活权利的保证问题，诸子均分制正是这种文化孕育出的继承制度，再向前推进一步，则累世共居被认为最合乎儒家理想，因此朝廷常旌表数代同居的大家庭为"义门"。在明清时代，我们可以见到一些商业家族为了道义或经济的原因，长期未分割家产。如大同府天城卫的盐商薛氏到明万历前期，"不析产已五世"，其产业"南北居半"，由兄弟们分别管理①；汤阴郑氏"不析爨七世矣，多田饶耕，男子力耕治贾，女习蚕织，阃外不闻也，诸农贾所入，皆困之，有婚嫁，族长主其费，寸布斗粟无私者"②。

但是，这种同居共炊的巨型家庭极为少见，大多数情况下是在诸子都结婚后或父母死后即分家，联合家庭分裂为数个核心家庭。在分割家产时，商人们不仅大多数恪守均分原则，甚至把自己赚取的商业利润也拿出均分，如徽州歙县商人汪辅"服贾金陵淮海间，数十年所积悉以分弟"③；绩溪商人汪锡畴"兄没，嫂寡侄幼，即与合炊，所置货产亦均分"④。现存清顺治十一年汪正科所立《汪氏阄书》，为我们提供了一份了解商人家产分割情况的重要文件。据阄书记载，汪正科的家产大部分是他数十年中兢兢业业、克勤克俭开设店铺、贸易丝棉积攒起来的。到分家时，家中存有实银 630 两，三个儿子大义、大仁、大都均分；借出银两共计 264.98 两，写明取讨回来后亦兄弟三人均分。田、地、山、塘、房屋等亦本着平均原则分配，惟因这些财产有好有差，不能照数量均分，便根据纳税和收租情况作出大概估计，分为三份，由兄弟三人抓阄决定所得。总之，汪正科原有土地 30 余亩，在当地土地高度匮乏的

---

① 王家屏：《复宿山房集》卷 25《陕西按察司副使薛公墓志铭》。
② 何乔远：《名山藏·货殖记》。
③ 嘉庆《黟县志》卷 6《人物·孝友》。
④ 嘉庆《绩溪县志》卷 10《尚义》。

条件下属于地主，有白银近 900 两，另在景德镇还有一些店铺，属于中等商人；经过这次分割，三子每家所得田地在 10 亩上下，银不足 300 两，只能算是自耕农和小商人。[①] 传统中国崇尚多子多孙，如果以每代约有 2 至 3 个男性继承人的数目作为一般标准，那么每隔 20 至 40 年就会发生一次类似的财产大分割，自然会严重阻碍中国商人的资本积累过程。

宗族中的"义行"是资本耗散的另一项重要的家族性因素。明清时代儒家伦理的社会影响力既深且广，人们都想在道德方面有所表现，商人也不例外。与儒士相比，商人的优势无疑是在财富方面，因而用财富塑造自己的道德形象成为十分普遍的现象。泉州商人蔡廷魁小时家境贫寒，后经营商业，"资日起，亟迎其父母以养，厥后营室庐奉父母归，构土堡以居族人，立大小宗祠，置祠产，俾族人沾先泽，有服之属，无令有鳏居失业者，设书塾捐修脯以课子姓，计所费较遗诸子者过半焉"[②]；徽州祁门商人胡天禄经商致富，大举义行，"先是族人不戒于火，焚其居，禄概为新之。又捐金定址竖建第宅于城中，与其同祖者居焉。又输田三百亩为义田，请缙绅先生序之，订为条例。蒸尝无缺，塾教有赖，学成有资。族之婚者、嫁者、丧者、葬者、嫠妇无依者、穷民无告者，一一赈给"[③]；陕西商人李鸿虞精于商道，居积致富，"推受群从兄弟子侄，情谊敦笃，有范大夫蠡屡致千金、散与群从兄弟之遗意"[④]。以上不过仅举数例，在明清时代的商人中，出资建宗祠、修族谱、置族田、办义塾、恤族人者大有人在，耗费了大量资金。

---

① 原件藏安徽师范大学图书馆，节录本见张海鹏、王廷元主编：《明清徽商资料选编》，黄山书社 1985 年版，第 374—378 页。

② 雷翠庭：《闻见偶录》（不分卷）。

③ 康熙《祁门县志》卷 4《孝义》。

④ 温自知：《海印楼文集》卷 2《明故公李鸿虞墓志铭》。

### （三）儒家伦理对商业经营的影响

追逐利润是商人的首要目的，一切商业活动都围绕这一目的展开。然而，消费市场是有限度的，为了在有限的市场中占据优势地位，获取较多的利润，商人们之间不可避免地要出现联合和竞争。在缺乏商业法保护的传统中国，儒家家族主义伦理却有巨大的约束力，宗族成员间的合作便作为自然的形式获得应用和发展。在这方面，雄踞商业舞台的徽州商人运用得非常成功。如休宁程锁"结举宗贤豪者得十人，俱人持三百缗为合从，贾吴兴新市"。单个的个人资本借助血缘纽带联合成为带有社会色彩的合作方式，大大增强了实力，参与合作者皆致巨富。①许多成功的商人还以带动族人经商为己任，金声曾谈到："歙、休两邑民皆无田，而业贾遍于天下。……夫两邑人以业贾故，挈其亲戚知交而与共事，以故一家得业，不独一家食焉而已，其大者能活千家、百家，下亦至数十家、数家。"②商人带动族人经商，固然有帮助、提携族人之目的，但也是为了增强实力，提高商场上的竞争能力。

宗族之间的提携和合作导致了资财雄厚的商业宗族的出现。休宁商山吴氏就是一个突出例子。拟话本小说《拍案惊奇》曾提到"徽州府有名的商山吴家"③，汪道昆更以对比的手法极状商山吴氏之富："故都以南，则吾徽雄诸郡，休宁雄诸邑，吴雄诸姓，商山雄诸吴。"④许多商人在外地立定脚跟后，举家或举族移徙，康熙《徽州府志》卷2《风俗》云："徽之富民尽家于仪、扬、苏、松、淮安、芜湖、杭、湖诸郡，以及江西之南昌、湖广之汉口，远如北京，亦复挈其家属而去。"西商寄

---

① 汪道昆：《太函集》卷91《明处士休宁程长公墓表》。
② 金声：《金太史集》卷4《与歙令君书》。
③ 凌濛初：《拍案惊奇》卷2《姚滴珠避羞惹羞》。
④ 汪道昆：《太函集》卷51《明故征仕郎中书舍人吴季山墓志铭》。

居在外的也不少，扬州是最重要的聚居地，有不少著名商业宗族，有的已入当地籍，有的仍系故籍："扬以流寓入籍者甚多，虽世居扬，而系故籍者亦不少。明中盐法行，山陕之商麇至，三原之梁，山西之阎、李，科第历二百余年。至于河津、兰州之刘，襄陵之乔、高，泾阳之张、郭，西安之申，临潼之张，兼籍故土，实皆居扬。"① 这样，便在经济发达的地区出现不少侨商巨族，为了加强联系，有的还创建宗祠，如歙人叶道传"创建宗祠于虎跑大路旁圣安山下，捐置盐券巨额，作为义庄，族党感德"②。

在西方，随着商业的发展，自然地形成了"家族公司"，"在这种公司中单个的家族成员或以其全部财产，或以其投入企业的金额来担保。要使家族公司变成公共的贸易公司，只需要外来者把他们的资本投入以后的过程中去就可以了"③。在传统中国，商业组织却很难获得这样的发展，商人们在家族主义伦理的影响和社会条件的制约下，形成了重视亲属关系而轻视团体角色的性格，只愿意采用家庭式的独资经营，不容易进一步组成较大规模的组织化经营单位。④ 事实上，即使是宗族成员间的合作，也大多是独立经营，独立核算，只是在经营过程中相互给予一定的帮助和提携，与西方建立在法规基础上的、作为固定组织机构的"家族公司"具有质的不同。可以说，明清时代的贸易活动尚未进入"家族公司"阶段，由"家族公司变成公共的贸易公司"更无从谈起。商人们为了商业的顺利进行需要扩大和加强血缘关系以外的联系时，往往是把家族意识推衍一步，由血缘扩充至乡缘，其结果也就是由举族经

---

① 　嘉庆《江都县续志》卷 12《杂记》。
② 　民国《歙县志》卷 9《人物志·义行》。
③ 　汉斯·豪斯赫尔：《近代经济史：从十四世纪末至十九世纪下半叶》，商务印书馆 1987 年版，第 41—42 页。
④ 　吴聪贤：《传统与现代化农民性格内涵之研究》，载《"中央研究院"民族学研究所集刊》第 59 期，1985 年。

商进而为举乡经商，由举族迁徙进而为举乡迁徙。在贸易繁荣的侨商聚集地里，同乡同籍的商业家族占据优势地位的现象时有所见，如平湖县当湖镇"新安商人挟赀权子母，盘踞其中，至数十家，世家巨室，半为所占"①。在重要城市和市镇中，常建有会馆，这些会馆最初不是用于商业目的，而是为了方便本地人士的食宿和聚会，如北京最早设立的稽山会馆"士绅是主，凡出入都门者，籍有稽，游有业，困有归也"②。后来出现了由商人创办、带有较重商业色彩的会馆，但组织很松散，同乡是获得成员资格的唯一条件，主要作用是同籍贯和同行业的商人相互帮助和支持，虽然也有垄断的目的，但与西方的行会组织大不相同，而与资本借贷和合作经营喜欢在宗族内部进行的商业观是相适应的。因而，会馆一类的组织是宗族组织在客观环境促动下的自然扩充，与家族主义伦理不但不相冲突，反而相辅相成。

宗族成员间的提携和合作还有利于商业技术在宗族之内的传承，使本宗族出现较多的成功商人。与农业经营相比，商业活动要复杂得多，稍具规模的商业经营需要具备一定程度的知识水平，经验和技术更是决定赔赚的关系因素之一。明清时代的商人已认识到商业知识和技术的重要性，编纂刊刻了一批"商业书"。但是，仅凭阅读几本书是很难登堂入室的。成为优秀商人乃取决于实践中的磨炼。因而，前辈商人在实践中的言传身教在当时是最好的商业教育。在儒家家族主义伦理的熏陶下，明清时代的商人非常乐于栽培宗族子弟。徽商王子承"诸弟诸子从之游，分授刀布，左提右挈，咸愿与之代兴，各致千万有差，无德色"③；吴德明"平生其于亲族之贫者，因事推任，使各得业"④；黄崇德

---

① 康熙《平湖县志》卷4《风俗》。
② 刘侗、于奕正：《帝京景物略》卷4《稽山会馆唐大士像》。
③ 汪道昆：《太函集》卷17《寿域篇为长者王封君寿》。
④ 吴吉祜辑录：《丰南志》第5册《德明公状》。

"率其子弟宗人商于淮南，子弟宗人皆能率公之法而为廉贾"①。为了锻炼子弟，有些人还定立严格的制度以约束他们。吴荣让从 16 岁随族人经商，后发达起来，侨居浙江桐庐焦山，建立宗祠，"召门贫子弟，悉授之事而食之"，除平日严加督责，每月朔望日还召集诸子弟，"举《颜氏家训》徇庭中"②。由于能够提挈宗族子弟经商的往往是那些较为成功的商人，他们在商界苦斗有年，积累了丰富的实践经验和商业技术，宗族子弟在他们的带动教育下，会较快地熟悉有关的商业知识和技能，因而容易获得成功。这也是商业巨族形成的因素之一。

在传统中国，官僚机器在县级以下的控制权是比较薄弱的，地方秩序的维持主要由奠定于儒家家族伦理基础之上的宗族性组织承担，宗族功能的增强可以在一定程度上使商人免除后顾之忧。明清时代的商人大多都远走他乡，转毂四方，但许多人的家眷仍留在故里，如徽商"春日持余资出贸什一之利，为一岁计，冬月怀归，有数岁一归者"③；山西人"纳妇后仍出营利，率二三年一归省，其常例也"④。试想，如果他们离家后，家中面临着妇幼遭人欺凌、财产遭人侵夺的危险，他们还能放心大胆地商游四方吗？在当时的社会环境下，宗族组织成为较可靠的社会保障组织。宗族对家庭的保护一方面是不使族人遭受其他宗族成员的欺辱，一人受欺则举族而起，甚至不惜展开宗族间的械斗；另一方面则是维护家族内的秩序和公平，禁止"强凌弱，众暴寡，富吞贫，恃尊凌卑"现象的发生。因而，商人们总是热心于宗族事务，为强化宗族力量不惜耗费大量钱财，以致商品经济不仅没有动摇传统社会结构，反而使其更加强固，越是商人众多的地区，宗族组织越是严密，越是强大。

---

① 歙县《竦塘黄氏宗谱》卷 5《黄公崇德传》。
② 汪道昆：《太函集》卷 47《明故处士吴公孺人陈氏合葬墓志铭》。
③ 康熙《徽州府志》卷 2《风俗》。
④ 纪昀：《阅微草堂笔记》卷 23《滦阳续录五》。

以宗族为主体的乡村社会结构在为商人家庭提供保护的同时，又构成了商业发展的阻碍力量。这不仅体现在宗族义行造成的资本耗散上，更重要的是束缚了商业进取精神的展开。在近代早期的欧洲，"家庭间的联系较弱，人们更多地是由于邻里关系而合成一体"①，这样的社会结构自然难于维持家族主义情感。不惟宗族，就是家庭内部的凝聚力也比中国小得多，以一子继承为主的财产分割方式必然造成这样的情况："对于那些命定不能继承家业的儿子来说，他们的生身父母并不太重要，因为他们常常很小就离开父母的家作为佣工受雇于其他农庄。"②随着人口的激增，越来越多的人成为被抛离于家庭的流浪者和冒险者，"第一批做生意的行家就出现在这批流浪者和冒险家之中"③，这些商人"巡游在外，实际上是无根的流浪人"④。与欧洲不同，漂游在外的中国商人并未被抛弃，没有与家庭、宗族、故乡和土地失去联系，商业无非是传统的农业生活方式的延伸和补充、商人构不成一个具有与传统农业社会迥异的观念和组织体系的社会阶层，因而这种社会地位使得他们很难摆脱对父母和家族的依恋感和责任感，不利于培养勇往直前的进取精神。在史籍中，我们可以找到许多因家庭原因辍商的事例。可见孝的意识和家族主义观念对商人的进取精神的束缚是极大的。这种观念和传统中国不适宜商业发展的政治—经济模式结合在一起，严重抑制了近代商业模式以及社会转型和经济起飞的产生。

---

① Henry Kamen, *European Society*, *1500 – 1700*, London：Harper Collins Publishers Ltd., 1984, p.21.

② 迈克尔·米特罗尔、雷因哈德·西德尔：《欧洲家庭史》，华夏出版社 1987 年版，第 89 页。

③ 亨利·皮雷纳：《中世纪的城市》，商务印书馆 1985 年版，第 71 页。

④ 奇波拉主编：《欧洲经济史》第 1 卷，商务印书馆 1988 年版，第 6 页。

# 第三章

# 文风、仕风与士风

## 一、明代制义风格的嬗变

制义是明清时期科举考试的主要文体，又称制艺、八比、举业、经义、时文、时艺、四书文等，较为通行的称呼是八股。这种文体的特点，是围绕出自《四书》、《五经》中的题目，"代古人语气为之，体用排偶"①。关于制义的来源，明清以降一向众说纷纭，但多数人都同意，其直接源头是宋代的经义，至明代其体制粲然大备。清初学者戴名世曾评论说："世之学者，从数千载之后而想像圣人之意，代为立言，而为之摹写其精神，仿佛其语气，发皇其义理，若是者谓之经义。其体为古文之所未有，发端于宋，至明而穷极变态，斯亦文章中之一奇也。"②尽管在内容和形式上，制义都有严格限制，颇似"戴着镣铐跳舞"，但绝非没有发挥和变化的余地。事实上，随着文学观念的更新，哲学思潮的嬗递，以及社会风习的变迁，"明人制艺体凡屡变"③，而且越到后来，

① 《明史》卷70《选举二》。关于八股文的体制，参见启功：《说八股》，《北京师范大学学报》1991年第3期；何怀宏：《选举社会及其终结》，三联书店1998年版，第188—204页。

② 戴名世：《戴名世集》卷4《有明历朝小题文选序》。

③ 梁章钜：《制义丛话》卷1。

变化速度越快。清代有些学者从风格体式着眼对明代制义嬗变的脉络进行梳理，比较一致的看法，是将明代制义划分为四期。《明史·选举志》以唐诗分期相比拟，谓"国初比初唐，成、弘、正、嘉比盛唐，隆、万比中唐，启、祯比晚唐"①。这一概括，颇具典型性。下面就缀辑史料，对明代制义嬗变的轨迹及各个时期的特点予以简要评述。

### （一）"恪遵传注，谨守绳墨"

自洪武到天顺，是明代制义的初始阶段。这一时期的制义，基本上"皆恪遵传注，体会语气，谨守绳墨，尺寸不逾"②。明太祖朱元璋在制定科举规条时，沿袭元朝制度，主要以程朱一派对儒家经典的解释为考试标准，"《四书》主朱子《集注》，《易》主程《传》、朱子《本义》，《书》主蔡氏《传》及古注疏，《诗》主朱子《集传》，《春秋》主左氏、公羊、榖梁三《传》及胡安国、张洽《传》，《礼记》主古注疏"③。至永乐时，明成祖朱棣又令儒臣编纂《四书五经大全》以为科举考试的法定文本，"废注疏不用"，程朱理学在学术思想界的影响更加强大深刻。朝廷还再三诫谕"一宗朱子之书，令学者非五经孔孟之书不读，非濂洛关闽之学不讲"④，用以端正士习，钳制人心。在这种思想氛围中，举国上下皆一禀宋人之成说，"所谓此亦一述朱，彼亦一述朱耳"⑤。希图发身功名、掇取禄位的士子们，碍于"功令严密"，自然是"匪程朱之言弗遵"⑥，"以其意铺叙为文，不敢稍渝分寸，以求合于有司"⑦，所作制义率

---

① 《明史》卷 69《选举一》。
② 方苞：《方苞集集外文》卷 2《进四书文选表》。
③ 《明史》卷 70《选举二》。
④ 陈鼎：《东林列传》卷 2《高攀龙传》。
⑤ 黄宗羲：《明儒学案》卷 10《姚江学案·叙录》。
⑥ 顾炎武著，黄汝成集释：《日知录集释》卷 18《举业》。
⑦ 陈廷午：《午亭文编》卷 32《经学家法论》。

皆"信经守传，要之不抵牾圣人"①。至于《四书五经大全》是否存有舛误，士子不敢轻疑，更不敢轻言。顾炎武曾愤激地指斥"自八股行而古学弃，《大全》出而经说亡"②，批评《大全》之修"仅取已成之书，抄誊一过，上欺朝廷，下诳士子"，而当时"制义初行，一时人士尽弃宋元以来所传之实学，上下相蒙，以饕禄利，而莫之问也"③。

在制义的文体风格上，"自洪、永以迄化、治，风气初开，文多简朴"④，"取书旨明晰而已，不尚华采也"⑤。这种风格的流行，与朝廷的大力提倡和当时文学趣味的浸染是分不开的。明太祖朱元璋对深词艰语、骈俪绮靡的文风深恶痛绝，他曾诫谕翰林院官员说："古人为文章，或以明道德，或以通当世之务。如《典》《谟》之言，皆明白易知，无深怪险僻之语。至如诸葛孔明《出师表》，亦何尝雕刻为文，而诚意溢出，至今诵之，使人自然忠义感激。近世文士，不究道德之本，不达当世之务，立词虽艰深，而意实浅近，即使过于相如、扬雄，何裨实用？自今翰林为文，但取通道理、明世务者，无事浮藻。"⑥基于这种指导思想，朱元璋尽管建立了通过考试选官的科举制度，但却明确表示不赞成考试文字徒炫文词。在《开科取士诏》中，他赞扬周代"取材于贡士，故贤者在职，而其民有士君子之行，是以风俗淳美，国易为治，而教化彰显"，批评后世取士"但贵词章之学，而未求六艺之全"，宣布自己开设科举的目的是"以取怀才抱德之士，务在经明行修，博古通今，文质得中，名实相称"⑦。为了"去浮华之习，以收实效"，他要求"义必以

---

① 徐阶：《世经堂集》卷 12《崇雅录序》。

② 顾炎武著，黄汝成集释：《日知录集释》卷 18《书传会选》。

③ 顾炎武著，黄汝成集释：《日知录集释》卷 18《四书五经大全》。

④ 永瑢等撰：《四库全书总目》卷 190《集部四三·总集类五》之《钦定四书文》提要。

⑤ 《明史》卷 69《选举一》。

⑥ 《明太祖实录》卷 40，洪武二年三月戊申条。

⑦ 《明太祖实录》卷 52，洪武三年五月己亥条。

经，论必以礼乐，策必以时务"①，并规定经义"不拘旧格，惟务经旨通畅"，时务策"惟务直述，不尚文藻"②。他还特地"命宋濂、詹同等撰经义式，先期行礼部颁降"③，以为士子作文之式则。当为弥补科举之不足实行荐举时，他更是明确规定"必以德行为本，而文艺次之"④。在这种科场规条和取士原则的掣制下，参加科举的考生们自然不敢铺叙艳词瑰语，所作制义率皆"质而不俚"⑤、"朴遬而无文"⑥。

明初文坛的领袖人物，也反对为文"组织绮丽，张浮驾诞"⑦，提倡以文章为明道经世之具。如一代文章宗师宋濂在年过五十后，对自己青壮年时期"溺于文辞，流荡忘返"⑧深感愧恨，他重新审视文章的功用，主张"明道之为文，立教之为文，可以辅俗化民之为文。斯文也，果谁之文也，圣贤之文也"⑨。宋濂的高足方孝孺以文章理学著称于时，有"小韩子"之称，深得朱元璋称许，他亦从教化与致用的角度看待文章的作用，认为"凡文之为用，明道、立政二端而已"⑩，批评近世作者"较奇丽之辞于毫末，自谓超乎形器之表矣，而浅陋浮薄，非果能为奇也"⑪。到永乐以后，"台阁体"成为文坛的主导流派。"台阁体"的代表人物是杨士奇、杨荣、杨溥，合称"三杨"。在从成祖到英宗的近 40 年的时间里，他们长期辅政，以台阁重臣兼为文坛领袖。在文学趣味上，

① 徐一夔:《始丰稿》卷 5《乡试程文序》。
② 王世贞:《弇山堂别集》卷 81《科试考一》。
③ 赵翼:《陔余丛考》卷 29《程文墨卷》。
④ 《明太祖实录》卷 79，洪武六年二月乙未条。
⑤ 陈文烛:《二酉园文集》卷 4《品士录序》。
⑥ 戴名世:《戴名世集》卷 4《庆历文读本序》。
⑦ 宋濂:《宋学士全集》卷 7《守斋类稿序》。
⑧ 宋濂:《宋学士全集》卷 9《赠梁建中序》。
⑨ 宋濂:《宋学士全集》卷 26《文说赠王生黼》。
⑩ 方孝孺:《逊志斋集》卷 11《答王秀才书》。
⑪ 方孝孺:《逊志斋集》卷 11《答张廷璧书》。

他们"诗法唐，文法欧"①，崇尚宋代欧阳修、曾巩一类的纡徐平畅的文风，主张"以其和平易直之心，而为治世之音"②，大力提倡醇厚典雅、平正雍容的语言风格，并以此种风格为绳墨规矩衡量科试文字之高下优劣。如杨士奇担任会试主考官时，"务先典实之作，以洗浮腐之弊"③。士子们为求榜上有名，为文务求"措词淳雅"④，以合时好。由于上下好尚一致，衡文标准明确，士子皆知所依从，正如林材所说，"当是时也，学出于一，上以是取之，下以是习之，譬作车者不出门，而知适四方之合辙也"⑤。

（二）"稍见法度，未离乎朴"

自成化到嘉靖，明代制义进入成熟期。这一时期的制义风格在很大程度上延续了前一时期的趋向，但在写作技巧上大有提高，更加精纯雅致。晚明文人李乐曾评论说："本朝成、弘、正德、嘉靖初，文字和平雅淡，不求文而文自不可掩，正如美人生相，不待簪花而后佳也。"⑥清人普遍认为，成、弘、正、嘉"四朝文者，制艺之鼻祖，读此方知体格之源流也"⑦，把此期制义视为学习模仿之典范。如果进一步观察，此期制义又可分为成、弘和正、嘉两个阶段。本节先评述成、弘制义，正、嘉制义留待下节申论。

明末清初学者计东曾纵论有明一代会元之文，他对成、弘会元制

---

① 崔铣：《洹词》卷 10《评文喻学者》。

② 杨士奇：《东里文集》卷 5《玉雪斋诗集序》。

③ 刘球：《两溪文集》卷 22《故翰林侍讲学士奉训大夫曾公行状》。

④ 正德时，南京礼科给事中涂文溥谓成化初年以前，"取文必讲理亲切，措辞淳雅"，参见《明武宗实录》卷 132，正德十年十二月乙亥条。

⑤ 顾炎武著，黄汝成集释：《日知录集释》卷 18《举业》。

⑥ 李乐：《续见闻杂记》卷 11，第 13 则。

⑦ 唐彪：《父师善诱法》下卷《童子读文课文法》。

义的评价是"稍见法度，然未离乎朴也"①。这一评论，可以视为是对成、弘制义之特点的总体概括。所谓"稍见法度"，是指制义的结构体式更加谨严完整；所谓"未离乎朴"，是指制义的内容依然恪守传注，语言依然醇正朴实。不过，与前一时期相比，成、弘制义也出现了明显的变化迹象，其最显著者，是随着风靡文坛数十年的"台阁体"的衰落，文学复古主义思潮开始兴起，并对制义产生了一定程度的影响。开启复古思潮的关键人物，是"操文柄四十余年"的李东阳，他是杨士奇之后又一位"以文章领袖缙绅"②的宰臣，"虽遐陬荒壤，无不窃模其词规字体，以鸣于世"③。李东阳的文学成就主要体现在诗歌和诗论方面，其制义并没有什么新气象，但他的门人中却出现了不少制义高手，较受后人推重者，有邵宝、钱福、顾清等。这些人文学旨趣比较相近，都主张师古、复古，对两汉之文特别推崇，对韩愈之文也甚为欣赏。其中钱福尤为制义大家，李乐将他视为弘治间制义的代表人物④，后人则常将他与王鏊并举，号称"钱王"。与李东阳同时代的章懋、吴宽，也是复古思潮初兴期的重要人物，从不同角度提出复古主张；两人也都是名噪一时的制义大家，计东曾评论说，在成、弘14名会元中，当以"章枫山、吴匏庵为冠"⑤。其中吴宽曾对制义文字提出严厉批评，谓"今之世号为时文者，拘之以格律，限之以对偶，率腐烂浅陋可厌之言"，"文之敝已极"，他企盼出现像宋朝欧阳修、苏轼、曾巩式的人物，"一振其陋习"，"还文于古"⑥。可见，吴宽痛感时文之弊已极，希望用古文济时文之穷。

---

① 阮葵生：《茶余客话》卷16《科举》。

② 《明史》卷181《李东阳传》。

③ 钱谦益：《列朝诗集小传》丙集《何侍郎孟春》。

④ 李乐：《见闻杂记》卷5，第42则。

⑤ 阮葵生：《茶余客话》卷16《科举》。

⑥ 吴宽：《送周仲瞻应科诗序》，载黄宗羲编：《明文海》卷261。

在这些处于文学风尚转变期的人物中，对制义风格之嬗变影响最大的，非王鏊（号守溪）莫属。在后人眼里，王鏊是明代制义走向成熟的标志性人物。晚明学者李乐曾评论说："本朝举业文字，自永乐、天顺间非无佳者，然开创首功，惟文恪王公鏊为正宗。"① 清人李光地对其制义甚加称许，有人提出这样的疑问："王守溪时文，笔气似不能高于明初人。"他回答说："唐初诗亦有高于工部者，然不如工部之集大成，以体不备也。制义至守溪而体大备。某少时，颇怪守溪文无甚拔出者，近乃知其体制朴实，书理纯密。以前人语句，多对而不对，参差洒落，虽颇近古，终不如守溪裁对整齐，是制义正法。如唐初律诗，平仄不尽叶，终不若工部字律密细，声响和谐，为得律诗之正。"② 近人商衍鎏更称誉说："前此风会未开，守溪无所不有；后此时流屡变，守溪无所不包。理至守溪而实，气至守溪而舒，神至守溪而完，法至守溪而备。"③ 王鏊与吴宽皆为苏州人，他们官高望显，在当时文坛上占有重要地位，对一代文风影响甚巨，钱谦益曾评论说："弘治间，文体春容，士习醇厚，端人正士，居文学侍从之列，如金钟大镛之在东序，而中吴二公为之眉目，何其盛也。"④ 王鏊的制义不仅在当时很受崇重，后世也一直奉为圭臬。《儒林外史》中有一处描述说，鲁小姐"十一二岁就讲书，读文章，先把一部王守溪的稿子读的滚瓜烂熟"⑤。此虽小说家言，然颇能反映明代后期以至清代科举教育之实况。

明代制义的体式，在成化、弘治年间趋于定型，最终固定为被

① 李乐：《见闻杂记》卷 5，第 42 则。
② 李光地：《榕村语录》卷 29《诗文一》。
③ 商衍鎏：《清代科举考试述录》，三联书店 1958 年版，第 239 页。
④ 钱谦益：《列朝诗集小传》丙集《王少傅鏊》。
⑤ 吴敬梓：《儒林外史》第 11 回《鲁小姐制义难新郎》。

称为"八股"的文体。《明史·选举志》在概述科举时，谓专以《四书》、《五经》"命题试士"之法"盖太祖与刘基所定"，并称其文"谓之八股，通谓之制义"，很容易使人误以为八股始于明初。实际上，"成化以后，始有八股之号"①，也就是说，明代在开科取士百年后，制义与八股之间方可画上等号。顾炎武对制义格式进行过专门考察，指出："经义之文，流俗谓之八股，盖始于成化以后。股者，对偶之名也。天顺以前，经义之文，不过敷演传注，或对或散，初无定式，其单句题亦甚少。成化二十三年会试《乐天者保天下》文，起讲先提三句，即讲乐天四股，中间过接四句，复讲保天下四股，复收四句，再作大结；弘治九年会试《责难于君谓之恭》文，起讲先提三句，即讲责难于君四股，中间过接二句，复讲谓之恭四股，复收二句，再作大结。每四股之中，一反一正，一虚一实，一浅一深。其两扇立格，则每扇之中，各有四股，其次第之法，亦复如之。故今人相传，谓之八股。"②

必须说明的是，所谓八股始于成化以后，是指成化以后八股始成为格式固定的科举考试文体，并非是说此前无人做过八股文。事实上，早在宋朝，个别经义就已有四股、六股、八股之体，明代成化以前，亦不乏"八股体"之制义。③只是成化以前，在科举考试中，士子试文或对或散，并无定格，考官在评阅试卷时只关注文章优劣，而并不关注文章格式；成化以后，尽管并无明确的法令规定，但约定俗成，士子试文必须按八股格式撰写，否则必遭摈落。

---

① 戴名世：《戴名世集》卷 4《丁丑房书序》。
② 顾炎武著，黄汝成集释：《日知录集释》卷 16《试文格式》。参见黄云眉：《明史考证》第二册，中华书局 1980 年版，第 500—501 页。
③ 商衍鎏：《清代科举考试述录》，三联书店 1958 年版，第 231 页。

## （三）"浮艳险怪，不根义理"

明代制义发展到正德、嘉靖年间，"号为极盛"①。此期制义最突出的特点，是文人们将古文笔意融入时文之中，讲求文章的开阖变化，使制义达到很高的程式化程度，"其文之矩镬神明，若有相传之符节，可以剖合验视"②。正如方苞所说："至正、嘉作者，始能以古文为时文，融液经史，使题之义蕴，隐显曲畅，为明文之极盛。"③如前所述，从天顺末年开始，李东阳、章懋、吴宽、王鏊等便开文学复古之先声，有的人还试图以古文济时文之弊。其后李梦阳、何景明为首的"前七子"和以李攀龙、王世贞为首的"后七子"相继崛起于文坛，他们力倡复古，"文自西京、诗自中唐而下一切吐弃，操觚之士翕然宗之，明之诗文于斯一变"④。不过，一来由于前后七子的文学成就主要体现在诗歌方面，在文章方面作为不大，二来由于前后七子对西汉以后之文极端鄙薄，声称"文自西京以下，誓不污我毫素"⑤，与时文格格不入，他们所掀起的文学复古运动虽然震烁文坛，但对制义的影响竟然很小。在前后七子之间，还兴起了一个以唐宋古文相号召的文章流派，称为"唐宋派"，他们师法唐宋八大家，所作文字"直抒胸臆，信手拈出"⑥，"文从字顺，不泪没流俗"⑦，很容易与制义相沟通。事实上，此派作家有意将古文笔法引入制义，"以八家之法为功令文，故其功令文最古"⑧，使制义的写

---

① 永瑢等撰：《四库全书总目》卷190《集部四三·总集类五》之《钦定四书文》提要。
② 阮葵生：《茶余客话》卷16《科举》。
③ 方苞：《方苞集集外文》卷2《进四书文选表》。
④ 《明史》卷285《文苑传序》。
⑤ 钱谦益：《列朝诗集小传》丁集上《李按察攀龙》。
⑥ 唐顺之：《荆川文集》卷7《答茅鹿门知县第二书》。
⑦ 章学诚：《文史通义》卷3《文理》。
⑧ 蒋湘南：《七经楼文钞》卷4《与田叔子论古文书》。

作技巧得到很大提高，为制义开辟了一个新的境界。唐顺之、归有光是"唐宋派"的主将，也是深受崇重的制义大家；此外还有瞿景淳、薛应旗、诸燮、胡友信等，文风亦大致相近，所作制义亦颇受称道。① 后人论明代制义名家，有"归唐"、"王唐归胡"、"王唐瞿薛"之称。尤其值得注意的是，"唐宋派"不满于"决裂以为体，饾饤以为词"的文章流弊，特别讲究"开阖首尾错综之法"②，并通过文章选本的方式示人以门径。③ 如唐顺之曾选录周至宋之文成《文编》，标举脉络，窥探法度，其自序谓："是编者，文之工匠而法之至也。"归有光用五色笔圈点《史记》，标示文章之命脉筋节，使初学者有法度可循，其书遂被士子奉为时文秘诀。茅坤则编纂《唐宋八大家文钞》，以八股文之题义章法评点古文，虽不免有"拘牵割裂，止求傀儡之线牵曳得动"之弊④，但"以其文有法度之可求，于场屋之取用甚便"⑤，颇有助于普及和提高制义的写作技巧，故深得士子青睐，"其书盛行，海内乡里小生无不知茅鹿门者"⑥，在转移制义文风方面发挥了很大作用。

在将正、嘉之制义誉为"明文之极盛"的同时，方苞还对其提出尖锐批评，认为正、嘉制义既有"气息淳古、实有发挥者"，亦有"规

---

① 如《明史》卷 287《胡友信传》云："明代举子业最擅名者，前者王鏊、唐顺之，后则震川（归有光）、思泉（胡友信）。"汤显祖《汤显祖诗文集》卷 32《王季重小题文字序》云："时文能于笔墨之外言所欲言者，三人而已，归太仆（有光）之长句，诸君燮之绪音，胡天一（友信）之奇想，各有其病，天下莫敢望焉。"艾南英《天佣子集》卷 1《今文待定序篇下》云："今天下言举业，断自成化至嘉靖，以守溪（王鏊）、荆川（唐顺之）、昆湖（瞿景淳）、方山（薛应旗）为四大家。"

② 唐顺之：《荆川文集》卷 10《董中峰侍郎文集序》。

③ 参见陈平原：《八股与明清古文》，载陈平原、王守常、汪晖主编：《学人》第 7 辑，江苏文艺出版社 1995 年版。

④ 王夫之：《夕堂永日绪论·外编》。

⑤ 吴应箕：《楼山堂集》卷 17《八大家文选序》。

⑥ 《明史》卷 287《茅坤传》。

模虽具，精义无存，及剽袭先儒语录，肤廓平衍者"①。的确，正、嘉年间，制义在臻于鼎盛的同时，也出现了"浮艳险怪，不根义理"②的趋向。所谓"浮艳险怪"，是指制义的文体风格猎奇斗艳，不再讲求醇正平实。风格浮靡奇偶的制义早就存在，到正德年间，逐渐蔚成风气。嘉靖初期，张璁在一份谈论科举问题的奏疏中，批评当时的试文"配合缀缉，夸多斗靡，口传耳剽，翕然成风"，"父兄以是为教，子弟以是为学，明欺有司如同聋瞽"；他建议朝廷"正文体"以复"风雅"，"取士之文，务要平实尔雅，裁约就正，说理者必窥性命之蕴，论事者必通经济之权"③。张璁等还利用操文柄之机，明示好尚，以图宣示标准，变化风气。如嘉靖八年，张璁与霍韬主持会试，遂"初变文格，主简劲"④，极力祛除"夸多斗靡"之习。不过，习俗既移，风雅难追，终嘉靖之世，朝廷虽屡申"正文体"之诏令，宣布"诸刻意骋词、浮诞决裂、坏文体者，摈不得取"⑤，但并不能扭转制义流于浮靡怪诞的趋向。

所谓"不根义理"，是指制义的思想内容离经叛道，不再恪守经典传注。明初程朱理学一统天下的状况，到英宗时开始有所改变。其时陈献章力倡"自得"之学，创"白沙学派"，初脱程朱矩矱。成化初年，时已颇有名气的陈献章参加会试，"竞出新奇"，在作"老者安之，朋友信之，少者怀之"一题时，破题云："物各有其等，圣人等其等。"考官戏批其傍云："若要中进士，还须等一等。"⑥可见，新奇怪诞的议论，此时还不可能得到考官的欣赏。这种情况，在成、弘年间，逐步发生了变化。弘治十八年（1505年）会试，主考张元祯、杨廷和得一卷，曰：

①　方苞：《方苞集集外文》卷2《进四书文选表》。
②　《明武宗实录》卷132，正德十年十二月乙亥条。
③　张孚敬：《张文忠公文集》奏疏卷3《慎科目》。
④　查继佐：《罪惟录》志卷18《科举志》。
⑤　徐学聚：《国朝典汇》卷128《礼部二十六·科目》。
⑥　蒋一葵：《尧山堂外纪》卷86《国朝·陈献章》。

"非白沙之徒，不能为此。"遂署第二名。① 根据试文就可判断出自"白沙之徒"之手，其内容必有发挥师说、不守传注之处，而考官竟署置高第，说明此时的思想风气，与成化初年相比，已有很大不同，正如顾炎武所说，"弘治、正德之际，天下之士，厌常喜新"②。正德年间，王守仁在继承宋朝陆九渊和本朝陈献章思想的基础上，提出了一套体大思精的"心学"体系，其理论虽"与朱子之说，不无牴牾"③，但对厌倦程朱理学之支离僵化的士子们却很有吸引力，许多士子顿觉"一时心目俱醒，恍若拨云雾而见白日"④。

思想界的这种变化，不可避免地会在科举试文中表现出来，这引起不少卫道之士的忧虑和愤慨。嘉靖元年（1522 年），礼科给事中章侨上疏指出："三代以下，论正学莫如朱熹。近有聪明才智足以号召天下者，倡导异学之说，而士之好高务名者，靡然宗之。大率取陆九渊之简便，惮朱熹为支离。及为文辞，务崇艰险。乞行天下，痛为禁革。"皇帝接受了此项建议，降旨说："祖宗表章六经，颁降敕谕，正欲崇正学，迪正道，端士习，育真才，以成正大光明之业。百余年间，人材浑厚，文体纯雅。近年士习多诡异，文辞务艰险，所伤治化不浅。今教人取士，一依程朱之言，不许妄为叛道不经之书，私自传刻，以误正学。"⑤ 次年廷试，策问阴诋王守仁，"欧阳德，王氏弟子也，与同年魏良弼、黄直，直发师训，无所阿附，竟登第，与探花徐阶善，共讲王氏学焉"⑥。可见，由于王氏新学入人已深，摒绝异学的敕谕很难得到切实执行。而且，不但王学对制义内容影响很大，在思想解放的大潮下，士

① 李调元：《制义科琐记》卷 2《白沙之徒》。
② 顾炎武著，黄汝成集释：《日知录集释》卷 18《心学》。
③ 黄宗羲：《明儒学案·师说·王阳明守仁》。
④ 顾宪成：《小心斋札记》卷 3。
⑤ 《明世宗实录》卷 19，嘉靖元年十月乙未条。
⑥ 李调元：《制义科琐记》卷 2《王氏学》。

子们还竞奇求博，儒家以外的先秦诸子之语也开始出现在制义中。朝廷曾下诏"禁引用《庄》、《列》不经语"①，但言者谆谆，听者藐藐。徐阶曾叹息说："正德以降，奇博日益，而遂以入于杨、墨、老、庄者，盖时有之。彼其要归，诚与圣人之道不啻秦越，然其言之似是，世方悦焉，而莫之能放也"②。

### （四）"兼讲机法，务为灵变"

隆庆、万历年间的制义，承继了正、嘉时的发展趋向，在体式之完备和风格之诡靡两方面都达到极致。方苞评论说："隆、万间，兼讲机法，务为灵变，虽巧密有加，而气体荼然矣。"在他看来，"隆、万为明文之衰"，其时制义既有"气质端重，间架浑成，巧不伤雅"者，亦有"专事凌驾，轻剽促隘，虽有机趣，而按之无实理真气者"。③ 这一评论，点明了隆、万年间制义的特点。的确，一方面，从体制结构和文字技巧上看，此期制义更加完备精妙，正如戴名世所说，"有明一代之文，莫盛于隆、万两朝"，"当是时，能文之士相继而出，各自名家，其体无不具而其法无不备，后有起者，虽一铢累黍毫发而莫之能越"④。另一方面，从语言风格和思想内容上看，此期制义更加浮靡奇诡，正如朱国祯所说，"今天下之文竞趋于奇矣"，"彼为奇者，其立意固薄简易、卑平淡，将跨跃区宇，超轶前人，以文雄于时，而不知其滋为病也。抉隐宗玄，杂取异端奇衺之说以恣其夸，正学之谓何，则理病；务深宵

---

① 查继佐：《罪惟录》志卷 18《科举志》。
② 徐阶：《世经堂集》卷 12《崇雅录序》。明末艾南英谓"嘉靖中，姚江之书虽盛行于世，而士子举业尚谨守程朱，无敢以禅窜圣者"（《天佣子集》卷 1《历科四书程墨选序》）。然从朝廷所颁禁令以及徐阶等人的议论看，王阳明之说在嘉靖年间确实对举业已有一定影响，艾氏之说不够确切。
③ 方苞：《方苞集集外文》卷 2《进四书文选表》。
④ 戴名世：《戴名世集》卷 4《庆历文读本序》。

晦暗，其辞令人三四读不能通晓，以是为深长之思，则意病；佶屈聱牙至不能以句，若击腐木湿鼓然，则声病；决裂餖钉，离而不属，涩而不贯，则气病。习尚颇僻，不轨于正途。今大雅之风渐灭殆尽，则又为世道病也，而皆起于奇之好"①。

总起来看，后人对隆、万之制义的评价，是贬多于褒。在批评者眼里，此期士风与文风交相鼓荡，弊病已极。徐显卿在一封信中谈到："窃惟文体士风与时高下，今士子所业者，久已离去本根，习为怪诞，其佶屈似深，其虚空似雅，其诡谲似奇，其剿袭似实，不知精神心术，悉逐于游淫汗漫而无所归着，他日形之施为，自然以凌逾为广大，以矫亢为廉洁，以倾险变幻不可测识为高明，弊极矣。"② 批评者们一致认为，王阳明心学的流行，是造成制义文风怪诞诡谲的主要原因。如前所述，早在正、嘉年间，就出现了"异说者起，以利诱后生，使从其学，毁儒先，诋传注"③ 的情形，并在制义以及廷试策中有所表见。但是，当时刚从"朱胜陆"的局面中摆脱出来，进入"朱陆争诟"阶段，王氏新学尚未取得压倒性优势。至嘉靖末、隆庆初，相继担任内阁首辅的徐阶、李春芳皆尊崇王学，支持讲会，提高了王学的社会影响力，于是"隆庆以后，则陆竟胜朱"④，王学在思想文化界遂占据主导地位。

这种状况，在制义中充分体现出来。隆庆二年（1568 年），李春芳担任会试主考，他"厌《五经》而喜老庄，黜旧闻而崇新学"，首题《论语》"子曰由诲汝知之乎"一节，其程文破题云："圣人教贤者以真知，在不昧其心而已。"这明显是依循王学解经，而且明以《庄子》之言入文。这对士子影响很大，"自此五十年间，举业所用，无非释、老

① 张萱：《西园闻见录》卷 44《礼部三·科场·前言》。
② 同上。
③ 顾炎武著，黄汝成集释：《日知录集释》卷 18《举业》。
④ 永瑢等撰：《四库全书总目》卷 94《子部四·儒家类四》之《朱子圣学考略》提要。

之书"①，"此后浸淫无所底止，科试文字大半剽窃王氏门人之言，阴诋程、朱"②。到"万历中年，新学浸淫天下，割裂圣经，依傍释氏，附会良知之说"③，"而穷经学古之儒，拘守旧闻，不能委曲从俗"，"反白首黉序，困抑青衿，无所显庸于世"④。为了纠治日新日怪的风气，使制义归于平正典雅，士大夫们反复不断地上疏皇帝，要求采取切实措施，"较文取士，专重经学，以明理雅正为准，其一切猥杂不经诐淫遁诡之辞，悉罢不录"⑤，皇帝也俯从舆情，屡下诏敕，谆谆以端正文体为诚，究其效果，却是"竟未能廓然一大变其习"⑥。这是因为"举业之用，在乎得隽，不时则不隽，不穷新而极变则不时，是故虽三令五督，而文之趋不可止也，时为之也"⑦。

　　万历中年在文坛煊赫一时的"公安派"，就是受到王学深刻影响的一个文学流派，他们提倡"独抒性灵，不拘格套"⑧，主张"文章新奇，无定格式，只要发人所不能发，句法、字法、调法，一一从你自己胸中流出，此真新奇也"⑨。这种文学观念，与当时的制义文风若合符节。属于王学左派的著名"异端"思想家李贽，被公认为是"公安派"的先驱，三袁兄弟与他交往甚密。他基于"文章与时高下"的立场，与鄙夷制义的时论大唱反调，认为"以今视古，古固非今，由后观今，今复为古"；他还嘲笑持"时文可以取士，不可以行远"的观点的人士"非但

---

① 顾炎武著，黄汝成集释：《日知录集释》卷18《破题用庄子》。

② 顾炎武著，黄汝成集释：《日知录集释》卷18《举业》。

③ 王夫之：《姜斋文集》卷2《显考武夷府君行状》。

④ 张萱：《西园闻见录》卷44《礼部三·科场·前言》。

⑤ 黄儒炳：《续南雍志》卷6《事纪》。

⑥ 张萱：《西园闻见录》卷44《礼部三·科场·前言》。

⑦ 袁宏道著，钱伯城笺校：《袁宏道集笺校》卷18《时文叙》。

⑧ 袁宏道著，钱伯城笺校：《袁宏道集笺校》卷4《叙小修诗》。

⑨ 袁宏道著，钱伯城笺校：《袁宏道集笺校》卷22《答李元善》。

不知文，亦且不知时"①。三袁中名声最著的袁宏道，与李贽的看法极为相似，认为"以后视今，今犹古也，以文取士，文犹诗也，后千百年，安知不瞿、唐而卢、骆之，顾奚必古文词而后不朽哉"？他对厌薄时文的士论深为不满，指斥说："二百年来，上之所以取士，与士子之伸其独往者，仅有此文。而卑今之士，反以为文不类古，至摈斥之，不见齿于词林。嗟夫，彼不知有时也，安知有文！"②

　　李贽和袁氏兄弟还把自己的文学主张灌注到制义写作之中，使制义成为阐发思想、抒发性情的工具。如李贽撰写的制义，"直捷明快，洞然与其生平持论及讨古辨今处如贯气合"；当他入狱后，朝廷下令焚毁其书，"一切制义之在版者，以坏文体并禁"，但由于其制义"脍炙人甚"，人们不忍"投其字于水火"，便改换上他人姓名，使其继续流传。③袁中道认为"时义虽云小技，要亦有抒自性灵"，称赞成元岳的制义"无论为奇为平，皆出自胸臆，决不剿袭世人一语，一题中每每自辟天地而造乾坤"④；而他本人所作制义，亦"搜云入霞，意气豪甚"⑤，"骨力苍劲，言约旨深"⑥，极富有个人才调，颇得时誉。可以说，"公安派"任性任情、尚奇尚怪的风格，既受到当时奇袤诡谲的制义文风的影响，又反过来推动了制义文风进一步趋向奇袤诡谲，致使"不守父师成说，而独写灵心"⑦的制义更加流行。

---

① 李贽：《焚书》卷 3《时文后序》。
② 袁宏道著，钱伯城笺校：《袁宏道集笺校》卷 4《诸大家时文序》。关于"公安派"与时文的关系，郭绍虞曾有简要论述，参见所著《中国文学批评史》下卷，百花文艺出版社 1999 年版，第 238—240 页。
③ 钱启忠：《清溪遗稿·刻李卓吾制义小引》。
④ 袁中道：《珂雪斋集》卷 10《成元岳文序》。
⑤ 袁中道：《珂雪斋集》卷 9《送兰生序》。
⑥ 袁宏道著，钱伯城笺校：《袁宏道集笺校》卷 4《诸大家时文序》钱伯城《笺》所引。
⑦ 王思任：《王季重十种·时文叙·青溪儒童小试叙》。

### （五）"务为奇特，刻雕物情"

天启、崇祯年间的制义，被公认为敝坏已极。戴名世抨击说："迨于天启、崇祯之间，文风坏乱，虽有一二巨公竭力撑拄，而文妖迭出，波荡后生，卒不能禁止。"① 《明史·选举志》亦谓："启、祯之间，文体益变，以出入经史百家氏为高，而恣轶者亦多矣。"② 《四库全书总目》也评论说："至于启、祯，警辟奇杰之气日胜，而驳杂不醇。猖狂自恣者，亦遂错出于其间。于是启横议之风，长倾诐之习，文体鳌而士习弥坏，士习坏而国运亦随之矣。"③ 其时朝廷仍然屡申戒饬，要求"凡离经悖注之言，有类《齐谐》、《越绝》者，悉置不录"，还曾于会试时令"考官每房各搜举一卷离经悖注及文辞怪诞者，于揭榜日送部奏请严处，如容隐不举者，着部、科参究"④。然而，与以前一样，朝廷的禁令难敌时风的鼓荡，"士大夫皆幼读时文，习染已久，不经之字，摇笔辄来，正如康昆仑所受邻舍女巫之邪声，非十年不近乐器，未可得而绝也"⑤。就连主持考政的官员，也不将朝廷谕诚放在心上，李乐为此慨叹说："古人重身教，所以《大学》云：'其所令反其所好，而民不从。'今日试院先生出示，必言举子文字如用佛经、老、庄语者不收。据余目见中式文甚少，然何尝无佛语、老、庄家言。至序文必言平正通达，务黜奇诡，然奇诡至不能解读者，中式甚多。故天下文体大坏，皆所好所令自相违悖致之也。后生小子看这样子，焉得心术不坏？"⑥

不过，上述否定性的评论虽然很有道理，但还不够全面。事实

① 戴名世：《戴名世集》卷 4《庆历文读本序》。
② 《明史》卷 69《选举一》。
③ 永瑢等撰：《四库全书总目》卷 190《集部四三·总集类五》之《钦定四书文》提要。
④ 《明熹宗实录》卷 18，天启二年五月癸丑条。
⑤ 顾炎武著，黄汝成集释：《日知录集释》卷 18《破题用庄子》。
⑥ 李乐：《见闻杂记》卷 9，第 89 则。

上，此期制义虽然承袭了万历时"争罕喻以标奇"、"争繁缛以侈富"、"争窔奥以极深"、"争僻诡以逞异"① 等弊病并更趋极端，但也出现了一些堪为式范的制义名家。方苞评论说："至启、祯诸家，则穷思毕精，务为奇特，包络载籍，刻雕物情，凡胸中所欲言者，皆借题以发之，就其善者，可兴可观，光气自不可泯。"又说："至启、祯名家之杰特者，其思力所造，途径所开，或为前辈所不能到；其余杂家，则倜弃规矩以为新奇，剽剥经子以为古奥，雕琢字句以为工雅，书卷虽富，辞气虽丰，而圣经贤传本义，转为所蔽蚀。"② 陈函辉也评论说："万历己卯、壬午以后，士之攻制义者，不翅如唐文之三变，日新又新。至天启甲子来，几不知向之传注为何物，向之师说为何语，不复可以常理常法论。先进遗风，虽欲从之，而未繇矣。然其间制义家，颇能举异传百家，往往纵横于笔端，以八比而敷陈其经济之学，有足多焉。"③ 方、陈二氏对天、崇制义的评论，既批评了其佶屈诡谲、猥杂不经的一面，又褒扬了其创新求变、独抒胸臆的一面，较能反映此期制义的全貌。

在驰骋于晚明文坛的制义高手中，以金声、陈际泰两家最为有名，戴名世称誉说："在天启、崇祯中，休宁金氏、临川陈氏两家，奋然特兴，横绝一世。"④ 金声值"天下方习尚浮腐，饾饤经语子语，以日趋于臭败"之时，"傲然不屑"，所作制义"浮气敛而昏气除，惟其洁而已矣"⑤；陈际泰的制义则"雄常深秀，抉其髓而去其肤，摹其神而尽其变，其意皆破空而出，人人皆如其所欲言"⑥。同时又有艾南英者，与

① 张萱：《西园闻见录》卷 44《礼部三·科场·前言》。
② 方苞：《方苞集集外文》卷 2《进四书文选表》。
③ 来日升、来集之：《奏雅世业》，陈函辉序。
④ 戴名世：《戴名世集》卷 4《庆历文读本序》。
⑤ 艾南英：《天佣子集》卷 3《金正希稿序》。
⑥ 戴名世：《戴名世集》卷 4《陈大士稿序》。

陈际泰以及章世纯、罗万藻同郡，深疾"场屋文腐烂"，"以兴起斯文为己任，乃刻四人所作行之世，世人翕然归之，称为章、罗、陈、艾"①。这些人"借经义以道世事，发挥胸中之奇"②，把制义推进到一个新境界。

诸人之中，尤以"以欧、曾之笔墨，诠程、朱之名理"③的艾南英对一代制义文风影响最大。他继承了"唐宋派"的文学观念，"以古文号召天下"，主张师法唐宋名家，由唐宋入秦汉。他虽然斥责当时流行的制义"臭腐而不可读"，但对制义这一文章体裁本身，却甚为看重，认为"文之备性命，见古今，虚灵圆变，千万态而不可穷者，莫如时文"④，"制义一道，挟六经以令文章，其或继周，必由斯道"⑤。他试图"以今日之文救今日之为文"⑥，付出很大心力编辑时文选本，编辑宗旨大致是"人以华，吾以朴，人以浮，吾以奥，人以俚语，吾以经术，人以补缀蹭蹬为篇法，吾以浅深开合、首尾呼应为篇法"⑦，希望借此振疲救弊，使时文复归淳正典雅之道。阮葵生赞扬说："艾东乡痛天、崇文风败坏，高者阳奉孔、孟，阴归佛、老，其浅陋者又目无一卷之书，放言泛论，谬种流传，于是尊程朱，辟二氏，撰《定》(《皇明文定》)、《待》(《皇明文待》)二书，专主宋儒之学，文之背谬者辄涂乙，不少假借。"⑧戴名世对艾氏也评价甚高："当是时，释、老、诸子之书盛行，学者剽窃饾饤，背义伤道，汨没其中而不知出，盖文之敝极矣。千子慨然

① 《明史》卷 288《艾南英传》。
② 方苞：《方苞集集外文》卷 8《礼闱示贡士》。
③ 黄宗羲：《思旧录·张自烈》。
④ 艾南英：《天佣子集》卷 2《詹曰至近艺序》。
⑤ 艾南英：《天佣子集》卷 5《答杨淡云书》。
⑥ 艾南英：《天佣子集》卷 1《戊辰房书删定序》。
⑦ 艾南英：《天佣子集》卷 2《黄章丘近艺序》。
⑧ 阮葵生：《茶余客话》卷 16《科举》。

悯之，取一代之文，丹铅甲乙，辨其黑白，使天下晓然于邪正，知所去取，如溺者之遇舟而起，病者之得医而生，其功可谓盛矣。"① 与艾南英同时活跃于文坛的张溥以及应社、复社诸子，陈子龙以及几社诸子，尽管在文学观念上与艾南英颇存差异并有所论辩，但他们也同样深恶"驳而不纯之文"②，在提倡复古以矫正时文卑靡之弊这一点上，大家并无分歧。在他们的影响下，明末制义呈现出复归于宗经复古、尚洁崇雅的趋向。不过风气未成，明室已亡。

### （六）"经史高阁，房牍孤行"

作为一种"立一格而后为文"的文章体裁，制义在题材内容和结构方式上都比较僵化，但又绝非"僵而不化"；如同其他文学体裁一样，制义也有着求新求变的内在要求，"自朴而之藻，势之所必趋也"③。时代文化的变迁及其深层律动，会对文体的流变产生重大影响。在上文中，我们已涉及对制义文风嬗变影响甚巨的文学风尚和哲学思潮的变化情况。此外，还有一种因素在转移制义时尚方面发挥了很大作用，这就是时文坊刻的流行。

明代前期，尚无时文坊刻，只是沿袭宋、元以来旧制刊刻《试录》，内录"取中士子所作之文，谓之程文"④。明朝开科之初，《试录》"惟列董事之官、试士之题及中选者之等第、贯籍、经业而已"，"未录士子之文，以为程式"，至洪武二十一年（1388 年）戊辰科，"始刻成文，自时厥后，永为定式"⑤。士子场中所作之文，因时间紧迫，无

---

① 戴名世：《戴名世集》卷 4《陈大士稿序》。
② 张溥：《七录斋诗文合集·古文存稿》卷 5《程墨表经序》。
③ 娄坚：《易经程墨文选序》，载黄宗羲编：《明文海》卷 311。
④ 顾炎武著，黄汝成集释：《日知录集释》卷 16《程文》。
⑤ 丘濬：《重编琼台稿》卷 9《皇明历科会试录序》。

法精雕细琢，往往不够精纯，且难免存有舛误，考官为避免世人訾议，不得不加以润色。到后来，考官索性将士子之文弃置不用，亲自操刀代作，"又以入帘猝办试事，不暇文，故豫为焉，携之入"①，以致《试录》所刻之程文，"多主司所作，遂又分士子所作之文，别谓之墨卷"②。

到明代中叶，这种现象已成常态，遂招致许多批评。如嘉靖初年，邓显麟指出："切惟乡试、会试有录本，进呈上览，传信天下。近来往往假举子之名刊刻试官之作，吾谁欺，欺天乎？且使草茅之葵藿，竟同鱼兔之筌蹄，名虽甄录而文已失其真矣。"③自此以后，言者日众。万历十三年（1585年），礼部题准："程式文字，就将试子中式试卷纯正典实者，依制刊刻，不许主司代作。其后场果有学问该博，即前场稍未纯，亦许甄录，中间字句不甚妥当者，不妨稍为修饰，但不许增损过多，致掩本文。"④万历十九年（1591年），又题准："凡乡、会《试录》，前场文字多用士子原卷，量加修饰。至策题深奥，士子条答或有未畅，止许补足题意，不许全卷另作。"⑤虽然屡申禁诫，考官代作之风仍难完全止息。尽管程文有示人以程式规矩之意，不能像市井坊刻那样率意恣肆，但也不能避免与时俱变，它既受时尚影响，又以其特殊的权威性促动风尚流变。大体说来，正德以前，程文基本上都能恪遵朝廷功令，文体平正典雅。到嘉靖时期，受"浮艳险怪，不根义理"的文风影响，程文也开始趋奇趋险。嘉靖十年（1531年）乡试，"所取皆奇僻之士，刊文一切务为险怪尖新语，不复明经传传意，流而不止，

---

① 高拱：《程士集》卷首《自序》。
② 顾炎武著，黄汝成集释：《日知录集释》卷16《程文》。赵翼《陔余丛考》卷29《程文墨卷》云："有明以来，皆称主司之作为程文，举子之作为墨卷。"
③ 邓显麟：《梦虹奏议》卷下《条陈科举疏》。
④ 万历《明会典》卷77《科举·科举通例》。
⑤ 《明神宗实录》卷243，万历十九年十二月壬子条。

遂成邪横"①。此后朝廷虽屡申诫，终究无力挽住流风。

与《试录》程文相比，坊刻时文因其数量大、变化快，对士子的影响也就大得多，到明代后期，甚至出现了"俗皆以书坊所刊时文竞相传诵，师弟朋友自为捷径，经传注疏不复假目"②的情形。据郎瑛介绍，"成化以前，世无刻本时文，吾杭通判沈澄刊《京华日抄》一册，甚获重利，后闽省效之，渐至各省刊提学考卷也"③。可见，坊刻时文是成化以后出现的新事物。这种书籍因有助于士子准备举业，故极受欢迎，能给刊刻者带来厚利，是以书贾转相效尤，使其成为刻书业中发展较快的一个分支。弘治六年（1493年），会试同考官靳贵已有"自板刻时文行，学者往往记诵，鲜以讲究为事"④之语，可知当时坊刻时文已不鲜见。到正德时，坊刻时文已是"流布四方，书肆资之以贾利，士子假此以侥幸"，南京礼科给事中涂文溥遂上疏要求痛革："凡场屋文字字句雷同，即系窃盗，不许誊录，其书坊刊刻一应时文，悉宜烧毁，不得鬻贩，各处提学官尤当禁革，如或入藏诵习不悛者，即行黜退。"皇帝将此疏"下所司知之"，但并未明令允其所奏。⑤

总体看来，嘉靖以前，"主司之所录者，皆舆论之所推，舆论之所推者，必为主司之所录"⑥，朝野上下对制义的评价标准比较一致，士子们最为崇奉的还是考官和取中士子所作的程墨，书坊所刊者亦以考卷为主。隆庆、万历以来，制义日变日新，已难维持统一的评价标准，"甲乙可否，入主出奴，纷纷聚讼"⑦，主司常蒙"取舍失当，是非纰缪"之

---

① 郑晓：《吾学编余·仪制》。

② 王祖嫡：《师竹堂集》卷22《明郡学生陈惟功墓志铭》。

③ 郎瑛：《七修类稿》卷24《辩证类·时文石刻图书起》。

④ 顾炎武著，黄汝成集释：《日知录集释》卷16《十八房》。

⑤ 《明武宗实录》卷132，正德十年十二月乙亥条。

⑥ 艾南英：《天佣子集》卷2《黄章丘近艺序》。

⑦ 沈德符：《万历野获编》卷16《进士房稿》。

讥，"主者之尺度不足以厌服天下之心，于是文章之权始在下，而矜尚标榜之事乃出"①，人们各逞己见，坛坫自高，"时贤之窗稿，青衿之试牍"，以及各文社研习之作，多有刊刻行世者。至万历末年以后，坊间流行之时文刊本共有四种："曰程墨，则三场主司及士子之文；曰房稿，则十八房进士平日之作；曰行卷，则举人平日之作；曰社稿，则诸生会课之作。"②此时"行稿社义与程墨争道而驰"，其权威性已超过程墨，出现了"昔之程墨掩时义，今之时义敢于侮程墨"③的情形。各书坊为了扩大销路，多获利润，无不追逐时尚，务求新奇，以炫动人心。士子们在"不时则不隽"的压力下，亦把坊刻时文——特别是著名选家的选评本——奉为圭臬，"观其去取，朝夕而置之几案"④，"于是经史高阁，房牍孤行，以词调相尚"⑤，以致"天下之人，惟知此物可以取科名，享富贵，此之谓学问，此之谓士人，而他书一切不观"⑥。许多士大夫把坊刻时文看作是败坏文风士习的罪魁祸首之一，认为"科场文字，渐趋奇诡，而坊间所刻及各处士子之所肄习者，更益怪异不经，致误初学，转相视效，及今不为严禁，恐益灌渍人心，浸寻世道，其害甚于洪水，甚于异端"⑦。从这些愤激的言词中，足见坊刻时文对士子的影响是多么巨大强烈。

---

① 徐世溥：《同人合编序》，载黄宗羲编：《明文海》卷313。

② 阮葵生：《茶余客话》卷16《科举》。

③ 曾异撰：《叙庚午程墨质》，载黄宗羲编：《明文海》卷309。

④ 艾南英：《天佣子集》卷1《甲戌房选序下》。

⑤ 王夫之：《噩梦》（不分卷）。

⑥ 顾炎武著，黄汝成集释：《日知录集释》卷16《十八房》。

⑦ 王世贞：《弇山堂别集》卷84《科试考四》。

## 二、明代官员考核标准与内容考析

考核与铨选、监察一起，构成古代中国官僚管理制度的主干。考核制度的基本内容可区分为两方面：考核程序与考核标准。明代由考满与考察交织成一张监控官员的大网，在监察与考核紧密结合的基础上形成多层次、多渠道的考察架构。但是，与异常严密和繁复的考核程序适成鲜明对照的是，明代始终没有制定像唐代"四善二十七最"那样明确系统的考核标准与内容。因而，涉及明代官员考核制度的论著，往往只着眼于考核程序和类别，对考核标准和内容鲜有探讨，本书拟就这一方面提出一些初步看法。

### （一）依法定职掌攒造的实政册

历代开国之君很少有人像朱元璋那样殚精竭虑地试图创造一套完备的、能行之久远的典章制度，他下令并亲自主持编纂了多种文献和条例，为皇帝、文武官员、宗藩以至平民百姓都制定了行为规范。基于在民间时"尝见州县官吏多不恤民，往往贪财好色，饮酒废事，凡民疾苦视之漠然，心实怒之"① 的经验和情感，朱元璋还在戎马倥偬的岁月就很注重地方官称职与否。② 在建国前夕颁布的《大明令》中，规定了地方官员考核的具体办法③，以后又不断予以完善，形成一个严整的系统。不过，朱元璋对考核制度的系统化主要限于程序方面，他似乎有意识地

---

① 《明太祖实录》卷 39，洪武二年二月甲午条。

② 如龙凤十二年（1366 年），"命知县有滥举者，俟来朝治其罪，未尝朝觐者，岁终逮至京师治之"。参见《明太祖实录》卷 16，丙午年三月丙申条。

③ 参见《大明令·吏令》之《官吏月日》、《任满官员》、《官员朝觐》条。

放弃了像前代那样建构一套规整的考核标准的做法。其故缘何？

这是由于朱元璋对实政的重视。朱元璋非常厌恶虚文浮套，重视官员处理实际事务的能力，强调官员的要务是了解和完成本职工作。① 他亲自编撰的《大诰》第三篇即是对不谙政务的官员的申斥："朕今所任之人，不才者众，往往蹈袭胡元之弊，临政之时，袖手高坐，谋由吏出，并不周知，纵是文章之士，不异胡人。如户部侍郎张易，进以儒业，授掌钱谷，凡诸行移，谋出吏，已于公廨袖手若尸。入奏钱粮，概知矣，朕询明白，茫然无知，惟四顾而已。"② 在谈到地方官员考核时，他曾明确指出："元以六事责守令，徒具虚文。今丧乱之后，中原草莽，人民稀少，所谓田野辟，户口增，此正中原今日之急务也，若江南则无此旷土流民矣。"③ 因此，他不主张用笼统模糊的标准要求官员，而再三告诫官员根据实际情况决定政务活动的轻重缓急，踏踏实实地把职责范围内的事情做好。在这种原则指导下建立起来的考核制度，既重视官员的日常行政过程，又重视官员的最终行政结果，依法定职掌攒造的实政册自然成为最主要的考核依据，具有较强的务实精神。

1. 地方官的实政考核依据——《须知文册》及其他

吴元年（1367年）颁布的《大明令》规定各处府州县有司官员三年任满，必须"亲赍三载任内行过事迹"赴京接受考核，事迹册由监察御史和按察司负责攒造，造册的要求是"明白开坐实迹申闻，以凭黜陟"④。到洪武二十六年（1393年），对通行条例又进行了集中整理，外官考满制度最后固定下来：府州县属官由本级正官初考，正官由本管上

---

① 参见高寿仙：《"两途并用"与朱元璋的选官原则》，《理论学刊》1990年第1期。
② 朱元璋：《御制大诰·胡元制治第三》。
③ 《明太祖实录》卷34，洪武元年十二月辛卯条。
④ 《大明令·吏令》之《任满官员》、《守令考绩》。

级正官初考，并报上级层层覆考，最后还要经按察司官覆考，报吏部考核；布政司、按察司首领官、属官由本衙门正官初考，报吏部考核；布政司四品以上、按察司五品以上官，俱系正官和佐贰官，由都察院初考，吏部覆考。官员俸满即逐级呈报至吏部开缺，所在衙门现任官要根据记录官员行过事迹的文档对该考官员三年任期内的情况进行查勘核实，"攒造事迹功业文册、纪功文簿"，该考官员携带这些材料和其他文件到上级衙门，该衙门正官要对这些材料再加核实，并"当面察其言行，办事勤惰"，拟定称职、平常或不称职，其他上级衙门的覆考亦照此办理，直至吏部。①

　　明代考察制度虽到中期才趋于完备，但洪武初年（1368 年）即开始建立了朝觐之制。为考核治绩，洪武十六年（1383 年）命朝觐官"预进功业册"②，次年再次下令朝觐官"各书其事功于册，仍会土地人民图来上"③。到洪武十八年（1385年），正式确定"三年一朝，赍其纪功图册、文移稿簿赴部考核"④。为了对地方官员的政务了解得更加深入，防止朝觐时呈交的纪功图册弄虚作假，朱元璋在洪武二十三年（1390 年）还"亲制《责任条例》一篇，颁行各司府州县，令刻而悬之，永为遵守"，内中规定了逐级申报的季考、岁考制度："诸司置立文簿，将行过事迹逐一开写，每季轮差吏典一名，赴本管上司查考。布政司考府，府考州，州考县，务从实勘，毋得迁惑繁文，因而生事科扰。每岁进课之时，布政司将本司事迹，并府州县各赍考过事迹文簿，赴京通考。"⑤ 正统时期朝觐考察发展成为一套系统制度后，上述规定依然有效。

----

① 　万历《明会典》卷12《吏部十一·考核一·在外司府州县官（王府官附）》、卷209《都察院一·考核百官》。

② 　《明太祖实录》卷156，洪武十六年九月戊辰条。

③ 　《明太祖实录》卷162，洪武十七年六月戊辰条。

④ 　《明太祖实录》卷173，洪武十八年六月戊申条。

⑤ 　万历《明会典》卷12《吏部十一·考核一·责任条例》。

　　地方官员考满和考察时呈交的功业文册、纪功文簿、纪功图册以及诸司平素填写的行过事迹文簿，内容基本相同，都是"书其事功于册"，亦即官员任期内处理的各种重要事务和各种功绩的记录。这种文册可以因时因地制宜，如实记载该考官员的政务和政绩，但也容易流于片面化，只记载或突出官员有建树的方面而疏略其他。这并不符合朱元璋希望官员全面做好本职工作的要求。为了扭转这种倾向，朱元璋对功业册的内容加上了一些强制性规定，特别要求必须具备农桑学校方面的内容："有司今后考课，必书农桑学校之绩，违者降罚。"① 后来，又专门制定了一份规范性文件，这就是《到任须知》。它详细列举了地方官应办理的事务，包括 31 款，内容如下：

　　　　（1）祀神有几；（2）养济院孤老若干；（3）见在狱囚若干，已、未完；（4）入版籍官军田地若干，官粮民粮若干；（5）节次圣旨制书及奉旨榜文谕官民者若干；（6）本衙门吏典若干；（7）各房吏典不许那移管事，违者处斩；（8）承行事务已完若干，已施行未完若干，未施行若干；（9）在城印信衙门若干；（10）仓库若干；（11）所属境内仓场库务若干；（12）系官头匹若干；（13）会计粮储，每岁所收官民税粮若干，支用若干；（14）各色课程若干；（15）鱼湖几处，岁课若干，备开各湖多少；（16）金银场分若干，坐落何山川，所在若干；（17）窑冶各开是何使器及砖瓦名色；（18）近海郡邑煮海场分若干；（19）公廨间数及公用器皿裀褥之类若干；（20）邑内及乡村系官房舍，有正有厢若干；（21）书生员数若干；（22）耆宿几何，贤否若干；（23）孝子顺孙、义夫节妇，境内若干，各开；（24）境内士君子在朝为官者几户；（25）境内有学

---

① 《明太祖实录》卷 77，洪武五年十二月甲戌条。

无学，儒者若干；（26）境内把持公私，起词讼者有几，明注姓氏；（27）好闲不务生理、异先贤之教者有几；（28）本衙门及所属该设祇禁弓兵人等若干，各报数目；（29）境内士人在朝为官，作非犯法，黜罢在闲者几人，至死罪者几人；（30）境内民人犯法被诛者几户；（31）境内警迹人若干。①

在朱元璋看来，他所列举的一切都是"为官之要机"，属于纲领性的事务，为官者只要照章施行，就会成为一个事完政成的良吏，否则即使具备才智，也难免政事废弛："若提此纲领，举是大意以推之，诸事无有不知办与不办；若人懒于观是纲领，官为之事，亦不能成。"这份文件颁布后，并未立刻发挥朱元璋所期望的作用，当时"所用布政司、府州县、按察司官，多系民间超取秀才、人材、孝廉，各人受任到职之后，略不以《到任须知》为重，公事不谋，体统不行"，所以朱元璋在洪武二十三年（1390年）制定的《责任条例》中特别申明："布政司治理亲临属府，岁月稽求所行事务，要察举勤惰，辨其廉能，细举《到任须知》内事目，一一务必施行。"② 从此，《须知文册》不仅成为季考、岁考的基本依据，也是考满和考察时必须呈交的材料，攒造功业册也以《须知文册》确定的职守为据。完不成《须知文册》规定的任务，官员要受到一定的处罚。曲阜知县孔希文作为至圣先师的裔孙，朱元璋几次宥免了他的过错，但最终却"坐《须知》不完罢为民"③。建文时期，曾对考核文册加以简化，"止令造进功业文册一本"，靖难之变后，朱棣令恢复洪武旧制④，仍是功业、功绩等文册与须知文册并行，考满以前者为主，

---

① 　万历《明会典》卷9《吏部八·关给须知》。

② 　万历《明会典》卷12《吏部十一·考核一·责任条例》。

③ 　《明太祖实录》卷234，洪武二十七年九月庚戌条。

④ 　《明太祖实录》卷10下，洪武三十五年七月甲午条。

考察以后者为主。从景泰时期开始，朝觐考察大概只攒造《须知文册》就可以了，其证据是从这时起，各地因战乱、灾异等缘由请免朝觐时，总是只提"将《须知文册》送部以凭考究"，而从未再提及其他文册。①

### 2. 京官的实政考核依据——《诸司职掌》

与外官相比，由于京官居于辇毂之下，皇帝易于了解并随时予以黜陟，对他们的考核开始得稍迟一些。洪武五年（1372 年）制定了六部职掌，规定每年终据此考课京官，"以行黜陟"②。洪武二十六年（1393年），京官考满之法与外官一起得到系统整理和规定，其后又有一些增改。其制度大要是：在京堂上正、佐官考满，"不停俸，在任给由，不考核，不拘员数，引至御前复职"，九年任满，"黜陟取自上裁"；在京各衙门属官考满，由本衙门正官考核，正官要"察其行能，验其勤惰，从公考核明白"，拟出称职、平常或不称职词语，连同记录行过事迹文册赍送河南道监察御史考核，再由吏部覆考；南京官员的考满方法基本与北京相同，只是俸满之日要"停俸赴京给由"③。专门考察京官的京察制度出现更晚，直到弘治时期才最后形成。弘治元年（1488 年），南京河南道御史曾要求严立岁考之法，"在京诸司堂上掌印官，每遇年终，各将本衙门官员廉贪、能否、勤惰、得失缘由斟酌的确考语，造册三本，一本奏缴，一本送吏部，一本送都察院查照"④，但这项建议未被采纳。弘治十七年（1505 年）正式确定京察六年举行一次⑤，凡遇京察，

---

① 《明英宗实录》卷 263，景泰七年二月丙辰条；卷 265，景泰七年四月甲辰条；卷 191，景泰元年四月丙子条。

② 《明太祖实录》卷 74，洪武五年六月癸巳条。

③ 万历《明会典》卷 12《吏部十一·考核一·京官》，卷 29《都察院一·考核百官》。

④ 戴金：《皇明条法事类纂》附编第 33 条《考察两京五品以下官及通行各衙门堂上官遇官属考满考语务协公论》。

⑤ 《明孝宗实录》卷 213，弘治十七年六月乙酉条。

四品以上京官上疏自陈功过，由皇帝裁决，五品以下京官，包括见任、住俸、公差、丁忧、养病、侍亲、给假及行查未报并六年内升任未经考察等项官员，都由本衙门正官"备开脚色"送交吏部，最后由吏部会同都察院和各衙门正官"从公考察"①。所谓"脚色"，除介绍该官员履历外，主要包括贤否事迹和考语两部分，贤否事迹应是对官员行政状况和功过的如实记录。

考满时的行过事迹文册和考察时的贤否事迹文册的攒造依据，是规定诸司职权范围和主要政务的行政法典。《明史》卷 71《选举》谓考满"依职掌事例考核升降"，实际上考察亦然。在中央政府各部门中，最先制定的是适用于御史台的宪纲，由朱元璋"亲加删定"②，接着又规定了"六部职掌，岁终考绩，以行黜陟"③，这可视为明代以规定的各部门职掌作为考核的常规标准做法的开始。不过本次规定的各部职掌的具体内容没有明文记载，到洪武十三年（1380 年）"定六部官制"，详细列举了各部的组成人员数及职掌④，其内容当和五年的规定无大差别。后来，朱元璋命令吏部和翰林院在已修定职掌的基础上，"仿《唐六典》之制，自五府、六部、都察院以下诸司，凡其设官分职之务，类编为书"，至洪武二十六年（1393 年）最后完成，"名曰《诸司职掌》，诏刊行，颁布中外"⑤。到了弘治十年（1497 年），阁臣徐溥等人又奉敕在《诸司职掌》的基础上纂修成《大明会典》，随着各司题准的新例不断增加，《大明会典》又分别在嘉靖、万历时期两次重修。⑥《诸司职掌》

---

① 万历《明会典》卷 13《吏部十二·京官考察》。

② 《明太祖实录》卷 60，洪武四年正月乙亥条。

③ 《明太祖实录》卷 74，洪武五年六月癸巳条。

④ 《明太祖实录》卷 130，洪武十三年三月戊申条。

⑤ 《明太祖实录》卷 266，洪武二十六年三月戊申条。

⑥ 参见万历《明会典》卷首所载明孝宗《御制明会典序》、明武宗《御制明会典序》、明神宗《御制重修明会典序》。

或《大明会典》作为一部完备的行政法典规定了关于官员的各类事务，并非专为考核之用，但它详细规定了中央主要部门的职责，既是这些部门进行工作的法律依据，也是检验各部门官员的工作情况的法定标准。

### （二）考语：对官员素质的品鉴

所谓考语（也称揭贴，但揭贴应用于许多方面，考核官员只是其中一类），就是用简明的语言对该考官员作出的个人鉴定。东汉后期兴起清议之风，名士们往往以简短的言辞品题人物，获得士名者往往通过察举进入仕途。魏晋时期建立了九品中正制，反映清议的中正的品题不但决定能否入仕，还决定着已入仕者的升降黜陟。唐代考核制度趋于规整严密，考核时要在查勘文档簿册的基础上编造"考状"，内容除记载官员的功绩事迹外，还要拟定一份简洁对偶的评语，称为"考辞"。明代继承了唐代的这一做法，而且随着考核类别和程序的繁复，考语使用范围更广泛，作用更大。

明制规定，凡官员考满，除在京堂上正佐官例不考核外，其他官员一律都由本管上司开写考语，并按规定程序层层覆考。京官考察，四品以上自陈，五品以下堂上官直接由吏部和都察院考核，其余各衙门属官都由堂上掌印官开注考语；朝觐考察开始由布、按二司考合属，抚、按考方面官，弘治以后则皆先期行文抚、按，命他们将三年内所属大小官员都一一开注考语，最后由吏部、都察院在覆核这些考语的基础上做出留职抑或黜降的决定，请旨批准。嘉靖时期开始，又规定了"每年开报考语"之制："每遇年终，各府州县将佐贰、首领、属官并卫所首领官，守巡道将本道属官，布按二司掌印官将各佐贰、首领并堂上官、州县正官，填注贤否考语揭贴，印封送本布政司类齐，严限送部查考。"此外，"巡按任满，巡抚年终，将所属大小官填注考语揭贴送部，其考语俱要自行体访"①。

在初期，考语本身并不能作为考核的唯一依据，它必须与《须知文册》等记载官员实政的文件相配合。换句话说，它实际上是在全面了解官员实际政务的基础上用最简明的词语作一总括性结论，相对于实政册来说，处于附属地位。由于官僚体制所不可避免的文牍主义的蔓衍，攒造实政册所需清查查勘的案牍越来越多，还在洪武时期就出现了"案牍填委，往往淹积不行"的局面，朱元璋颁布"案牍减繁式"②，在各部设司务，在布政司、按察司和府设照磨检校官，专门督察案牍③，这虽在一段时期内收到"事多完集"的功效，但不久便故态复萌，案牍壅滞混乱成为各衙门的通病，屡次申诫终无成效。在考核时，由于天下官员数多而负责考核工作的人少，很难真正查核须知文册、纪功册一类的实政册，总括性的考语的作用越来越大。比如天顺四年（1460年）外察，直到察典结束后半年多吏部才上奏查出的某些布政司、按察司并直隶府州县呈交的《须知文册》"其中钱粮、户口数目多错异"④，可见考察过程中未能真正查核《须知文册》并以之为据，那么只能以考语为凭了。至成化年间，"因为选调积滞，设法以疏通之，辄凭巡按御史开具揭贴（考语）以进退天下庶僚，不复稽其实迹"⑤。此种情况日趋严重，到弘治时，左都御史戴珊对"吏部只欲凭巡按考语黜退"表示不满，吏部只以一句"我不能担怨"的回答便使戴珊无言以对⑥，可见当时人已视为固然。至于"天下所造《须知文册》，止是空文，部、院虽或行查，亦

---

① 详见万历《明会典》卷13《吏部十二》之《朝觐考察》、《京官考察》。

② 《明太祖实录》卷126，洪武二十年八月戊寅条。

③ 《明太祖实录》卷231，洪武二十七年正月丙寅条。

④ 《明英宗实录》卷317，天顺四年七月己卯条。

⑤ 丘濬：《大学衍义补》卷11《治国平天下之要·正百官·严考课之法》。

⑥ 何良俊：《四友斋丛说》卷9《史五》。

不过虚应故事"①。考语反客为主,考核唯考语是依。

但是,考语的形式本身决定了它无法详细列举官员的政绩和失误,它往往侧重于一方面的素质品行,或者是学识,或者是德性,或者是才智,极易以偏概全,以点代面。一旦与实政册脱离,它便显得模糊不清了,以此为考核官员的依据,也就使朱元璋苦心建立的重视实政的原则彻底崩溃了。

晚明邹元标谈到:"弘、正间考语,犹不失先辈遗风。课一布政曰'闷闷之政,长者之度',今则以为罢软矣;课有司曰'志颇自励,守亦足观',今则以为无当矣。"他建议"将成、弘、正年间考语汇成一册,颁布各省,如《举业正式》之类",以杜绝"虚谀"之弊。② 其实明代中叶的考语,只能说在浮夸方面还稍有节制,内容基本上也都是虚言空语。如河南巡抚王恕对四名知县的考语分别是:"处事公勤,持身廉介,氓倪感德,远近知名";"不刚不柔,无私无伪,令行禁止,事妥民安";"操持端谨,政令公平,庶事康哉,群黎乐只";"外无浮华,中则纯确,令严政善,吏畏民怀"③。读过之后,人们依然难于真切了解这几名知县究竟是什么样的人。

越往后来,考语越难据信。突出的弊端有二:一是浮华成风,黑白颠倒。"阅其所署之考,推官知县以上,考语皆是大圣大贤,川岳风云、冰玉麟凤字面,何关实事"④。"每荐牍出,抽黄对白,骈四俪六,荐者以非极揄扬不足结彼之铭感,被荐者以非蒙重语不足为己之深知。曰'才与诚合,光风霁月',是周、程诸贤复生矣,察其人,仕路之奸雄也;曰'守遵四知,琴鹤相随',是赵抃、杨震挺生矣,察其人,捆载

---

① 陆粲:《去积弊以振作人才疏》,载陈子龙等选辑:《明经世文编》卷289。

② 邹元标:《敷陈吏治民瘼恳乞及时修举疏》,载陈子龙等选辑:《明经世文编》卷446。

③ 王恕:《太师王端毅公奏议》卷1《激劝贤能奏状》。

④ 冯琦:《铨部议核实政》,载陈子龙等选辑:《明经世文编》卷441。

归乡里也；曰'才堪八面，北门锁钥'，是孔明、寇准杰出矣，察其人，一筹不能寸展也。圭璋瑚琏，如金如玉，麒麟凤凰，如松如柏，古人所以颂圣贤者，今以之誉凡夫矣"①。二是模棱两可，贤否莫辨。"所谓考语者，大抵骈四俪六，两可难辨之词"②，"摹拟无能曰长厚，摹拟衰迈曰老成，夫长厚老成，岂所以为贬辞哉，而令人读之如射覆然"③。

针对这种状况，许多官员思索改变之策，并提出一些中肯建议。如吏部尚书陆光祖建议朝廷"行各抚按官转行各司道及府州县官，务要直书才、貌、年、守，俾简明数语，洞悉平生，其有支蔓不切，谀媚不情，县以报府，府官即行驳回，府以报司道，司道即行驳回，司道以报抚按，抚按即行驳回，各令改正另注；抚按若不驳回，致荐剡并贤否册内有仍前浮见，听臣等及科道官参究，务使向来靡词陋习为之一变"④。邹元标倡导"宜明分为九等：上上、上中、上下、中上、中中、中下、下上、下中、下下，在外抚按明以此注考语送部，在内选臣明以此定升除"⑤。

特别值得重视的是，有些官员在自己有限的管辖范围内，还切实推行了将考语与实政册结合起来的政策，其中海瑞、吕坤尤为突出。他们分别撰写了《参评》与《明职》，合起来正好构成了对全部外官职责的规定。两人还都针对考语的浮泛失实，制定了具体的政绩申报格式。海瑞受命巡抚应天，感到"藉之以免尸旷府州县官也，稽查据考语，而近日情伪日工，往往习为两可活套之辞，事鲜指实，语无分明。所有申送文册，日夜阅思，贤否莫定"，因此他制定了《考语册式》，命"各道

---

① 邹元标：《敷陈吏治民瘼恳乞及时修举疏》，载陈子龙等选辑：《明经世文编》卷446。

② 陆粲：《去积弊以振作人才疏》，载陈子龙等选辑：《明经世文编》卷289。

③ 陆光祖：《覆湖广巡抚李桢肃吏治以奠民生疏》，载陈子龙等选辑：《明经世文编》卷374。

④ 同上。

⑤ 邹元标：《敷陈吏治民瘼恳乞及时修举疏》，载陈子龙等选辑：《明经世文编》卷446。

各府州县官照后款式注填，按季申报"。他要求上司官员先对属官作一总括考语，然后填写他制定的详细表格。表格分操守、才识、兴利、除害四大部分，共包括 24 款，实际内容要远远超过《到任须知》。① 吕坤任职于山西按察司，不满于"按察司若赘疣，其失职也甚矣"的现状，力图遵累朝制书的规定负起举劾考察官员之责。② 像前辈海瑞一样，他针对"各州县季报贤否文册，虚文滥套，避怨市恩，注来句句褒嘉"的情况，"定为新格，务要备细实填"。他制定的《报政实单》，要求填写各官员到任以来行过宜民事迹、出身、年龄与身体状况、貌、心、才、守、政各项，并须在此基础上用几句话作一考语，而且特别强调务要求实，"但要指事"③。海瑞和吕坤要求考语与事迹文册相辅相参，力求了解官员的为政实迹，体现了复兴洪武旧制的愿望。但是，上述努力都未取得显著成效，朝廷屡屡颁布诏令要求考语"宁实勿文，宁详勿略"④，"务要或贤或否，明注实迹"⑤，终不能扭转"率为浮词"之弊。

除考语外，考察（特别是京察）时的依据还有"访单"。所谓"访单者，吏部当察时，咨公论以定贤否，廷臣因得书所闻以投掌察者"⑥。陆光祖曾指出："今部、院所据以考察者有二，曰考语，曰咨访。为重考语之说者曰：抚、按日与群有司相习，其才品耳而目之，甚核也，一夫之颊不可为凭矣；为重咨访之说者曰：抚、按之势尊，而下饬貌以为工，故名实易淆也，非集思广益，其道靡由矣。"⑦ 可见，有人主张以考

① 详见《海瑞集》上编《考语册式》。
② 吕坤：《实政录·风宪约》卷 6《按察事宜》。
③ 吕坤：《实政录·风宪约》卷 6《报政实单》。
④ 陆光祖：《计吏届期敬陈饬治要务以重大典疏》，载陈子龙等选辑：《明经世文编》卷 374。
⑤ 万历《明会典》卷 13《吏都十二·京官考察》。
⑥ 《明史》卷 229《沈思孝传》。
⑦ 陆光祖：《计吏届期敬陈饬治要务以重大典疏》，载陈子龙等选辑：《明经世文编》卷 374。

语为主要凭据，有人主张以访单为主要凭据，存有争议。不过实际上，访单远不如考语作用大，且并非法定程序，非用不可。《明史》卷216《王图传》云："适将京察，恶东林及李三才、王元翰者，设词惑（孙）丕扬，令发单咨是非，将阴为钩党计。图急言于丕扬，止之，群小大恨。"观此，则是否发放访单之权，握于主察者之手。

与考语相比，填单者因平日对被察者更不了解，常常"风闻言事"，因而访单的主观性更强，正如陆光祖所说："咨访诸臣，平时漫不加意，时至事迫，道听一言，信若符契，虽私揭倾人，法之所禁，犹或藉以塞责，尚暇计真赝耶！"① 特别是每逢京察，"议论纷纭，毁誉杂出，虽孔圣复生，耻为乡愿之行，难必其满于人口矣，当事者非有洞世高见，千古定力，鲜不为所惑"，所以邹元标认为"京察年分，不必分单咨访"②。到明后期，察典成为党派斗争的战场，咨访就成了打击对手的武器，更不足信。

### （三）计过而不计功的察例

明代考察名义上是在实政册和考语、访单等的基础上对被考官吏作出全面鉴定，既要计过，也要论功，但实际上，考察带有深刻的监察色彩，每次考察除极少数"卓异"官员受到褒奖、赐衣、赐钞一类的荣誉性奖励外，大多数官员虽然合格，但既不会得到奖励，更不会因此得到迁升。与检查官员例行政务的考满不同，考察的主要目的是检查官员是否犯有过错和失误。这一点从作为考察的重要标准和内容的察例可以明显看出。

《明史》卷71《选举三》谓："考察，通天下内外官计之，其目有

---

① 陆光祖：《计吏届期敬陈饬治要务以重大典疏》，载陈子龙等选辑：《明经世文编》卷374。

② 邹元标：《敷陈吏治民瘼恳乞及时修举疏》，载陈子龙等选辑：《明经世文编》卷446。

八：曰贪、曰酷、曰浮躁、曰不及、曰老、曰病、曰罢、曰不谨。"其中浮躁、不及、罢、不谨是浮躁浅露、才力不及、罢软、素行不谨的简称。对挂此八项察例的官员的处分分四种：贪、酷为民；不谨、罢软冠带闲住；老、疾致仕；不及、浮躁降调。所谓冠带闲住，就是"但有冠带无品级，一应服色仪仗皆不得用"①。

八项察例是在明代前半期一百多年的时间中逐步形成的。在贪风大炽的元末社会成长起来的朱元璋，夺取政权后特别注意解决这个问题，吴元年（1367年）颁布了赐予新除授的郡县官道里费以养其廉的政令②，洪武二年（1369年）公开宣布"今严法禁，但遇官吏贪污蠹害吾民者，罪之不恕"③，四年再次下令"自今官吏犯赃罪者无贷"④，官员最容易触犯的"贪"首先被提了出来。十五年为廉察官吏，"特置天下府州县提刑按察分司"，朱元璋训谕将赴各地的试金事曰："吏治之弊，莫甚于贪墨，而庸鄙者次之，今天下府州县官于斯二者往往有之。"⑤可见在他的心目中贪墨和庸鄙是不合格官员的主要类别，后来有时合称"贪鄙"以与"廉能"相对。⑥这实际上是要求从德与才两个角度考核官员。十八年"考察朝觐官，分称职、平常、不称职、贪污、阘茸五等"⑦，即是临时将考满采用的三等分类与朱元璋所指出的两类合并起来，只是用阘茸（无能、卑贱之意）这个近义词取代了庸鄙。永乐三年（1405），朱棣谕天下文臣，其中有"毋为贪墨，肆暴虐"⑧之语，

---

① 　陆釴：《病逸漫记》，载邓士龙辑：《国朝典故》卷 67。

② 　《明太祖实录》卷 19，吴元年七月丙子条。建国后朱元璋几次重申此令。

③ 　《明太祖实录》卷 39，洪武二年二月甲午条。

④ 　《明太祖实录》卷 69，洪武四年十一月庚申条。

⑤ 　《明太祖实录》卷 148，洪武十五年九月癸亥条。

⑥ 　《明太祖实录》卷 150，洪武十五年十一月戊辰条。

⑦ 　查继佐：《罪惟录·帝纪》卷 1《太祖高皇帝纪》。

⑧ 　《明太宗实录》卷 38，永乐三年正月庚子条。

十三年（1415 年）又谕即将分行天下的监察御史悉心咨访吏治得失，
"凡朝廷所差人及郡县官有贪刻不律者执之，郡县官有阘茸不职及老病
者悉送京师"①，在贪酷、阘茸之外又增加了老、病两项。作为人生之必
然的老、病，本不应视作为官过错，但由于在职官可以通过种种途径获
取实惠，虽规定了致仕条例，许多官员年老后并不主动申请退职，而患
病除非自己申报吏部更难知晓，以致许多官员已无力视事，还占据着职
位不肯休致，所以将老、病列入考察范围，确是十分必要的措施。宣德
四年（1429 年），南京都察院与南京吏部会同考察六部属官，查出"刑
部郎中徐昕等九人才力不及"②，此才力不及大概与宣宗所说的"平常
者，才不及也"③ 意义相近，和后来李裕请求设立者内涵不同。正统元
年（1436 年），右都御史顾佐考察监察御史傅诚等"素行不立"，吏部
尚书郭进考察各部属官张斌等"行检不饬"④，这两个词汇意义相同，后
来统一为"素行不谨"。

　　但是，与这些察例一起出现的还有奸懒、不谙文理、法律不通、
事体生疏、存心偷薄、荒于政事、酗酒等名目，都是根据实际情况临时
下的断语。负责考察的官员都是先考察该考官员的政务是否称职，再检
查是否有各种过错和缺陷。考察中使用固定察例的趋势始于正统四年
（1439 年），此后每次考察都依照老、病、阘茸、贪污、酷刑这些常规
察例检查官员。景泰七年（1456 年），监察御史张琛劾奏福建官员，将
阘茸与罢软并列⑤，可见二者含义不尽相同，但自此以后，包括天顺四
年（1460 年）的朝觐考察都将罢软作为察例，而"阘茸"一词则很少

---

① 《明太宗实录》卷 160，永乐十三年正月戊午条。
② 《明宣宗实录》卷 51，宣德四年二月壬寅条。
③ 《明宣宗实录》卷 48，宣德三年十一月丙子条。
④ 《明英宗实录》卷 17，正统元年五月壬辰、乙未条。
⑤ 《明英宗实录》卷 264，景泰七年三月丁亥条。

出现了。成化二年（1466 年）朝觐考察，素行不谨作为一项察例正式开始使用。① 才力不及的设立是在成化二十三年（1487 年），吏部尚书李裕感到"人才质不同，偏执类酷，迟钝类软"，请求设立"才力不及一途，以寓爱惜人才之意"②，得到宪宗批准。最后一项察例浮躁浅露前此未见出现，弘治元年（1488 年）吏部尚书王恕在覆议南京河南道御史吴泰要求考察两京五品以下官员的奏疏时，提出命吏部、都察院会同各衙门堂上掌印官将五品以下"从公逐一考察，除廉干公勤、才行超卓者遇有内外相应员缺另行具奏擢用，职业颇修、操履不失者存留办事外，其贪淫、酷暴、罢软、老、疾、素行不谨、浮躁浅露者开具职名，奏请定夺"③，从此京察中就增加了浮躁一项，而且在很长时期内它也仅用于京察，直到万历二十九年（1601 年）似乎才首次在朝觐考察中使用。④ 另外，考察中有时区分出年老、有疾与老疾三类，则有疾是指年不及规定界限而患病者，处分与年老和老疾（既老又病）不同。

从这种演变过程中可以看出，察例是在对官员的习惯性与临时性的判断的基础上逐步成为固定条例的，并非朝廷有意设立。丘濬在撰于成化年间的《大学衍义补》中曾愤慨地指出："本朝三年一朝觐，天下布政、按察诸司，府州县官吏，各赍《须知文册》来朝，六部、都察院行查其所行事件，有未完报者，当廷劾奏，以行黜陟。近岁为因选调积滞，设法以疏通之，辄凭巡按御史开具揭帖，以进退天下官僚，不复稽其实迹，录其罪状，立为老疾、罢软、贪暴、素行不谨等名以黜退之，殊非祖宗初意。按旧制，官员考满给由到部，考得平常及不称职者，亦皆复任，必待九年之久，三考之终，然后黜降焉。其有缘事降职除名，

---

① 《明宪宗实录》卷 25，成化二年正月壬子条。
② 《明史》卷 160《李裕传》。
③ 王恕：《太师王端毅公奏议》卷 11《修省陈言奏状》。
④ 《明神宗实录》卷 355，万历二十九年正月丙辰条。

亦许其伸理。虽当临刑，亦必覆奏。其爱惜人才，而不轻弃绝之如此，可谓仁之至义之尽矣。彼哉何人，立为此等名目，其所谓素行不谨者，尤为无谓，则是不复容人改过迁善。"① 但是，这些条目能够由习惯而稳步上升为事例，主要原因大概在于明代没有制定明确统一的考核标准，将这些察例固定下来可以为评价官员提供依据和参照系统。

由于有的察例的内涵本身很难确定，而看似明晰的条目也往往包含着微妙的含义，为使用中的随意性留下了空隙，负责考察的官员往往随意拉一项察例挂在某些人身上，名实不副在所难免。比如老、疾，既可以当作"恶迹显著，似当罢斥"和"才力暗庸，操守有议"的官员的保护伞②，又可以当作黜退那些品行政事俱优但不受上司欢迎的官员的借口，循吏徐九经、庞嵩都是于壮年被坐以老而致仕的③。才力不及也不一定与官员的才干有关，有时"其迹涉瑕疵，尚未太著也，姑注拟于才力不及改教项下"④。县令刘绍恤"平日招致门生，出入公廨，私相宴叙，既有以启钻刺之径，亦有以开嫌隙之门"⑤，虽系遭人诬告，终被坐以不及；布政使刘炌"性特暴戾，行更贪淫，库官为腹心，克扣靡厌，驿丞拔胡须，残虐有声"⑥，亦被坐以不及。虽处分有所不同，但情节轻重差别如此之大竟坐同一察例，也足可见其内涵的模糊了。其他察例亦然，不多赘论。

---

① 丘濬：《大学衍义补》卷 11《治国平天下之要·正百官·严考课之法》。
② 高拱：《高文襄公全集·掌铨题稿》卷 20《参巡按御史王君赏举劾违例疏》、卷 26《覆给事中宋之韩参官疏》。
③ 陈仁锡：《皇明世法录》卷 90《句容邑侯徐公传》；《明史》卷 281《循吏传》。
④ 高拱：《高文襄公全集·掌铨题稿》卷 26《覆南京科道交论江西科场事变参提学副使陈万言等疏》。
⑤ 高拱：《高文襄公全集·掌铨题稿》卷 19《覆科道拾遗方面疏》。
⑥ 同上。

### （四）由抚循到苛敛：地方长吏考核侧重面的变化

地方长吏是指府、州、县长官，这些官员"受牧民之寄"，与平民百姓最为接近，故往往被称为"亲民官"、"父母官"。在皇帝—官员—百姓的金字塔结构中，皇帝是天下的拥有者，官员是帮助皇帝治理天下者，百姓则是皇朝赖以生存的赋税徭役的承担者。与中央大僚相比，府州县官虽是官僚阶层中地位较低的人物，但他们承担着直接治理人民和征收赋役的任务，对他们考核的重点的变化以及他们的所作所为往往与吏治清浊和社会安定息息相关，值得特别加以注意。有关史料明确显示，明代对府州县官的考核经历了一个由要求抚循百姓到强调赋税征收的过程，下面对此略加申论。

#### 1."养民者务其本"——提倡循吏型官员

在建国前的一次谈话中，朱元璋谈到他对人才的基本看法："人之才能各有长短，故治效亦有迟速。夫质朴者多迟缓，狡猾者多便给。便给者虽善办事，或伤于急促，不能无损于民；迟缓者虽于事或有不逮，而于民则无所损也。"[①]朱元璋明确表达了宁取迟缓而有益于民的官员的态度，其原因他对刘基、章溢讲得很清楚："今民脱丧乱，犹出膏火之中，非宽恤以惠养，无以尽生息之道。"[②]而要贯彻休养生息的政策，"不施实惠而概言宽仁，亦无益耳"，必须阜民财、息民力、节用、省役、明教化、禁贪暴，也就是说"养民者务其本"[③]。在兵燹过后面对"燕赵齐鲁之境，大河内外，长淮南北，悉为丘墟，关陕之区，所存无几"的

---

① 《明太祖实录》卷19，丙午年正月月末条。
② 《明太祖实录》卷25，洪武元年正月庚辰条。
③ 《明太祖实录》卷25，洪武元年正月乙酉条。

凋敝景况①，这个"本"首先就是要使流离的人民安居下来，发展农业生产。故《大明令·吏令·守令考绩》条特别规定："凡各处府州县官员任内，以户口增、田野辟为尚。"在任命宋冕为开封府知府时，特别告诫："汝往治郡，务在安辑人民，劝课农桑，以求实效，勿学迂儒但能谈论而已。"②朱元璋还秉承历代儒者一贯倡导的"先富后教"思想，把教化视为与农桑同样重要的关系社会安定的大事，要求府州县官秩满赴京考核时，实政册中"必书农桑、学校之绩"。山西汾州平遥县主簿成乐官满来朝，"本州上其考曰能恢办商税"③，莒州日照县知县马亮考满入觐，"州上其考曰无课农兴学之绩，而长于督运"④，都因违背诏令受到惩责。可见，朱元璋不仅在口头上，而且在实际行动上，都大力提倡地方官以安抚百姓为要。

实际上，朱元璋提倡的就是"循吏"，在中国传统政治文化中，这一直是理想官员角色。明人对循吏标准的看法，可以王叔果对"良吏"和"循吏"的区分为依据："良吏神采，循吏朴茂，犹鹰鹯之挚击，鸾凤之雍和，不可同日语。"⑤明宣宗在为《汉书·循吏传》撰写的序论中，对循吏的内涵以及朝廷对循吏的期待更是表达得十分清楚："班固作《西汉书》，载循吏文翁、王成、黄霸、龚遂、朱邑、召信臣六人，然以其事，兴学校，勤劳来，劝课农桑，修举水利，恭俭爱人而已，非有奇人异能以倾骇人视听。然而传之者何哉？以其奉职循理而民自化，异于尚威严以为治者……夫一郡一邑，其地环千里百里，其民以千万计，而付之守令者，欲其教养之而已。教养之道，农桑、学校而已。农

---

① 《元史》卷186《张桢传》。
② 《明太祖实录》卷34，洪武元年十二月辛卯条。
③ 《明太祖实录》卷106，洪武九年六月庚戌条。
④ 《明太祖实录》卷106，洪武九年六月乙未条。
⑤ 王叔果：《半山藏稿》卷9《赠郡侯卫公入觐序》。

桑之业修，则民足于衣食而遂其生；学校之政举，则民习于礼义而全其性。如是足以为善治矣！然而世之才能之吏，或不知务此，往往任智术，利威严，苛刻削急，于是民受其弊，此赵广汉辈所以不得为循吏也。"① 明宣宗表达的观念与朱元璋是一脉相承的，都认为成为循吏的条件不在于"才能"、"威严"，唯一的标准就是"教养"，亦即修举农桑、学校之政。依此衡量，周忱尽管奋发有为，颇著政绩，不仅不能算是循吏，倒更像是循吏的对立面②。

明初力行抚循的政策取得良好功效，从洪武到正统前期，循吏辈出，做出了"所在民安，所去民思"的业绩，中央政府也注意推行传统的"久任"政策，地方官们考满当迁，遇着民上书或诣阙保留，一般即增俸加秩准其复任，正如《明史·循吏传》所说："自明兴至洪、宣、正统间，民淳俗富，吏易为治。而其时长吏亦多励长者行，以循良见称。其秩满奏留者，不可胜纪。"

在汗牛充栋的明人载籍中，可以发现许许多多循吏型官员，但这些资料的可信程度很难估计③，可据为凭证的主要是《明史》卷281《循吏传》。兹据许大龄师对明代史的分期④，对《明史·循吏传》进行粗略统计，列成下表：

| 时　　期 | 循吏数（人） | 百分比（%） |
|---|---|---|
| 开创期（1368—1449 年） | 110 | 91.7 |
| 腐化期（1450—1521 年） | 5 | 4.8 |
| 整顿期（1522—1582 年） | 4 | 3.3 |

① 余继登：《典故纪闻》卷 9。
② 崔铣：《洹词》卷 11《书文襄事状后》。
③ 徐太室《归有园麈谈》（不分卷）指出："虽贵为卿相，必有一篇极丑文字送归林下（弹章）；虽恶如梼杌，必有一篇绝好文字送归地下（墓志）。"明人为担任过地方长吏的人作传、墓志、行状、序等文字时，往往不论事实有无，按循吏标准加以描写颂扬。
④ 参见王天有：《明末东林党议》，上海古籍出版社 1991 年版，许大龄序。

| 时　期 | 循吏数（人） | 百分比（%） |
|---|---|---|
| 衰敝期（1583—1644 年） | 1 | 0.8 |
| 合　计 | 120 | 100 |

上表显示，90% 以上的循吏都属于开创期，这是因为在战乱之后的恢复时期，可以依靠提倡循吏医治社会经济创伤，千疮百孔的景况也为循吏提供了活动舞台，而且就任时其地愈残破落后愈容易建功立业，成为循吏。但是，循吏标准本身也存在很大局限性，制约了它的适用范围。尤其当社会经济复苏以后，地方官员面临上司的催迫和赋役、讼狱等棘手问题，只能依靠才干、智术、威严加以应付，倘若仍以循吏标准行事，在考核者眼中不但不会再被看作循吏，反而被看作迂缓无能，考核的侧重面发生明显变化。

2.“本等六事”——强调几项主要政务

在提倡“养民者务其本”的原则基础上，朱元璋还制定了《须知文册》作为地方官员的为政指导和考核依据。《须知文册》内容很多，其中有些条目，如祀神、恤孤、耆宿等属于教养之道，与实际治政关涉不大。随着国家财政开支的逐步增加与社会矛盾的日益加剧，地方官员必须集中精力完成最主要的职责。我们看到，永乐后期成祖命令礼部“移文中外诸司，一遵成宪，爱恤军民，必崇实惠，且以农桑衣食之本，必及时劝课，学校育材之地，必加意劝勉，赋役必均平，科征必从实，祭祀必诚敬，刑狱必平恕，孝顺节义必旌表，鳏寡孤独必存恤，材德遗逸必荐举，边徼备御必严固，仓库出纳毋侵欺”[1]，几乎重复强调了《须

---

[1] 《明太宗实录》卷 194，永乐十五年十一月壬申条。

知文册》的所有内容。但进入明代中叶之后，这样全面的要求，就几乎看不到了，太祖认为"徒具虚文"的"以六事责守令"，在实际中通行起来。林希元说："学校、田野、户口、赋役、讼狱、盗贼之六事者，乃国朝督察守令之令典。"①

六事是对地方官员的职责的最简明的概括。早在汉代，以上计方式考课官员，其做法是"秋冬岁尽，各计县户口、垦田、钱谷出入、盗贼多少，上集薄"②。从《后汉书·百官志五》的记载来看，户口、垦田农桑、漕运水利、钱谷出入、盗贼狱讼、教育选举、灾变疾疫等项都要造入上计簿中以凭考核。唐代考课以四善二十七最为标准，其目的在于甄拔政绩优异的官员，"至于赋税毕集、判断不滞、户口无逃散、田亩守常额、差科均平、廨宇修饰、馆驿如法、道路开通，如此之类，皆是寻常职分，不合计课"③。宋代"以四善三最考守令"，但三最已不是像唐代的"最"那样的适用于各司其职的各类官员的特殊标准，而基本上就是唐代"不合计课"的那些寻常职事："狱讼无冤，催科不扰，为治事之最；农桑垦殖，水利兴修，为劝课之最；屏除奸盗，人获安处，振恤困穷，不致流移，为抚养之最。"④ 金代在综合历代考课守令的内容的基础上，实行"辟举县令法，以六事考之，一曰田野辟，二曰户口增，三曰赋役平，四曰盗贼息，五曰军民和，六曰词讼简"⑤。六事之名自此始。元代之考课标准，《元史》所载只有五事，较金少"军民和"一项。⑥

---

① 林希元：《林次崖先生文集》卷9《赠郡侯西川方公朝觐序》。
② 杜佑：《通典》卷33《县令》注引胡广说。钱溥谓"汉以六事课群吏，而兴学为之首焉"。参见《和州修学碑记》，载嘉靖《和州志》卷16，认为明以六条察守令系直接采用汉制，未知所据。
③ 《唐会要》卷81《考上》。
④ 《宋史》卷163《职官三》。
⑤ 《金史》卷55《百官一》。
⑥ 《元史》卷82《选举二》。

其实朱元璋所说"元以六事责守令"并未错，从其他记载来看，元代确实是以六事课守令。刘基就曾多次提到"六事"，如谓："国家怜黔首之未宁，乃大选守令……且以六事考核其殿最，责至重也。"又说："今天子始以六事责郡县，以兴举学校为之先。"①

　　明朝建国前夕颁布的《大明令》，规定守令考绩主要以"户口增，田野辟"为主，后又增加学校之政，以之与农桑并举，已如前述。成祖在与吏部尚书蹇义的一次谈话中，曾谈及考察守令之法："如入其境，田野辟，人民安，礼让兴，风俗厚，境无盗贼，吏无奸欺，即守令贤能可知；无是数者，即守令无所可取矣。"②成祖是依循吏标准列举的守令主要职责，并非考核条文。事实上，明代从未在法律中正式规定以六事考课守令之政绩，它是在历史的惯力作用下出现的。而且，宋、金、元都明确规定了以事务完成多寡分别官员等第的办法，如宋代"通善、最为三等，一事为上，二事为中，余为下"③，金代"六事具备为上等，升职一等，兼四事者为中等，减二资历，其次为下等，减一资历，否则为不称职，罢而降之"④。明代既然根本未规定以六事考核，当然更不可能制定等第标准了。六事在明代究竟在什么时候作为惯例而开始通行尚侍考证，但最迟在成化七年（1471 年）已见诸正式文书。当时左都御史李宾在奏疏中抱怨"天下守令有才有德者少，不敬不惧者多，本等六事未见其行，[备荒]救荒，亦无其策"⑤。他只提"本等六事"而无需说明具体内容，看来官员们对六事的内容都很清楚，因之六事在这之前必已作为惯例使用了很长时间。自此以后，官员们在各类文章中提及六事

---

① 刘基：《诚意伯文集》卷 7《送海宁尹知州之官序》、《送常山县达鲁花赤乐九成之官序》。

② 余继登：《典故纪闻》卷 6。

③ 《宋史》卷 163《职官三》。

④ 《金史》卷 55《百官一》。

⑤ 戴金：《皇明条法事类纂》卷 8 第 14 条《在京六部都察院等衙门四品五品管事官及掌科给事中掌道御史各举一人查取除授守令其后若犯赃污等事连坐举主例》。

者就很多了。循吏标准的衰微和本等六事的流行，说明对地方长吏的考核已集中在几项主要政务上。

不过，明代进入中期，虽"以学校、赋役、讼狱等六事责郡县，而督察于监司，岁遣御史巡察之"①，但实际上地方官员六事皆举者极少，尤其学校一项，虽居"郡邑六事之首"，却最受忽视，"学校之政不修也久矣"②，是最常听到的感叹。地方官的注意力，主要集中在刑狱、赋税这些最为棘手的问题上。弘治后期，王鏊丁忧回苏州，沿途"历数十郡县，入其疆，其六事举者盖少也，独得三四人焉耳"，即使这"三四人者，其政赫然有闻，刑狱减，赋税集，斯已矣"③。严嵩也曾指出，"予闻今之最吏也，曰其赋集也，其讼理也，其役均也，其豪右戢而善良植也"④。掌管考核官员大权的抚按所到之处，也只不过"审罪囚，理词讼，检钱谷，如斯而已"⑤，不顾其他。当张居正大刀阔斧推行新政之时，他完全抛开六事，提出最尖锐的四项问题让官员们解决："夫均徭、赋役、里甲、驿递，乃有司第一议，余皆非其所急也。四事举则百姓安，百姓安则邦本固。"⑥ 可见，考核的内容是以现实社会问题为基础的，随着主要问题的转移而变化。

3. 征赋必及分数——"以催科为殿最"

财政是支撑官僚集团进行统治的基础。随着国家支出的增长和地方豪强隐匿活动的加剧，出现了国库越来越空、小民越来越穷的现象，赋役征发越来越困难，"本等六事"中的赋役一项占有越来越突出的地

---

① 林希元：《林次崖先生文集》卷 9《送惠安陈侯入觐序》。
② 冉宗礼：《重修庙学记》，载民国《中牟县志》卷 1《人事志·艺文·碑记》。
③ 王鏊：《送姜太守改任宁波序》，载钱谷辑：《吴都文粹续集》卷 47。
④ 严嵩：《钤山堂集》卷 19《赠严明府序》。
⑤ 林希元：《林次崖先生文集》卷 2《王政附言疏》。
⑥ 张居正：《张太岳集》卷 25《答保定巡抚孙立亭》。

位，最终上升成为考核的先决条件。

按照明代制度，各布政司以及直隶府州，要在汇总下属衙门报表的基础上，"岁报税粮等项文册，查理明白，各造总册"①，报送户部。起初，这种税粮文册只供户部查勘之用，税粮完欠虽在考核范围之内，但官员是否称职须与其他各种因素综合考虑，税粮不完更不影响参加考核。随着逋赋日增，朝廷便想让考核在督促有关官员征赋方面发挥更大作用，于是在宣德五年（1430 年）规定："天下官员三、六年考满者，所欠税粮立限追征；九年考满，任内钱粮完足，方许给由。"② 也就是说，九年任满时若有拖欠税粮，不论其他方面政绩如何，即无资格参与考核。弘治十六年（1503 年），又将钱粮未完不许考核的规定扩大到三、六年考满："凡天下官员三、六年考满，务要司考府、府考州、州考县，但有钱粮未完者，不许给由。"③ 嘉靖五年（1526 年），根据户部的建议，又命令朝觐考察时查核钱粮完欠，"凡征解未完者，籍记多寡，著为限程，限内皆停俸，以完日支给，过限者并下巡按逮问，送吏部降用"④，征不足税额者不仅不能参加考满，还要停发俸禄，甚至面临着降职的威胁。由于赋重民穷，征足税额极为困难，所以隆庆五年（1571 年）改令"征赋不及八分者，停有司俸"⑤，万历元年（1573 年）又正式以是否征及八分作为考满的条件："今后外官考满到部，行户部查勘钱粮，完过八分以上者，方准考满，不及分数者，不准。"⑥ 万历二年，户部议定"于逋欠七分中，每年带征二分"⑦，到万历四年，"则又以九分为及格，

---

① 万历《明会典》卷 24《户部十一·会计一》。
② 万历《明会典》卷 12《吏部十一·考核一·在外司府州县官》。
③ 同上。
④ 《明世宗实录》卷 60，嘉靖五年正月辛丑条。
⑤ 《明史》卷 227《萧彦传》。
⑥ 万历《明会典》卷 12《吏部十一·考核一·在外司府州县官》。
⑦ 谈迁：《国榷》卷 69，明神宗万历四年七月丁酉条。

仍令带征宿负二分"①。

　　明末著名思想家王夫之在《噩梦》中评论说："今百姓之困敝，殆无孑遗，皆自守令之考成为始祸之本。闻嘉、隆间，且以岁课满八分以上者，大计膺贪酷之黜。上虽未为之法，而下自体德意以行之，故力裕而民心固……以税粮完欠为有司之殿最，法始于江陵（张居正），一决其藩而不可复收矣。"的确，张居正力行改革，建立考成法，"使声必中实，事可责成"②，提高了行政效率，但他如此严格督责赋税征收，势必造成苛敛之风，所以有人谓他"请行考成法，有司以征解为殿最"。而且，本年分数加上带征宿负分数，实际上是让百姓"一年完十分以上"③，虽然暂时缓解了财政困难，充盈了国库，但却大大加深了百姓贫困化的程度，无异于竭泽而渔。张居正去世后，继之柄政者虽"过为纵驰"，"人务因循，事趋简便"④，但征赋不及分数不准考满的做法并未停止，地方官员的苛敛之风因失去监控变得更加炽烈。特别是万历后期以来，军费和边防开支飞速增长，不得不加派于民，朝廷虽然深知"民穷多盗，皆由亲民之官贪残所致"⑤，"贪残之吏藉口考成，多方朘削，以盈溪壑之欲，敲骨见髓"⑥，但为了解救燃眉之急，仍是"考选将及，先核税粮，不问抚字，专于催科"⑦，"府县印官给由，皆行户部比较任内完欠，遂使牧民者唯鞭笞赤子为务"⑧。正如辛升激愤沉痛地描写的那样："世局于今又一更，为民父母虎狼心。鞭笞只做肉鼓吹，痛苦如闻

---

①　《明史》卷 227《萧彦传》。

②　《张太岳集》卷 38《请稽查章奏随事考成以修实政疏》。

③　谈迁：《国榷》卷 72，神宗万历十一年七月戊子条。

④　王夫之：《噩梦》（不分卷）；孙承泽：《春明梦余录》卷 34《吏部》。

⑤　谈迁：《国榷》卷 92，思宗崇祯六年二月辛卯条。

⑥　谈迁：《国榷》卷 89，崇祯元年正月丁卯条。

⑦　谷应泰：《明史纪事本末》卷 72《崇祯治乱》。

⑧　王夫之：《噩梦》（不分卷）。

静好音。五色钩笺飞百道，一行朱字动千金。大明律令三千款，可许田庐给帑银。"① 然则，"以催科为殿最"不但未解决财政困难，反而使越来越多的百姓成为流民，赋税征收更加艰难，"究之逋负山积，激成大变"②，加速了朱明王朝的覆亡。

## 三、明代中叶苏州的狂士群体

明代中叶，知识阶层中出现一些放荡怪诞之士，影响颇大。较早注意这一现象的是清代史学家赵翼③，近年也有学者予以研究④。事实上，当时的狂士主要出现在个别地区，尤以苏州为多，只有在苏州才形成了狂士群体，正如《明史》所说："吴中自（祝）枝山辈以放诞不羁为世所指目，而文才轻艳，倾动流辈，传说者增益而附丽之，往往出名教外。"⑤ 对于明中叶苏州出现的狂士群体，学术界似乎尚未充分研究，本节拟对这一现象略作探究。需要说明的一点是，苏州人喜闻新奇之事，颇好谈论传闻⑥，且形诸笔墨，然不免采撷街头巷尾之言，不可全信⑦，治学严谨如赵翼，也不免为讹言所惑⑧。本书尽量采用可信之资料，过于离奇荒诞之轶事，概不取焉。

---

① 辛升：《寒香馆遗稿》卷 3《世变十更》。

② 王夫之：《噩梦》（不分卷）。

③ 赵翼：《廿二史札记》卷 34《明中叶才士傲诞之习》。

④ 暴鸿昌：《论明中期才士的傲诞之习》，《求是学刊》1993 年第 2 期。

⑤ 《明史》卷 286《文苑二·徐祯卿附桑悦传》。

⑥ 李乐：《见闻杂记》卷 7 第 34 条云："吴俗坐定辄问新闻。"

⑦ 永瑢等撰：《四库全书总目》卷 62《史部一八·传记类存目四》评张累《吴中人物志》云："吴中人物，自王宾、杨循吉、祝允明、朱存理等递有撰述，此本因而广之，较诸家稍备，然事皆不著出典，未免无征不信也。"

⑧ 柴萼：《梵天庐丛录》卷 10《唐伯虎佣书娶秋香》，辨之甚详。

### （一）"好怪诞以消不平"：狂士的群体像

明代中叶的苏州狂士，主要活动于成化、弘治时期，较著名的有杨循吉（字君谦，号南峰）、桑悦（字民怿，号思玄）、唐寅（字伯虎、子畏，号六如居士）、张灵（字孟晋）、祝允明（字希哲，号枝山）等人。他们或者声气相通，或者师友相从，"相与扬其波，遂成风尚"①。他们的出现，与苏州文坛兴衰趋势是一致的。元明之际，"文人最盛"②，苏州乃文人荟萃之地，文名甲天下。入明之后，渐趋沉寂。到"成、弘之间，吴文定（宽）、王文恪（鏊）遂持海内文柄，同时杨君谦、都玄敬（穆）、祝希哲，仕不大显，而文章奕奕在人"③，苏州文坛达到极盛状态，正如陆粲所说："本朝宪、孝之间，世运熙洽，海内日兴于艺文，而是邦（吴）尤称多士。"④苏州狂士多为诗文高手，他们"负隽声，饶艳藻"⑤，应时而起，又以自己的才华支撑了苏州文坛的兴盛，展现了苏州文学的才情魅力，很受推崇。正德以降，苏州文坛又趋沉寂，狂简之风虽流韵不绝，但大为收敛。值得一提的是活动于嘉、万时期的张献翼（字幼于，后改名敉），不过因为他的行为过于怪诞，才情又不逮唐、祝诸人，故不受欢迎，"人咸恶而讳之"⑥。

综观这些狂士，虽经历不同，言行各异，狂的程度也有差别，但还是有着鲜明的共同特征。

其一，他们都有过人的文才，而且颇以自己的才华自负。杨循吉

---

① 查继佐：《罪惟录》列传卷 18《唐寅张灵》。
② 《明史》卷 285《文苑一·陶宗仪附张宪等传》。
③ 钱谦益：《列朝诗集小传》丙集《蔡孔目羽》。
④ 陆粲：《陆子余集》卷 1《仙华集后序》。
⑤ 沈德符：《万历野获编补遗》卷 4《著述·祝唐二赋》。
⑥ 钱谦益：《列朝诗集小传》丁集上《张太学献翼》。

喜读书，"课读经史，以松枝为筹，不精熟不止，多至千卷"①，"旁通内典、稗官"②。凡为诗文，"淫思竟日，不肯苟"，"好以学问穷人，至赪赤不顾"③。桑悦"书过目，辄焚弃，曰：'已在吾腹中矣。'敢为大言，以孟子自况。或问翰林文章，曰：'虚无人，举天下惟悦，其次祝允明，又次罗圮。'为诸生，上谒监司，曰'江南才子'"④。"更菲薄韩愈氏，曰：此小儿号嘎，何传？"⑤ 唐寅"童髫入乡学，才气奔放，与所善张灵梦晋纵酒放怀，诸生或施易之，慨然曰：'闭户经年，取解首如反掌耳。'弘治戊午，举乡试第一"。后自制石章曰"江南第一风流才子"，"其学务究研造化"，"出入天人之间"，"文章风采，照耀江表"，"奇趣时发，或寄于画，下笔辄追唐宋名臣"⑥。张灵"性聪慧，善图画，关涉篇籍，潜识强诵，文思便捷，骄曼可采"⑦，每饮酒常大呼："日休竖子，尚能一醉，灵不百倍之乎！"⑧ 祝允明"五岁作径尺字，九岁能诗。内外二祖，咸当代儒宗，耳濡目染，贯综典训，发为文章，茹涵古今，或当广坐，诙笑杂逻，援笔疾书，思若泉涌"⑨。"尤工书法，名动海内"⑩。张献翼"年十六，以诗贽于文待诏（征明），待诏语其徒陆子傅曰：'吾与子俱弗如也。'""刻意为歌诗，于是三张（张献翼兄弟三人皆善诗文，有名于时）之名，独幼于籍甚"⑪。

---

① 钱谦益：《列朝诗集小传》丙集《杨仪部循吉》。
② 《明史》卷286《文苑二·徐祯卿附杨循吉传》。
③ 钱谦益：《列朝诗集小传》丙集《杨仪部循吉》。
④ 《明史》卷286《文苑二·徐祯卿附桑悦传》。
⑤ 查继佐：《罪惟录》列传卷18《桑悦》。
⑥ 钱谦益：《列朝诗集小传》丙集《唐解元寅》。
⑦ 钱谦益：《列朝诗集小传》丙集《唐解元寅附张秀才灵》。
⑧ 查继佐：《罪惟录》列传卷18《唐寅张灵》。
⑨ 钱谦益：《列朝诗集小传》丙集《祝京兆允明》。
⑩ 《明史》卷286《文苑二·徐祯卿附祝允明传》。
⑪ 钱谦益：《列朝诗集小传》丁集上《张太学献翼》。

其二，他们都试图步入仕途，施展自己的抱负和才华，但都未如愿以偿，或被隔绝于仕途之外，或虽入仕途但郁郁不得志，最终都成为被政治疏离的人。杨循吉考中进士，授官礼部主事，欲上疏"请复建文帝尊号"①，为人劝阻，"以志不得行，即日弃官归"②，年仅三十一岁。晚年希进未成，反受挫辱。桑悦"年十九，领成化乙酉乡荐，会试春闱，策有'胸中有长剑，一日几回磨'等语，为吴检讨汝贤所黜。又作《学以至圣人之道论》，有'我去而夫子来'等语，为丘学士仲深所黜。三试得乙榜，年二十六，籍误以二为六，用新例辞不许，除泰和训导"。"迁长沙通判，调柳州，意不欲行。人问之，曰：'宗元久擅此州名，不忍遽往夺之耳。'会外艰，遂归不出"③。唐寅参加弘治十二年会试，程敏政"总裁会试，江阴富人徐经贿其家僮，得试题。事露，言者劾敏政，语连寅，下诏狱，谪为吏。寅耻不就，归家益放浪"④。张灵为郡学生，鄞人方志来督学，厌恶古文辞，张灵为其斥罢。⑤祝允明"连试礼部不第，除兴宁知县，稍迁通判应天府，亡何，自免归"⑥。张献翼"嘉靖甲子，与兄凤翼伯起、弟燕翼浮鹄，同举南畿试，主者以三人同列稍引嫌，为裁其一，则幼予也"⑦。

其三，他们都自少就带有一些狂气，仕途受挫后，行为益发放诞不羁。杨循吉在礼部时，曾得"颠主事"⑧名号，"行已颇近怪，事皆类

---

① 《明史》卷286《文苑二·徐祯卿附杨循吉传》。
② 何良俊：《四友斋丛说》卷15《史十一》。
③ 钱谦益：《列朝诗集小传》丙集《桑柳州悦》。
④ 《明史》卷286《文苑二·徐祯卿附唐寅传》。
⑤ 钱谦益：《列朝诗集小传》丙集《唐解元寅附张秀才灵》。
⑥ 钱谦益：《列朝诗集小传》丙集《祝京兆允明》。
⑦ 沈德符：《万历野获编》卷23《士人·张幼予》。
⑧ 《明史》卷286《文苑二·徐祯卿附杨循吉传》。

可笑"①，"晚岁落寞，益坚癖自好"②。桑悦怪诞之行尤多，为训导时，"学士丘濬重其文，属学使者善遇之。使者至，问：'悦不迎，岂有恙乎？'长史皆衔之，曰：'无恙，自负才名不肯谒耳。'使者遣吏召不至，益两使促之，悦怒曰：'始吾谓天下未有无耳者，乃今有之。与若期，三日后来，渎则不来矣。'……三日来见，长揖使者。使者怒，悦脱帽竟去。使者下阶谢，乃已"③。还乡后，"居家益任诞，褐衣楚制，往来郡邑间"④。张灵"挑达自恣，不为乡党所礼"⑤。祝允明"好酒色六博，善新声；求文及书者踵至，多赇妓掩得之。恶礼法士，亦不问生产，有所入，辄召妓豪饮，费尽乃已，或分与持去，不留一钱。晚益困，每出，追呼索逋者相随于后，允明益自喜"⑥。张献翼乡试无端被黜，"归家愤愤，因而好怪诞以消不平，晚年弥甚，慕新安人之富而妒之，命所狎群小呼为太朝奉，至衣冠亦改易，身披采绘荷菊之衣，首戴绯巾，每出则儿童聚观以为乐"⑦。"与所厚善者张生孝资，相与点检故籍，刺取古人越礼任诞之事，排目分类，仿而行之"⑧。

　　上述三个特征是交织在一起的。仕途顺利难以流入狂诞，仕途不顺利而性格中缺少狂气亦不可能流入狂诞；才情是狂诞必备之条件，没有才气而故作狂诞者是痞子而不是狂士，只有才子才有资格做狂士，而仅有才气而无怪诞之行亦不能成为狂士。可以说，仕途挫折为入狂之因由，才情与怪诞为狂士必备之要素。

---

① 查继佐：《罪惟录》列传卷 18《杨循吉》。
② 《明史》卷 286《文苑二·徐祯卿附杨循吉传》。
③ 《明史》卷 286《文苑二·徐祯卿附桑悦传》。
④ 钱谦益：《列朝诗集小传》丙集《桑柳州悦》。
⑤ 钱谦益：《列朝诗集小传》丙集《唐解元寅附张秀才灵》。
⑥ 《明史》卷 286《文苑二·徐祯卿附祝允明传》。
⑦ 沈德符：《万历野获编》卷 23《士人·张幼予》。
⑧ 钱谦益：《列朝诗集小传》丁集上《张太学献翼》。

### （二）"声光所及，到处逢迎"：狂士涌现的社会条件

明代中叶苏州能够出现一批狂简之士，与特定的政治经济条件和文化氛围是分不开的。大体说来，主要原因可以归为三个方面，下面分别疏论之。

其一，政治环境的宽松，使狂士获得张扬个性的广阔活动空间。明代中期苏州狂士群体的存在，有赖于政治环境的宽松。赵翼曾指出："此等恃才傲物，跅弛不羁，宜足以取祸，乃声光所及，到处逢迎。"①的确，这类狂士如果出现在明初，恐怕早就骈首于市了，而此时不仅不受惩戒，反而大受欢迎，达官贵人亦争相与之交往，这反映出明代政治由严苛趋向宽和的深刻变化。

朱元璋建立明朝后，政尚严酷，对士人尤怀敌意，肆意诛戮。隐居不仕者，设"阛中士夫不为君用"律条以惩治之，而士人一入庙堂，少有完者。对于朱元璋血腥的文化政策，没有比苏州人感受更深的了。元末战乱时期，占据苏州的张士诚"颇收召知名士，东南士避兵于吴者依焉"②，于是苏州"盛稷下之儒"③，文风极盛。沿及明初，仍然如此。如在元末明初的诗坛上，苏州人具有举足轻重的地位，高启、杨基、张羽、徐贲称为"吴中四杰"，人们用他们比附初唐四杰。在洪武前期，这四人皆被征入仕，无一免于朱元璋之毒手，高启被腰斩，杨基被谪输作死于工所，张羽获罪自知不免投龙江而死，徐贲下狱瘐死。④在这样的政治氛围下，士人为保身家，多不乐仕，赵翼《廿二史札记》卷32《明初士人多不仕》条已列举一些事例，这里再举一例。李诩《戒庵老

---

①　赵翼：《廿二史札记》卷 34《明中叶才士傲诞之习》。

②　《明史》卷 285《文苑一·陶宗仪附顾德辉传》。

③　王鏊：《吴子城赋》，载钱谷辑：《吴都文粹续集》卷 1。

④　《明史》卷 285《文苑一·高启传》及附杨基等传。

人漫笔》卷 3《黄叔扬传》云：

> 黄钺字叔扬，苏郡常熟县人。……是时天下新定，重法绳下，士不乐仕，人文散逸，诏求贤才，悉集京师。钺父见其子好学甚，恐为郡县所知，数惩之不能止。家有田数十亩在葛泽坡，因令督耕其中。……杨潥者，元末隐士也，尝避雨泊舟钺舍旁，窥见钺持书倚檐读不辍声……因令其子福同室而居者三年，遂尽其书。县闻之，并辟福贤良。潥怨之曰："吾不幸遭世乱，家破族散，今独携一子耕读远郊，以毕余生。以子好学，尽以藏书奉观览，奈何不自韬晦，卒为人知，贻累我家！"

在传统社会里，讲究耕读传家，一般农家，只要条件允许，无不尽力支持子弟读书，以求博取功名，光宗耀祖，改变社会地位。黄钺之父因恐黄钺好学之名传出，受到官府征辟荐举，不仅不支持他读书，反数加惩戒，强令其躬耕陇亩。而当杨潥之子杨福与黄钺一起被荐举入仕后，杨潥对黄钺大加怨责，足见当时士人视官场如刑场，对入仕深存恐惧。当然，士人或为功名之心所驱使，或为经世之志所激励，也有偏向虎山行者，长洲人王行就是一例，他饱读诗书，准备到南京求仕，有人劝他说："此岂求仕之时哉？"他回答说："虎穴中可以游戏。"[①] 后牵连入蓝玉案被杀。

永乐时期，虽然对忠于建文帝诸臣大加屠戮，用刑极惨，但对于一般士夫，已远不似洪武朝那样严苛，士人恐惧之心顿觉松缓，许多过着诗酒田园生活的文人，此时纷纷走上仕途。杜琼《西庄雅图记》云：

---

① 王鏊：《王文恪公笔记》，载邓士龙辑：《国朝典故》卷 61。

长洲沈君孟渊，居东娄之东，地名相城之西庄。其地襟带五湖，控接原隰，有亭馆花竹之胜，水云烟月之娱。孟渊攻书饬行，郡之庞生硕儒多与之相接，凡佳景良辰，则相邀于其地，觞酒赋诗，嘲风咏月，以适其适。……既而群公相继兴仕于永乐朝，孟渊亦受察举待诏公车，复日于诸公胥会焉。①

常参加沈孟渊诗酒之会的皆为苏郡名士，如王璲、金洵、张冐、陈嗣初、谢晋、苏复性、金永、沈遇、孟澄等，这些人享受过吟风弄月、诗酒流连的风流儒雅生活，这时步入官场，此时的官场已不像洪武时期那样荆棘遍野，比较适宜他们了，因而他们才有"胥会"的机会，重温诗酒之趣。当然，士夫立身行事仍须谨慎小心，像王璲入仕后，仗着自己的文才出众，与解缙、王偁等人相互矜许，因被目为轻薄，又不幸受到不被父皇宠信的太子朱高炽的眷注，遂被下狱论死。②

仁、宣之时，力矫洪、永时期严酷苛急之病，统治风格趋向平易，政治空气大为宽松，作为知识分子渊薮的苏州对此有深刻的认识，僧人慧暕指出：

洪武间，秀才做官，吃多少辛苦，受多少惊怕，与朝廷出多少心力？到头来，小有过犯，轻则充军，重则刑戮，善终者十二三耳。其时士大夫无负国家，国家负天下士大夫多矣。这便是还债的。近来圣恩宽大，法网疏阔。秀才做官，饮食衣服，舆马宫室，子女妻妾，多少好受用，干得几许好事来？到头全无一些罪过。今日国家无负士大夫，天下士大夫负国家多矣。这便是

① 载钱谷辑：《吴都文粹续集》卷2。
② 钱谦益：《列朝诗集小传》乙集《王宾客璲》。

讨债者。①

　　撇开其中的迷信因素，慧暕的确把握住了朝廷对士人态度的重大变化。在这种宽松的政治环境中，轶出常轨的言行较能受到容忍，至少不会带来杀身之祸，士人不必为保全首领而约束自己，可以率性而为，充分展现自己的个性，这为狂士的生长提供了适宜土壤。

　　其二，经济生活的繁荣，使社会有能力供养一个有闲阶层，狂士较易得到生活费用。元末群雄割据时期，苏州为张士诚所据，相对说来是比较平静安宁的。迨朱元璋围攻苏州，张士诚不肯降，城下，苏州残破，"历代繁华，可怜焦土，遂使燕巢再毁，麋鹿重游"②。朱元璋对苏人缺乏好感，在经济上推行重赋政策，并把许多富民迁徙到临濠等处，更加重了苏州的凋敝。但是，由于苏州土地肥沃，土地利用率和粮食亩产量较高，工商业基础较厚，社会经济恢复很快，到成、弘之时，蕴涵的活力终于爆发出来，社会经济达到十分繁华的程度。王锜《寓圃杂记》卷5《吴中近年之盛》对此有过细致描绘：

　　　　吴中素号繁华，自张氏之据，天兵所临，虽不被屠戮，人民迁徙实三都、戍远方者相继，至营籍亦属教坊。邑里萧然，生计鲜薄，过者增感。正统、天顺间，余尝入城，咸谓稍复其旧，然犹未盛也。迨成化间，余恒三四年一入，则见其迥若异境，以至于今，愈益繁盛，闾檐辐辏，万瓦甃鳞，城隅濠股，亭馆布列，略无隙地。舆马从盖，壶觞罍盒，交驰于通衢。水巷中，光彩耀目，游山之舫，载妓之舟，鱼贯于绿波朱阁之间，丝竹讴舞与市声相杂。……此固气运使然，实由朝廷休养生息之恩也。

① 陆容：《菽园杂记》卷2。
② 王鏊：《吴子城赋》，载钱谷辑：《吴都文粹续集》卷1。

　　如此繁荣的经济，为文化发展奠定了基础。苏州文风本盛，到明代中叶，在科举制度的刺激和文化风尚的浸染下，只要经济条件允许，无不以读书为业，故归有光谓"吴为人材渊薮，文字之盛，甲于天下，其人耻为他业，自髫龀以上，皆能诵习举子应主司之试"①，能诗文者比比皆是，"髫龄童子即能言词赋，村农学究解律咏"②。因而，在苏州形成了一个文化程度很高的有闲阶层，他们"喜裒集文章杂事"，"喜为清谈"，"相聚觞酒为闲语终日，然多浮虚艳辞，不敦实干务"③，文学、艺术、戏曲以及各种"奇技淫巧"因之发展起来并形成文化市场。这样一个有闲阶层，只有当经济发展到一定程度才足以供养，而这正是狂士滋生和存在的丰土沃壤，诚如赵翼所说："世运升平，物力丰裕，故文人学士得以跌荡于词场酒海间，亦一时盛事也。"④

　　可以说，只有在苏州这样物力丰裕的地方，狂士们的文学、绘画才能，甚至他们的狂诞之习，才能找到足够多的欣赏者，而众多欣赏者的存在为他们提供了衣食之源。综观苏州的狂士，固有出身仕宦富裕之家者，但大多数却是以为人作文、作诗、作画而谋生。祝允明的祖父祝显登正统四年进士，官至山西参政，外祖父为徐有贞，官至内阁辅臣，曾封武功伯爵位，门庭可谓显赫，但祝允明居家不问生产，主要依靠官俸及四方求书画文章者之饷遗生活。⑤唐寅卖画为生活一大来源，他"家住吴趋坊，常坐临街一小楼，惟求画者携酒造之，则酣畅竟日，虽任适放诞，而一毫无所苟，其诗有'闲来写就青山卖，不使人间造孽钱'之句"⑥。看来唐寅虽言行怪诞，卖画时却颇有敬业精神和廉贾风

---

① 　归有光：《震川先生文集》卷 9《送王汝康会试序》。

② 　黄省曾：《吴风录》（不分卷）。

③ 　同上。

④ 　赵翼：《廿二史札记》卷 34《明中叶才士傲诞之习》。

⑤ 　《明史》卷 286《文苑二·徐祯卿附祝允明传》。

⑥ 　何良俊：《四友斋丛说》卷 15《史十一》。

范。李诩《戒庵老人漫笔》卷 1《文士润笔》云：

> 嘉定沈练塘龄闲论文士无不重财者，常熟桑思玄曾有人求文，托以亲昵，无润笔。思玄谓曰："平生未尝白作文字，最败兴，你可暂将银一锭四五两置吾前，发兴后待作完，仍还汝可也。"唐子畏曾在孙思和家有一巨本，录记所作，簿面题二字曰"利市"。都南濠至不苟取。尝有疾，以帕裹头强起，人请其休息者，答曰："若不如此，则无人来求文字矣。"马怀德言，曾为人求文字于祝枝山，问曰："果见精神否？"（自注：俗以取人钱为精神。）曰："然。"又曰："吾不与他计较，清物也好。"问何青物，则曰："青羊绒罢。"

这些狂士如此爱钱，或不免有故作怪僻放诞、游戏人生之态度，但主要还是因为书画文章的润笔是他们的衣食之源，所以才如此看重，以致像祝允明这样以"不问生产"著称的人，在这方面也斤斤计较，不肯通融。

其三，苏州具有欣赏风流之风的特定文化氛围，为狂士提供了深厚的社会文化基础。上述两条是狂士群体能够存在的必要条件，但不是充分必要条件。政治环境的宽松举国皆然，经济生活的繁荣也是当时东南的普遍状况，但在苏州以外的地区，尽管也出现过狂士，但都是个别的，未形成群体，因而，苏州狂士群体出现的极其重要的原因，恐怕应归于其特有的文化传统，这就是风流之风。明代著名文学家汤显祖认为诗歌是各地民风特质的反映，并将苏州的特质归纳为"风流"：

> 诗者，风而已矣。国之风，采而为诗，舒促、鄙秀、澹绮、夷隘，各以所从。江以西有诗，而吴人厌其理致；吴有诗，江以

西厌其风流。予谓此两者好而不可厌，亦各其风然，不可强而轻
重也。①

汤显祖的概括符合苏州人的自我认识，阅读一下钱谦益的《列朝
诗集小传》，就可看出，他对诗人优劣评断的重要标准即是其作品风格
是否符合"江左风流"。"风流"二字的含义较多，这里的意蕴与魏晋时
期所谓的"名士风流"比较接近，大体上可以解释为富有才情、率性而
为、不拘守法度的气质风度。

苏人之风流轶事，常见于笔记小说中。"苏州月舟和尚犯奸，长洲
知县闻其能诗，以鹤为题，诗曰：'素身洁白顶圆朱，曾伴仙人入太虚。
昨夜藕花池畔过，鹭鸶冤却我偷鱼。'释之。"②和尚犯奸，并非光耀之
事，但因犯奸和尚善诗，于是苏人便不以此僧行径为无耻，不以知县开
释为枉法，反载于笔记，视为风流趣事。下面一件事更足以反映苏人对
风流的欣赏甚或沉迷态度。《四友斋丛说》卷 26 记载：

> 朱野航乃荐门一老儒也，颇攻诗，在篠區王氏教书，王亦吴
> 中旧族。野航与主人晚酌罢，主人入内，适月上，野航得句云：
> "万事不如杯在手，一年几见月当头。"喜极，发狂大叫，扣扉呼
> 主人起，咏此二句，主人亦大加击节，取酒更酌，至兴尽而罢。
> 明日遍请吴中善诗者赏之，大为张具征戏乐，留连数日，此亦一
> 时盛事也。

这件轶事见诸多处，是在苏州广为流传的佳话。从其为苏州文人

---

① 汤显祖：《玉茗堂集》卷 5《金竺山房诗序》。
② 李诩：《戒庵老人漫笔》卷 18《奸盗皆以诗免》。

津津乐道本身来看，它所体现的风流境界具有象征苏州风尚的深刻意义。就是与文士交往较多的妓女，也颇染风流之习，如有一妓刻章曰"平章风月事"，虽事属滑稽，亦可见习尚浸染之深。流风所及，一般市井小民，也颇以风流为尚。

苏州狂士们正是在这种土壤中培育出来的，在他们自己或别人眼里，他们都是绝顶风流的人物。唐伯虎自号"江南第一风流才子"，苏人并未以为浮夸，在他们看来这正是风流的一种表现。进一步说，狂似乎是风流题中应有之义，风流主要就是才气加狂气，不多多少少带上点狂以体现个人的性格特征，便显得平庸，是不能算作真正的风流之士的。在别的地方，偶尔出现个狂士，或许得不到欣赏，甚或被视为有悖礼法受到轻视压抑。但在苏州，尽管狂士们的生活颇为落拓，或许不值得像追求科举那样受到一般人仿效，但他们绝不缺少欣赏者或捧场者。才华横溢的读书人，在追求科第功名的道路上，都希望获得成功，功成名就，自然可喜，但倘若时塞命乖，遭到挫折，在这样的文化氛围中，就很容易滑入狂途了。苏州狂士群起，固不足怪。

正德、嘉靖以来，苏州有些人不满于本地习气，开始崇尚"北学"。钱谦益将此归罪于黄省曾兄弟："余观国初以来，中吴文学，历有源流，自黄勉之（省曾）兄弟心折于北地（李梦阳），降志以从之，而吴中始有北学。"① 钱氏将风气之变归于个别人是不恰当的，久则生变，其势必然。自此风流之风虽在苏州传承不绝，但对风流狂士的欣赏已不似成、弘间那样热烈，故唐寅、祝允明辈颇乏够格的后继者，隆、万时的张献翼只能算是末流，纯粹为"狂怪"而"狂怪"，虽惊世骇俗，但却颇不为时人欣赏。

---

① 钱谦益：《列朝诗集小传》丁集《皇甫金事泽》。

### （三）总结性评论："越轨者"抑或"觉醒者"？

明朝中叶苏州狂士群体的出现是一种值得注意的现象，它显露出来的士人心态有助于我们全面理解传统文化中的知识分子。有的学者提出，狂士的言行形成了一股追求独立人格的风潮，是代表市民阶层的人文主义思潮的开端。笔者认为，这种看法是在所谓的"资本主义萌芽"的背景上，把中国历史与西方历史强行比附的结果。中国有着独特的历史发展进程，中国的知识阶层与西方的知识阶层形成的背景不同，需要适应的环境和力图解决的问题迥然有异，不能简单比附，《三言》、《二拍》和《金瓶梅》不是《十日谈》，李贽不是布鲁诺，黄宗羲、顾炎武、王夫之不是文艺复兴式的启蒙思想家，桑悦、唐寅、祝允明的行为也不是雅各布·布克哈特所描述的意大利那样的"人格的觉醒"①。

前已指出，当时的狂士都是非常有才华的人，同时也都经历过仕途的挫折。这就使我们认识到，对这些狂士的分析应当考虑心理方面的因素，也就是说，狂士生活是他们被动的选择，生活中的重大挫折使他们做出了一些反常行为，成为"越轨者"。在中国知识群体的发展过程中，出与处、仕与隐是一对看似矛盾实则相互支撑的范畴，正是由于存在着这样两种生活方式，才使士大夫有了广阔的活动空间，使他们的独立的价值观念和品格有了寄托之处。但是，也应看到，在发展演化过程中，出处仕隐越来越密切地融合在一起，而其代价就是士人越来越依附于专制皇权，他们选择生活方式的可能性和活动空间越来越小。到明代，专制主义集权制度臻于极致，士人阶层对皇权的依附也达到登峰造极的地步，隐者的活动舞台已然丧失，士大夫的命运紧紧和科举制度、和仕途官场连在一起。或许有人把此归因于专制皇权的驱迫，但这只是

---

① 布克哈特认为个人的发展、人的发现、人文主义是意大利文艺复兴的重要特征，见所著《意大利文艺复兴时期的文化》（商务印书馆 1988 年版），特别是第二篇和第四篇。

外部原因，明显的证据就是在朱元璋的高压政策下，仍然有人坚持隐逸生活，而到明中叶，没有人逼着士人做官了，真正的隐逸者却十分罕见了。因此，彻底地依附于皇权应该说是士人自觉的选择，而这种现象的出现，有着极为深刻的历史背景，这就是自孔子时代开始，在君权对士人的制约与士人的相对独立性这对矛盾的运行过程中，不论在力量对比还是在思想观念上，砝码不断移向君权一方，这是士人文化发展的必然归宿。《明史》卷 298《隐逸传》云：

> 明太祖兴礼儒士，聘文学，搜求岩穴，侧席幽人，后置不为君用之罚，然韬迹自远者亦不乏人。迨中叶承平，声教沦浃，巍科显爵，顿天网以罗英俊，民之秀者无不观国光而宾王廷矣。其抱瓌材，蕴积学，槁形泉石，绝意当世者，靡得而称焉。由是观之，世道升降之端，系所遭遇，岂非其时为之哉。

《明史》的作者当然不可能从皇权与士人矛盾运动的长期趋势来看待隐逸问题，但所观察到的明中叶士人尽入"天网"的事实却是深刻的。

明代中叶苏州的狂士们，正是生活在这样一个不需要隐士、士人也不愿意做隐士的时代，他们都有着过人的才华，自命不凡，以为凭着自己的盖世才华可以平步青云，施展自己的远大抱负。但在现实面前，他们却碰得头破血流，最终都成了政治的疏离者。当然，这一切都是被迫的，因而他们的内心充满愤懑和痛苦，产生了深刻的挫折感。正像心理学研究表明的那样，包括挫折在内的压力反应可能使人变得悲痛而产生退缩，或者使人感到愤怒并做出一连串不正当的行为。对于从小就具有一些狂气，又生活在不排斥狂气的文化氛围中的才子们，滑入后一行为模式是很自然的。狂士绝不是儒教文化的叛逆者。查继佐曾经指出：

"使六如（唐寅）不处挫辱，亦或能雍容揖古升堂。及才无所见，乃自放，以度礼玩物为高。"①查氏的看法是很深刻的，唐寅曾写过一首名为《检斋》的诗："检束斯身益最深，检身还要检诸心。鞠躬暗室如神在，恭己虚斋俨帝临，视听动吾皆有法，杯盘几席尽书箴。遥知危坐焚香处，默把精微义理寻。"袁中郎评此诗说："绝类朱文公作。"②唐寅的行为尽管与此诗所论大不相侔，但此诗之作至少体现了潜藏于他的心灵深处的礼教影响。传统中国这种因挫折而导致的出格行为与西方中世纪末期因人格觉醒而导致的出格行为表面上或许有相似之处，但其意义是不同的。

　　总括言之，明代中叶苏州狂士群体似不能与意大利文艺复兴时期的人的发展和觉醒相比附。他们在一定程度上突破了"礼法"的樊笼，但这只是落魄士人为保持心理平衡采取的自我调节手段，他们本身也并不以为这种张扬个性的做法具有终极性的价值和意义。相对于正统的儒家价值系统来说，他们是一些"越轨者"，而不是"转型者"，而他们的"越轨"行为正是与政治领域的疏离而带来的失落感和苦恼情绪在适宜环境里的发作。可以说，仕途上的挫折促使他们产生出一种偏激情绪，这使他们与正统的儒家价值观产生了某种疏离，并进行了一些有意的反抗。这样做虽然在一定程度上打破了正统价值观束缚人性的弊端，但也不免狭隘做作，为一己的生活经验所限，从中难以演绎出一个更为阔大的精神境界。这些狂士与魏晋时期狂放的士人也大不相同。尽管前者慕魏晋风流，有意模仿了后者。魏晋狂士是追求自然而不入俗务，多哲学家味，对自然人生的思辨十分深入；明代狂士则是才子之情，多抒发而少深思，从他们的吟咏中，我们可以领略到人生的感伤，却体味不出对真实人生的正视和解剖，当然更看不到对自我的正视和解剖，而自我反

---

①　　查继佐：《罪惟录》列传卷 18《唐寅张灵》。

②　　载《明代小品文六名家全集》本《唐伯虎全集》卷 2（大道书局 1935 年版）。

省意识的缺乏使这些狂士只能生活在迷惘与沉醉的状态中，而开拓不出一条新的精神道路。这是他们个人的悲剧，更是时代的悲剧。

## 四、顾炎武论明代官场病

顾炎武是明末清初的著名思想家，平生为学以经世致用为宗旨，留下大量资料翔实、论证精密、思想深邃的作品。清张穆在《顾亭林先生年谱·自序》中评价说："本朝学业之盛，亭林先生实犕之，而洞古今，明治要，学识赅贯，卒亦无能及先生之大者。"确非虚誉。顾炎武抱着"明学术，正人心，拨乱世，以兴太平之事"的"明道"与"救世"情怀①，悉心探究历代盛衰利弊，"事关民生国命者，必穷源溯本，讨论其所以然"②。作为一位始终不肯入仕清朝的气节之士，在亡国之痛的强烈刺激下，顾炎武倾注了很大精力反思明朝灭亡的原因。他在对历代政治得失广泛、深刻地把握的基础上，结合亲身经历，对明代官场弊病提出了一些尖锐的批评，其论说虽不够系统，却颇为中肯，不仅有助于我们了解明代官僚体制的运行状况，对于今天亦不乏借鉴意义。

### （一）选官设职之弊端

在任何时代，选官都要以育才为基础，官员队伍素质的高下与人才培养方式密切相关。顾炎武对此感慨良深，曾引明宣宗之言说明这一点。宣宗在与臣下讨论选官问题时指出："朕以为教养有道，人材自出。汉董仲舒言：'素不养士，而欲求贤，犹不琢玉而求文采。'此知本之论也。徒循三载考绩之文，而不行三物教民之典，虽尧舜，亦不能以成允

---

① 顾炎武著，黄汝成集释：《日知录集释》，顾炎武"初刻自序"。
② 顾炎武著，黄汝成集释：《日知录集释》，潘耒"序"。

厘之治矣。"① 明代帝王虽多次申言育才为选才之本，但总是流于空言而不能落到实处。本来，明太祖将学校与科举紧密结合在一起，建立起一套融育才机制和选才机制于一体的制度体系，是期望达到教养有道、选拔有方的理想效果。初意虽善，然传之不久，即生弊病，到明代后期，已是弊端丛聚，积重难返，以至顾炎武发出"八股之害，等于焚书，而败坏人材，有甚于咸阳之郊所坑者，但四百六十余人也"② 的呐喊。

顾炎武专门撰写了《生员论》三篇，论述生员之害及补救之策。其《生员论中》有云："国家之所以取生员而考之以经义、论、策、表、判者，欲其明六经之旨，通当世之务也。今以书坊所刻之义，谓之时文，舍圣人之经典、先儒之注疏与前代之史不读，而读其所谓时文。时文之出，每科一变，五尺童子能诵数十篇而小变其文，即可以取功名，而钝者至白首而不得遇。老成之士，既以有用之岁月，销磨于场屋之中，而少年捷得之者，又易视天下国家之事，以为人生之所以为功名者，惟此而已。故败坏天下之人材，而至于士不成士，官不成官，兵不成兵，将不成将，夫然后寇贼奸宄得而乘之，敌国外侮得而胜之。苟以时文之功，用之于经史及当世之务，则必有聪明俊杰、通达治体之士，起于其间矣。"③ 在顾炎武看来，学校和科举制度在明代社会中造成一个以读书为本业的生员阶层，只不过是制造了一大群不学无术、把持官府、祸害百姓的蠹虫，并没有收到预期的养士功效。据他估计，明末天下生员总数不下 50 万人，这些人不要说不能通晓《五经》大意，就是平日所习的"场屋之文"也少能掌握，"求其成文者，数十人不得一，通经知古今，可为天子用者，数千人不得一也"④。尽管在经典之义和经

---

① 顾炎武著，黄汝成集释：《日知录集释》卷 9《人材》。
② 顾炎武著，黄汝成集释：《日知录集释》卷 16《拟题》。
③ 顾炎武：《顾亭林诗文集·亭林文集》卷 1。
④ 顾炎武：《顾亭林诗文集·亭林文集》卷 1《生员论上》。

世之道上罔然无所得，生员中却有不少人精于"把持上官，侵噬百姓，聚党成群，投牒呼噪"①。明代非科举不能入仕，生员实为产生官员之渊薮，以此等人充斥各级官府，其品行、治效可得而知矣。难怪顾炎武激愤地说："废天下之生员而官府之政清，废天下之生员而百姓之困苏，废天下之生员而门户之习除，废天下之生员而用世之材出。"②

顾炎武总结历代经验教训，深刻认识到官员选拔制度是否公正合理，关系着国家的治乱盛衰。他指出："天下有道，小德役大德，小贤役大贤，故贵有常尊，贱有等威，所以辨上下而定民志也。……自古国家吏道杂而多端，未有不趋于危乱者。举贤材，慎名器，岂非人主之所宜兢兢自守者哉！"③ 在他看来，明代不但在人才培养方面不得其法，在官员选拔方面也存在着诸多问题。这首先体现在选拔途径过于狭隘上。人之才能不一，有长于此而短于彼者，有长于彼而短于此者，选拔之途也应多种多样。明初尚能不拘一格，通过荐举、科举、吏员等途径登进人才，其后则逐渐专用科举，科举之中又"尤重进士"，逐渐形成了"州县印官以上中为进士缺，中下为举人缺，最下乃为贡生缺"的定例，举人、贡生大受轻贱，"历官虽至方面，非广西、云、贵不以处之"，"间有一二举贡受知于上，拔为卿贰大僚，则必尽力攻之，使至于得罪遣逐，且杀之而后已"④。到明末，"进士偏重之弊，积二三百年，非大破成格，虽有他材，亦无由进用矣"⑤。

明代官员选拔的另一重大弊端，是文牍主义和形式主义。古人采取乡举里选、荐举一类的办法，虽不能无弊，但因荐者对被荐者比较了

---

① 顾炎武著，黄汝成集释：《日知录集释》卷17《生员额数》。
② 顾炎武：《顾亭林诗文集·亭林文集》卷1《生员论中》。
③ 顾炎武著，黄汝成集释：《日知录集释》卷3《私人之子百僚是试》。
④ 顾炎武著，黄汝成集释：《日知录集释》卷17《进士得人》。
⑤ 顾炎武著，黄汝成集释：《日知录集释》卷16《科目》。

解，较易得到有真才实学的人选。而明代取士，"礼部以糊名取之，是举其所不知也；吏部以掣签注之，是用其所不知也"。这种专以防奸为主的选拔方法，未必能防止奸弊，却肯定有碍于为合适的职位挑选合适的人才。顾炎武所最痛恨的"掣签法"，是万历时吏部尚书孙丕扬因"患中人请托，难于从违"而在大选外官时创立的，当时的确也在一定程度上收到杜绝请托之效，受到不少人称赞。不过，此法只能算是在积弊难清的条件下的权宜之计，其不合理性是很明显的，正如于慎行所说，"人才长短各有所宜，资格高下各有所便，地方繁简各有所合，道里远近各有所准，乃一付之于签，是掩镜可以索照，而折衡可以坐揣也"。顾炎武对此法反感至极，抨击甚烈："掣签之法未行，选司犹得意为注阙，虽多有为人择地，亦尚能为地择人。自新法既行，并以听之不可知之数，而繁剧之区，有累任不得贤令，相继褫斥者。夫君子之道在乎至公，有一避嫌之心，遂至以人牧为尝试。"顾炎武对正统元年（1436 年）敕令在京高级官员举荐廉洁公正、明达事体堪任御史者和廉慎明敏、宽厚爱民堪任知县者的做法十分赞赏，认为"欲救今时之敝，必如此而后贤才可得、政理可兴也"[①]。

州县官号称"亲民官"、"父母官"，是明代官僚等级中与百姓最为接近的一级官员，其道德品质和行政才干直接关系着地方治乱和民生疾苦，因此顾炎武对地方官的选择尤为重视。他指出："汉谚有云：取官漫漫，怨死者半。……人主苟欲亲民，必先亲牧民之官，而后太平之功可冀矣。"[②] 顾炎武主张，地方官应由熟悉地方事务的人出任，如汉代县令"多取郡吏之尤异者，是以习其事而无不胜之患"。明代却很不重视州县官之选，此等职位基本上都由"初释褐之书生"担任，这些人中"通晓吏事者十不一二，而软弱无能者且居其八九矣"，而且吏部委任时又不

---

① 顾炎武著，黄汝成集释：《日知录集释》卷 8《选补》。

② 顾炎武著，黄汝成集释：《日知录集释》卷 9《京官必用守令》。

精心选择，"以探筹投钩为选用之法"，这必然造成"以百里之命付之阘茸不材之人，既以害民，而卒至于自害"的局面。明代官员任用厉行回避制度，后来更创立"南北互选"之制，以致地方官任职之处多远离故乡，"动涉数千里"，这虽有助于减少乡谊亲情对地方政府各类事务的干预，但也造成或加剧了以下两种弊病：其一是助长贪风。因路途遥远，地方官"赴任宁家之费复不可量"，"必须举债方得到官"，就任以后，为了清偿债务，必然大肆搜刮民脂民膏。其二是吏胥弄权。由于地方官都是外地人，"土风不谙，语言难晓，政权所寄多在猾吏"①，势必导致"吏胥窟穴其中，父以是传之子，兄以是传之弟"②的痼疾，州县实权尽入其手。

行政机构设置是否合理，在相当大程度上决定着行政效率的高下。顾炎武认为，明代地方政府机构的设置很不合理，以致其功能很难正常发挥。这主要体现在两个方面：

第一，州县官承担的事务过于繁杂。常熟陈梅根据《周礼》的记载指出，周朝五家为比，五比为闾，四闾为族，五族为党，五党为州，五州为乡，各设比长、闾胥、族师、州长、乡大夫以治之，"其间大小相维，轻重相制，纲举目张，周详细密，无以加矣。而要之自上而下，所治皆不过五人，盖于详密之中而得易简之意，此周家一代良法美意也。后世人才远不如古，乃欲以县令一人之身，坐理数万户赋税，色目繁猥又倍于昔时，虽欲不丛脞，其可得乎"③！顾炎武十分赞同陈梅的看法，以为"夫惟一乡之中，官之备而法之详，然后天下之治若网之在纲，有条而不紊"④，主张充分发挥县以下的里甲、宗族一类的组织在地

---

① 顾炎武著，黄汝成集释：《日知录集释》卷8《选补》。
② 顾炎武：《顾亭林诗文集·亭林文集》卷1《郡县论八》。
③ 顾炎武著，黄汝成集释：《日知录集释》卷8《里甲》。
④ 顾炎武著，黄汝成集释：《日知录集释》卷8《乡亭之职》。

方社会控制中的作用。

第二，地方政府机构的设置过于重叠。顾炎武认为，"官多则乱，将多则败"①，而明朝却正犯此弊："守令之不足任也，而多设之监司；监司之又不足任也，而重立之牧伯。积尊累重，以居乎其上，而下无与分其职者。虽得公廉勤干之吏，犹不能以为治，而况托之非人者乎?"②顾炎武还进一步指出，叠床架屋的机构设置只是明代守令无权的表面征候，其根本原因则是皇帝统揽一切的高度专权。他分析说，天子固然是"执天下之大权者"，但又必须"以天下之权寄之天下之人"，"自公卿大夫至于百里之宰，一命之官，莫不分天子之权，以各治其事，而天子之权乃益尊"。后世人君不明此理，"尽天下一切之权而收之在上"，到明代"尤无权者，莫过于守令，守令无权而民之疾苦不闻于上，安望其致太平而延国命乎"③! 顾炎武撰有《郡县论》九篇专论郡县制存在的弊病，其中对此点有极精到的论说："封建之失，其专在下；郡县之失，其专在上。古之圣人，以公心待天下之人，胙之土而分之国；今之君人者，尽四海之内为我郡县犹不足也，人人而疑之，事事而制之，科条文簿日多于一日，而又设之监司，设之督抚，以为如此，守令不得以残害其民矣。不知有司之官，凛凛焉救过之不给，以得代为幸，而无肯为其民兴一日之利者，民乌得而不穷，国乌得而不弱?"④

（二）官场风气之败坏

明代不仅在人才培养、官员选拔和机构设置方面存在诸多弊端，官场风气也颇为不正。

---

① 顾炎武著，黄汝成集释：《日知录集释》卷 5《医师》。
② 顾炎武著，黄汝成集释：《日知录集释》卷 8《乡亭之职》。
③ 顾炎武著，黄汝成集释：《日知录集释》卷 9《守令》。
④ 顾炎武：《顾亭林诗文集·亭林文集》卷 1《郡县论一》。

　　首先，是官场上盛行结纳之风。此风历朝皆有，明代当然也不例外。而且随着时间推移，愈演愈烈，到明代后期已达到非常严重的地步。明代中叶以前，官员们虽早已交结成风，但还略有顾敛，中叶以降，则肆无忌惮矣。这表现在，第一，中叶以前还要考虑一下交结对象的身份地位，其后则全然不顾，唯权势、利益之所在是鹜。如严嵩、张居正当权时，许多官员与其家仆交结往来，奴仆之贱"俨然与缙绅为宾主，名号之轻，文章之辱，至斯而甚"①。从万历末年开始，"缙绅之士不知以礼饬躬，而声气及于宵人，诗字颁于舆皂。至于公卿上寿，宰执称儿。而神州陆沉，中原涂炭，夫有以致之矣"②。第二，中叶以前交往中铜臭味尚轻，其后则货贿是赖。据顾炎武亲身见闻，"万历以后，士大夫交际多用白金，乃犹封诸书册之间，进自阍人之手。今则亲呈坐上，径出怀中，交收不假他人，茶话无非此物，衣冠而为囊橐之寄，朝列而有市井之容"③。如果说，"王纲弛于上，而私党植于下"是"世道衰微"的表现④，明末世道之坏，可谓臻于极致了。

　　明代官场之所以出现"市权挠法，取贿酬恩，枝蔓纠连，根柢磐互，官方为之浊乱，士习为之颓靡"⑤的乌烟瘴气局面，据顾炎武分析，与科举制度的实行大有关联。他在《生员论中》指出："生员之在天下，近或数百千里，远或万里，语言不同，姓名不通，而一登科第，则有所谓主考官者，谓之座师；有所谓同考官者，谓之房师；同榜之士，谓之同年；同年之子，谓之年侄；座师、房师之子，谓之世兄；座师、房师之谓我，谓之门生；而门生之所取中者，谓之门孙；门孙之谓其师之师，

---

① 顾炎武著，黄汝成集释：《日知录集释》卷13《奴仆》。
② 顾炎武著，黄汝成集释：《日知录集释》卷13《流品》。
③ 顾炎武著，黄汝成集释：《日知录集释》卷3《承筐是将》。
④ 顾炎武著，黄汝成集释：《日知录集释》卷5《邦朋》。
⑤ 顾炎武著，黄汝成集释：《日知录集释》卷17《座主门生》。

谓之太老师。朋比胶固，牢不可解。书牍交于道路，请托遍于官曹，其小者足以蠹政害民，而其大者，至于立党倾轧，取人主太阿之柄而颠倒之，皆由此也。"① 当然，除了科场中形成的种种关系之外，明代官员也广泛利用其他途径扩充自己的社会关系网络。同姓通谱就是重要的一途。顾炎武批评说："近日同姓通谱最为滥杂，其实皆植党营私，为蠹国害民之事，宜严为之禁。"②

其次，是官场上盛行贪贿之风。官僚集团的营利贪贿是中国历朝政治中的不治之症，正如顾炎武所说，"三代以下，世道衰微，弃礼义，捐廉耻，非一朝一夕之故"③。明朝贪风之炽，逐日益烈，顾炎武认为主要是由两种因素造成的。其一是刑法太轻。他指出："于文定谓本朝姑息之政甚于宋世，败军之将可以不死，赃吏巨万仅得罢官，而小小刑名反有凝脂之密，是轻重胥失之矣。盖自永乐时，赃吏谪令戍边，宣德中改为运砖纳米赎罪，浸至于宽，而不复究前朝之法也。呜呼，法不立，诛不必，而欲为吏者之毋贪，不可得也。"④ 其二是官俸太薄。顾炎武不同意道学家完全否定私欲之合理性的看法，认为"自天下为家，各亲其亲，各子其子，而人之有私，固情之所不能免矣"，先王充分理解这一点，在告诫官员们"以公灭私"的同时，给予他们俸禄、职田，"禄足以代其耕，田足以供其祭，使之无将母之嗟，室人之谪，又所以恤其私也"⑤。明朝的做法与先王"恤其私"的原则大不相侔，其官俸在历代是最薄的，官员如果仅靠官俸，生活将很困苦，故顾炎武断言："今日贪取之风所以胶固于人心而不可去者，以俸给之薄而无以赡其家也。"⑥ 松

---

① 顾炎武：《顾亭林诗文集·亭林文集》卷 1。
② 顾炎武著，黄汝成集释：《日知录集释》卷 23《通谱》。
③ 顾炎武著，黄汝成集释：《日知录集释》卷 13《廉耻》。
④ 顾炎武著，黄汝成集释：《日知录集释》卷 13《除贪》。
⑤ 顾炎武著，黄汝成集释：《日知录集释》卷 3《言私其豵》。
⑥ 顾炎武著，黄汝成集释：《日知录集释》卷 12《俸禄》。

缓的法律和微薄的官俸结合在一起，使得明代官场"礼义沦亡，盗窃竞作"①，贪婪和无耻之风弥漫。官员不仅贪污纳贿而已，举凡一切有利可图之事，无不插手而垄断之，据顾炎武所见，"自万历以后，天下水利、碾硙、场渡、市集，无不属之豪绅，相沿以为常事矣"②。

再次，是官场上盛行虚浮之风。顾炎武认为，君子入仕为官，应全心全意致力于本职工作，如"孔子尝为委吏矣，曰会计当而已，尝为乘田矣，曰牛羊茁壮长而已矣"，倘若在其位而难行其事，则绝不能贪图利禄留恋官位，"有官守者不得其职则去，有言责者不得其言则去矣"③。明代则不然，官员入仕的主要目的就是博取名利，对于己所当行之事毫不挂怀，官场上充斥着无所事事、消磨岁月的虚浮习气。其表现约有三种：

第一，因循守旧而不思改进。治理国家离不开各种法律规章，但法律规章必须根据客观情况的变化而变化。明代却在维护"祖制"的名义下，行姑且因循之政，许多弊病已很明显的制度也不肯加以更改，遂致积弊日重一日，给国计民生带来很大损害。顾炎武指出："前人立法之初，不能详究事势，豫为变通之地，后人承其已弊，拘于旧章，不能更革，而复立一法以救之，于是法愈繁而弊愈多，天下之事日至于丛脞，其究也眊而不行，上下相蒙，以为无失祖制而已。此莫甚于有明之世，如勾军、行钞二事，立法以救法，而终不善者也。"④ 官员们处于法条繁密的情境中，因怕动辄得咎，干脆日事虚文酬应，把具体事务都委托给吏胥。顾炎武引述谢肇淛之言曰："从来仕宦法网之密，无如今日者。上自宰辅，下至驿递仓巡，莫不以虚文相酬应。而京官犹可，外吏则愈其矣。

①　顾炎武著，黄汝成集释：《日知录集释》卷12《言利之臣》。
②　顾炎武著，黄汝成集释：《日知录集释》卷13《贵廉》。
③　顾炎武著，黄汝成集释：《日知录集释》卷1《罔孚裕无咎》。
④　顾炎武著，黄汝成集释：《日知录集释》卷8《法制》。

大抵官不留意政事，一切付之胥曹。而胥曹之所奉行者，不过已往之旧牍，历年之成规，不敢分毫逾越。而上之人既以是责下，则下之人亦不得不以故事虚文应之，一有不应，则上之胥曹又乘隙而绳以法矣。故郡县之吏宵旦竭蹶，惟恐日不足，而吏治卒以不振者，职此之由也。"①

第二，喜为空谈而不务实政。明中叶王阳明不满程朱理学之僵化支离，力倡心学，天下云起风从，讲学之风大盛。至其末流，则空谈性命，鄙薄实务。顾炎武对此十分痛恨，视之为亡国之大蠹。他说："刘、石乱华，本于清谈之祸，人人知之，孰知今日之清谈有甚于前代者。昔之清谈谈老、庄，今之清谈谈孔、孟，未得其精而已遗其粗，未究其本而先辞其末，不习六艺之文，不考百王之典，不综当代之务，举夫子论学、论政之大端一切不问，而曰'一贯'，曰'无言'，以明心见性之空言，代修己治人之实学，股肱惰而万事荒，爪牙亡而四国乱，神州荡覆，宗社丘墟。"②

第三，醉心游艺而不修政务。明代许多官员对政务不感兴趣，把大量时间消磨于各种游艺活动之中。赌博就是官场上十分流行的游戏之一，明末士大夫多醉心于此。顾炎武感叹说："万历之末，太平无事，士大夫无所用心，间有相从赌博者。至天启中，始行马吊之戏。而今之朝士，若江南、山东，几于无人不为此。有如韦昭论所云'穷日尽明，继以脂烛，人事旷而不修，宾旅阙而不接'者。吁，可异也。"③还有许多官员热衷于戏曲活动，顾炎武抨击道："今日士大夫才任一官，即以教戏唱曲为事，官方民隐置之不讲，国安得不亡？身安得无败？"④

当然，明代官场弊病甚多，顾炎武所论只是举其大者，且不够完

---

① 顾炎武著，黄汝成集释：《日知录集释》卷8《吏胥》。
② 顾炎武著，黄汝成集释：《日知录集释》卷7《夫子之言性与天道》。
③ 顾炎武著，黄汝成集释：《日知录集释》卷28《赌博》。
④ 顾炎武著，黄汝成集释：《日知录集释》卷13《家事》。

备，但已足见其污浊腐朽之象。明朝之亡，良有以也！

# 五、明清笑话里的儒生与官员

自从有了语言，大约也就有了笑话。先秦典籍中，就有一些笑话性质的故事。三国时期，邯郸淳编纂了我国第一部笑话集《笑林》。其后这类作品虽偶有出现，但一直不太兴旺。到了晚明，思想文化空前活跃，世俗趣味大为流行，笑话创作也骤然繁兴起来，一时竟出现了十多种笑话集。入清之后，思想文化受到严厉控制，笑话创作也转入低潮。

明清笑话的主角，身份多种多样，但儒生和官员是被讥讽的重点对象之一。在"士农工商"的社会里，士为四民之首，官更是高居民上的"治人者"，对于这些拥有知识或权力的人，老百姓基本上是尊敬或畏惧的。但儒生所面临的理想与现实的落差，以及他们酸腐的言行，常使人感到可笑；而官员们的贪婪和昏愚，则使人感到可恨。这些自然都成为笑话的好材料。本文以《笑林广记》为例，对儒生和官员的社会形象略作考察。此书曾是流传最广的笑话集，由游戏主人纂集于清乾隆年间。但其中大多数笑话，是从冯梦龙《笑府》等晚明笑话集中采集的，可以说从一个侧面展现了明清，特别是晚明的社会样貌。

## （一）白发童生与酸臭生监

明清时代，除了科举，缺乏向上流动的途径。所以马二先生劝人"以文章举业为主"，因为"人生世上，除了这事，就没有第二件事可以出头"①。但读书人多而录取额少，不少人蹭蹬一生，连个生员（俗称秀

---

① 吴敬梓：《儒林外史》第 15 回《葬神仙马秀才送丧　思父母匡童生尽孝》。

才）也混不上。未考上秀才的读书人，称为"童生"。不少人沉醉于科第成功的美好梦想，屡败屡试，至老不休。每逢童考，都会聚集一批苍颜皓首的"老童生"，堪称一道奇特的风景线。《笑林广记》对他们屡加嘲讽，如《认拐杖》云："县官考童生，至晚忽闻鼓角喧闹。问之，门子禀曰：'童生拿差了拐杖，在那里争认。'"《拔须》云："童生拔须赶考，对镜恨曰：'你一日不放我进去，我一日不放你出来！'"

当时能否考中生员，除了才学、运气的因素，关系和金钱更加重要。势家富户广找门路、大送钱财，攫取了大部分入学名额。《笑林广记》有一则《谒孔庙》，就是讽刺这类人的："有以银钱夤缘入泮者，拜谒孔庙，孔子下席答之。士曰：'今日是夫子弟子礼，应坐受。'孔子曰：'岂敢。你是我孔方兄的弟子，断不受拜。'"那些既无背景又无赀财的童生，入学机会十分渺茫，《梦入泮》说："府取童生，祈梦：'道考可望入泮否？'神问曰：'汝祖父是科下否？'曰：'不是。'又问：'家中富饶否？'曰：'无得。'神笑曰：'既是这等，你做甚么梦！'"这些人痴心不改，注定一生要在希望的焦虑和失望的痛苦中煎熬。

不但府州县学的生员，就是国子监的监生，很多也是靠"孔方兄"开路的。按照规定，食廪年久或成绩优秀的生员，会被贡入京城的国子监。在选贡过程中，人情和金钱常渗入其间。明代中叶以后，朝廷还开了"例监"，明码标价，富人可以通过纳粟、纳马、纳银，把子弟送进国子监。金令司天，钱神卓地，生员、监生的才学品行，自然是每况愈下。《腹内全无》云："一秀才将试，日夜忧郁不已。妻乃慰之曰：'看你作文，如此之难，好似奴生产一般。'夫曰：'还是你每生子容易。'妻曰：'怎见得？'夫曰：'你是有在肚里的，我是没在肚里的。'"有的监生，连字也认识不了几个。《自不识》云："有监生穿大衣，戴圆帽，于著衣镜中自照，得意甚。指谓妻曰：'你看镜中是何人？'妻曰：'臭乌龟！亏你做了监生，连自（字）多不识。'"

对于穿着长衫，说话不文不白的秀才们，世人不免觉得他们身上冒着酸气；至于纳赀入监的监生，身上就又带上一股铜臭味。一则笑话说："小虎谓老虎曰：'今日出山，搏得一人，食之滋味甚异，上半截酸，下半截臭，究竟不知是何等人。'老虎曰：'此必是秀才纳监者。'"（《酸臭》）人们还将他们视为无用的废物，喻之为耗费粮食的仓鼠："粮长收粮在仓廪内，耗鼠甚多，潜伺之，见黄鼠群食其中。开仓掩捕，黄鼠有护身屁，连放数个。里长大怒曰：'这样放屁畜生，也被他吃了粮去。'"（《廪粮》）

（二）师道沦丧下的教师

明清时代强调尊师重道，许多人家都供着"天地君亲师"牌位。但理想不等于现实。现实中的教师，似乎并未得到那样的尊崇，许多教师过着穷困潦倒的生活。那些众多嘲弄教师的笑话，就活脱脱地勾画出一幅师道沦丧的社会相。

让我们先看看府州县学的教官。明清两代，统治者不知发布过多少重视学校的诏令，但奇怪的是，对于为国育才的教官们，给予的品级待遇却极低。以明代而论，府设教授一名、训导四名，州设学正一名、训导三人，县设教谕一名、训导二人。除府学教授是从九品外，其他皆不入流，位于官僚金字塔的最底层，连"芝麻官"都算不上。这样的职位，自然使他们只能在穷困中度日。因此，也就出现了这样的笑话："岁贡选教职，初上任，其妻进衙，不觉放声大哭。夫惊问之，妻曰：'我巴得你到今日，只道出了学门，谁知反进了学门。'"（《上任》）

不要说高级官员，就是正八品的县丞，生活水平也比教官高得多。"教官子与县丞子厮打，教官子屡负，归而哭诉其母。母曰：'彼家终日吃肉，故恁般强健会打。你家终日吃腐，力气衰微，如何敌得他过？'

教官曰：'这般我儿不要忙，等祭过了丁，再与他报复便了。'"（《厮打》）所谓"祭丁"，即祭孔仪式，因每年仲春二月、仲秋八月第一个丁日各祭一次，故名。教官家平日难得沾荤腥，就盼分些祭肉打打牙祭，为多得一点，有时不免相互扯夺："祭丁过，两广文争一猪大脏，各执其脏之一头。一广文稍强，尽掣得其脏，争者止两手撸得脏中油一捧而已。因曰：'予虽不得大葬（脏），君无尤（油）焉。'"（《争脏》）还有一个教官，在京辞朝时见到大象，"低徊留之不忍去。人问其故，答曰：'我想祭丁的猪羊，有这般肥大便好。'"（《辞朝》）

与教官相比，民间教师的生活，当然更加困窘。这些人很多是没有功名的读书人，但也有不少生员从事此业。因为即使科第顺利，考中秀才往往也已二十多岁，拖家带口，仅靠廪粮不足以维生，而且增广生员、附学生员还不关给廪粮，倘若不是出身富裕家庭，其生活状况可想而知。一则笑话说："有初死见冥王者，王谓其生前受用太过，判来生去做一秀才，与以五子。鬼吏禀曰：'此人罪重，不应如此善遣。'王笑曰：'正惟罪重，我要处他一个穷秀才，把他许多儿子，活活累杀他罢了。'"（《穷秀才》）为了养家糊口，无功名或有初级功名的下层儒生，就必须另觅生计，寻馆授徒是他们最常用的谋生手段之一。

由于读书人数量太多，寻个馆并不太容易。"乞儿制一新竹筒，众丐沽酒称贺。每饮毕，辄呼曰：'庆新管酒干。'一师正在觅馆，偶经过闻之，误听以为庆新馆也，急向前揖之曰：'列位既有了新馆，把这旧馆让与学生罢！'"（《问馆》）即使寻到了馆，生活也不一定安适，笑话中常讲到"一家延师，供馔甚薄"，"东家供师甚薄，久不买荤"之类的情景。除生活清苦寂寞外，有时还要遭受精神的折辱。《兄弟延师》云："有兄弟两人，共延一师，分班供给。每交班，必互嫌师瘦，怪供给之不丰。于是兄弟相约，师轮至日，即秤斤两，以为交班肥瘦之验。一日，弟将交师于兄，乃令师饱餐而去。既上秤，师偶撒一屁，乃咎之曰：'秤上买卖，岂可轻易撒出！说不得，原替我吃了下去。'"师道至此，可谓斯文扫地矣。

### （三）"居官有同贸易"的官员

"书中自有千钟粟"、"书中自有黄金屋"，宋真宗《励学篇》中这些话，在明清十分流行。而把"书"转换成"粟"、"金"的中介，就是做官。因此，许多官员都把做官等同于做生意。《发利市》一则笑话，将这种为官心理刻画得入木三分："一官新到任，祭仪门毕，有未烬纸钱在地，官即取一锡锭藏好。门子禀曰：'老爷，这是纸钱，要他何用？'官曰：'我知道，且等我发个利市看。'"这绝非向壁虚构，而有着深厚的现实基础。崇祯皇帝就曾说过："今出仕专为身谋，居官有同贸易。"①顾炎武也谈到："衣冠而为囊橐之寄，朝列而有市井之容。"②

官员敛财的手段，可谓丰富多样。利用狱讼敛财，是普遍采用的手段之一。《有理》就讽刺了这样一位贪官："一官最贪。一日，拘两造对鞫，原告馈以五十金，被告闻知，加倍贿托。及审时，不问情由，抽签竟打原告。原告将手作五数势曰：'小的是有理的。'官亦以手覆曰：'奴才，你讲有理。'又以手一仰曰：'他比你更有理哩。'"

利用赋税敛财，是官员另一种常用的手段。晚明官员上任，"每一下车，富单先出，名为签役之先资，实则渔民之秘计"③。《取金》就向人们展示了这样一位巧取豪夺的贪官："一官出朱票，取赤金二锭，铺户送讫，当堂领价。官问：'价值几何？'铺家曰：'平价该若干，今系老爷取用，只领半价可也。'官顾左右曰：'这等，发一锭还他。'发金后，铺户仍候领价。官曰：'价已发过了。'铺家曰：'并未曾发。'官怒曰：

---

①　计六奇：《明季北略》卷13《责臣罪己》。

②　顾炎武著，黄汝成集释：《日知录集释》卷3《承筐是将》。

③　辛升：《寒香馆遗稿》卷2《恣言·文章取士》。

'刁奴才，你说只领半价，故发一锭还你，抵了一半价钱。本县不曾亏了你，如何胡缠？快撵出去！'"

官员们还常借节庆、生日等时机，向属下大捞钱财："一官遇生辰，吏典闻其属鼠，乃醵黄金铸一鼠为寿。官甚喜，曰：'汝等可知奶奶生日，亦在目下乎？'众吏曰：'不知，请问其属？'官曰：'小我一岁，丑年生的。'"（《属牛》）

贪官当道，官场自然难有公道。"有农夫种茄不活，求计于老圃。老圃曰：'此不难，每茄树下埋钱一文即活。'问其何故，答曰：'有钱者生，无钱者死。'"（《贪官》）"官值暑月，欲觅避凉之地。同僚纷议，或曰某山幽雅，或曰某寺清闲。一老人进曰：'山寺虽好，总不如此座公厅，最是凉快。'官曰：'何以见得？'答曰：'别处多有日头，独此处有天无日。'"（《避暑》）这诙谐的话语，不知浸润了百姓多少血泪。《不明》则通过一首诗，尖锐地揭露了官员的贪财和愚盰："一官断事不明，惟好酒怠政，贪财酷民。百姓怨恨，乃作诗以诮之云：'黑漆皮灯笼，半天萤火虫。粉墙画白虎，黄纸写乌龙。茄子敲泥磬，冬瓜撞木钟。唯知钱与酒，不管正和公。'"

尽管行为龌龊不堪，官员们却都想留下个好名声。明清文集中，有大量行状、墓志铭之类的文字，据其描述，许多官员都堪称循吏。其实这大多是粉饰之辞，徐太室《归有园麈谈》就曾指出："虽恶如梼杌，必有一篇绝好文字送归地下（墓志）。"当时还形成了"脱靴遗爱"的规矩，就是每逢官员离任，本地吏民要准备一双新靴，临别时将其旧靴留下，以示德泽深厚，百姓不忍其离去。对于这种虚伪的陋俗，《强盗脚》予以犀利的讥刺："乡民初次入城，见有木桶悬于城上，问人曰：'此中何物？'应者曰：'强盗头。'及至县前，见无数木匣钉于谯楼之上，皆前官既去而所留遗爱之靴。乡民不知，乃点首曰：'城上挂的强盗头，此处一定是强盗脚了。'"可见在百姓心目中，官员实与强盗无异，或者说，官员本就是戴着乌纱帽的强盗。

　　作为一种民间叙事文学，笑话旨在戏谑取乐，它所反映的社会现实，或许是不全面的，但却是鲜活、深刻的。从笑话中，我们可能无法了解社会的全貌，但肯定可以洞察社会的病症。上面对儒生和官员的社会形象所做的考察，也当作如是观。

# 第四章

# 思想碰撞与演进

## 一、《明儒学案》与《四库全书总目》
## 对明儒评论之比较

　　《明儒学案》（以下简称《学案》）是黄宗羲于清初撰写的一部明代学术史专著，全书共 62 卷，立学案 17 个，"寻源沂委，别统分支，秩乎有条而不紊，于叙传之后，备载语录，各记其所得力"①，评述了 200多位明代思想家的生平和思想。《四库全书总目》（以下简称《总目》）则是清乾隆后期，在纂修《四库全书》过程中产生的一部大型目录著作，全书共 200 卷，对《四库全书》著录的 3461 种著作和存目的 6793种著作，每一种都撰有一个简明的提要，"叙作者之爵里，详典籍之源流，别白是非，旁通曲证，使瑕瑜不掩，淄渑以别"②。《提要》初稿出于众人之手，但定稿均经总纂修官纪昀"笔削考核，一手删定"③，故尔可以说基本反映了纪昀的学术思想。《学案》评述过的明代思想家，凡是在当时有著作流传于世的，《提要》大多也都有所评论。对比两种著

---

① 黄宗羲：《明儒学案》，中华书局 1985 年版，仇兆鳌序。
② 余嘉锡：《四库提要辨证》，中华书局 1980 年版，自序。
③ 朱珪：《知足斋文集》卷 6《文达纪公墓志铭》。

作对同一思想家的评论，既有助于更加深入地理解黄宗羲、纪昀二人的
思想倾向和学术旨趣，也有助于更加全面地了解朱明一代的思想流变和
学术特点。需要说明的是，本书所做的只是最初步的工作，即对有关资
料进行简单地整理与排比，至于理论性的归纳和分析，尚待以后进行。

### （一）对明前期各家学术之评论

明朝初期，学术思想基本上是在程朱理学的笼罩之下，故当时学
者，大多不出程朱之矩矱。但也有一些学者，提倡体悟静观，开明代心
学之先河。

#### 1. 对明前期朱学诸儒之评论

明代诸儒，凡其学术渊源明确并递相传承者，《学案》皆列入各派
学案之中。但也有一些儒者，"或无所师承，得之于遗经者；或朋友夹
持之力，不令放倒，而又不可系之朋友之下者；或当时有所兴起，而后
之学者无传者"。对于这些无派可归的学者，《学案》统归之于《诸儒学
案》。其中列于《诸儒学案上》的学者，"则国初为多，宋人规范犹在"，
即都是明代前期传衍程朱之学的儒者。

列于《诸儒学案》之首的是方孝孺，其道德文章很受人推重。《学
案》对方氏十分崇敬，称其"直以圣贤自任，一切世俗之事，皆不关
怀，朋友以文辞相尚者，必告以道，谓文不足为也"。《学案》还将方氏
与朱熹并举，称方氏为明代"学祖"："持守之严，刚大之气，与紫阳真
相伯仲，固为有明之学祖也。"由于方氏是宋濂的及门弟子，故人们多
谓其学出于宋氏，《学案》特别指出两家不同处："先生之学，虽出自景
濂氏，然得之家庭者居多。……景濂氏出入于二氏，先生以叛道者莫过
于二氏，而释氏尤甚。"《总目》在《逊志斋集》提要中，对方氏气节亦
予以高度赞扬，谓"致命成仁，遂湛十族而不悔。语其气节，可谓贯金

石、动天地矣。文以人重，则斯集固悬诸日月、不可磨灭之书也。"但对于方氏"驾轶汉唐，锐复三代"的志向，则有所批评，认为不合时宜："然圣人之道，与时偕行。周去唐虞仅千年，《周礼》一书，已不全用唐虞之法。明去周几三千年，势移事变，不知凡几，而乃与惠帝讲求六官，改制定礼。即使燕兵不起，其所设施，亦未必能致太平。正不必执讲学家门户之见，曲为之讳。"

曹端学由自得，黄宗羲之师刘宗周认为他是继方孝孺之后的又一位大儒，"方正学而后，斯道之绝而复者，实赖有先生一人"（《学案》"师说·曹月川端"）。《学案》对于曹端的评价，则有褒有贬：一方面，历举曹氏辟佛老、化习俗之举，称扬曹氏"以力行为主，守之甚确，一事不容假借，然非徒事于外者，盖立基于敬，体验于无欲，其言'事事都于心上做工夫，是入孔门的大路'，诚哉，所谓有本之学也"；另一方面，对于曹氏的理论有所批驳，指出曹氏不同意朱熹的理气关系说，而他自己的说法"虽为明晰，然详以理驭气，仍为二之"。《总目》对于曹端之学术，则是持高度褒扬态度，《太极图说述解》等书提要谓："史称其学，务躬行实践，而以静存为要。……盖明代醇儒，以端及胡居仁、薛瑄为最，而端又开二人之先。是编笺释三书，皆抒所心得，大旨以朱子为归。"《夜行烛》提要谓："明初儒学，以端为冠。"《曹月川集》提要亦谓："明初理学，以端与薛瑄为最醇。"《曹月川集》提要虽然也谈到"端诗皆《击壤集》派，殊不入格，文亦质直朴素，不以章句为工"，但又指出："然人品既已醇正，学问又复笃实，直抒所见，皆根理要，固未可绳以音律，求以藻采。"

方孝孺、曹端之外，明代前期较有名的学者还有罗伦、章懋。《学案》称罗伦"刚介绝俗，生平不作和同之语，不为软巽之行"，"与白沙称石交，白沙超悟神知，先生守宋人之途辙，学非白沙之学也，而皭然尘垢之外，所见专而所守固耳"。《总目》对罗氏评价与《学案》基本相同，《一峰集》提要转述了《学案》语，以肯定罗氏之学术宗旨与品行，但对其个性也有所批评："虽执义过坚，时或失于迂阔，又喜排垒先儒传注成语，少淘汰之功，或失于繁冗，然亦多心得之言，非外强中干者比也。"《学案》对章懋亦持肯定态度，称"其学墨守宋儒，本之自得，非有传授，故表里洞澈，望之庞朴，即之和厚，听其言，开心见诚，初若不甚深切，久之烛照数计，无不验也"。《总目》对章氏更是赞誉备至，惟对其推崇吴与弼不以为然。《枫山语录》提要谓："其在明代，可云不愧醇儒。……其学术、政治虽人人习见之理，而明白醇正，不失为儒者之言；艺文诸条，持论亦极平允，不似讲学家动以载道为词；其评骘人物，于陈献章独有微词，则懋之学主笃实，而献章或入元虚也。然献章出处之间，稍有遗议，而懋人品高洁，始终负一代重望，则笃实鲜失之明验矣。……惟推尊吴与弼太过，则颇有所不可解耳。"《枫山集》提要亦云："至其平生清节，矫矫过人，可谓耿介拔俗之操。其讲学恪守前贤，弗逾尺寸，不屑为浮夸表暴之谈。在明代诸儒，尤为醇实。"

庄昶、张元祯亦有名于时。关于庄昶，《学案》谓其"以无言自得为宗，受用于浴沂之趣，山崎川流之妙，鸢飞鱼跃之机，略见源头，打成一片"，宗旨与陈献章相合，但又批评庄氏"功未入细，受用太早"，比不得陈献章"一本万殊之间，煞是仔细"。《学案》称庄氏"形容道理，多见之诗，白沙所谓'百炼不如庄定山'也"。钱谦益曾批评庄氏"多用道语入诗"，《学案》讥讽钱氏"是不知定山，其自谓知白沙，亦未必也"。《总目》对庄氏评价不高，《庄定山集》提要谓"惟癖于讲学，故其文多阐太极图之义，其诗亦全作《击壤集》之体，又颇为世所嗤点"；同时又肯定庄诗亦有可观处，"盖其学以主静为宗，故息虑澄观，天机偶到，往往妙合自然，不可以文章格律论，要亦文章之一种"。张元祯笃好濂、洛、关、闽之书，曾建议以《太极图说》、《西铭》等书于经筵进讲。《学案》称赞张氏"卓然以斯道自任，一禀前人成法"，特别欣赏其"是心也，即理也"等言，认为已发阳明心学之蕴，"则于此时言学，心理为二、动静交至者，别出一头地矣"。《总目》对张氏则持否定态度，《东白集》提要云："元祯以讲学为事，其在讲筵，请增讲《太极图》、《西铭》、《通书》。夫帝王之学，与儒者异，讵可舍治乱兴亡之戒，而谈理气之本原。史称后辈姗笑其迂阔，殆非无因。其诗文朴遫无华，亦刻意摹拟宋儒，得其形似也。"

此外，还有陈真晟、张吉、蔡清等。《学案》对陈氏评价较高，谓陈真晟之学"于康斋（吴与弼）为近，于白沙（陈献章）差远"，并称赞陈氏"务为圣贤践履之学"，认为张元祯赞许陈氏"自程、朱以来，惟先生得其真"之言，"亦定论也"。《总目》对于陈氏则颇多批评，《陈剩夫集》提要指出，陈氏"谓宋元两朝皆以不用程朱之学，故上干天怒，夺其命以与明，持论颇僻；又题《玉堂赏花集》后，诋其执政，谓不赏其《程朱纂要》，而群聚赏花，后世不免谓之俗相，尤为偏激。林雍作《真晟行实》，称其既无所遇，每四顾彷徨，不能自释，亦异乎寻孔颜之乐者矣"。对于张吉，《学案》谓其为学与陈献章"不契"，"终以象山为禅，作《陆学订疑》，盖《居业录》之余论也"。此言暗寓批评之意，因为《学案》对于胡居仁《居业录》批评陈献章和禅学是不以为然的。《总目》则因张吉不受当时流行的学术与文学观念影响，而对其加以赞许。《古城集》提要云："明至正德初年，姚江（王守仁）之说兴，而学问一变；北地（李梦阳）、信阳（何景明）之说兴，而文章亦一变。吉当其时，犹兢守先民矩矱，高明不及王守仁，而笃实则胜之；才雄学富不及李梦阳、何景明，而平正通达则胜之。"对于蔡清，《学案》谓其"平生精力，尽用之《易》、《四书蒙引》，蚕丝牛毛不足喻其细也，盖从训诂而窥见大体"，又谓"其释经书，至今人奉之如金科玉律，此犹无与于学问之事者也"；《学案》提到蔡氏"极重白沙，而以新学小生自处"，但又指出蔡氏"恐亦未能真知白沙也"。对蔡氏之学实有所不满。

《总目》对蔡氏则多所肯定。《虚斋集》提要谓："清学以穷理为主，笃守朱子之说。……然其《易经蒙引》，于朱子之解，意有未安者，亦多所驳正，不为苟合。是其识解通达，与诸儒之党同伐异者有殊。故其文章亦淳厚朴直，言皆有物，虽不以藻采见长，而布帛菽粟之言，殊非雕文刻镂者所可几也。"

### 2. 对崇仁、白沙学派之评论

吴与弼和薛瑄是明代前期的两位开宗立派的著名理学家，两人分别开创了"崇仁之学"与"河东之学"。论出生年份，薛瑄要稍早于吴与弼，但黄宗羲却是以《崇仁学案》居首，《河东学案》次之，这反映了他尊吴贬薛的学术倾向。

刘宗周对吴与弼就极力推尊，谓其"独得圣贤之心精"，"薛文清（瑄）多困于流俗，陈白沙（献章）犹激于声名，惟先生醇乎醇"（《学案》"师说·吴康斋与弼"）。黄宗羲对于吴氏的看法，基本上是秉承师说，谓其"上无所传，而闻道最早，身体力验，只在走趋语默之间，出入作息，刻刻不忘，久之自成片段，所谓'敬义夹持，诚明两进'者也"。对于世人诟病吴氏之语，黄宗羲一概为之辩解。如吴与弼曾为权臣石亨跋族谱，自称"门下士"，颇受时人诟病，黄宗羲认为吴氏若"不称门下"，"必不能善归"，此举不过是保全性命。从《康斋文集》提要看，《总目》虽然也指出："与弼之学，实能兼采朱、陆之长，而刻苦自立。其及门弟子陈献章得其静观涵养，遂开白沙之宗；胡居仁得其笃志力行，遂启余干之学。有明一代，两派递传，皆自与弼倡之，其功未可以尽没。"但在总体倾向上，对吴与弼是持否定态度的，认为他"急于行道，躁于求名"，"出处之间，物论颇有异同"。吴氏《日录》屡记梦见文王、孔子、朱子，甚至记其妻亦曾梦见孔子，《总目》对此予以讥刺："无乃其妻戏侮弄之，而与弼不觉欤！观其称'随处惟圣人难学'，又称'一味学圣人，克其不似圣人'者，其高自位置，真可谓久假而不归，乌知其非有也。"

吴与弼的弟子中，名声最著者为陈献章、胡居仁与娄谅。陈献章另开白沙学派，胡居仁则基本恪守师训。《学案》对胡氏之品行盛加褒誉，称其"奋志圣贤之学"，"一生得力于敬，故其持守可观"。但《学案》又引述周翠渠（瑛）之言，暗示胡氏之学虽得正路，但尚未"跻乎远大"，"若深造而未艾"。对于胡氏讥议陈献章为禅，《学案》颇不以为然，认为胡氏所谓"静中之涵养"，实即陈献章所谓"静中养出端倪"，二人实属"同门冥契"。《总目》虽不满于吴与弼，但对胡居仁却褒崇有加。《易象钞》提要云："居仁之学，虽出于吴与弼，而笃实则远过其师。故在明代，与曹端、薛瑄俱号醇儒。所著《居业录》，至今称道学正宗，其说易亦简明确切，不涉支离元渺之谈。"《胡文敬公集》提要云："居仁本从吴与弼游，而醇正笃实，乃过其师远甚。其学以治心养性为本，以经世宰物为用，以主忠信为先，以求放心为要。史称薛瑄之后，惟居仁一人而已。"《总目》对《学案》认为胡居仁与陈献章"同门冥契"的说法更是明确表示反对，《居业录》提要云："居仁与陈献章皆出吴与弼之门。与弼之学，介乎朱、陆之间，二人各得其所近。献章上继金溪（陆九渊），下启姚江（王守仁）；居仁则恪守新安（朱熹），不逾尺寸。故以敬名其斋。而是书之中，辨献章之近禅，不啻再三。盖其人品端谨，学问笃实，与河津薛瑄相类，而是书亦与瑄《读书录》并为学者所推。黄宗羲《明儒学案》乃谓其主言静中之涵养，与献章之静中养出端倪，同门冥契，特牵引附合之言，非笃论也。"

相比而言，娄谅、魏校在学术上对师说变化稍大，《崇仁学案》小序指出："其相传一派，虽一斋（娄谅）、庄渠（魏校）稍为转手，终不敢离此矩矱也。"据《学案》本传概括，娄谅的为学宗旨是"以收放心为居敬之门，以何思何虑、勿助勿忘为居敬要指"。胡居仁对娄谅与陈献章同视并訾，"谓两人皆是儒者陷入异教去"，称娄谅穷理读书"只是将圣贤言语来护己短耳"。黄宗羲则认为娄氏之言"未尝非也"，并因王守仁曾从娄氏问学，认为"姚江之学，先生为发端也"。由于娄谅遗文散失，《总目》对其无专评，但在夏尚朴《东岩集》提要中提到，"谅以勿忘勿助为敬，胡居仁、罗钦顺多讥其近禅"。魏校是胡居仁的私淑弟子，"其宗旨为天根之学，从人生而静，培养根基，若是孩提，知识后起，则未免夹杂矣"。《学案》谓胡居仁"工夫分乎动静，先生贯串总是一个，不离本末作两段事，则加密矣"，并称"聂双江（豹）归寂之旨，当是发端于先生也"，又云"先生疑象山为禅，其后始知为坦然大道，则于师门之教，又一转也"。看来魏氏之学颇近似陈献章。《总目》对魏氏著述颇多訾议，尤其对其欲行《周礼》于后世不满。《周礼沿革传》提要云："夫时殊事异，文质异宜，虽三代亦不相袭。校于数千年后，乃欲举陈迹以绳今，不乱天下不止。其断断不可，人人能解，即校亦非竟不知。特以不谈三代，世即不目为醇儒，故不能不持此论耳。"当然《总目》对魏氏也不是一概否定，《庄渠遗书》提要在指出其迂阔、纰谬后，又云："然校见闻较博，学术亦醇，故是集文律谨严，不失雅正，考据亦具有根柢，无忝于儒者之言。"

白沙学派是由吴与弼的弟子陈献章开创的，《崇仁学案》小序谓"白沙出其门，然自叙所得，不关聘君（吴与弼），当为别派"。《学案》将陈氏视为阳明心学的先导者，对之颇加崇誉。《白沙学案》小序云："有明之学，至白沙始入精微……至阳明而后大。两先生之学，最为相近。"本传又云："有明儒者，不失其矩矱者亦多有之，而作圣之功，至先生而始明，至文成（王守仁）而始大。向使先生与文成不作，则濂洛之精蕴，同之者固推见其至隐，异之者亦疏通其流别，未能如今日也。"对于所谓陈学近禅的说法，黄宗羲坚决反对，认为陈氏之学"自博而约，由粗入细，其于禅学不同如此"。在《学案》"张诩传"中，黄宗羲又指出："白沙论道，至精微处极似禅。其所以异者，在'握其枢机，端其衔绥'而已。禅则并此而无之也。奈何论者不察，同类并观之乎！"《总目》对于陈氏，虽不否定其为豪杰之士，但又屡讥其学近禅。《白沙集》提要云："史称献章之学以静为主，其教学者但令端坐澄心，于静中养出端倪，颇近于禅，至今毁誉参半。其诗文偶然有合，或高妙不可思议，偶然率意，或粗野不可向迩，至今毁誉亦参半。……盖以高明绝异之姿，而又加以静悟之力，如宗门老衲，空诸障翳，心境虚明，随处圆通，辨才无碍，有时俚词鄙语，冲口而谈，有时妙义微言，应机而发，其见于文章者，亦仍如其学问而已。虽未可谓之正宗，要未可谓非豪杰之士也。"

《白沙学案》小序对此派后学也赞誉有加，谓"出其门者，多清苦自立，不以富贵为意，其高风之所激，远矣"。然观所列此派后学，在学术上实鲜有造诣深者。陈献章弟子中，为学宗旨与之较近者为张诩，《学案》引述陈氏之言，谓张诩之学"以自然为宗，以忘己为大，以无欲为至，即心观妙，以揆圣人之用"，并称"观此则先生之所得深矣"。《总目》于《白沙遗言纂要》提要，则批评张氏之学比白沙更加近禅："献章之学，当时胡居仁、张懋等皆以为禅，诩溺禅尤深，即献章亦颇訾之。"陈献章另一弟子贺钦，对陈氏虽极尊崇，但据《学案》，他曾言"吾人之学不必求之高远，在主敬以收放心，勿忘勿助，循其所谓本然者而已"，与陈氏为学宗旨颇异。《总目》之《医闾集》提要也指出："钦之学出于陈献章，然献章之学主静悟，钦之学则期于反身实践，能补苴其师之所偏。……故集中所录言行，皆平易真朴，非高谈性命者可比。而所上诸奏疏，亦无不通达治理，确然可见诸施行。在讲学诸人之中，独为笃实而纯正。文章虽多信笔挥洒，不甚修词，而仁义之言，蔼然可见，固不必以工拙论也。"陈献章三传弟子史桂芳，《学案》称"其学以知耻为端，以改过迁善为实，以亲师友为倘助。若夫抉隐造微，则俟人之自得，不数数然也"。可见其论学比较笃实。《总目》于《悍堂文集》提要，一方面称史氏"文章颇朴实，不为虚渺之谈"，另一方面又对其宗旨接近心学不无微词："桂芳与罗汝芳、耿定向讲学，其语录称诵献章'未分无极源头在，谁画先天样子来，碧玉楼中闲隐几，十千川绕又山回'之句，为数十年不似今夕了悟，其宗旨可见。"

### 3. 对河东、三原学派之评论

与推尊吴与弼适成对比，刘宗周对薛瑄被推尊为一代大儒颇为不满："前辈论一代理学之儒，惟先生无间言，非以实践之儒欤？然先生为御史，在宣、正两朝，未尝铮铮一论事；景皇易储，先生时为大理，亦无言。""然先生于道，于古人全体大用，尽多缺陷。"（《学案》"师说·薛敬轩瑄"）黄宗羲不像乃师那样太过否定薛氏，《学案》援引薛氏不肯与三杨、王振交结等言行，说明薛氏是讲求气节的；同时，又引述他人非议薛氏之言，认为薛氏"尽美不能尽善"。对于薛氏的学术，黄宗羲也是既有肯定又有疑问。他指出，"河东之学，恫愊无华，恪守宋人矩矱"，薛氏"以复性为宗，濂洛为鹄，所著《读书录》大概为《太极图说》、《西铭》、《正蒙》之义疏，然多重复杂出，未经删削，盖惟体验身心，非欲成书也"；他还指出，"然河东有未见性之讥，所谓'此心始觉性天通'者，定非欺人语，可见无事乎张皇耳"。黄宗羲之意，实际上是说，薛氏传世的文字，缺乏对心性的深入探讨与领悟。黄宗羲对薛氏以日光与飞鸟喻理与气之关系、以物与镜喻理与心之关系，也不同意，认为是"二之也"。《总目》对于薛瑄，则予以充分肯定，如前所述，在为曹端诸书所撰提要中，屡屡提及薛氏，认为"明初理学，以（曹）端与薛瑄为最醇"。在《薛文清集》提要中，又褒扬说："明代醇儒，瑄为第一，而其文章雅正，具有典型，绝不以俚词破格。""盖有德有言，瑄足当之。"对于《读书录》，《总目》认为"其书皆躬行心得之言"。

　　黄宗羲在《河东学案》小序中指出，河东学派在传衍过程中变化不大，"数传之后，其议论设施，不问而可知其出于河东也"。《总目》对于此派后学之著作亦评论不高，如谓王鸿儒《凝斋笔语》"大抵皆掇拾旧说"，李锦《次麓子集》"多掉弄笔墨，无所阐发"。值得注意的，是从此派中化出的"关中之学"。"关中之学"是从薛瑄的再传弟子周蕙开始，而关学的集大成者，是周蕙的再传弟子吕柟。《学案》对吕氏人品颇为称许，但对其学术则评价不高，谓其学"以格物为穷理，及先知而后行，皆是儒生所习闻"。吕氏不满于王守仁良知之说，认为"圣人教化每因人变化，未尝规规于一方也"，黄宗羲以为"良知是言本体，本体无人不同，岂得而变化耶"，指责吕氏之说"非惟不知阳明，并不知圣人矣"。《总目》对于吕氏的经学著作，大多亦有微词。如称其《尚书说要》"大抵皆推寻文句，虽间有阐发，亦皆以私意揣摩"；《礼问》"多循旧义，少所阐发"；《春秋说志》"大抵褒贬迂刻，不近情理"。但是，对于吕氏的学术，《总目》颇为推许，尤其赞扬他斥责王守仁良知之说。如《泾野子内篇》提要称"柟师事渭南薛敬之，其学以薛瑄为宗"，"其践履最为笃实，尝斥王守仁言良知之非"，"观于所言，可谓不失河津之渊源矣"；《泾野集》提要称"柟之学出于薛敬之，敬之之学出于薛瑄，授受有源，故大旨不失醇正"；《朱子钞释》提要称吕氏谓"陆氏终近禅"，"则是非之辨，亦未尝不谨严矣"。

　　从关学之中，又衍出三原学派。《三原学案》小序云："关学大概宗薛氏，三原又其别派也。"三原学派的创始人为王恕，《学案》称其"志在经济"，对其学术评价不高，谓其学"大抵推之事为之际，以得其心安者，故随地可以自见，至于大本之所在，或未之及也"。《总目》的看法与《学案》相似。《石渠意见》提要云："其书大意以《五经》、《四书》传注列在学官者，于理或有未安，故以己意诠解而笔记之，间有发明可取者，而语无考证，纯以臆测武断之处尤多。如谓《左传》为子贡等所作之类，殊游谈无根也。"《玩易意见》提要谓"其说颇自出新意，然于文义有不可通者，辄疑经文有伪，殊不可训"。《王端毅文集》提要谓其文"平实浅显，无所雕饰，如其为人。乔世宁序称当时以为其文无假英藻，而质厚有余，不务以闳辨，而归准于躬行"。

《三原学案》小序谓王恕"门下多以气节著，风土之厚，而又加之学问者也"。从该学案所列各传看，该派后学人品气节皆能卓立于世，但学术思想却少有建树。该派学者中只有韩邦奇堪称博学，《学案》引述门人白璧之言以称之："先生天禀高明，学问精到，明于数学，胸次洒落，大类尧夫（邵雍），而论道体乃独取横渠（张载）。少负气节，既乃不欲为奇节一行，涵养宏深，持守坚定，则又一薛敬轩（瑄）也。"《总目》于韩氏也极称其博学。《苑洛志乐》提要云："史称邦奇嗜学，自诸经子史及天文地理乐律术数兵法之书，无不通究，所撰《乐志》，尤为世所珍，亦有以焉。"《苑洛集》提要亦云："当正、嘉之际，北地（李梦阳）、信阳（何景明）方用其学提倡海内，邦奇独不相附合，以著书余事，发为文章，不必沾沾求合于古人，而记问淹通，凡天官地理律吕数术兵法之属，无不博览精思，得其要领。故其征引之富，议论之核，一一具有根底，不同掇拾浮华。……其他辨论经义，阐发易数，更多精确可传。盖有本之学，虽琐闻杂记，亦与空谈者异也。"

### （二）对阳明心学及王门各派之评论

王阳明心学的兴起，是明代思想史上最值得大书特书的事情。《学案》对于这一学派的兴起及流衍，进行了详细记述和评论。

刘宗周为阳明学派之后学，对王氏极为推崇，黄宗羲继承了乃师的看法，对王阳明评价甚高。《姚江学案》序云："有明学术，从前习熟先儒之成说，未尝反身理会，推见至隐，所谓此亦一述朱、彼亦一述朱耳。高忠宪（攀龙）云：‘薛敬轩（瑄）、吕泾野（柟）《语录》中，皆无甚透悟。’亦为是也。自姚江指点出‘良知人人现在，一反观而自得’，便人人有个作圣之路。故无姚江，则古来之学脉绝矣。”在黄宗羲看来，阳明之说本无玄虚之处，后学歪曲了阳明本意：“然‘致良知’一语，发自晚年，未及与学者深究其旨，后来门下各以意见搀和，说玄说妙，几同射覆，非复立言之本意。……先生致之于事物，致字即是行字，以救空空穷理。只在知上讨个分晓之非，乃后之学者测度想像。”黄宗羲还力驳心学近禅之说，于《学案》“王守仁传”中指出：“或者以释氏本心之说，颇近于心学，不知儒释界限，只一理字。释氏于天地万物之理，一切置之度外，更不复讲，而止守此明觉；世儒则不恃此明觉，而求理于天地万物之间，所为绝异。……先生点出心之所以为心，不在明觉而在天理，金镜已坠而复收，遂使儒、释疆界渺若山河，此有目者所共睹也。”

令人稍感意外的是，对于王阳明这样一位影响极大的思想家，《总目》在王氏本人的著作提要中评论极少。《王文成全书》提要极简略，且只称其事功、诗文，而不及其学术：“守仁勋业气节，卓然见诸施行。而为文博大昌达，诗亦秀逸有致，不独事功可称，其文章自足传世也。”在《阳明乡约法》提要中，则讥王氏乡约法不合时宜：“其法有约长、约副、约正、约史、知约、约赞诸人，已极繁琐，至争斗赋役诸事，以至寄庄人户纳粮当差，皆约长主之，盖欲以约长代周官比长、党正之法。然古法亦未必尽宜于今也。”不过，《总目》在其他学者的著作提要中，却屡屡提及王阳明。如季本《诗说解颐》提要谓：“存此一编，使知姚江立教之初，其高足弟子研求经传、考究训诂乃如此，亦何尝执六经注我之说，不立语言文字哉。”季本《读礼疑图》提要又谓：“盖本传姚江之学，故高明之过，其流至于如斯也。”张夏《洛闽源流录》提要谓：“自明以来，讲学者酿为朋党，百计相倾。王守仁作《朱子晚年定

论》，程敏政作《道一编》，欲援朱子以附陆氏，论者讥其舞文。"综合
《总目》言及王阳明各处，可以看出，《总目》对于王阳明本人，有所肯
定，认为其立教之初尚未过于玄虚；但对于王氏后学，却严加批评，且
认为王学之所以产生极大流弊，与王氏立教之旨大有关系。

### 1. 对浙中王门之评论

浙中王门是指浙江一带的王学传人，黄宗羲对其评价不高。《浙中
王门学案序》云："姚江之教，自近而远，其最初学者，不过郡邑之士
耳。龙场而后，四方弟子始益进焉。郡邑之以学鸣者，亦仅仅绪山（钱
德洪）、龙溪（王畿），此外则椎轮积水耳。"也就是说，浙中王门只有
钱德洪、王畿二人可称杰出学者，余皆平平。

《学案》"钱德洪传"指出，江右王门的邹守益、罗洪先"真阳明之
的传也"，而钱德洪与王畿"亲炙阳明最久，习闻其过重之言"，"俱以
见在知觉而言，于圣贤凝聚处，尽与扫除，在师门之旨，不能无毫厘之
差"。尽管二人都稍稍偏离了师门之旨，但在程度上有所不同："龙溪从
见在悟其变动不居之体，先生（钱德洪）只于事物上实心磨炼，故先生
之彻悟不如龙溪，龙溪之修持不如先生。乃龙溪竟入于禅，而先生不失
儒者之矩矱。"在"王畿传"中，黄宗羲一方面批评王畿偏离师门，近
于佛老，另一方面又肯定王畿对王阳明学说多有发明："然先生亲承阳
明末命，其微言往往而在。象山（陆九渊）之后不能无慈湖（杨简），
文成之后不能无龙溪。以为学术之盛衰因之，慈湖决象山之澜，而先生
疏河导源，于文成之学，固多所发明也。"《总目》于钱德洪《绪山会
语》提要，只从《明史·儒林传》转引了几句评语，而这几句话实来自
《学案》。对于王畿，两家之批评亦颇有相近处，只是《学案》对王畿有
所肯定，而《总目》对王畿几乎是全盘否定。《龙溪全集》提要云："畿
传王守仁良知之学，而渐失其本旨。如谓虚寂微密是千圣相传之秘，从

此悟入，乃范围三教之宗。又谓佛氏所说，本是吾儒大路，是不止阳儒而阴释矣。故史称其杂以禅机，亦不自讳。史又载畿尝言学当致知见性而已，应事有小过，不足累。故在官不免干请，以不谨斥。盖王学末流之恣肆，实自畿始。《明史》虽收入《儒林传》，而称士之浮诞不逞者，率自名龙溪弟子云云。深著其弊，盖有由也。"

浙中王门弟子中，季本以博学称。《学案》谓其学"贵主宰而恶自然"，对其所谓"理者阳之主宰"、"气者阴之流行"之语有所批驳，但同时又认为季氏此说有其现实意义，因为"其时同门诸君子单以流行为本体，玩弄光影，而其升其降之归于画一者无所事，此则先生主宰一言，其关系学术非轻也"。《学案》称誉季氏"闵学者之空疏，只以讲说为事，故苦力穷经"，著书多达百二十卷，同时又点出其书舛误处，谓"此皆先生信心好异之过也"。《总目》对季氏《诗说解颐》颇加肯定："大抵多出新意，不肯剿袭前人，而征引该洽，亦颇足以自申其说。……虽间伤穿凿，而语率有征，尚非王学末流以狂禅解经者比也。"但于季氏他书，虽亦小有肯定，然以批弹为主。如《易学四同》提要云："亦间有阐发。然其大旨乃主于发明杨简之易，以标心学之宗，则仍不免堕于虚渺。"《读礼疑图》提要云："大旨主于轻徭薄赋，其意未始不善，其说亦辨而可听。然古今时势各殊，制度亦异，有不得尽以后世情形推论前代者……盖本传姚江之学，故高明之过，其流至于如斯也。"《春秋私考》提要云："夫孙复诸人之弃传，特不从其褒贬义例而已。程端学诸人之疑传，不过以所记为不实而已。未有于二千余年之后，杜撰事迹，以改易旧文者。盖讲学家之恣横，至明代而极矣。"《乐律纂要》提要云："本承姚江之学派，其持论务欲扫涤旧文，独标心得。至于论礼论乐，亦皆自出新裁，一知半解，虽不无可取，而大致不根于古义。"

浙中王门，亦有注重躬行或沾染朱学者。如阳明弟子程文德，初学于章懋，后改学于阳明。《学案》谓其"以真心为学之要，虽所得浅深不可知，然用功有实地也"。所谓"所得浅深不可知"，实暗示其未能深入师门宗旨。而《总目》却正因此点，对其有所肯定。《松溪集》提要云："考文德自述，谓私淑王子，盖亦讲良知之学者。如寄诸生书，称'古今圣贤之道，不违其心'。复王畿书，谓'全真返初，以求放心'。跋阳明文录，谓'明德新民，无外无内之疑于禅者，非是'。皆不免于回护。至其论学云：'学问之道，必先立志，志既立，则行有定适，格致诚正，戒惧慎独，别其涂辙，学问思辨，自不容己。'是尚知以躬行实践为归。史称文德初从章懋游，后乃从王守仁，故与王畿辈之涉于禅悦者，差少异耳。"再如钱德洪弟子徐用检，《学案》称其"师事钱绪山，然其为学不以良知，而以志学"。《总目》于徐氏《三儒类要》提要，谓"是书汇录薛瑄、陈献章、王守仁语录，……其大旨亦与魏时亮同"。所说魏时亮之大旨，据魏氏《大儒学粹》提要，乃是调停朱、陆，谓"道无二，学无二，所至亦无二也"。又如王畿弟子张元忭，《学案》称其"从龙溪得其绪论，故笃信阳明四有教法"，"谈文成（王阳明）之学，而究竟不出于朱子，恐于本体终未有所发明也"。《总目》于《不二斋文选》提要，对张氏特加称誉，谓其"与邓以讚从王畿游，传良知之学，然皆励志潜修，躬行实践，以讚品端志洁，元忭亦租矱俨然，无蹈入禅寂之病，与畿之恣肆迥异"。

### 2. 对江右王门之评论

江右王门是指江西一带的王学传人。黄宗羲视江右王门为王学嫡派，《江右王门学案》小序云："姚江之学，惟江右为得其传，东廓（邹守益）、念庵（罗洪先）、两峰（刘文敏）、双江（聂豹）其选也。再传而为塘南（王时槐）、思默（万廷言），皆能推原阳明未尽之旨。是时越中流弊错出，挟师说以杜学者之口，而江右独能破之，阳明之道赖以不坠。盖阳明一生精神，俱在江右，亦其感应之理宜也。"

　　江右王门中曾承王阳明面教者，有邹守益、欧阳德、聂豹。其中邹守益受业最早，《学案》对其评价甚高，谓其学"得力于敬"，"夫子之后，源远而流分，阳明之没，不失其传者，不得不以先生为宗子也"。欧阳德受业亦较早，《学案》谓其"以讲学为事，当是时，士咸知诵'致良知'之说，而称南野门人者半天下"，并谓"先生之所谓良知，以知是知非之独知为据，其体无时不发，非未感以前别有未发之时"。聂豹于王阳明晚年曾向其请教，王阳明殁后，始称门生。黄宗羲在《学案》"欧阳德传"中指出，聂豹与其他王门弟子为学宗旨颇有差异："当时同门之言良知者，虽有浅深详略之不同，而绪山（钱德洪）、龙溪（王畿）、东廓（邹守益）、洛村（黄弘纲）、明水（陈九川）皆守'已发未发非有二候，致和即所以致中'，独聂双江以'归寂为宗，功夫在于致中，而和即应之'。故同门环起难端，双江往复良苦。"在"聂豹传"中，黄宗羲指出聂氏"看释氏尚未透"，而对其致良知之旨则力加辩护："先生亦何背乎师门？乃当时群起而难之哉！"对于上述三人，《总目》之评论均极简略。邹氏《东廓集》提要云："守益传王守仁之学，诗文皆阐发心性之语。"欧阳氏《欧阳南野集》提要云："德之学，宗法姚江，故惟以提唱良知者为内，而余则外之别之云。"聂氏《困辨录》提要云："豹之学出于姚江。"《总目》对王门后学多有批评，而对此三人不加褒贬，或其意略存肯定。

　　王阳明的私淑弟子罗洪先，深得黄宗羲称许。《学案》指出，"聂双江（豹）以归寂之说，号于同志，惟先生独心契之"。《学案》认为，罗氏颇得王学之真："先生于阳明之学，始而慕之，已见其门下承领本体太易，亦遂疑之。及至功夫纯熟，而阳明进学次第，洞然无间。天下学者，亦遂因先生之言，而后得之真。其哓哓以师说鼓动天下者，反不与焉。"罗氏未及王阳明之门，然于所作《阳明年谱》中自称门人，《学案》对此加以解释，谓原本自称后学，后从钱德洪之言，改称门人。

《总目》对罗氏之人品学问，亦略加称许，但对其为学宗旨却颇予指斥。《冬游记》提要云："洪先宗姚江良知之说。是书乃其赴诏时取道金陵，与王守仁弟子王畿、王艮辈讲学语。所言性命学问，浸淫佛氏，沦于虚寂，并守仁本旨而失之。李贽诸人，沿而不返，遂至累及守仁，为儒者诟厉，其所从来者渐矣。"《念庵集》提要云："洪先不及见王守仁，而受学于其乡人李中，中之学出于杨珠，故其说仍以良知为宗。后作守仁年谱，乃自称曰门人，不免讲学家门户之习。其学惟静观本体，亦究不免于入禅。然人品高洁，严嵩欲荐之而不得，则可谓凤翔千仞者矣。"

胡直是王阳明的再传弟子，曾先后师事欧阳德及罗洪先。《学案》称其著书"专明学的大意，以理在心，不在天地万物，疏通文成（王阳明）之旨"，并认为"人心之理，即天地万物之理，非二也"，因此胡氏之言"与文成一气相通之旨，不能相似矣"。胡氏曾分辨儒释之别，认为两者的区别是："释氏虽知天地万物不外乎心，而主在出世，故其学止于明心，明心则虽照乎天地万物，而终归于无有；吾儒主在经世，故其学尽心，尽心则能察乎天地万物，而常处于有。"对于此说，黄宗羲"以为不然"，他认为"世儒之求理，与释氏之不求理，学术虽殊，其视理在天地万物则一也"。《总目》在《胡子衡齐》提要中也指出，胡氏"大要以理在心而不在天地万物，意在疏通守仁之言。然守仁本谓我与天地万物一气流通，无有碍隔，故人心之理即天地万物之理，而直乃谓吾心所以造天地万物，匪是则黯没荒忽而天地万物熄矣。是竟指天地万物为无理，与守仁亦不相合，未免太失之高远"。此点看法与《学案》相同。但对于胡氏辨别儒释之言，《总目》似表赞同，《衡庐精舍藏稿》提要在称引之后，谓"故其文章亦颇笃实近理，未至王学末流之诞放"。

江右王门后学，气节最著者，为邹元标，《学案》对其建首善书院讲学予以肯定，谓其学"以识心体为入手，以行恕于人伦事物之间、与愚夫愚妇同体为功夫，以不起意、空空为要致"。《学案》还指出，邹氏"于禅学亦所不讳","其所谓恕,亦非孔门之恕,乃佛氏之事事无碍也",但又称其"摧刚为柔,融严毅方正之气,而与世推移,其一规一矩,必合当然之天则,而介然有所不可者,仍是儒家本色,不从佛氏来也"。《总目》对邹氏,是褒扬其气节,批评其讲学,对其学术亦有微词。《邹南皋语义合编》提要云:"元标以气节重一时,其立首善书院,卒酿门户之争,功不补过。其学亦源出姚江,不能一一淳实,然其人则不愧于儒者,故仍存其目于儒家焉。"《愿学集》提要云:"元标有祭诸儒文,自称甲戌闻道,盖是时年方弱冠,即从泰和胡直游也。其学亦阳明支派,而规矩准绳持之甚严,不堕二王流弊。"

邓元锡虽属于江右王门学派,然喜读书著述,而不喜心学。《学案》谓邓氏"就学于邹东廓(守益)、刘三五(阳),得其要旨"。邓氏"辨儒释,自以为发先儒之所未发",《学案》认为其言"不过谓本同而末异",与先儒之说并无不同。《总目》对于邓氏所著诸书,颇多讥贬,《三礼编绎》提要谓此书"非惟乱其部帙,并割裂经文,移甲入乙,别为标目分属之,甚至采掇他书,臆为窜入,古经于是乎荡尽矣"。《五经绎》提要谓"其所诠释,多属空谈"。《函史》提要谓"其所叙述,亦仅类书策略之陈言,毫无所发明考订"。但对于其排斥心学,则加以赞扬。《明书》提要谓"考元锡之学渊源于王守仁,而不尽宗其说,当心学盛行之时,皆谓学惟求觉,不必致力群书,元锡力排其说,别心学于道学之外,其说固是"。《潜学稿》提要谓"其语录力辟心学,在当时尚为笃实"。

### 3.对南中王门之评论

南中王门是指南直隶一带的王学传人。王阳明生前及殁后,南中宣讲王学之风甚盛,王门弟子人数亦不少,但除另创泰州学派的王艮外,南中王门学者鲜有理论建树。

　　黄省曾是王阳明的及门弟子，曾作《会稽问道录》，其中数十条被采入《传习后录》，《学案》谓黄氏所记"往往失阳明之意"。对于钱谦益称黄氏"倾心北学"，黄宗羲予以辩驳，谓"先生虽与空同（李梦阳）上下其论，然文体竟自成一家，固未尝承接流响也，岂可谓之倾心哉"？《总目》对于黄氏学术多所批评，《拟诗外传》提要谓其"学步邯郸，规矩形似，此亦明人赝古之一端矣"。《五岳山人集》提要谓"其《客问》杂论物理，多臆揣之说；《拟诗外传》未免优孟衣冠；至《家语》并立篇名，俨同孔氏，抑又僭矣"。并引朱彝尊《静志居诗话》之言，谓黄氏"诗品太庸，沙砾盈前，无金可采"。王阳明另一及门弟子朱得之，《学案》谓"其学颇近于老氏，盖学焉而得其性之所近也"。《总目》于《宵练匣》提要则谓"皆提唱心学，阳儒阴释"。对于朱氏另一著作《庄子通义》，《总目》的评价是"议论陈因，殊无可采"。

　　南中王门后学周怡，早岁师事邹守益、王畿，以气节闻名于世，《学案》称其"于《传习录》身体而力行之，海内凡名王氏学者，不远千里，求至印证，不喜为无实之谈，所谓义节而至于道者也"。《总目》之《讷溪奏疏》提要亦极称其为人："平生触犯权倖，至再至三，困踣颠连，仅存一息，而其志百折不改，劲直忠亮，卓然为一代完人。"与周怡相反，曾师事欧阳德的南中王门后学薛应旂，因曾将王畿置于察典，被认为是逢迎首辅夏言，因而"一时诸儒，不许其名王氏学"。《学案》特为其辩解，以为"其实龙溪言行不掩，先生盖借龙溪以正学术也"。黄宗羲之所以为其辩解，恐怕与"东林之学，顾导源于此"有关。《总目》对于薛氏《四书人物考》、《宋元资治通鉴》、《宪章录》诸书，均评价不高，但对于其沾染朱学，则颇为称道，《方山文录》提要云："其学初出于邵宝，后从泰和欧阳德，德，姚江派也。又从高陵吕柟，柟，河东派也。故所见出入朱、陆之间，然先入为主，宗良知者居多。集中论学之语，互有醇疵，盖由于此。"薛氏在《识势论》中，曾谈到：

"党锢兴而汉社屋，玄谈盛而晋室倾，清流浊而唐祚移，学禁作而宋舟覆，其初文雅雍容，议论标致，不过起于一二人之猎胜，而其究乃致怨恶沸腾于寰中，干戈相寻于海内，而溃败不可收拾。"《总目》对此论大加赞赏："若于七八十年之前预见讲学之亡明者，则笃论也。"

唐顺之亦以博学称，同时其文章、事功也有名于时。《学案》谓唐氏之学"得之龙溪（王畿）者为多……以天机为宗，无欲为功夫"。对于唐氏的文章，《学案》颇为赞许，谓之"从广大胸中随地涌出，无意为文而文自至"。《总目》对于唐氏之博学，予以肯定，《荆川集》提要云："顺之学问渊博，留心经济，自天文、地理、乐律、兵法，以至勾股、壬奇之术，无不精研。……然考索既深，议论具有根底，终非井田、封建之游谈。"对于其文章，则极为推崇，《文编》提要谓"自正、嘉之后，北地（李梦阳）、信阳（何景明）声价奔走一世，太仓（王世贞）、历下（李攀龙）流派弥长，而日久论定，言古文者终以顺之及归有光、王慎中三家为归"。《荆川集》提要称其"在有明中叶，屹然为一大宗"。关于唐氏所著诸书，《总目》对于《稗编》、《武编》尚存肯定，但对其评点历史之作，则大加抨击。《史纂左编》提要云："妄为升降，颠倒乖错之处，不可胜言。殆与李贽之《藏书》狂诞相等。乃贽书世犹多相诟病，而是编独未有纠其失者，殆震于顺之之名，不敢议欤？"《两晋解疑》提要云："持论与所作《两汉解疑》相类，而乖舛尤多。如贾充一条，称'秦桧有息民之功，故得善终；冯道和蔼温柔，故有长乐老之荣'。悖理殊甚。顺之学问文章，具有根底，而论史之纰谬如此。盖务欲出奇胜人，而不知适所以自败。前明学者之通病也。"

### 4. 对楚中、北方、粤闽王门之评论

楚中王门是指湖广一带的王学传人。黄宗羲在《楚中王门学案》小序中，谓"楚学之盛，惟耿天台（定向）一派，自泰州流入。当阳

明在时，其信从者尚少。道林（蒋信）、闇斋（冀元亨）、刘观时出自武陵，故武陵之及门，独冠全楚"。据此，楚学实有两派，一为传承泰州学派的天台之派，但"天台之派虽盛，反多破坏良知学脉"，故黄宗羲将其列入《泰州学案》；一为以蒋信为代表的武陵之派，黄宗羲认为"道林实得阳明之传"。但"蒋信传"中，黄宗羲谈到，蒋信初无所师授，后师事王阳明，再后又师事湛若水，"是故先生之学，得于甘泉者为多也"。可见蒋信之学，主要得之湛若水，而非王阳明，很难说是阳明嫡传。对蒋信论学语，黄宗羲有所批评，谓其"论理气心性，可谓独得其要，而工夫下手反远之"。《总目》对于蒋信，则是批评其玄虚的一面，而肯定其笃实的一面。《道林诸集》提要云："史称信初从守仁游，时未以良知教。后从若水游最久，其学得之若水者为多。又称其践履笃实，不尚虚谈。盖犹未尽入于禅者。卷末有附谈一则……惝恍无凭，斯则末流放失，全入于二氏者矣。"《蒋道林文粹》提要云："其文不事华藻，惟直抒胸臆，期于明畅而止。盖信尝从王守仁于龙场驿，后又从湛若水游，所重惟在讲学耳。"

北方王门是指河南、山东一带的王学传人。《北方王门学案》小序谓"北方之为王氏学者独少"，"穆玄庵（孔晖）既无问答……非二孟（孟秋、孟化鲤）嗣响，即有贤者，亦不过迹象闻见之学，而自得者鲜矣"。王阳明主试山东时，取穆孔晖为第一，故穆孔晖可算是王阳明的弟子。但据黄佐说，穆氏"虽阳明所取士，未尝宗其说菲薄宋儒"。黄宗羲对黄佐的说法极表反对："既冤先生，而阳明岂菲薄宋儒者？且冤阳明矣。一言以为不知，此之谓也。"但黄宗羲也指出，穆氏"学阳明而流于禅，未尝经师门之煅炼"。《总目》对穆氏的入禅倾向，予以严厉批评，《大学千虑》提要云："是书就《章句或问》引申其说，中引《佛遗教经》以为儒释一本，可谓小言破道。其引隋智顗《法华文句解·分别功德品》及《大庄严经论》之说，以格量训格物之义，亦深为王士祯《池北偶谈》所讥。《明史·儒林传》附孔晖于邹守益传中，称'孔晖端雅好学，初不肯宗王守仁说，久而笃信之，自名王氏学，浸淫入于释氏'。观是书良不诬云。"《学案》认为穆氏入禅是未经师门煅炼所至，而《总目》则认为穆氏入禅乃是笃信王学所致。

北方王门的尤时熙，曾师事江右王门的刘魁，《学案》谓其"考究阳明之言行，虽寻常謦欬，亦必籍记"。对于尤氏论学之语，黄宗羲有所批评，谓"先生既扫养出端倪，则不得不就察识端倪一路，此是晦翁（朱熹）晚年自悔'缺却平时涵养一节工夫'者也，安可据此以为学的"？大概正是由于尤氏有近于朱学之论，《明史》称其"议论切于日用，不为空虚隐怪之谈"。《总目》不同意《明史》的说法，指出："今观其书，大抵以心为宗……皆非圣人之言。犹是姚江末派，敢为高论者也。"张后觉曾受业于尤时熙，也算是受到王学影响的学者。《学案》引述了他的几段话，颇涉玄虚。《总目》于《宏山集》提要，批评"其学源出姚江，推阐弥深，而弥堕禅趣。……《教言》、《语录》皆宿冥恍惚之谈，动称颜山农，其宗旨可见"。孟化鲤亦曾师从尤时熙，《学案》谓其"所言'发动处用功'及'集义即乎心之所安'，皆师说也"，《总目》之《孟云浦集》提要谓其"讲良知之学，以无欲为宗，以慎独为本"。杨东明曾问辨于邹元标、冯从吾、吕坤、孟秋、耿定向、张元忭、杨起元等，《学案》称其"能得阳明之肯綮"，又谓"其学之要领，在论气质之外无性"，"可谓一洗理气为二之谬矣"。《学案》还指出，"而其间有未莹者，则以不皆善者之认为性也"。《总目》未言及杨氏之学术，对其品节加以称扬，谓"东明为礼科给事中时，正当万历间，朝政纰谬，东明多所建白"，"持论颇正而不激"。

粤闽王门是指广东、福建一带的王学传人。广东的王学传人，据《粤闽王门学案》小序，"岭海之士，学于文成（王守仁）者，自方西樵（献夫）始"。方氏虽为广东最早受业于王阳明者，但他于嘉靖初因进

《大礼疏》骤贵，颇受訾议，学问亦无可称。《总目》评方氏《周易传义约说》"务在简明，然大抵依违旧说，不能别有发明"。《粤闽王门学案》小序还指出，王阳明开府赣州，粤地"从学者甚众"，然名多不彰，"乃今之著者，唯薛氏耳"。所谓薛氏，主要是指薛侃。《学案》本传谓"世疑阳明先生之学类禅者三，曰废书，曰背考亭（朱熹），曰涉虚，先生一一辨之，然皆不足辨也，此浅于疑阳明者也"，"此无与于学问之事，宁容与之辨乎"？薛氏辨所不当辨，其对于阳明之学的领悟恐不深。《总目》对薛侃亦有微词，《图书质疑》提要谓："其答问中所论格致、体用、虚实，及儒释之辨，皆守姚江良知之说。"《研几录》提要谓："侃承姚江余绪，故屡称引良知之说。其《儒释辨》，谓'世之疑先生之学类禅者三，曰废书，曰背考亭，曰虚'。侃一一辨之。黄宗羲《明儒学案》谓此浅于疑阳明者，皆不足辨也。况言元寂，言虚无，愈辨愈支，并王氏本旨亦为侃所累矣。"

福建的王学传人，据《粤闽学案王门》小序，"闽中自子莘（马明衡）以外无著者焉"，又谓"子莘立志勇猛，与郑善夫为古文，阳明曰：'草木之花千叶者无实，其花繁者其实鲜。'"看来王阳明对马明衡的为学方法并不赞成。《总目》认为马氏《尚书疑义》"醇驳互存"，对于其人品则很表赞赏："明人解经，冗滥居多。明衡是编，尚能研究于古义，固不以瑕掩瑜也。《明史》称闽中学者，率以蔡清为宗，至明衡独受业于王守仁，闽中有王氏学自明衡始。考明衡当嘉靖三年，世宗尊所生而薄所后，于兴国太后诞节，诏命妇入贺，于慈寿皇太后诞辰，乃诏免朝。时盈庭附和新局，而明衡惓惓故君，与朱淛力争，皆遭祸几殆，坐是终身废弃。可谓不愧于经术，更不必以门户之见，论是书之醇疵矣。"

### 5. 对止修、泰州学派之评论

除上述各地王门学者外，还有师承王门而又别立宗旨者，学者们多称其为王门别派。这样的学派主要有李材的止修之学和王艮创立的泰州学派。

据《学案》本传，李材初学于邹守益，"学致良知之学"，后几经变化，"拈出'止修'二字，以为得孔、曾之真传"。李材抚治郧阳时，因改公署为书院，激起兵变，后又被劾冒功遭逮问，黄宗羲对此力予辩护。但对于止修之学，黄宗羲则颇不以为然，指出："其实先生之学，以止为存养，修为省察，不过换一名目，与宋儒大段无异，反多一张皇耳。"《总目》对李材更是多所批评。《李见罗书》提要云："材尝患世之学者每以朱、王两家格物致知之说争衡聚讼，因揭修身为本一言，以为孔、曾宗传，而谓知止即知本，又谓格物之功散见八条目中，以朱子补传为误。其学较姚江末派稍为近实，故顾宪成颇称之。然材在郧阳，侵官地为书院，至于激变诸军，狼狈弃城，仅以身免。及被劾遭戍，犹用督抚仪从赴谪所，为当代所非。黄宗羲《明儒学案》记之最详，则亦何贵乎讲学耶！"《观我堂摘稿》提要又云："其学出于姚江，而稍变其说，遂开止修一派，与良知一派并传。然制行颇率意自恣。官巡抚时，毁参将署为书院，致激兵变。后云南巡按御史劾其破蛮冒功，逮问坐系十余年，谪戍福建，乃用巡抚仪从以往，为当时所怪。黄宗羲《明儒学案》谓其以师道自任，不因患难而改，不知者谓其不忘开府门面，则失之。然师道尊严，岂在鼓吹张盖？宗羲以姚江一派门户相同，从而为之曲说耳。"

对于泰州学派创始人王艮，黄宗羲的评价基本上是功过参半。《泰州学案》小序云："阳明先生之学，有泰州（王艮）、龙溪（王畿）而风行天下，亦因泰州、龙溪而渐失其传。泰州、龙溪时时不满其师说，益启瞿昙之秘而归之师，盖跻阳明而为禅矣。"在《学案》"王艮传"中，黄宗羲指出："阳明而下，以辩才推龙溪，然有信有不信，惟先生于眉睫之间，省觉人最多。谓'百姓日用即道'，虽僮仆往来动作处，指其不假安排处示之，闻者爽然。"对于王艮著名的"淮南格物"说，黄宗羲援引其师刘宗周之言，谓"后儒格物之说，当以淮南为正"，但又指出"第少一注脚，格知诚意之为本，而正修治平之为末，则备矣"。《总目》于王艮无多评论，只谓其《心斋约言》"皆发明良知之旨"。

王艮之子王襞，《学案》谓王阳明令其师事王畿、钱德洪，"心斋（王艮）没，遂继父讲席，往来各郡，主其教事，归则扁舟于村落之间，歌声振乎林木，恍然有舞雩气象"。《学案》认为王艮、王襞父子有味乎曾点之乐，但又指出："然此处最难理会，稍差便入狂荡一路。……细详先生之学，未免犹在光景作活计也。"《总目》于《东厓遗集》提要谓王艮、王襞父子"同刻意讲学，非以文章为事者"，又引朱彝尊《静志居诗话》语，谓王襞诗"亦有活脱之趣，然终非专门也"。王艮从弟王栋，亦师事王艮，所至以讲学为事，《学案》谓其为学大端有二，"一则禀师门格物之旨而洗发之"，"一则不以意为心之所发"。后一点因与刘宗周看法相合，故极得黄宗羲称赏。《总目》对于王栋，只是援引《学案》之言，指出其禅学倾向。《一庵遗集》提要云："王守仁良知之学有泰州一派，始于王艮，栋为艮从弟，故独得其传，所至皆以讲学为事。……黄宗羲《明儒学案》，尝称栋'意非心之所发'一语，为独得宗旨，而又谓泰州之学，时时不满师说，益启瞿昙之秘，致阳明而为禅云。"

王艮弟子徐樾，先事王阳明，后卒业于王艮之门。徐樾的传承弟子中，有名于时者较多，且都浸染于禅。官至文渊阁大学士的赵贞吉，其学即得之徐樾。《学案》谓赵氏"初不自讳其非禅学"。赵贞吉曾说过："就禅教中分之为两，曰如来禅，曰祖师禅。如来禅者，先儒所谓'语上而遗下，弥近理而大乱真者'是也；祖师禅者，纵横捭阖，纯以机法小慧牢笼出没其间，不啻远理而失真矣。"《学案》认为赵氏"亦从弥近理而大乱真者学之"，"若其远理而失真者，则断断无一好人也"。

是对赵氏尚有所回护。《总目》之《文肃集》提要谓："贞吉学以释氏为宗。姜宝为之序曰：'今世论学者，多阴采二氏之微妙，而阳讳其名。公于此能言之，敢言之，又讼言之，昌言之，而不少避忌，盖其所见真，所论当，人固莫得而訾议也。'其持论可谓悍矣。"对其宗释氏明显持批评态度。

徐樾弟子对后世影响最大者为颜钧，《学案》对其持批评态度。《泰州学案》小序云："泰州之后，其人多能以赤手抟龙蛇，传至颜山农、何心隐一派，遂非复名教之所能羁络矣。……诸公掀翻天地，前不见有古人，后不见有来者。释氏一棒一喝，当机横行，放下柱杖，便如愚人一般。诸公赤身担当，无有放下时节，故其害如是。"又谓颜氏"平时只是率性所行，纯任自然，便谓之道，及时有放逸，然后戒慎恐惧以修之，凡儒先见闻，道理格式，皆足以障道"。颜钧弟子有名于世者为何心隐（本名梁汝元）、罗汝芳。何心隐之学，《泰州学案》小序谓"不随影响，有是理则实有是事，无声无臭，事藏于理，有象有形，理显于事"，并谓其"一变而为（张）仪、（苏）秦之学矣"。罗汝芳之学，《学案》本传谓"以赤子良心、不学不虑为的，以天地万物同体、彻形骸、忘物我为大"，并谓"虽素不识学之人，俄顷之间，能令其心地开明，道在现前，一洗理学肤浅套括之气，当下便有受用，顾未有如先生者也"。《学案》指出罗氏得禅学精髓，"然所谓浑沦顺适者，正是佛法一切现成"，"先生真得祖师禅之精者"；同时又指出不能因罗氏近禅就对其全盘否定，"若以先生近禅，并弃其说，则是俗儒之见，去圣亦远矣"。《总目》对罗氏近禅，则批评颇严。《一贯编》提要云："汝芳习其师说，故持论恍洋恣肆，纯涉禅宗，并失守仁之本旨。……是当时持正之士已纠其谬，朝廷且悬为禁令，然运当末造，风气浇漓，好异者终不绝也。所以世道人心日加佻薄，相率而趋于乱亡欤！"《识仁编》提要云："是书皆提唱禅宗，恣为幻杳之论，特假借程子以为名耳。"《近溪子文集》提要云："其学出于颜钧，承姚江之末流，而极于泛滥。故其说放诞自如，敢为高论。"

罗汝芳有两大弟子，一为杨起元，一为周汝登。杨氏之学，与乃师一样，亦颇近禅，《学案》指出，"以夫妇知能言道，不得不以耳目口鼻四肢之欲言性，是即释氏作用为性之说也"。《总目》对于杨氏学术，严加抨击，《证学编》提要谓其"援儒入墨，诬诞实甚"，"变乱先儒，其流毒且及于经义矣"。《诸经品节》提要谓"起元传良知之学，遂浸淫入于二氏，已不可训。至平生读书为儒，登会试第一，官跻九列，所谓国之大臣，民之表也。而是书卷首乃自题曰比丘，尤可骇怪矣"。周汝登之学，《学案》批评"以性为无善无恶，失却阳明之意"，"即释氏之所谓空也"，并谓周氏"教人贵于直下承当"，"皆宗门作略也"。《总目》亦批评周氏之说，《圣学宗传》提要引《明史·儒林传》，谓："汝芳传杨起元及汝登，起元清修姱节，然其学不讳禅。汝登更欲合儒释而会通之，辑《圣学宗传》，尽采先儒语类禅者以入。盖万历以后，士大夫讲学者多类此云云。"《海门先生集》提要又谓："其释良知二字，谓'良训甚也，当如至善、至德、至乐、太极、太初等。至字、太字，皆甚字之义，有不可拟议，不可名言之妙'。其立意新奇，非惟孟子无此说，即王守仁亦无此说。斯真龙溪末派，惟所欲言者矣。"

耿定向之学亦出于泰州，《学案》对其学术评价颇低，谓其学"不尚玄远"，"其说未尝不是，而不见本体，不免打入世情队中"。对于耿氏为人，《学案》更是颇多指责。《总目》对于耿氏，基本上亦持否定态度，但对其不尚玄远则有所肯定。《耿子庸言》提要云："定向之学出于泰州王艮，本近于禅。然有鉴于末流之狂纵，不甚敢放言高论。故初请李贽至黄安，既而恶之，而贽亦屡短定向。然议论多而操履少，遂不免有迎合张居正事，为清议所排。讲学之家，往往言不顾行，是亦一证矣。"《耿天台文集》亦云："大抵定向之学，兼讲作用。观其全集，大略可知。"对耿氏所著《先进遗风》，更颇加肯定："是书略仿宋人《典型录》之体，载明代名臣遗闻琐事，大抵严操守、砺品行、存忠厚者为多。盖明自嘉靖以后，开国敦庞之气日远日漓，士大夫怙权营贿，风尚日偷。定向陈先进懿行以救时弊，故所记多居家行己之细事，而朝政罕及焉。……其间如曲誉李东阳之类，未免乡曲之私；提唱姚江之学，未免门户之见。然著书大旨不在是，略其小疵可也。"

耿定向、罗汝芳的弟子焦竑，以博洽闻名，《学案》称其"师事耿天台（定向）、罗近溪（汝芳），而又笃信卓吾（李贽）之学，以为未必是圣人，可肩一狂字，坐圣门第二席，故以佛学即为圣学，而明道（程颢）辟佛之语，皆一一绌之"。《总目》对于焦氏友李贽、鼓狂禅，痛加抨击，《焦弱侯问答》提要云："竑师耿定向而友李贽，于贽之习气沾染尤深，二人相率而为狂禅。贽至诋孔子，而竑亦至尊崇杨墨，与孟子为难。虽天地之大无所不有，然不应妄诞至此也。"《易筌》提要云："是书大旨，欲以二氏通于易，每杂引《列子》、《黄庭内景经》、《抱朴子》诸书以释经。史称竑讲学以罗汝芳为宗，而善耿定向、耿定理及李贽，时颇以禅学讥之。盖不诬云。"《阴符经解》提要亦云："盖竑与李贽友善，故气类熏染，喜谈禅悦，其作此注，仍然三教归一之旨也。"但《总目》亦认为焦氏博学，《中原文献》提要谓："竑虽耽于禅学，敢为异论，然在明人中尚属赅博。"对于焦氏所著诸书，《总目》区别对待。有的予以否定，如谓其《国史经籍志》"丛抄旧目，无所考核，不论存亡，率尔滥载，古来目录，惟是书最不足凭"；有的予以肯定，如谓其《老子翼》"不立道德经之名，亦不妄署篇名，体例特为近古，所采诸说，大抵取诸道藏，多非世所常行之本，竑之去取，亦特精审"，"盖竑于二氏之学，本深于儒学，故其说儒理者多涉悠谬，说二氏之理者转具有别裁云"。

管志道的学术渊源，《学案》谓其受业于耿定向，《总目》则谓其学出于罗汝芳。据《泰州学案》小序，管氏"著书数十万言，大抵鸠合儒释，浩汗而不可方物"，并谓其"平生喜谈鬼神梦寐，其学不见道可知。泰州（王艮）张皇见龙，东溟（管志道）辟之，然决儒释之波澜，终是其派下人也"。《总目》对于管氏之学，亦大加批评。《孟义订测》提要云："是书诠解《孟子》，分订释、测义二例。订释者，取朱子所释而订之，测义者则皆自出臆说，恍惚支离，不可胜举。盖志道之学出于罗汝芳，汝芳之学出于颜钧，本明季狂禅一派耳。"《问辨牍》提要云："志道之学，出于罗汝芳。原本先乖，末流弥甚，放荡恣肆，显唱禅宗，较泰州（王艮）、龙溪（王畿）尤甚。其《答王塘南书》，谓'孔颜真是即心是佛，即经世是出世，与文殊之智、普贤之行，两不相违为'。其宗旨可见矣。虽为儒言，实则佛教。"《从先维俗议》提要亦谓其讲学语"理杂二氏"，"盖心学盛行，而儒墨混而为一，是亦明季之通病矣"。

泰州学派中在摆脱名教羁络方面走得最远的是李贽。李贽曾师事王艮之子王襞，泰州后学耿定理、焦竑等皆曾与李贽交往密切，故李贽理所当然应属泰州一派，但因其走得过远，故黄宗羲未将其列入《学案》。《总目》将李贽视为名教之罪人，屡加抨击。《藏书》提要云："贽书皆狂悖乖谬，非圣无法。惟此书排击孔子，别立褒贬，凡千古相传之善恶，无不颠倒易位，尤为罪不容诛。其书可毁，其名亦不足以污简牍，特以贽大言欺世，同时若焦竑诸人，几推之以为圣人，至今乡曲陋儒，震其虚名，犹有尊信不疑者。如置之不论，恐好异者转矜创获，贻害人心。故特存其目，以深暴其罪焉。"《初潭集》提要云："大抵主儒释合一之说，狂诞谬戾，虽粗识字义者皆知其妄，而明季乃盛行其书，当时人心风俗之败坏，亦大概可睹矣。"《李温陵集》提要云："贽非圣无法，敢为异论，虽以妖言逮治，惧而自刭，而焦竑等盛相推重，颇荧众听，遂使乡塾陋儒，翕然尊信，至今为人心风俗之害。故其人可诛，其书可毁，而仍存其目，以明正其为名教之罪人，诬民之邪说，庶无识之士不至怵于虚名，而受其簧鼓，是亦彰瘅之义也。"

泰州后学中，也有不满于禅学倾向者。如方学渐，《学案》谓其"见世之谈心，往往以无善无恶为宗，有忧焉，进而证之于古，溯自唐虞，及于近世，摘其言之有关于心者，各拈数语，以见不睹不闻之中，有莫见莫显者，以为万象之主，非空然无一物者也"。《学案》对方氏说法表示反对，认为其言"煞是有病"，并谓其"在泰州一派，别出一机轴矣"。《总目》因方氏排斥玄寂，对其有所肯定，《心学宗》提要云："是书专明心学，自尧舜至于明代诸儒，各引其言心之语，而附以己注。其自序云：'吾闻诸舜人心惟危，道心惟微，闻诸孟子仁，人心也，闻诸陆子心即理也，闻诸王阳明至善心之本体。一圣三贤，可谓善言心也矣。'盖学渐之说本于姚江，故以陆王并称。……大意谓主心体至善，一辟虚无空寂之宗，而力斥王畿《天泉证道纪》为附会，故其言皆有归宿。宪成序其首曰：'假令文成复起，亦应首肯。'盖虽同为良知之学，较之龙溪（王畿）诸家犹为近正云。"

### （三）对明后期非王学诸儒之评论

在王阳明心学兴起和传衍的过程中，不断有思想家与之辩难，甚或对其展开尖锐批判；这些批评者中，有湛若水等与之宗旨相近的思想家，但更多的是学术宗旨与之相对的程朱学者。此外，明后期许多学者，虽然论学宗旨与王学不合，甚至对王学持激烈反对态度，但其学术思想实际上已受到王学影响，往往带有兼糅朱、王的色彩。

#### 1. 对甘泉学派之评论

甘泉学派与王学同时并立，两家弟子互有出入，正如《甘泉学案》小序所说："王、湛两家，各立宗旨，湛氏门人，虽不及王氏之盛，然当时学于湛者，或卒业于王，学于王者，或卒业于湛，亦犹朱、陆之门下，递相出入也。"

甘泉学派的创始人湛若水出于陈献章之门。据《学案》介绍，湛氏"与阳明分主教事，阳明宗旨致良知，先生宗旨随处体认天理，学者遂以良知之学，各立门户"。有人以为"天理即良知也，体认即致也"，试图调和两家之说，《学案》则认为"然先生论格物，条阳明之说四不可，阳明亦言随处体认天理为求之于外，是终不可强使之合也"。对于湛氏批评阳明之言，《学案》力加批驳，认为湛氏所言"不足为阳明格物之说病"，"仍为旧说所拘"，"其言终觉有病也"。《总目》认为湛氏为学与程朱不合，《甘泉新论》提要云："若水之学以虚明为宗，故其论心则以为主一而无物，其论性则以宋儒理气对举为非，视程朱所论颇殊。"又指出湛氏之学与王学并立，而与宋程颐相近，《遵道录》提要云："初与王守仁同讲学，后各立宗旨。守仁以致良知为宗，若水以随处体验天理为宗。守仁言若水之学求之于外，若水亦谓守仁格致之说不可信者四。学者遂分王湛之学。若水得力于献章，每教人静坐，其学洒然独得，故于宋儒中独推尊明道，所谓学焉而得其性之所近也。"

湛氏之学在明代一直传衍下来，但其后学的学术宗旨则未必固守湛氏之途辙。其中不少门人出入湛王二家。如湛若水及门弟子吕怀，主张"天理良知本同宗旨，学者功夫无有着落，枉自说同说异"，《学案》认为其说"就中指点出一通融枢要，只在变化气质"，并称其《心统图说》之论"极为切实，可以尽横渠（张载）之蕴"。但《学案》并不同意变化气质之说，认为"横渠之失，浑气质于性，先生之失，离性于气质，总由看习不清楚耳"。《总目》对吕氏著述，率加批评，称其《周易卦变图传》"大抵支离牵合，若有意义，而实非易之本旨也"，《箫韶考逸》"繁衍无当，又以阴阳术数之说附会其间，益杂糅矣"，《律吕古义》"其中心统之说，颇近释氏，所论亦时多牵合，未能得律吕之本也"。至于唐枢，虽出湛门，而其学更近王氏。《学案》称唐枢"于甘泉之随处体认天理、阳明之致良知，两存而精究之，卒标'讨真心'三字为的"，"真心即良知也，讨即致也，于王学尤近"。《总目》则将唐氏当作王学末流看待，而大加抨击。如《宋学商求》提要谓："其学援儒入墨，纯涉狂禅。所刻《木钟台稿》，无非恣肆之论。此编评论宋儒，大抵近于禅者则誉，不近禅者则毁，不足以辨是非。"《一庵杂问录》提要谓："其论学以禅为宗，而附会以儒理。"《辖圜窝杂著》提要谓："盖专言心学也。其大旨宗王守仁……盖沿姚江之末派而失其本原，宜其惝恍无归矣。"《因领录》提要谓："皆枢讲学往复书札。词意诞谩，多涉佛理。……其提唱禅宗，悍然无忌，又不止于阳儒而阴释矣。"《唐集辑要》提要谓："枢之学纯出于禅，所言大抵空虚幻杳。"

唐枢的弟子许孚远、再传弟子冯从吾，为学皆尚笃实。《学案》称许孚远曾受学于唐枢，后"与四方知学者游，始以反身寻究为功"，又称其"信良知，而恶夫援良知以入佛者，尝规近溪公（罗汝芳）为后生标准，令二三轻浮之徒，恣为荒唐无忌惮之说，以惑乱人听闻，使守正好修之士，摇首闭目，拒此学而不知信"。《总目》对许氏亦颇加肯定，《敬和堂集》提要云："孚远之学，虽出于唐枢，然史称其笃信良知，而恶夫援良知以入佛者。故与罗汝芳、杨起元、周汝登断断相争。在姚江末派之中，最为笃实。冯从吾、刘宗周、丁元荐传其所学，皆能有所树立。"冯从吾学出许孚远，《学案》摘引其疏辩讲学之语，谓其学"全要在本原处透彻，未发处得力，而于日用常行，却要事事点检，以求合其本体"。《学案》对于冯氏的"救世苦心"是赞许的，但不同意其"太将气质说坏"。《总目》于《冯少墟集》提要，对冯氏学术加以肯定，谓其"讲学之作，主于明理，论事之作，主于达意，不复以辞采为工。然有物之言，笃实切明。虽字句间涉俚俗，固不以拿陋讥也"。但对于冯氏提倡讲学，则力加批评："士大夫自甲科通籍，于圣贤大义，不患不知，顾实践何如耳，不在乎聚而讲也。……无故而舍其职司，呼朋引类，使其中为君子者，授人以攻击之间，为小人者，借此为攀附之途，党祸之兴，未必非贤者开门而揖盗也。"

吕怀的弟子杨时乔，学术宗旨则近于程朱之学。《学案》撮述杨氏学术大旨是："以天理为天下所公共，虚灵知觉是一己之所得。故必推极其虚灵觉识之知，以贯彻无间于天下公共之物，斯为真儒之学；若单守其虚灵知觉，而不穷夫天下公共之理，则入于佛氏窠臼矣。"《学案》对其说法不以为然，并讥其曲解阳明学说："阳明于虚灵知觉中，辨出天理，此正儒、释界限，而以禅宗归之，不几为佛氏所笑乎？阳明固未尝不穷理，第其穷在源头，不向支流摸索耳。至于敛目反观，血气凝聚，此是先生以意测之，于阳明无与也。"《总目》对杨氏学宗程朱，加以称肯，《周易古今文全书》提要谓："其大意在荟萃古今以辟心学说易之谬，所宗惟在程朱。"《杨端洁集》提要谓："江右之学，惟时乔一本程朱，故集中《大学》、《周易》诸序，及孔、朱二像碑，皆力辟心学之误云。"

### 2. 对攻驳王学诸儒之评论

据《诸儒学案》小序，列于《诸儒学案》中卷的学者，"皆骤闻阳明之学而骇之，有此辨难，愈足以发明阳明之学，所谓他山之石，可以攻玉也"。

罗钦顺是当时最重要的王学批评者，曾致书王守仁进行论辩。《学案》认为，罗氏"论理气最为精确"，但又指出其"论心性，颇与其论理气相矛盾"。高攀龙曾称罗氏"自唐以来，排斥佛氏，未有若是之明且悉者"，《学案》深契斯言，引述之后，赞叹说："呜呼，先生之功伟矣！"《总目》对于罗氏，颇予肯定，并对其排斥王学特加强调。《困知记》提要云："盖其学由积渐体验而得，故专以躬行实践为务，而深斥姚江良知之非。尝与王守仁书，辨《朱子晚年定论》，于守仁颠倒年月之处，考证极详。此书明白笃实，亦深有裨于后学。盖其学初从禅入，久而尽知利弊，故于疑似之介，剖析尤精，非泛相呵斥、不中窾要者比。高攀龙尝谓自来排挤佛氏未有若是之明且悉者，可谓知言矣。"《整庵存稿》提要云："钦顺之学，以穷理格物为宗，力攻王守仁良知之说。……然集中所作，虽意境平衍，而典雅醇正，犹未失成化以来旧格。诗虽近《击壤》派，尚不至为有韵之语录，以抗行作者则不能，在讲学诸家亦可云质有其文矣。"

崔铣对于心学亦排斥甚力。《学案》指出："先生之学，以程朱为的，然于程子之言心学者，则又删之，以为涉于高虚，是门人之附会，无乃固欤！"可见并不赞成崔氏的做法。《学案》对崔氏的理气观深表赞同，谓"其言理气无缝合处，先生自有真得，不随朱子脚下转是也"。但对于崔氏"诋阳明不遗余力，称之为霸儒"，则深为不满，批驳说："先生以知能心之用也，爱敬性之实也，本诸天，故曰良。今取以证其异说，删良能而不挈，非霸儒与？此是以心为知觉，以性为理，不可以知觉即是理之成说，颇与先生气即理之论自相反。"《总目》则称扬崔氏反对王学、宗守程朱，《洹词》提要指出："铣力排王守仁之学，谓其不当舍良能而谈良知，故持论行己，一归笃实。其争大礼，劾张璁、桂萼，风节表表，亦不愧其言。所作《政论》十篇，准今酌古，无儒生迂阔之习。"《士翼》提要云："其言皆讲学家之所深讳，而侃侃凿凿，直抒无隐，可谓皎然不自诬其心矣。"《读易余言》提要云："其笃实近理，固不失洛闽之传矣。"

何瑭主张"儒者之学，当务之为急，细而言语威仪，大而礼乐刑政，此物之当格而不可后者也"，对于"理出于心，心存则万理备，吾道一贯，圣人之极致也，奚事外求"的看法，深表反对。《学案》谓其论"为阳明而发也"，并对其说大加讥讽："盖力主在心为知觉、在物为理之说，固无足怪，独是以本原性命非当务之急，若无与乎修齐之事者，则与清谈何异？修齐之事，无乃专靠言语威仪、礼乐刑政与？真可谓本末倒置矣。"《总目》对于何氏提倡格致、躬行，表示赞赏，《柏斋集》提要云："瑭笃行励志，其论学一以格致为宗。……故当时东南学者多宗王守仁之说，而瑭独以躬行为本，不以讲学自名。然论其笃实，乃在讲学诸家上。"但对于其好发异论，则表示反对，《柏斋三书》提要谓："大都好为异说以自高。……论儒学则以朱子为欠明切，而真德秀《大学衍义》于大学之道实亦不知。皆所谓一知半解也。末有崔铣跋。铣学颇醇正，而极称所论之超卓，殊不可解。"

王廷相继承了宋儒张载的理气论，而又有所发挥。《学案》对其发挥，很不同意，指出："先生之论理气，以为气外无性，此定论也。但因此而遂言性有善有不善，并不信孟子之性善，则先生仍未知性也。"《总目》肯定王氏之排诋禅寂，但严厉批评其偏执臆断。《慎言》提要云："持论大抵不诡于正。然以拟议过贪诋诸儒，故罕考群言；以性灵弗神诋诸儒，故多凭臆见。……（《明史》）本传称'廷相博学好议论，以经术称，于星历、舆图、乐律、河图、洛书及周、程、张、朱之书皆有所论驳，然其说多乖僻'。良得其实云。"《雅述》提要云："《慎言》虽多偏执，犹不大悖于圣贤。此书则颇多乖戾。……今观其书，标举《中庸》修道之谓教为本，而多斥枯禅寂坐之非，未为无见。而过于摆落前人，未免转成臆断。……廷相以诗名一时，而持论偏驳乃尔。盖宏（弘）、正以前之学者，惟以笃实为宗，至正、嘉之间，乃始师心求异，然求异之初，其弊已至于如此，是不待隆、万之后始知其决裂四出矣。"

黄佐、张岳、李经纶等论学与王阳明亦不相合。《学案》谓黄氏"以博约为宗旨"，认为黄氏并不了解王阳明："是时阳明塞源拔本论，方欲尽洗闻见之陋，归并源头一路，宜乎其不能相合也。然阳明亦何尝教人不读书？第先立乎其大，则一切闻见之知，皆德性之知也。先生尚拘牵于旧论耳。"《总目》对于黄氏，虽不满其所补注《皇极经世》及所著《乐典》、《六艺流别》等书，但对其学问颇予肯定，《泰泉集》提要称其"明习掌故，博综今古……在明人之中，学问最有根底"。《泰泉乡礼》提要亦谓其"虽恪守程朱，然不以聚徒讲学名，故所论述，多切实际"。张岳曾与王阳明论学，语多不契，"往往攻击良知"。在《学案》看来，张岳"不知理义只在虚灵之内，以虚灵为未足，而别寻理义，分明是义外也"。《总目》于《小山类稿》提要云："史称岳博览，工文章，经术湛深，不喜王守仁学。今观集中《草堂》、《学则》及诸书牍内辨学之语，大都推阐切至，归于笃实近里。盖有体有用之言，固与空谈无根者异也。"李经纶"以理学自负"，对王、湛二家皆弗以为是。《学案》认为，其"与王、湛异者，大旨只在穷理二字。然先生之所谓理者，制度文为、礼乐刑政，皆是枝叶边事，而王、湛之所谓理，则是根本"。《总目》则认为，李氏的一些说法实与王阳明相近。《大学稽中传》提要云："是编攻击朱子《大学章句》，深辟格物之说，而以诚意为根本，盖推衍姚江古本义也。…下卷为考证，引朱子书七条，陆九渊书六条，谓二人其初均有弊，其终均无所偏。亦王守仁晚年定论之余绪耳。"

### 3. 对东林、蕺山学派之评论

明祚既终后，许多人以为清谈误国，对东林颇有非议，《学案》对这种看法深表愤怒，指出：东林"一堂师友，冷风热血，洗涤乾坤，无智之徒，窃窃然从而议之，可悲也夫"！关于东林讲学之首唱者顾宪成，《学案》谓其"深虑近世学者，乐趋简易，冒认自然，故于不思不勉，当下即是，皆令究其源头……而于阳明无善无恶一语，辨难不遗余力，以为坏天下教法，自斯言始"。但在《学案》看来，所谓阳明无善无恶之说出于王畿，包括顾氏在内的批评者实际上是"错会阳明之立论"。《总目》对于顾氏开讲学之风，予以猛烈抨击。《小心斋札记》提要云："宪成里居，与弟允成修宋杨时东林书院，偕同志高攀龙、钱一本、薛敷教、史孟麟、于孔兼辈讲学其中。朝士慕其风者，多遥相应和，声气既广，标榜日增，于是依草附木之徒，争相趋赴，均自目为清流，门户角争，递相胜败，党祸因之而大起，恩怨纠结，辗转报复，明遂以亡。虽宪成等主持清议，本无贻祸天下之心，而既已聚徒，则党类众而流品混，既已讲学，则议论多而是非生，其始不过一念之好名，其究也流弊所极，遂祸延宗社。《春秋》责备贤者，宪成等不能辞其咎也。"《泾皋藏稿》提要亦云："明末东林，声气倾动四方，君子小人，互相搏击，置国君而争门户，驯至于宗社沦胥，犹蔓延诟争而未已。《春秋》责备贤者，推原祸本，不能不遗恨于清流。宪成其始事者也。……惟宪成持身端洁，恬于名利，且立朝大节，多有可观。其论说亦颇醇正，未尝挟私见以乱是非，尚非后来依草附木者比。故姑录其集，并论其末流之失，以示炯戒焉。"

东林讲学的另一位首倡者高攀龙，《学案》称其"一本程朱，故以格物为要"，但又指出其格物不合程朱之旨，并谓其"人心明，即是天理"等言"深有助乎阳明'致良知'之说"。高氏曾批评王阳明致知格物之说，《学案》对此不以为然："先生之格物，本无可议，特欲自别于阳明，反觉多所扞格耳。"《总目》对于高氏评价颇高，认为其学能兼采朱、陆之所长，并将其与其他讲学者区别开来。《高子遗书》提要云："攀龙出赵南星之门，渊源有自。其学以格物为先，兼取朱、陆两家之长，操履笃实，粹然一出于正。……其讲学之语，类多切近笃实，阐发周密，诗意冲淡，文格清遒，亦均无明末纤诡之习。盖攀龙虽亦聚徒讲学，不免渐染于风尚，然严气正性，卓然自立，实非标榜门户之流。故立朝大节，不愧古人，发为文章，亦不专事词藻，而品格自高。此真之所以异于伪欤！"

钱一本亦为东林讲学之倡导者。关于钱氏学术，《学案》指出其得之江右王门王时槐者居多，并谓其"惩一时学者喜谈本体，故以工夫为

主，一粒谷种，人人所有，不能凝聚到发育地位，终是死粒"。《学案》
对他的这种说法表示赞赏，但不同意其"性固天生，亦由人成"之言，
认为"性为自然之理，人力丝毫不得而与"，"圣不能成，愚不能亏，以
成亏论性，失之矣"。《总目》于《龟记》提要，指出"东林方盛之时，
一本虽与顾宪成分主讲席，然潜心经学，罕谈朝政，不甚与天下争是
非，故亦不甚为天下所指目"。对于其所著《像象管见》，亦颇称许，谓
"一本研究六经，尤邃于易。……虽间有支蔓，而笃实近理者为多，自
称用力几二十年，亦可谓笃志矣"。但对其《四圣一心录》，则颇为不
满，谓其"大抵皆无根之高论也"，又称其《遁世编》"芜杂殊甚，疏漏
尤多"。

孙慎行、顾允成、史孟麟，亦为著名东林党人。孙慎行之学，《学
案》称其"从宗门入手"，但孙氏"不以是为得"，谓"儒者之道，不从
悟入"，"故舍学问思辨行，而另求一段静存动察工夫，以养中和者，未
有不流于禅学者也"。《学案》尤其称道孙氏"发先儒之未发者，凡有数
端"。《总目》于《元晏斋困思抄》提要，谓"其中颇多心得之语，然亦
不免好出新论。……虽才辨纵横，足以自畅其说，然非经之本旨矣"。
关于顾允成，《学案》称其"平生所深恶者乡愿道学"，"见义必为，皆
从性命中流出，沈继山称为'义理中之镇恶，文章中之辟邪'，洵不虚
也"。《总目》则不称肯其文章而称肯其气节，《小辨斋偶存》提要谓：
"允成文皆论诗讲学之语，书简居十之九，直抒胸臆，不事修饰。诗为
《击壤集》派，亦不入格。然大节凛然，其封策奏疏，皆真气流溢，发
于忠爱之诚，其不朽千古者，固在此不在彼也。"史孟麟师事顾宪成，
《学案》谓其"因一时之弊，故好谈工夫"，批评其驳难王阳明"无善无
恶心之体"之言，是"错会阳明之意是也"。《总目》之《亦为堂集》提
要，称"孟麟持正不阿，屡忤权倖。……然则孟麟在东林中，为超然于
门户外矣。至其文章则惟意所如，无复修饰之功，直以余事视之可也"。

《蕺山学案》系黄宗羲特为其师刘宗周所立。黄宗羲对其师极为推崇，《蕺山学案》小序指出，"今日知学者，大概以高（攀龙）、刘（宗周）二先生，并称大儒，可以无疑矣"；然高氏著述中有阑入释氏之语，故《学案》认为，"忠宪（高攀龙）固非佛学，然不能不出入其间，所谓大醇而小疵者，若吾先师（刘宗周），则醇乎其醇矣"。《总目》对于刘氏，亦极称誉，谓其学出阳明而能救其末流之失，与东林诸人游而不染其习。《刘蕺山集》提要谓："讲学之风，至明季而极盛，亦至明季而极弊。……宗周虽源出良知，而能以慎独为宗，以敦行为本，临没犹以诚敬诲弟子，其学问特为笃实。东林一派，始以务为名高，继乃酿成朋党，小人君子，杂糅难分，门户之祸，延及朝廷，驯至于宗社沦亡，势犹未已。宗周虽亦周旋其间，而持躬刚正，忧国如家，不染植党争雄之习。"《论语学案》提要称："其传虽出姚江，然能救正其失。……盖宗周此书，直抒己见，其论不无纯驳，然要皆抒所实得，非剿窃释氏以说书，自矜为无上义谛者也。……卒之明社既屋，甘蹈首阳之一饿，可谓大节皭然，不负其言矣。"《圣学宗要》提要亦云："宗周生于山阴，守其乡先生之传，故讲学大旨，多渊源于王守仁。盖目染耳濡，其来有渐。然明以来讲姚江之学者，如王畿、周汝登、陶望龄、陶奭龄诸人，大抵高明之过，纯涉禅机。……宗周独深鉴狂禅之弊，筑证人书院，集同志讲肄，务以诚意为主，而归功于慎独。其临没时，犹语门人曰：'为学之要，一诚尽之，而主敬其功'云云。盖为良知末流深砭痼疾。故其平生造诣，能尽得王学所长，而去其所短。卒之大节炳然，始终无玷，为一代人伦之表。"

### 4. 对出入朱王诸儒之评论

《诸儒学案》下卷收录的学者，学术观点颇为庞杂歧异，但对王学大多有所不满，甚至加以严厉批判。不过，这些学者由于生活于王学炽盛的环境中，多多少少都受到王学思潮的影响，许多人的学术思想带有出入朱王、杂糅朱王的色彩。

霍韬与王阳明之学不能相契，但他曾疏荐王阳明，谓"臣不如也"。从《学案》的记载来看，霍韬曾指出"阳明之学，一言蔽之曰'致良知'，析曰'格物'，曰'知行合一'，均之致良知也"，可见他对阳明学说是有一定了解的。但他认为，"知有圣人之知，有下愚之知，圣人之知则可致，下愚之知则无所不至矣"。《学案》不同意霍氏的见解，认为其所谓"知"，"乃习染闻见之知也，恶得良？故圣人与下愚，相去倍蓰无算，如何致之哉？此真千里之谬也"。霍韬与张璁、桂萼皆因大礼议骤贵，颇受时讥。或许是霍氏曾推荐过王阳明的缘故，《学案》竭力为其辩护，谓霍氏虽与张、桂同贵，"然张、桂赋性倾险"，"而先生举动光明"。《总目》对霍氏，则极意贬损，《渭厓文集》提要云："韬性强执谬戾，不顾是非。议尊兴献帝为皇考，则斥司马光不知忠孝，不当从祀孔庙；议合祀天地，则并诋及《周礼》，可谓无忌惮者。其他文亦皆争辨迫急，异乎有德之言。"

在大礼议中与霍韬观点相左的薛蕙，为学宗旨与王学颇有相合处。《学案》谓"其学以复性为要"，认为其说法"似是而非"。《总目》对于薛氏之诗极为赞赏，《考功集》提要谓："正、嘉之际，文体初新，北地（李梦阳）、信阳（何景明），声华方盛。蕙诗独以清削婉约介乎其间。古体上挹晋宋，近体旁涉钱郎。核其遗编，虽亦议拟多而变化少，然当其自得，觉笔墨之外别有微情，非生吞汉魏、活剥盛唐者比。"但对于薛氏之讲学，则大加讥讽，并谓其流入二氏，旨近王学。《西原遗书》提要云："大旨尊陆九渊、杨简之说，毅然不讳其入禅。至谓释氏于六度万行未尝偏废，殊为驳杂。蕙本诗人，足以自传于后，乃画蛇添足，兼欲博道学之名，又务立新奇，遁入异教。"《约言》提要云："其学以复性为宗，故《性情篇》云：'静者性之本，主静者复性之学也。'

又云：'静者自然之本体，动者后来之客感。'夫自有阴阳，即不能有静而无动，以动为客感，是二氏元寂之旨也。又曰：'理即此心，此心即理。'夫理具于吾心，不可谓心之虚灵不昧者即理也，即心即理，是姚江良知之宗也，其去濂、洛、关、闽之学，固已远矣。"

在晚明学者中，吕坤最反对虚谈，不仅批评王学，对程朱理学亦抨击甚厉。然观其"我只是我"之言，以及菲薄程朱甚至孔孟的态度，似不能完全否定王学之影响。《学案》对吕氏颇为尊重，称吕氏"一生孜孜讲学，多所自得，大抵在思上做工夫，心头有一分检点，便有一分得处，盖从忧患中历过，故不敢任情如此"。《总目》则赞誉吕氏之笃实，认为吕氏能避免朱、陆两家末流之弊。《呻吟语》提要云："大抵不侈语精微，而笃实以为本。不虚谈高远，而践履以为程。在明代讲学诸家，似乎粗浅，然尺尺寸寸，务求规矩，而又不违戾于情理，视陆学末派之猖狂，朱学末派之迂僻，其得失则有间矣。"《去伪斋文集》提要云："坤于明季讲学诸儒中，最为笃实。"惟对其《四礼疑》有所批评："意在酌通古今，自成一家之学。其大旨亦本于《书仪》、《家礼》，然好用臆说，未可据为典要。……坤之学在明代最为笃实，独此一编，轻于疑古，白璧之瑕，虽不作可矣。"

与东林相友善的鹿善继、曹于汴，受到王门后学影响较多。鹿氏"读《传习录》，而觉此心之无隔碍也"，但《学案》认为他并非王学一派，而是"颇近东林诸子"。《总目》对于鹿氏，一方面肯定笃实，另一方面则点出其王学影响。《四书说约》提要云："是书就《四书》以讲学，与明人讲义为时文而作者颇殊。……其持论亦颇笃实。然学出姚江，大旨提唱良知，与洛闽之学究为少异。"曹于汴与江右王门的冯应京为友，《学案》谓其与冯氏"以圣贤之学相砥砺，讲求兵农钱赋、边防水利之要"。《学案》指出，曹氏"所言仁体，即是《西铭》之注疏也。木则不仁，不木则仁，即上蔡之以觉言仁也"。《学案》特别提到，"以觉言仁，本是不差，朱子却以为非，谓知觉不可以求仁，仁然后有知觉"，《学案》认为朱熹的说法是讲不通的。《总目》对于曹氏，肯定其气节，而否定其讲学。《共发编》提要云："是编乃为淮安推官时，讲学安定祠内，与门人问答之语。其持论多涉元妙。……是坐儒者之皋比，而演释迦之经咒，则何不披淄而开方丈也。"《仰节堂集》提要云："故于忤之诗文，亦在理学举业之间，或似语录，或似八比。盖平生制行高洁，立朝风节凛然，震耀一世，远者大者，志固有在，原不以笔札见长。（冯）从吾序所谓非沾沾以文章名家者，为得其实。观是集者，谓之文以人重可矣。"

郝敬是晚明时期著述颇丰的一位著名学者，《学案》称"明代穷经之士，先生实为巨擘"。郝氏的学术宗旨，是"以下学上达为的"，《学案》不同意其说："按先生之下学，即先生所言之格物也，而先生于格物之前，又有一段知止工夫，亦只在念头上，未著于事为，此处如何下学？不得不谓之支离矣。"《总目》认为，郝氏虽攻击王学，实际却受到王学很深影响。《时习新知》提要云："自序谓早岁出入佛老，中年依傍理学，垂老途穷，乃输心大道。书中于周子《太极图说》、张子《正蒙》、邵子《皇极经世》及二程、朱子，无不肆言诋斥，谓宋儒设许多教门，主静持敬，操存省察，致知穷理，专内疏外，举体遗用，为浮屠之学。又谓世儒先知后行，以格物为穷理，以闻见为致知，皆非。是即王守仁知行合一、致知格物之说。然既借姚江之学以攻宋儒，而又斥良知为空虚，以攻姚江，亦可谓工于变幻者矣。"对于郝氏解经诸书，虽称其间有所得，但对其穿凿臆断抨诋甚厉。如《尚书辨解》提要谓："盖敬之解经，无不以私意穿凿，亦不但此书为然也。"《仪礼节解》提要谓："敬所作九经解，皆好为议论，轻诋先儒。"

在明朝末年，黄道周是非常受人尊敬的一代名儒。《学案》对于黄氏的品节，深表钦敬，但对其学术则不无微言，谓："先生深辨宋儒气质之性之非，气有清浊，质有敏钝，自是气质，何关性上事？"《总目》对黄氏学术，则颇予肯定，《榕坛问业》提要云："其大旨以致知明善为宗，大约左祖考亭而益加骏厉。书内所论，凡天文地志经史百家之说，无不随问阐发，不尽作性命空谈。盖由其博洽精研，靡所不究，故能有叩必竭，响应不穷。虽词意间涉深奥，而指归可识，不同于禅门机括，幻窅无归。先儒语录，每以陈因迂腐为博学之士所轻。道周此编，可以一雪斯诮矣。"对于黄氏所著诸书，则从书以人重的角度出发，大都加以肯定，但略摘其失误。如《洪范明义》提要谓："惟其意存启沃，借天人相应之理，以感动恐惧修省之心，其文不尽合于经义，其意则与经义深有合焉。置其小节，存其宏旨，可也。"《月令明义》提要谓："是又道周自为月令，蹈唐人之失，殊为未协。特其所注杂采《易象》、《夏小正》、《逸周书》、《管子》、《国语》，参稽考证，于经义颇有阐发。其胪举史传，亦皆意存规戒，非漫为推衍機祥。则改经虽谬，而其因事纳诲之忱，则固无悖于经义也。"《表记集传》提要谓："于经旨亦为牵合。然其借《春秋》之义，互证旁通，颇有发明。犹之胡安国《春秋传》，虽未必尽得经意，而议论正大，发挥深切，往往有关于世教，遂亦不可废焉。"《缁衣集传》提要谓："道周此书，意主于格正君心，以权衡进退，所重在君子小人消长之间，不必尽以章句训诂绳也。"

孙奇逢在明末清初以讲学为事，世称大儒。《学案》对其冒死援救东林党人的节侠之气十分赞赏，称"燕赵悲歌慷慨之风久湮，人谓自先生而再见"。《学案》暗示孙氏学术未至精微，但对其传播学术之功颇加称誉，谓"北方之学者，大概出其门。先生之所至，虽不知其浅深，使丧乱之余，犹知有讲学一派者，要不可泯也"。《总目》认为孙氏之学出于阳明一派，但兼采程朱，颇为笃实。《岁寒居答问》提要云："奇逢之学主于明体达用，宗旨出于姚江，而变以笃实，化以和平，兼采程朱之言，以弥其阙失。"《理学传心纂要》提要云："奇逢行谊，不愧古人。

其讲学参酌朱、陆之间，有体有用，亦有异于迂儒。"《四书近指》提要云："盖奇逢之学，兼采朱、陆，而大本主于穷则励行，出则经世，故其说如此。虽不一一皆合于经义，而读其书者，知反身以求实行实用，于学者亦不为无益也。"《读易大旨》提要云："奇逢说易，不显攻图书，亦无一字及图书。大意发明义理，切近人事。……其平生之学，主于实用，故所言皆关法戒，有足取焉。"

### （四）小结：《学案》与《总目》学术旨趣之差异

《学案》与《总目》学术旨趣之差异，从《总目》对《学案》的评论中即可看出端倪。《总目》虽然承认《学案》"于诸儒源流分合之故，叙述颇详"，但在总体倾向上对《学案》持否定态度，认为其偏袒王学，维护门户："大抵朱、陆分门以后，至明而朱之传流为河东，陆之传流为姚江。其余或出或入，总往来于二派之间。宗羲生于姚江，欲抑王尊薛则不甘，欲抑薛尊王则不敢。故于薛之徒，阳为引重而阴致微词；于王之徒，外示击排而中存调护。夫二家之学，各有得失。及其末流之弊，议论多而是非起，是非起而朋党立，恩仇缪辗，毁誉纠纷。正、嘉以还，贤者不免。宗羲此书，犹胜国门户之余风，非专为讲学设也。"在沈佳《明儒言行录》提要中，《总目》再次表达了此种见解："初，黄宗羲作《明儒学案》，采摭最详，顾其学出于姚江，虽于河津一派不敢昌言排击，而于王门末流诸人流于猖狂恣肆者，亦颇为回护，门户之见，未免尚存。"

《学案》是否像《总目》断言的那样，存在着偏袒王学的倾向呢？对此，不同学者有不同回答。大多数学者认为，《学案》的学术观点确实具有明显的王学性质，但不能由此断言此书囿于一家之言，旨在表彰王学；事实上，《学案》体现出了一种兼综百家、和会异同的学术气度，它并不偏袒王学，更不是要立王学门户，而是试图建立一个评论学术是非的客观标准，即所谓"公道"、"公学"①。也有学者认为，《学案》是理学内部陆王和程朱两派之间激烈竞争的产物，此书并非一种对历史现象的单纯和公正的观察，而是要为王阳明思想辩护，确立王阳明思想在儒学传统中毋容置疑的重要意义；但《学案》又并非是纯主观性的作品，它的卓越之处，在于实现了客观性与主观性之间的互相补充，这一点使它区别于后来的类似著作，那些著作或者是彻头彻尾的宗派主义产物，或者是由许多人经手的百科全书式的汇编并缺乏一贯的观点②。在这里，不可能对这一问题展开深入考察，但笔者比较同意后一种观点，认为黄宗羲撰写《学案》，确实含有确立和维护王学道统地位之意旨，但也正是由于有自己鲜明的"宗旨"，才使黄氏能够准确、敏锐地辨别和把握各家思想中精微的差别，从而使《学案》成为一部杰作。

至于《总目》对程朱派和陆王派的态度，《子部·儒家类》小序曾有所说明："今所录者，大旨以濂、洛、关、闽为宗，而依附门墙、籍词卫道者，则仅存其目。金溪、姚江之派，亦不废所长，惟显然以佛语解经者，则斥入杂家。凡以风示儒者无植党，无近名，无大言而不惭，无空谈而鲜用，则庶几孔孟之正传矣。"此外，《总目》凡例中有一条云："儒者著书，往往各明一义。或相反而适相成，可相攻而实相救，所谓言岂一端，各有当也。教研者无所别裁，则多岐而太杂，有所专主，又胶执而过偏，左右佩剑，均未协中。今所采录，惟离经畔道、颠倒是非者，掊击必严；怀诈挟私、荧惑视听者，屏斥必力。至于阐明学术，各撷所长，品骘文章，不名一格，兼收并蓄，如渤澥之纳众流，庶不乖于《全书》之目。"从这些话来看，《总目》虽然也试图摆出不偏不

---

①　参见侯外庐、邱汉生、张岂之主编：《宋明理学史》下卷，人民出版社1987年版，第28章。

②　参见司徒琳：《〈明夷待访录〉与〈明儒学案〉的再评价》，载吴光主编：《黄宗羲论》，浙江古籍出版社1987年版。

倚的姿态，但其总的原则，却是要"以濂、洛、关、闽为宗"，"离经畔道、颠倒是非者，掊击必严"。可以说，《总目》虽然不喜欢理学家的空谈，在一些具体问题上也不同意程朱的说法，但其总的思想倾向，还是要维护程朱理学的正统地位的。从《总目》对儒学著作的评论中也可看出，《总目》对陆王一系的批评，远比程朱一系为多，在程度上也严厉得多。

《学案》特别注重归纳和提炼各家学术之宗旨。如仿其做法，只用数字概括《学案》与《总目》之宗旨，又当是什么呢？笔者认为，《学案》的学术宗旨，可以概括为"贵自得"；而《总目》的学术宗旨，可以概括为"崇笃实"。在《学案》序中，黄宗羲自述云："羲为《明儒学案》，上下诸先生，深浅各得，醇疵互见，要皆功力所至，竭其心之万殊者，而后成家，未尝以懵懂精神冒人糟粕。"在《明儒学案》发凡中，他又指出："学问之道，以各人自用得着者为真。凡倚门傍户、依样葫芦者，非流俗之士，则经生之业也。此编所列，有一偏之见，有相反之论，学者于其不同处，正宜着眼理会，所谓一本而万殊也。以水济水，岂是学问！"可见，《学案》强调学者应有独自的思考和创新，而不赞成因循附合、人云亦云。《总目》凡例则云："刘勰有言：'意翻空而易奇，词征实而难巧。'儒者说经论史，其理亦然。……今所录率以考证精详、辨论明确为主，庶几可谢彼虚谈，敦兹实学。"又云："圣贤之学，主于明体以达用。凡不可见诸实事者，皆属卮言。儒生著书，务为高论，阴阳、太极，累牍连篇，斯已不切人事矣。至于论九河则欲修禹迹，考六典则欲复周官，封建、井田，动称三代，而不揆时势之不可行。……凡斯之类，并辟其异说，黜彼空言，庶读者知致远经方，务求为有用之学。"可见，《总目》强调学者应当笃实、醇正，讲求有用之学，而不赞成虚谈空论、翻奇骛异。

在对各家学者的评论中，两书基本上都将自己的宗旨贯穿进去。

比如，关于明初程朱学者，《学案》屡谓其因循粗浅，而《总目》则屡赞其笃实、醇正。再如，《学案》虽对王门后学之流入禅学者不满，但对王阳明本身及对它认为的王学正传（如江右王门），则评价甚高；而《总目》对王学各派，则多批评其玄虚放诞，而且在批评王学末流时，时常追根溯源到王阳明本人。再如，对于包括东林党在内的晚明讲学活动，《学案》认为其有助于学术、世道、人心，基本持肯定态度；而《总目》则认为讲学加剧了门户宗派之争，终至祸延宗社，因而对之猛烈抨击。当然，两书也并非截然对立，对一些问题的看法亦有相似之处。比如，对于流入狂诞玄虚、脱离名教羁络的泰州学派的一些学者，两书就都持严厉批评的态度。可以说，《学案》与《总目》的学术旨趣，总体看来存在着根本性的重大差异，但在某些方面也存在着一些共同之处。

# 二、治体用刚：张居正政治思想论析

## （一）引言

明代著名改革家张居正，显然是以事功勋业著称，而非以学术思想名世。但是，张居正的改革实践，绝非仅仅出自扶危定倾的理想和热情，而是基于对现实社会的清醒认识和深刻思考。可以说，张居正既是一位卓有成效的政治实干家，又是一位独具特色的政治理论家。明人刘芳节推崇张居正是学术思想的"集大成者"，他指出："大成之学，历宋至我明愈讲而愈晦，愈步趋而愈腐烂，得太岳先生而一洗刷之，光彩倍鲜。如曰平生学在师心，不曰师孔，而孔子之道愈尊、学愈明。"[①] 这些

---

① 刘芳节：《太岳先生文集评》，载张居正：《张太岳集》卷首。

话虽有过誉之嫌，但也提示人们不可忽视张居正的学术思想的深邃和独特。

关于张居正之学术思想，其生前即已有人评论，身后亦不断有人提起，然多属片段议论。到 20 世纪三四十年代，才有学者进行系统讨论。1934 年出版的陈翊林《张居正评传》，专门设立《治术与政论》一章，集中探讨其政治理念与实践。陈氏认为，中国的治术，自汉至清均是"外儒内法，而济之以道家之术"，但因时代形势不同而各有轻重。张居正所处的时代，"其最足以针对时弊，振衰起废的治术，自然莫过于法家。文忠虽以儒术起家，然他深切了解当时的政情非用法术不足以救之，故其一切主张与实施，多半偏重法家的精神，而间参以儒家的精神，至于道的精神则绝少采用。这便是文忠治术的根本精神。"①

次年出版的陶希圣《中国政治思想史》近古（宋元明）部分，亦列有"张居正的实用主义"一小节，讨论张氏之学术思想。陶氏认为，虽然张居正杀了良知派左翼的何心隐，其实他与良知派都是对抗那些"局琐取容，埋头顾影，贪位固宠"的道学家的，"他们两方面的确都是十六七世纪之间社会变动巨潮的产物"。陶氏指出，张居正根据对社会问题的观察与分析，建立起自己的"实用主义的理论"，他追求"实学"与"实用"，性命之学与经济之学并重，继承秦汉法治的要旨，以综核名实为行政的重点。②

嵇文甫在 1944 年出版的《晚明思想史论》中，设立《异军突起的张居正》一章，对张居正思想的价值给予很高评价。他指出：由于张居正"并不讲学，甚至毁书院，杀何心隐，和当时讲学家正立在敌对位置，所以他被人指为'不悦学'，而向来讲明代学术的也提不到他。但

---

① 陈翊林：《张居正评传》，中华书局 1934 年版，第十章。
② 陶希圣：《中国政治思想史》第四册《近古（宋元明）》，新生命书局 1935 年版，第七章第三节第一款。

是实际上他自有一套学术"；"他的政治建树实以学术为根底，在思想史上我们不能不给他一个特殊地位"。嵇氏认为："综观江陵生平言行，尊主威，振纪纲，明赏罚，核名实，讲富强，重近代，孤立一身，任劳任怨，纯是法家路数。"①

萧公权在 1946 年出版的《中国政治思想史》中，也在"明代专制思想之反动与余波"章下为张居正设立专节，指出："张氏乃实行者而非思想家。然其立论每有特见，非一般儒者或理学家所能范围。"萧氏也认为：张居正"论政之宗旨，殆可以'刚'之一字括之"；"张氏推尊秦始皇、明太祖之言论，不过专制思想之重申。韩非、李斯之徒，地下有知，当相视色喜，引为同调"。但萧氏又指出："张氏治体用刚之说固与鞅、斯有显然之区别"；"张氏虽以专制为必要之手段，其论政治之目的则仍守儒家民本之旨"；"其儒体法用之治术则亦具有异乎流俗之特色"。②

经上述诸位学者大力阐扬，张居正之思想家的地位得以确立。其后研究张居正的论著不断出现，涉及张居正学术思想者亦为数不少③。

---

① 嵇文甫：《晚明思想史论》，商务印书馆 1944 年版，第四章。
② 萧公权：《中国政治思想史》，国立编译馆 1946 年版，第十六章第三节。
③ 相关论著甚多，难以一一列举。可参见 Robert Crawford, "Chang Chü-cheng' Confucian Legalism", in W. T. de Bary ed., *Self and Society in Ming Thought*, New York：Columbia University Press，1970；郭厚安：《论张居正的政治思想》，《甘肃社会科学》1985 年第 5 期；陈宝良：《张居正思想新论》，《江汉论坛》1988 年第 11 期；余敦康：《张居正"敦本务实"之学》，载陈鼓应等主编：《明清实学思想史》上卷，齐鲁书社 1989 年版；孙广德：《张居正的政治思想》，《政治学报》第 23 卷，1994 年；吴量恺：《明代张居正治国方略的总体思想》，《明史研究》第 4 辑，黄山书社 1994 年版；韦庆远：《张居正和明代中后期政局》，广东高等教育出版社 1999 年版，第十八章；刘泽华、葛荃主编：《中国古代政治思想史（修订本）》，南开大学出版社 2001 年版，第二十章第四节；蒋明宏：《张居正学术思想考论》，《学术月刊》2003 年第 4 期；包诗卿：《略论张居正的社会政治思想》，《开封教育学院学报》2003 年第 2 期；刘志琴：《张居正评传》，南京大学出版社 2006 年版；陈士诚：《从〈帝鉴图说〉看张居正心目中理想君王的形象，兼论他的帝师角色》，香港科技大学硕士学位论文，2008 年。

这些论著大都注意到张居正思想中杂糅儒法的特色，但具体评判相差甚大，或谓其"外儒内法"、"儒表法里"，或谓其"内儒外法"、"儒体法用"。本文拟对张居正的治国理念作一集中探讨。

（二）治乱周期：治体用刚的历史合理性

自从汉代确立了儒家的正统意识形态地位后，以严酷残暴著称的秦始皇就很少得到好评。但到明代，秦始皇却得到两位思想家的高度赞誉。一位是异端思想家李贽，他在《藏书·世纪列传总目》中，称誉秦始皇"自是千古一帝也"。另一位便是张居正。李贽"不以孔子是非为是非"，"颠倒千万世之是非"，更多地是出于冲决道学罗网的思想激情，与后现代主义的"解构"颇有相通之处；而张居正"颠倒是非"，却是出于对历史变动趋势的观察和思考，为重建社会秩序和强化专制主义寻求理论依据。

中国古代历史观的主流是"循环史观"，但对于如何循环，各家见解却大不相同。如司马迁认为："夏之政忠。忠之敝，小人以野，故殷人承之以敬。敬之敝，小人以鬼，故周人承之以文。文之敝，小人以僿，故救僿莫若以忠。三王之道若循环，终而复始。周秦之间，可谓文敝矣。秦政不改，反酷刑法，岂不缪乎！"[1]与司马迁一样，张居正也认为历史变化是循环往复的："天下之事，极则必变，变则反始，此造化自然之理也。"[2]但他对于秦朝在历史循环中的位置，以及"秦政"的是非得失，与司马迁的评价却截然相反：

　　尧、舜已前，其变不可胜穷已，历夏、商至周，而靡敝已极，天下日趋于多事。周王道之穷也，其势必变而为秦，举前代之文

---

[1] 《史记》卷 8《高祖本纪第八》"太史公曰"。

[2] 张居正：《张太岳集》卷 18《杂著》。

制一切铲除之，而独持之以法，此反始之会也。然秦不能有而汉承之，西汉之治简严近古，实赖秦为之驱除。①

在司马迁看来，秦朝承"文敝"之后，本应返归于"忠"，但秦始皇却逆历史潮流而动，"反酷刑法"，可谓大错特错。而在张居正看来，秦承"周王道之穷"之后，必须"持之以法"，换句话说，秦朝推行的政策和措施，乃是"王道"陷入困境后的必然逻辑结果，是顺应历史潮流的明智之举，是"治体"上的一次洗心革面的重大变更。虽然秦始皇不幸早死，秦朝骤然灭亡，但其治道被汉朝所继承，并一直传承下来。

在汉代以来的正统儒家知识分子看来，焚书坑儒的秦朝是儒士最不幸的时代。张居正不顾社会公认的价值标准，高度肯定专制统治者对儒家文化的压抑，是因为在他心目中，周代的"文制"和"礼制"已至穷途末路，"非得磊落奇伟之士，大破常格，扫除廓清，不足以弭天下之患"②，而秦始皇正是这样一位"浑沌再辟"的圣王。基于这种认识，他对秦朝灭亡的原因也提出独特的看法：

> 三代至秦，浑沌之再辟者也。其创制立法，至今守之以为利，史称其得圣人之威。使始皇有贤子守其法而益振之，积至数十年，继宗世族，芟夷已尽，老师宿儒，闻见悉去，民之复起者，皆改心易虑以听上之令，即有刘、项百辈，何能为哉！惜乎扶苏仁懦，胡亥稚蒙。奸究内发，六国余孽尚存，因天下之怨而以秦为招，再传而毙，此始皇之不幸也。假令扶苏不死继立，必取始皇之法纷更之，以求复三代之旧，至于国势微弱，强宗复起，亦必乱亡。后世儒者苟见扶苏之谏焚书坑儒，遂以为贤，而不知乱秦者，扶

---

① 张居正：《张太岳集》卷18《杂著》。
② 张居正：《张太岳集》卷35《答西夏直指耿楚侗》。

苏也！①

　　与将秦朝灭亡归因于苛暴的传统看法不同，张居正认为，秦朝不
是亡于暴政，而是未能将芟夷旧族的政治暴力和悉去闻见的文化专制贯
彻到底。作为"浑沌之再辟者"的秦始皇，其创制立法完全符合圣人之
道，倘若其继承人能够坚持既定的治国原则并发扬光大，国家必能长治
久安。对于一向受到儒家称赞的扶苏，张居正却给予恶评，认为倘若扶
苏继承皇位，肯定要以"三代"为治国蓝本，而这必然导致国家乱亡。
正是基于这种逻辑，他发出"乱秦者扶苏也"的呐喊，在"颠倒千万世
之是非"方面，他实际上比李贽走得还要远。

　　张居正断然抛弃儒家的价值观念，对秦始皇之暴政如此颂扬，对
扶苏之仁德如此抨击，其主要目的恐怕不是为了掀翻千古定论，而是为
其"治体用刚"的治国理念寻求历史根据。他指出，自汉代开始，历史
进入了另一个循环阶段，元、明所处的历史位置，恰好与秦、汉相同，
因此明朝的治国方针必需是"简严质朴"：

> 历汉、唐至宋，而文弊已甚，天下日趋于矫伪。宋颓靡之极
> 也，其势必变而为胡元，取先生 [王] 之礼制一举荡灭之，而独
> 治之以简，此复古之会也。然元不能久而本朝承之，国家之治简
> 严质朴，实藉元以为之驱除。②

　　在张居正梳理出的"简严→颓靡→简严"的治乱周期中，明太祖
处于一个新循环的开始阶段并以实际行动表现了无愧于这个时代的魄
力，他也具有与秦始皇一样甚或比秦始皇更为伟大的历史地位："高皇

① 　张居正：《张太岳集》卷 18《杂著》。
② 　同上。

帝以神武定天下，其治主于威强，前代繁文苛礼、乱政弊习，铲削殆尽，其所芟除夷灭，秦法不严于此矣，又浑沌之再辟也。"他认为明太祖也有失误，就是听信了刘三吾等老儒"不以社稷为重，而牵于长幼之情"的"世俗之见"，拘泥于"立嫡以长"的惯例，没有将皇位传给朱棣，险些造成再世而亡的后果，因为"懿文仁柔，建文误用齐（泰）、黄（子澄）诸人，踵衰宋之陋习，日取高皇帝约束纷更之，亦秦之扶苏也"。明朝得以避免覆亡的命运，"幸赖成祖神武，起而振之"。其后的历代嗣君，基本上"皆以刚明英断，总揽乾纲，独运威福，兢兢守高皇帝之法不敢失坠"。尤其是明世宗"又用威以振之"，"恢皇纲，饬法纪，而国家神气为之再扬"。总括言之，明朝二百年间"累经大故，而海内人心宴然不摇，斯用威之效也"。①

在大部分明朝儒者看来，建文帝放弃恐怖政策、礼遇士大夫，是儒家"仁政"的体现。而张居正却一反众论，严厉谴责建文帝对其皇祖严刑峻法政策的改变。他并非想为早已发生的帝系转换进行辩护，而是要确立"威强"治统的合法性，从而为自己推行以"严苛"为特征的变革运动提供一个合理性基础。

（三）法后王：治体用刚的现实必要性

张居正倡导的"法后王"理论，则从另一个视角论证了"治体用刚"的现实必要性。隆庆五年（1571年），张居正担任会试主考官，循例撰写了三篇"程策"（即示范文章）。由于"程策"例应刊刻散发，张居正便借此机会阐述自己的政治思想。其中第二则简明地论述了他对"法先王"和"法后王"的看法：

---

① 此段引文均见张居正：《张太岳集》卷 18《杂著》。

　　法制无常，近民为要，古今异势，便俗为宜。孟子曰："遵先王之法而过者，未之有也。"此欲法先王矣。荀卿曰："略法先王而足乱世术，不知法后王而一制度，是俗儒也。"此欲法后王矣。两者互异，而荀为近焉。何也？法无古今，惟其时之所宜，与民之所安耳。时宜之，民安之，虽庸众之所建立，不可废也；戾于时，拂于民，虽圣哲之所创造，可无从也。①

　　可以看出，在先秦以来的"法先王"与"法后王"之争中，张居正是坚定地站在后者一边的。在他看来，历代儒家津津乐道的古圣先贤建立的典章制度，包括儒家一直力图恢复的周公制作的礼乐，并不具有任何终极性权威和现实性意义。"法"无所谓"古"与"今"，也不用管其创制者是"庸众"或"圣哲"，是否值得效法和采用，全看其是否符合时代的需要和民众的意愿。

　　关于"法先王"与"法后王"的具体涵义，历代学者看法不一。但有一点值得注意：张居正所说"法后王"，虽然来自荀子，但与荀子本人的理解颇不相同。在专门宣传儒家作用的《儒效》篇中，荀子将儒者区分为三等，即俗儒、雅儒和大儒。张居正摘引的语句，来自本篇中对"俗儒"的批评。而荀子推崇的"大儒"，主要标准为"法先王，统礼义，一制度，以浅持博，以古持今，以一持万"，完全符合古代圣贤的标准。可见荀子虽有"法后王"之说，但也提倡"法先王"。笔者检索电子版《荀子》，"后王"一词见于 6 篇共 16 次，而"先王"一词见于 17 篇共 49 次。而且，荀子所谓"后王"，也并不是"时王"，而是指西周的文王和周公，因为相对于尧、舜、禹等"先王"，文王和周公时

①　张居正：《张太岳集》卷 16《辛未会试程策二》。按，孟子语见《孟子·离娄上》；荀子语见《荀子·儒效》，原文为："逢衣浅带，解果其冠，略法先王而足乱世；术缪学杂，举不知法后王而一制度，不知隆礼义而杀诗书，是俗儒者也。"

代较近，所以称为"后王"。荀子认为，三代以上，太过久远，"守礼之法数，世世相承，至于极久，则难免制度息灭"，所以"王者之制，道不过三代，法不贰后王"①。由此可见，荀子虽志在为当时以及后代王者确立治世之法则，但其基本精神仍然是复古的，体现了"王道"复兴的幻想。

张居正虽然承继了荀子的"法后王"思想，但却摒除了其中的道德意味。对他来说，后王之法并不一定体现着古代圣王的精神，甚至也不一定比前代更加完善。之所以应该"法后王"，理由主要有两条：一是习惯成自然。用他本人的话说："后王之法，其民之耳而目之也久矣，久则有司之籍详，而众人之智熟，道之而易从，令之而易喻，故曰法后王便也。"② 二是臣民理应"为下不倍"，绝不能"生今反古"。张居正以孔子为例，对此做了反复阐述：

> 夫以孔子之圣，平生所志，惟在东周，生今反古，深用为戒。老不得行其道，犹修《春秋》以存周典。此岂以周之法独善于前代哉？盖为下之礼宜尔也。今世俗皆称"愿学孔子"，乃不务遵祖宗之典，以服官寡过。而好言上古久远之事，以异趋为高；动循衰世苟且之政，以循情贾誉。此岂圣人所谓"为下不倍"哉，恶在其遵孔氏也！③
>
> 孔子周行不遇，不得所谓事与职者而行之，故与七十之徒切磋讲究。其持论立言，亦各随根器，循循善诱，固未尝专揭一语，如近时所谓话头者概施之也。……观其经纶大略，则惟宪章文武，志复东周，以生今反古为戒，以为下不倍为准。……夫孔子殷人

---

① 《荀子·王制》。
② 张居正：《张太岳集》卷16《辛未会试程策二》。
③ 张居正：《张太岳集》卷29《答楚学道金省吾论学政》。

也，岂不欲行殷礼哉？周官之法，岂尽度越前代而不可易哉？生
周之世，为周之臣，不敢倍也。①

　　张居正此处所引孔子语，见于《礼记·中庸》，然诸家解释并不相
同。如对于孔子所谓："生乎今之世，反古之道，如此者，灾及其身者
也。"清人俞樾《礼记异文笺》根据《大戴·哀公问》"五义"篇解释
说："孔子以生乎今之世，志古之道，为贤而鲜非，则此反古之道，谓
改变先王之道也。"而张居正将"为下不倍"与"生今反古"结合起来，
强调生今之世，当遵守时王制度，不可妄图"返古"。此外，《中庸》谓
"仲尼祖述尧舜，宪章文武"，张居正则舍弃"祖述尧舜"而专取"宪章
文武"，以突出孔子之"为下不倍"。总之，张居正描画的孔子形象，与
儒家塑造的至圣先师，以及我们今天对孔子言行的了解，都存在着一定
距离。在他笔下，孔子已丝毫没有为"道"四处奔走的理想气质，而成
了法家理想中的"听上之令"的顺臣。对于"生今反古"者，张居正十
分厌恶。他抱憾于秦朝未能使"老师宿儒，闻见悉去"便旋即覆亡，痛
斥汉代大儒贡禹、薛广德、韦玄成、匡衡等"乃犹取周文之糟粕，用之
于元、成衰弱之时，此不达世变也"②。

　　张居正强调"法后王"，实际上是借古喻今，具有很强的现实针对
性。他心目中的"后王"，是有明确的指向性的，即本朝的创立者太祖
高皇帝。他认为，明太祖既能"经纬往制，博稽逖采"，又能"随时制
宜，因民立政"，是"善法后王"的典范，其创立的制度"大小相维，
鸿纤具备，自三代以来，法制之善，未有过于昭代者也"。然而，明代
中叶以来，士大夫热衷讲学，议论纷纭，对于太祖所创制度，"谓宜有
所更张而后可以新天下之耳目"，张居正对此十分厌恶，他批评说："车

---

① 　张居正：《张太岳集》卷29《答南司成屠平石论为学》。
② 　张居正：《张太岳集》卷18《杂著》。

之不前也，马不力也，不策马而策车，何益？法之不行也，人不力也，不议人而议法，何益？"① 他还抨击"腐儒不达时变，动称三代云云，及言革除事，以非议我二祖法令者，皆宋时奸臣卖国之余习，老儒臭腐之迂谈，必不可用也"②。当时批评讲学者很多，但张居正比别人深刻的是，他除了指出其避实蹈虚之弊外，还从自己独特的理论视角出发分析了"讲学"的根本危害性：

> 其徒侣众盛，异趋为事。大者摇撼朝廷，爽乱名实；小者匿蔽丑秽，趋利逃名。嘉、隆之间，深被其祸，今犹未殄，此主持世教者所深忧也。……仆愿今之学者，以足踏实地为功，以崇尚本质为行，以遵守成宪为准，以诚心顺上为忠。兔鱼未获，无舍筌蹄；家当未完，无撤藩卫。无以前辈为不足学而轻事诋毁，无相与造为虚谈，逞其胸臆，以挠上之法也。③

他希望士大夫改变"好言上古久远之事，以异趋为高"的风气，"遵守成宪"，"诚心顺上"，真正效法孔子"为下不倍"的榜样。张居正的这些说法，很自然地使我们想到李斯建议秦始皇"禁私学"时对当时情况的描述，只要把二者对照一下，就会看到其思维模式的高度相似性。李斯云：

> 今皇帝并有天下，别黑白而定一尊，而私学乃相与非法教之制，人闻令下，则各以其学议之，入则心非，出则巷议，夸主以为名，异取以为高，率群下以造谤。如此弗禁，则主势降乎上，

---

① 张居正：《张太岳集》卷 16《辛未会试程策二》。
② 张居正：《张太岳集》卷 18《杂著》。
③ 张居正：《张太岳集》卷 29《答南司成屠平石论为学》。

党与成乎下。①

当然，由于所处的历史环境有很大不同，张居正与李斯对问题的看法自然也会有所差异。李斯所处的时代，法家思想指导下的秦朝刚刚统一天下，各种学派都还比较活跃，他从巩固立足未稳的官僚制出发，以严刑峻法禁止私学，恐怕是惟一的选择。张居正所处的时代，却是以儒家思想为正统并以此取士，因此他只能"以儒反儒"，即用儒家提倡的"寡言慎行"，反对同样也是儒家传统的"议政"之风。具体地说，他也主张士人在入仕以前应勤研孔孟之道，"相与讲明所以修己治人者，以需他日之用"；但一旦成为官僚体制中的一员，就不应该以所抱持的"道"来批评时政，而只能够"以其事为学，兢兢然求所以称职免咎者以共上之命"②。由于思维模式相同，尽管面临的时代局势差别很大，他们采取的具体措施却很相似：李斯引导秦始皇焚书坑儒，张居正凭借皇权禁毁书院。其目的都是要让士大夫明白：对于朝廷的治政举措，他们只能无条件地赞同，而绝不可以非议。

### （四）从固邦本到振纪纲：治体用刚的实践逻辑

张居正主张"法后王"，提倡以"威强"治国，并非为了构建一套专制主义理论，而是要以恢复"祖制"为名，雷厉风行地振弊起瘝，解决严重的统治危机。而要达到这一目标，就必须探究问题的根本症结。进入中叶以来，明朝陷入"内外交困，危机四伏"的状态：北边有蒙古人的威胁，东南有倭寇的骚扰，西南有土司的叛乱，剧烈的土地兼并和阶级矛盾引发了几次较大的农民起义，国库也极为空虚。对于这种局

① 《史记》卷 6《秦始皇本纪》。
② 张居正：《张太岳集》卷 29《答南司成屠平石论为学》，卷 39《请申旧章饬学政以振兴人才疏》。

面，张居正是有着清醒认识的。他在给耿定向的一封信中指出，嘉靖中年以后，局势已与"汉、唐之末世"无异，隆庆时期稍有起色，但离彻底解决尚远。① 在丛集的矛盾面前，采取"头痛医头、脚痛医脚"的治疗方法是不会奏效的，必须寻找出一个关联全局的总枢纽。

尽管张居正赞赏法家的政治理念和治国手段，但他设定的政治改革的具体目标，却是来自儒家的民本理论。在被视为改革纲领的《陈六事疏》中，他论述了"固邦本"的重要性：

> 臣闻帝王之治，欲攘外者，必先安内。《书》曰："民为邦本，本固邦宁。"自古虽极治之时，不能无夷狄、盗贼之患。唯百姓安乐，家给人足，则虽有外患而邦本深固，自可无虞。唯是百姓愁苦思乱，民不聊生，然后夷狄、盗贼乘之而起。盖安民可与行义，而危民易与为非，其势然也。②

在另外的章奏、书信中，他多次表述"致理之道，惟在于安民生"③ 一类的观点。某些论者据此断言张居正继承和发展了儒家传统的民本思想，是十分正确的。然而，在传统政治结构中，处于底层的小民没有表达自己意见的机会，他们的疾苦只能被动地由官员们察知，即使贪官污吏们的压榨超过极限也无处申诉，起义是他们表达愤怒的惟一方式，正如张居正所说："非民之好乱，本于吏治不清，贪官为害耳。"④

这样，便由"安民"的政治目标，自然而然地引向"吏治"问题，"安民之要，惟在于察吏治"。在张居正看来，人君驾驭官员的手段，无

---

① 张居正：《张太岳集》卷 32《答福建巡抚耿楚侗言致理安民》。
② 张居正：《张太岳集》卷 36《陈六事疏》。
③ 张居正：《张太岳集》卷 38《请面奖廉能仪注疏》。
④ 张居正：《张太岳集》卷 30《答两广刘凝斋条经略海寇四事》。

非是"赏、罚、用、舍"四字，"欲用舍赏罚之当，在于综核名实而已"。"综核名实"是张居正政治思想中十分重要的概念，基本内涵是根据实际政务考课官员，即"一以功虚为准，毋徒眩于声名，毋尽拘于资格，毋摇之以毁誉，毋杂之以爱憎，毋以一事概其平生，毋以一眚掩其大节"——事实上，几个"毋"下的内容，正是明代铨政的主要弊端。与实政思想相联系，张居正特别批评了"士大夫务为声名，舍其职业，出位是思"的习气。

不过，综核名实主要是解决官僚体制中人的素质和使用问题，与此相关的还有制度本身的"信息沟通"问题。针对这一问题，张居正提出了"重诏令"的建议。他认为，"君者，主令者也；臣者，行君之令而致之民者也。君不主令则无威，臣不行君之令而致之民则无法，斯大乱之道也。"这项建议包含着两个方面，即立威与立法。为了纠正业已存在的"无法"现象，张居正要求凡已奉旨施行之事，应"严立限期，责令上紧奏报"，有关部门也应"置立号簿，登记注销，如有违限不行奏报者，从实查参，坐以违制之罪"。这是"考成法"的初步设想，在张居正柄政之后发展成一套相当严密的制度体系。① 关于立威的问题，《陈六事疏》中没有详论，我们可以结合嘉靖二十八年（1546年）的《论时政疏》予以把握。在这份奏疏中，张居正以人的身体类比朝政，认为"人之所恃以生者，血气而已"，"一或壅阏，则血气不能升降，而臃肿痿痹之患生矣"。他指出，皇帝"所与居者独宦官宫妾"，已八九年不接见群臣，上下暌违，是"血气壅阏之病"。正是由于这一病根，才导致"臃肿痿痹之病乘间而起"。从两份奏疏的阐述来看，张居正关心的重点不是君主的绝对权威，而是君主与官僚机构之间沟通渠道的畅通。

---

① 参见张居正：《张太岳集》卷38《请稽查章奏随事考成以修实政疏》。

接下来的问题便是：什么原因造成了名实不核、诏令不行的恶劣现象？怎样矫正这些弊端？对于这一点，张居正并没有像一般士大夫那样注目于"士习人心"。他引用《诗经》中"勉勉我王，纲纪四方"这句话，说明"纪纲"正是人主"使天下皆服从其教令，整齐而不乱"的总枢纽。"纪纲不肃，法度不行"，则"上下务为姑息，百事悉从委徇"，矫正此弊只有"振纪纲"一途。为了回击可以预料到的批评指责，张居正特别论述了"顺情"与"狗情"、"振作"与"操切"的区别：

> 夫狗情之与顺情，名虽同而实则异。振作之与操切，事若近而用则殊。盖顺情者，因人情之所同欲者而施之，《大学》所谓"民之所好好之，民之所恶恶之"者也；若狗情，则不顾理知是非，事之可否，而惟人情之是便而已。振作者，谓整齐严肃，悬法以示民而使之不敢犯，孔子所谓"道之以德，齐之以礼"者也；若操切，则为严刑峻法，虐使其民而已。故情可顺而不可狗，法宜严而不宜猛。①

通过从"固邦本"到"振纪纲"的逻辑序列，社会矛盾的根本症结已经找到，从而也就明确了解决问题的主要方针。但是，还有一些妨碍施政的因素需要排除，在张居正看来，为害最大的便是"议论"。他指出，"顷年以来，朝廷之间议论太多，或一事而甲可乙否，或一人而朝由（子路）暮跖（柳下跖），或前后不觉背驰，或毁誉自为矛盾，是非淆于唇吻，用舍决于爱憎，政多纷更，事无统纪"，"此最当今大患也"。在《辛未会试程策二》中，他也曾透辟地分析过这个问题："夫多指乱视，多言乱听，言贵定也。今或一事未建，而论者盈庭，一利未

---

① 张居正：《张太岳集》卷 36《陈六事疏》。

兴，而议者踵至。是以任事者多却顾之虞，而善宦者工遁藏之术，此病在议论者也。"对于"士大夫务为声名，舍其职业，出位是思"的习气，他尤其深恶痛绝。他建议皇帝颁布诏令，务省议论，以兴治理，变风俗。

### （五）尊主权：君主的权力与限制

在君主专制体制中，君主的权力发挥着枢机的作用，所以张居正大力提倡"尊主权"。《明史·张居正传》将其施政方针概括为"尊主权，课吏职，信赏罚，一号令"，其中"尊主权"最为关键，如果"主权"不够强大，后三项势必难以实现。事实上，在"尊主权"这一点上，儒、法两家并无根本分歧，但两者关注的重点明显不同：儒家比较关心政治伦理，法家比较关心政治操作；儒家侧重探究限制专制权力的因素，法家侧重探究专制权力有效行使的手段。从实际情况看，法家政治理论的终点，不可避免地将玩弄权术本身当作目的，从而忽略乃至严重漠视在逻辑起点上所设定的玩弄权术所要达到的真正目的。

张居正虽然崇尚法家，师法申韩，但在对君主素质的要求方面，他却没有接受法家的看法，而秉承了儒家一脉相承的传统立场，把"讲学"作为"君道"的第一项要务①，试图藉此培养"圣德"，保证君主的行为履于正道。前揭陶希圣《中国政治思想史》将张居正的思想概括为"实用主义"，笔者认为确有一定道理，因为张居正不太在意自己思想的一贯性，而更注重政治实践的有效性。一个明显的例证是，张居正本人高度赞扬秦始皇，十分推崇秦政，但他却只用秦政理政，而不用秦政教君。他对年幼皇帝的教育问题十分关心，亲自主持编辑了一部《帝鉴图说》，分为"圣哲芳规"和"狂愚覆辙"两部分，收录了自唐尧至宋徽

---

① 张居正：《张太岳集》卷 37《谢召见疏》。

宗共 117 个历代帝王的故事。在向皇帝进献《帝鉴图说》的奏疏中，他指出：

> 考前史所载历代兴亡之迹，如出一辙。大抵皆以敬天法祖，听言纳谏，节用爱人，亲贤臣，远小人，忧勤惕厉，即治；不畏天地，不法祖宗，拒谏遂非，侈用虐民，亲小人，远贤臣，盘乐怠傲，即乱。①

通览《帝鉴图说》，其编辑思想完全恪守儒家的伦理规范，而没有掺杂张居正个人的思想观念和是非标准。比如，张居正对士大夫"出位是思"、议论朝政十分厌恶，但他却教导皇帝要广泛求言、虚心纳谏，"圣哲芳规"中录有几例此种事例，如《谏鼓谤木（唐尧帝）》云："唐史纪尧置敢谏之鼓，使天下得尽其言，立诽谤之木，使天下得攻其过。"《揭器求言（夏禹王）》云："夏史纪大禹悬钟鼓磬铎鞀以待四方之士曰：教寡人以道者击鼓，谕以义者击钟，告以事者振铎，语以忧者击磬，有狱讼者摇鞀。"至于因"独持之以法"而受到张居正称赞的秦始皇，其事迹在"圣哲芳规"中毫无所见，而"狂愚覆辙"中却辑录了《遣使求仙》、《坑儒焚书》、《大营宫室》三则。其中《坑儒焚书》在叙述此事后评论说：

> 自古帝王欲治天下，未有不以崇儒重道为先务者。而始皇乃独反其道，至使典籍尽为煨烬，衣冠咸被屠戮，其罪可胜言哉！至汉高帝过鲁，以大牢祀孔子，文帝除挟书之律，武帝表章六经，公孙弘以儒生为宰相，而孔氏之教乃复兴。夫观秦之所以亡，与

---

① 张居正：《张太岳集》卷 38《进帝鉴图说疏》。

汉之所以兴者，得失之效，昭然可观矣！

将这段话与前面引录的评论秦朝的两段话对读，可以看出其观点完全对立，而张居正竟能兼容并存，这应当是出于实用主义的考虑：不效法秦政以整肃纪纲，则难以振弊起隳；不培育圣德以维持世教，则难以长治久安。换句话说，作为理论家的张居正，非常服膺法家理论；作为政治家的张居正，大力实践法家理论；而作为帝王师的张居正，却大力灌输儒家理论。在别人看来，这或许是矛盾的，但在张居正那里，可能是合乎现实需要的惟一选择。

正因如此，张居正虽然主张"治体用刚"、"尊主权"，但并不赞成君主武断地、任意地行使权力。针对这一点，他甚至对阐述"治乱周期"时给予极高评价的秦始皇提出了批评：

> 盖八柱高承，而天位始定；四时成岁，而大造乃成。明主劳于求贤，而逸于得人。故信任贤臣者，正所谓揽权也，岂必若秦始皇之衡石程书，刚愎自用，隋文帝之猜忌任察，谗害忠良，而后谓之有权耶！①

这段话是张居正对弹劾他揽权的户部员外郎王用汲的答辩。它清楚地表明，张居正提出"尊主权"、"以威福还主上"，真实意图并非让皇帝"作威作福"，而是为了树立自己的权威。根据他的解释，所谓"皇帝"的"揽权"，并不是皇帝自己行使权力，而是应当把权力交给"贤臣"。不言而喻，当时的"贤臣"，就是张居正自己。张居正还申辩说，委任贤臣是最合理的治国方式，只要明主在位，就不会对皇权造成

---

① 张居正：《张太岳集》卷 43《乞鉴别忠邪以定国是疏》。

任何威胁；相反，如果"庸君暗主"在上，"奉之以太阿之柄，彼亦不能持也"①。

张居正关于君主权力的理论，存在不少矛盾之处。在《陈六事疏》中，他向皇帝提出如下要求："伏望皇上奋乾刚之断，普离照之明，张法纪以肃群工，揽权纲而贞百度。刑赏予夺，一归之公道，而不必曲徇乎私情；政教号令，必断于宸衷，而毋致纷更于浮议。"然而，如果皇帝"奋乾刚之断"，而不倾听任何"浮议"，又怎能保证"一归之公道"呢？再者，如果追求"老师宿儒，闻见悉去"的效果，一味地用强权压制"浮议"，"公道"又从何而来呢？另外，"明主"委权"贤臣"只是一种理想期望，现实中不乏"庸君暗主"，又如何防止"太阿倒持"呢？奉行实用主义的张居正，似乎并不在意其理论是否自洽，他只是需要说明：其一，他所处的时代，已经"颓靡之极"，因此必须远法秦始皇，近绍高皇帝，以简严刚猛治理天下；其二，为了实现这一目标，必须树立皇帝的权威，强化皇帝的权力，所有臣民都应无条件地遵守皇帝的号令，而决不许横加议论，提出批评；其三，皇帝的任务是践行圣贤之道，虽然获得无上权威，但决不能擅自行使权力，必须将权力交给"贤臣"。

张居正阐述的理论，在国衰主幼的万历初期，无疑是具有现实合理性的，也确实收到了十分明显的现实效果。但这种权力格局难以长久维持，必然会遭到君主和士大夫的双重反击，其失败命运实难避免。

## （六）结语：融贯儒法的实用主义

张居正的学术思想，显然杂糅了儒法两家。其门生沈鲤在为《张太岳集》所撰序言中，对其"十余年间，海宇清宴，蛮夷宾服"的"相

---

①　张居正：《张太岳集》卷43《乞鉴别忠邪以定国是疏》。

业"大加称扬，同时也指出"其迹不无似愎，似少容，似专权，似纯任霸术"①。但究竟是以儒为主还是以法为主，其实很难判断，所以有"外儒内法"、"内儒外法"、"儒表法里"、"儒体法用"等不同说法。

就张居正自己而言，他虽然有意识地袭用申韩之法，仿效秦朝之政，但又不愿意被视为法家。前揭《陈六事疏》中汲汲于"狥情"与"顺情"、"振作"与"操切"之辨，就是为了说明"振纪纲"并未背离儒家之道。当他听到"吾辈谓张公柄用，当行帝王之道，今观其议论，不过富国强兵而已，殊使人失望"的议论时，他回应说，这种批评实在是对他的"过誉"，并阐述了自己对"王霸之辨"的不同理解：

> 吾安能使国富兵强哉？孔子论政，开口便说"足食足兵"；舜命十二牧，曰"食哉惟时"；周公立政，"其克诘尔戎兵"。何尝不欲国之富且强哉？后世学术不明，高谈无实，剽窃仁义，谓之王道，才涉富强，便云霸术。不知王霸之辨、义利之间，在心不在迹。奚必仁义之为王，富强之为霸也。②

在致周友山的信中，他也曾表白说：

> 今人妄谓孤不喜讲学者，实为大诬。孤今所以上佐明主者，何有一语一事背于尧舜周孔之道？但孤所为皆欲身体力行，以是虚谈者无容耳。③

从上引这些话看，与其说张居正是援法入儒，毋宁说他是针对儒

---

① 沈鲤：《张太岳集序》，载张居正：《张太岳集》卷首。
② 张居正：《张太岳集》卷 31《答福建巡抚耿楚侗谈王霸之辨》。
③ 张居正：《张太岳集》卷 30《答宪长周友山讲学》。

者"高谈无实"的现实弊端，转而强调身体力行的实践精神和富国强兵的事功追求。

张居正近法明太祖，而其效法的历史榜样，应当是"信赏必罚，综核名实"的汉宣帝。史载汉宣帝训诫太子："汉家自有制度，本以霸王道杂之，奈何纯任德教，用周政乎！且俗儒不达时宜，好是古非今，使人眩于名实，不知所守，何足委任！"① 由此可见，汉宣帝之治道，明显是王霸并用，儒法兼综。在会试程中，张居正提出"古今论综核者，莫如汉宣帝"，并论述说：

> 夫汉宣帝综核之主也，然考其当时所行，则固未常新一令、创一制，惟日取其祖宗之法，修饬而振举之，如曰汉家自有制度耳。……其所以振刷综理者，皆未尝少越于旧法之外，惟其实事求是而不采虚声，信赏必罚而真伪无眩，是以当时吏称其职，民安其业，政事、文学、法理之士，咸精其能，下至技巧工匠，后世鲜及。②

张居正给予汉宣帝的高度评价，实可看做是他的自我表白。他试图让世人相信，他所做的一切，无非是遵奉祖宗之成宪，"祛积习以作颓靡，振纪纲以正风俗，省议论以定国是，核名实以行赏罚"，以期收到"法行如流而事功辐辏"之治效。其子张懋修曾为之辩白说："先公留心典故，在政府，凡大政事，非祖宗成法，不敢创一新政，惟率由旧章，以实行之。惟其行之以实，而不便者则见以为综核太过，遂束湿变政之肆讥，皆未考于典故也。"③ 张居正的这种做法，正如汉宣帝所揭示

---

① 《汉书》卷 9《元帝纪》。
② 张居正：《张太岳集》卷 16《辛未会试程策二》。
③ 张居正：《张太岳集》卷 18《杂著》，张懋修跋。

的，毫无疑问杂有"霸术"的成分，甚至"霸术"已成为治道之主调，因此受到一些人的訾议。但他绝非想要复活法家的思想体系，也无意照搬秦朝的政治实践。他的"治体用刚"，是对现实政治弊端进行观察和思考的结果，当然也继承并融贯了儒法两家的政治理念和治国技术，从而呈现出"霸王道杂之"的特色。可以说，在张居正那里，儒法两家已经融会贯通，形成了一种崇尚实学的实用主义政治理论，很难分清何者为体，何者为用，何者为表，何者为里。

汉宣帝时，曾诛杀赵广汉、盖宽饶、韩延寿、杨恽，史家普遍认为罚过其罪。如司马光批评说："以孝宣之明，魏相、丙吉为丞相，于定国为廷尉，而赵、盖、韩、杨之死皆不厌众心，其为善政之累大矣。《周官·司寇》之法，有议贤、议能，若广汉、延寿之治民，可不谓能乎？宽饶、恽之刚直，可不谓贤乎？然则虽有死罪，犹将宥之，况罪不足以死乎！"[①] 张居正对此却有不同看法：

> 赵、盖、韩、杨之死，史以为汉宣寡恩，然四子实有取祸之道。盖坤道贵顺，文王有庇民之大德，有事君之小心，故曰为人臣止于敬也。四臣者，论其行能，可为绝异，而皆刚傲无礼，好气凌上，使人主积不能堪，杀身之祸，实其自取。……易曰："坤道其顺乎，承天而时行。"毕志竭力以济公家之事，而不敢有一毫矜己德上之心，顺也；险夷闲剧惟上之命，而不敢有一毫拣择趋避之意，顺也；内有转移之巧，而外无匡救之名，顺也；怨讟任之于己，美名归之于上，顺也；功盖宇宙而下节愈恭，顺也；身都宠极而执卑自牧，顺也。然是道也，事明主易，事中主难；事长君易，事幼君难。[②]

①　司马光编著：《资治通鉴》卷27，"臣光曰"。

②　张居正：《张太岳集》卷18《杂著》。

在张居正看来，对于刚傲凌上之臣子，君主诛之，实属理所当然，无可厚非。人臣越是位高功大，越应该以恭顺自处，即使如此，倘若遭遇的是中主、幼主，也不一定能享令名、保身家。令人叹息的是，他这段话，似乎是对自己所处情境的评价和对自己未来命运的预言。然而，他或许也应该感到欣慰，因为皇帝对他的无情清算和过分打击，与他的政治理念和行事风格倒是十分契合。

## 三、西来何意：利玛窦的知识传播和信仰传播

### （一）小引：李贽的疑惑

中国禅宗有一著名公案："如何是祖师西来意？"禅僧所说"祖师"，指被奉为"东土初祖"的菩提达摩（Bodhidharma）。他南朝时来到中国，曾在嵩山少林寺面壁九年，所传佛法与当时中土流行者有异，故后人有"教外别传，不立文字"之说。"西来意"话头，在禅宗中流传甚广，现知我国最早的禅宗语录集《祖堂集》中，涉及"西来意"者共约30多则[1]；编成于宋代的《五灯会元》中，僧徒询问"西来意"者则有340多次[2]。禅僧屡屡提起这一话头，主要是为了参悟佛性，所以被问者均不正面回答，甚至不发一言，挥手便打。[3] 但仔细揣摩，此话头中也含有融通东西的意味。如宗智禅师对这个问题的回答是："东土不曾逢。"慧圆禅师的回答是："此土不欠少。"[4] 两者的意思看似相反，实可

---

[1]　参见方广锠：《〈祖堂集〉中的"西来意"》，《世界宗教研究》2007 年第 1 期。

[2]　参见张海沙：《对达摩西来意旨追问的禅文化意义》，《法音》2008 年第 8 期。

[3]　静筠二禅师编：《祖堂集》卷 16《黄檗和尚》条："僧问：'如何是西来意？'师打之。"

[4]　普济编：《五灯会元》卷 5《道吾山宗智禅师》、卷 10《庐山栖贤慧园禅师》。

互补，意在说明地理虽有东西之别，佛性则无东西之分。

晚明以利玛窦（Matteo Ricci）为代表的传教士西来，是中国继佛教之后又一次较大规模的宗教和文化输入。作为中国文化主流和官方意识形态的儒家思想，经过长期的传承、丰富与嬗变，到明朝时期，其理论体系更加成熟，政治地位更加稳固，社会影响更加强大。与佛教传入的时代相比，此时外来宗教更难在中国立足和传播。对于这些自称来自"天竺"或"泰西"的深目高鼻的异域客，中国人必然要揣摩或追问他们"西来何意"，而他们要想得到中国人的认可与接纳，也必须向中国人说明"西来何意"。在他们逐渐融入中国社会并想改变中国人的宗教信仰的过程中，特别是在与士大夫们的交往过程中，他们也面临需要说明自己所宣扬的教义和伦理是"东土不曾逢"还是"此土不欠少"的问题。

由于这些问题关系到西方传教士是否能在中国社会扎根，天主教是否能让中国人理解和接受，所以利玛窦十分谨慎，不但态度前后有所变化，还故意遮遮掩掩，致使不少中国人弄不清楚其"西来何意"。李贽与利玛窦有过直接交往，所以有人向他询问利玛窦的情况。在回信中，他一方面高度赞扬利玛窦："今尽能言我此间之言，作此间之文字，行此间之仪礼，是一极标致人也。中极玲珑，外极朴实，数十人群聚喧杂，雠对各得，傍不得以其间斗之使乱。"另一方面又特地说明："但不知到此何为，我已经三度相会，毕竟不知到此何干也。意其欲以所学易吾周、孔之学，则又太愚，恐非是尔。"①可见利玛窦虽然已与李贽三度相会，但并未与其进行深度的思想交流，也未向他透露来华的真实目的。当然，作为一位杰出的思想家，李贽的眼光是敏锐的，他已猜测出利玛窦来华的深层意图，可能是"欲以所学易吾周、孔之学"。但是，

① 李贽：《续焚书》卷1《与友人书》。

出于强烈的文化自信，李贽又难以相信自己的猜测，他觉得，利玛窦这样一个"中极玲珑"的聪明人，恐怕不会有如此愚蠢的想法。

在研究 17 世纪中西文化相遇问题时，钟鸣旦（Nicolas Standaert）谈到对文化交流产生影响的五个因素：传播者、接受者、信息、手段、观察者。[①] 本书拟在前人研究成果的基础上[②]，从钟鸣旦揭示的这些角度，探究一下利玛窦"西来何意"的问题，包括作为传播者的利玛窦的身份定位及其信息传播的手段和内容，作为接受者的中国人对利玛窦的身份和意图的认识与反应，以及作为观察者的教内外人士对利玛窦行为方式的肯定与批评。

### （二）从"天竺僧"到"泰西儒"：传播者的身份定位

西方传教士千方百计进入并留居中国，无疑是想扮演"传播者"的角色，向中国人传播"福音"。但要实现这一目的，就必须首先赋予自己某种身份，以便在中国社会中获得一个适当的位置。而比附已在中国流行的某种宗教，是尽快得到中国人认可的一条捷径。当时中国流行的两大宗教，道教起源于本土，道士也都是中国人，传教士难以比附。而佛教是从天竺传入的，历史上不断有包括天竺在内的西方僧人来华，中国人很容易接纳他们。所以 1583 年罗明坚（Michele Ruggieri）和巴范济（Francois Pasio）初到中国，"身着僧服，自称为僧，穿僧服，刮须剪发，他们以为中国社会里的本土教士，为佛教和尚，为了适合人

---

① 参见钟鸣旦：《文化相遇的方法论：以 17 世纪中欧文化相遇为例》，《清史研究》2006 年第 4 期。

② 围绕利玛窦的活动、思想、业绩、影响等各个方面，中外学者业已发表了不可胜数的研究性或介绍性成果。关于国内利玛窦研究概况，参见张西平：《百年利玛窦研究》，《世界宗教研究》2010 年第 3 期；林金水、代国庆：《利玛窦研究三十年》，《世界宗教研究》2010 年第 6 期。

情，便作为和尚"①。

传教士的这种自我身份定位，确实有助于他们获得入居内地的机会。当罗明坚提出到内地传教的要求时，两广总督陈瑞"以为西士弃俗修道，绝色不婚，是与桑门释子无异，命居肇庆府东天宁寺中"②。在肇庆定居下来后，传教士曾试图让中国官员明白，他们与佛教僧侣是有区别的，但中国官员对此不很理解。当传教士请求修建一处住所和小教堂时，肇庆知府王泮自然而然地认为他们是要建立一座寺庙，这在中国是极平常的事情，所以爽快地予以批准。传教士对王泮解释说，自己不是偶像崇拜者，敬奉的神明只有天主，这使王泮感到迷惑不解，他对随员说："那有什么关系？我们先建造一寺庙，然后，他们愿意放什么神，就放什么神。"住所建成后，王泮还赠送了两方匾额，即用于挂在门口的"仙花寺"和悬在中堂的"西来净土"。③ 无论当地官员还是百姓，都把这些剪发秃首的西方人当作僧侣看待，称之为"西僧"或"番僧"。④

传教士以"西僧"的身份，获得在中国内地居住和传教的机会。但这种身份定位，也给他们开展宗教活动造成一定障碍。因为天主教的仪式与教义，与佛教有着重大差别，如果他们不加掩饰地开展宗教活动，很容易让当地人发现他们的怪异之处。为了避免"一个新的宗教在中华民族中引起嫌疑"，他们遂采取迂回的策略，"在公开的场合里，从来不谈宗教"⑤。当然他们也未忘记自己的宗教使命，在"大厅中前方设一祭台，祭台上方，悬挂圣母抱耶稣画像"，试图借此引发中国人对天主教的兴趣。果然有很多人前来参观者，"有官员，有学者，有百姓，

① 《利玛窦中国传教史》上册，光启出版社、辅仁大学出版社 1986 年版，第 233 页。
② 萧若瑟：《天主教传行中国考》，上海书店 1989 年版，第 111 页。
③ 《利玛窦中国传教史》上册，光启出版社、辅仁大学出版社 1986 年版，第 131、139—140 页。
④ 萧若瑟：《天主教传行中国考》，上海书店 1989 年版，第 111 页。
⑤ 《利玛窦中国传教史》上册，光启出版社、辅仁大学出版社 1986 年版，第 135 页。

也有崇拜偶像的人，无论什么人，进得厅来，都向圣母像致礼，先鞠躬，后叩头。都是必恭必敬，充满着宗教情绪"①。但这种"宗教情绪"，未必是源于天主教的，因为中国人的宗教信仰，实际上是混合各种神灵的"民俗宗教"②。绘制得栩栩如生的圣母像，当然会对中国人产生吸引力，但在他们心目中，圣母无非是与妈祖、观音类似的女神之一。

传教士也趁机向来访者散发"天主十诫"等教义宣传品，后来还编刻了一部《新编西竺国天主实录》。此书由罗明坚撰写初稿，利玛窦与一位旅居肇庆的福建秀才加以删润，1584 年 11 月刊印③，是现存传教士用中文译写的最早的教义纲要。从现存于罗马耶稣会档案馆的较早版本看，此书表面上蒙上一层佛教色彩，如署名"天竺国僧明坚撰"或"天竺国僧辑"，并自我介绍说："僧生于天竺，闻中华盛治，愿受风波沿海，三载方到明朝。"④ 但作者又试图让读者明白这并非一部佛教经典，其第三章《解释世人冒认天主》，尖锐地抨击"释伽经文虚谬，皆非正理"⑤。为了有针对性地批评佛教，传教士在佛经方面下过功夫。国家图书馆藏有一份被认为系利玛窦所写的《天主教教义》，据张西平考证，这实际上是 1588 年传教士在肇庆抄写的一份佛经，是时居住肇庆的传教士有利玛窦和麦安东（Antonio de Almeida）两人，从笔迹看可

---

① 《利玛窦中国传教史》上册，光启出版社、辅仁大学出版社 1986 年版，第 135—136 页。

② 参见渡边欣雄：《汉族的民俗宗教》，天津人民出版社 1998 年版；高寿仙：《中国宗教礼俗——传统中国人的信仰系统及其实态》，天津人民出版社 1992 年版，第 7 章。

③ 参见林金水：《利玛窦与中国》，中国社会科学出版社 1996 年版，第 211 页。

④ 转引自李新德：《从西僧到西儒——从〈天主实录〉看早期耶稣会士在华身份的困境》，《上海师范大学学报》2005 年第 1 期。按，罗明坚写了一批中文诗，其中也常以"僧"自称。见 Albert Chan，"Michele Ruggieri，S.J.（1543-1607）and His Chinese Poems"，*Monumenta Serica*，41，1993。

⑤ 参见李新德：《从西僧到西儒——从〈天主实录〉看早期耶稣会士在华身份的困境》，《上海师范大学学报》2005 年第 1 期；张西平：《西方汉学的奠基人罗明坚》，《历史研究》2001 年第 3 期。

能是麦安东所抄。①

传教士的努力获得一些效果，1584 年 12 月，时在澳门的卡布拉耳（Francisco Cabral）致信范礼安（Alessandro Valignano），向他报告自己到肇庆访问的情况，其中谈到：中国官员受到三棱镜和中文世界地图的吸引，"开始对我们刮目相看，不再视我们为一般的僧侣了……大部分的中国人都知道我们的身份了。"② 这种说法可能过于乐观，中国人开始重视与尊重他们，或许只是觉得他们比一般僧人文化素质要高得多，未必弄清了他们的真实身份。据利玛窦讲述，"因为中国人的自豪，使他们不易接受该民族中亘古未闻的外国宗教"，所以在向来访者做宗教宣传时，"神父们一直在强调的是天主教的法律与生来的良知完全相合。他们坚持中国古代学者所说的良知与天主教的道理非常相近，这种理论早在偶像出现之前就有了"③。可知传教士在宣传教义时，采取的是"此土不欠少"而非"东土不曾逢"的策略，即把天主教义与中国古圣先贤所讲的道理相比附，从而使中国人产生思想上和情感上的共鸣，因而"很受中国人欢迎"。

从相关记载看，利玛窦在广东期间，传教心理曾有较大波动。入居肇庆初期，因为对中国社会还不太了解，他并未急着扮演"传播者"的角色，而是"忙着工作和学习中文"，因而"传教工作起初并不成功"④。但当"可以讲道和听告解"后，他的"传播者"角色意识迅速膨胀，产生了迅速传播"福音"的幻想与热忱，于是忙着"多弄些人入教"。裴化行（R.P.Henri Bernard）谈到：直至 1592 年 10 月麦安东逝世以及他死后不久，"我们没有看见利玛窦神父感觉到有必要加深中文知

---

① 参见张西平：《利玛窦的〈天主教教义〉初探》，《中国文化研究》2005 年夏之卷。
② 《利玛窦书信集》下册，光启出版社、辅仁大学出版社 1986 年版，第 469 页。
③ 《利玛窦中国传教史》上册，光启出版社、辅仁大学出版社 1986 年版，第 137 页。
④ 《利玛窦书信集》上册，光启出版社、辅仁大学出版社 1986 年版，第 57 页。

识。相反，看来他更关心的是立即获得成就，远甚于认真研习汉学所包含的长远准备。"① 但他的传教努力并未得到预期的效果，反而接连遭受挫折，他这才认识到传教时机尚不成熟，自己"还只能'播种眼泪'，甚至只是'开垦生荒'，不敢指望'轻松愉快地收获果实'"，于是在"中断七八年之后，他自己又勇敢地研习中国典籍"。②

随着在中国居住时间的增加和社会交往的扩大，利玛窦越来越感到，要想成为一名受尊敬的"传播者"，身披缁衣远不如身披儒服。因为"中国人对一般僧人的印象并不好，轻视和尚"，上层社会或受过教育的阶级"也不承认寺庙里的僧侣为宗教的领袖"③；而"中国人非常尊重学者"，"中国人认为文人能判断一切事情，虽然是他们从来没有学过的事情"④。这使他产生了一个越来越强烈的愿望：彻底改变自己的身份定位，由僧人转变为儒士。他把这种想法汇报给视察员范礼安，范礼安表示赞同，并为之上书呈请，于 1594 年 7 月得到教廷批准。可能是为了避免使已习惯于其僧装的广东人士感到突然，利玛窦 1595 年 5 月离开广东后，才在江西拜访一位旧识官员时正式改穿儒服。⑤ 自此，利玛窦等传教士从"天竺僧"一变而为"泰西儒"。为了抹掉过去"附佛"的痕迹，利玛窦停止刊印"其中佛教用语到处可见"的《天主实录》，

---

① 裴化行：《利玛窦评传》上册，商务印书馆 1993 年版，第 153 页。

② 同上书，第 161—162 页。

③ 参见《利玛窦中国传教史》上册，光启出版社、辅仁大学出版社 1986 年版，第 209、233 页。

④ 同上书，第 32、138—139 页。

⑤ 关于利玛窦改穿儒服的时间和地点，《利玛窦中国传教史》记载是 1594 年 11 月于广东韶州（上册，第 233—234 页）。此外还有其他一些说法。计翔翔《关于利玛窦衣儒服的研究》（《世界宗教研究》2001 年第 3 期）认为，利玛窦自己的说法并不可信，可能是记忆失误。据他考证，利玛窦改穿儒服的确切时间，是 1595 年 5 月 17—18 日前后，地点为江西樟树。德礼贤《利玛窦年谱》谓"在江西吉水初穿儒服"，计氏认为亦不确。

他把此书改写成《天主实义》，"将西僧及和尚的名词取消，改用司铎或神父，文体的风格也比较适合文人阅读"。新书刊印后，便将《天主实录》刻版销毁。①

由"天竺僧"变为"泰西儒"，确实方便了传教士与士大夫阶层的交往，提高了他们的社会地位和声望。金尼阁（Nicolas Trigault）乐观地声称："从此之后，一切都开始发展，几乎到了繁花盛开的地步。"② 实际上，这一新的身份定位，未必有助于传教士传播"福音"，甚或形成了一种新的束缚。罗明坚通过自己的切身体会，得到如下认识："僧侣们的地位尽管低下，但他们的情况却使传教士获得了实际的好处。他们使传教士们更能接触到大多数的中国民众，并把他们置于可以直接就宗教题目进行对话的地位。"③ 但当利玛窦变身为儒士后，罗明坚所说的"好处"必然随之失去。朱维铮分析说："传教士在欧洲也是僧侣，来华后脱去黑袍、披上袈裟，虽有混同佛僧之嫌，但还是出家人，宣扬宗教是其本业。一旦脱去袈裟，改穿儒服，在中国人看来便意味着还俗。……服色同于有功名的世俗儒士，再要公然传播宗教，并且是已被当时中国社会遗忘已久的域外异教，用传统眼光来看，非但属于不务正业，还大有秘密结社之嫌。……利玛窦为了活动便利而改变形象，却作茧自缚，迫使自己将突显手段当作急务，反而堵塞了使目的走向合法的道路。"④

利玛窦自己对此也有所意识，一个明显的事实是：利玛窦脱下缁衣改穿儒服，肯定是为了更加方便地传播"福音"。但从实际言行看，当

---

① 参见《利玛窦中国传教史》上册，光启出版社、辅仁大学出版社 1986 年版，第 260 页；裴化行：《利玛窦评传》上册，商务印书馆 1993 年版，第 163—164 页。利玛窦去世后，阳玛诺、费奇规、孟儒望等重新刊行《天主实录》，但已将借自佛教的词语悉数删改。

② 利玛窦、金尼阁：《利玛窦中国札记》，广西师范大学出版社 2001 年版，第 462 页。

③ 同上书，第 475 页。

④ 朱维铮主编：《利玛窦中文著译集》导言，复旦大学出版社 2001 年版，第 24—25、28 页。

他以"西儒"形象示人后，在传教方面似乎变得更加小心翼翼。对于自己的这种做法，利玛窦曾再三向教内人士解释。如 1596 年，他在南昌致信罗马富利卡提（P.Fuligatti），内中说："神父，您要知道中国十分广大，大多读书识字，写好的文章，但对所有外国人十分敏感……因此对传教事业十分不利，我们不能聚集很多人给他们布道，也不能声明我们来这里是为宣扬天主教，只能慢慢地，个别的讲道不可。"① 同年致高斯塔（P.Costa）的信中也谈到："至论放弃和尚之名，和尚和我们的托钵修士差不多，并不太受民众的重视；为消除这一切与我们不利的种种，因此我们并不急于建筑庙宇或教堂，而先建设一个布道厅，正如一般著名的学者所有的措施。"②1599 年在南京写给高斯塔的信中，也谈到"中国人不喜欢外国人"，主张采取"慢慢来"的传教方针，"逐渐同中国社会交往，消除他们对我们的疑心，而后再说大批归化之事"③。可以看出，抱着勃勃雄心来到中国传教的利玛窦，此时却要尽量掩盖自己的传教目的，"只得把自己装扮成一个道德家、哲学家和学者，根据他的印象，这些圈子里的人对宗教问题并不那么热心"④。他的身份原本是一名宗教"传播者"，由于披上了"儒士"的外衣，不得不更多地扮演科技和文化"传播者"的角色。

### （三）"知识传教"：信息传播的手段与内容

信息传播的手段多种多样。在晚明的技术条件下，以士大夫阶层为首要传教对象的利玛窦，主要使用了两种传播手段：一种是个人间的直接交流，包括面对面的交谈与书信往来。在北京居住期间，"他始终

① 《利玛窦书信集》上册，光启出版社、辅仁大学出版社 1986 年版，第 219 页。
② 同上书，第 236 页。
③ 同上书，下册，第 256—257 页。
④ J. 谢和耐：《中国文化与基督教的冲撞》，辽宁人民出版社 1989 年版，第 4 页。

忙于接见从各个方面来的连绵不绝的客人"，还要回访其中的一些人；他收到"从中国各地寄来无数的信件，有些人是他认识的，有很多他根本不认识"，他对每封信都要答复①。这使他赢得一批关系密切的朋友，其中部分人士对天主教产生了浓厚兴趣，甚至最终成为皈依者，如徐光启、李之藻、杨廷筠、瞿如夔等等。但直接交流所能覆盖的人员范围毕竟有限。另一种手段是著书立说。利玛窦发现，"自古以来，中国就重视书写，比较不重视讲说能力……他们的全部修词学，就是怎样写文章"②。在这种文化传统中，"用书籍传教是最方便的方法，因为书籍可以在任何地方畅行无阻；这里很多人皆可看书，很多事皆可由书籍传授，讲话便没有那样方便"③。在掌握了中文写作能力后，利玛窦花费很多精力撰写或译写中文著作。

目前最为完整的利玛窦中文作品集，当属朱维铮主编的《利玛窦中文著译集》，2001 年由复旦大学出版社出版，共辑集利玛窦中文著译作品 17 种，其中全文收录 15 种，《几何原本》、《同文算指》两种因"国内重印甚多，且卷帙均巨"，故列入存目。此书搜罗广泛而采择精审，如世传利玛窦驳僧袾宏书和《测量异同》、《勾股义》等，编者认为实非利玛窦本人所撰或直接口译，故不予入辑，仅列为附录④。但亦不无可议之处。如本书所收《理法器撮要》，有些学者认为实是伪作。1996 年台湾辅仁大学出版的《徐家汇藏明清天主教文献》中所收《斋旨》，实为利玛窦的作品，而本书失收。另，2002 年台北利氏学社出版的《耶稣会罗马档案馆明清天主教文献》中，收录了一种署名利玛窦的《圣经约录》，张西平谓为"近期发现和出版的关于利玛窦重要的原始文献"，

---

① 参见利玛窦、金尼阁：《利玛窦中国札记》，广西师范大学出版社 2001 年版，第 429 页。
② 《利玛窦中国传教史》上册，光启出版社、辅仁大学出版社 1986 年版，第 22 页。
③ 《利玛窦书信集》下册，光启出版社、辅仁大学出版社 1986 年版，第 412 页。
④ 朱维铮主编：《利玛窦中文著译集》编例，复旦大学出版社 2001 年版，第 45 页。

林金水则谓"是否为利玛窦所写还有待考证"①。笔者综合诸家之说，可以基本确认为利玛窦中文著译作品共 17 种，大致依时间顺序汇列为下表②：

| 书　名 | 简　　介 |
|---|---|
| 《坤舆万国全图》 | 利玛窦绘制的世界地图，最早刊刻者为《山海舆地图》，1584 年刻于肇庆。此后又以不同题名刊刻过几个版本。此本为最后一幅，1602 年刊刻于北京。 |
| 《天主实义》 | 凡 8 篇，分为 2 卷。以问答体解说天主教义。1595 年初刻于南昌，1601 年校正重刻于北京。 |
| 《交友论》 | 凡 100 则。是辑译的西方格言集。1595 年初刻于南昌，1599 年重刻于南京，1603 年再刻于北京。 |
| 《西国记法》 | 凡 6 篇。1595 年撰于南昌。内容主要是传授形象记忆法。 |
| 《二十五言》 | 凡 25 则。是编译的伦理箴言集。1599 年撰于南京，1604 年刊刻于北京。 |
| 《上大明皇帝贡献土物奏》 | 为 1601 年以"大西洋陪臣"名义呈给明神宗的题本。 |
| 《西琴曲意》 | 凡 8 章。是为献给明廷的"西琴"琴曲所填歌词。可能译写于留居北京初期。 |
| 《西字奇迹》 | 凡 1 卷。是用拉丁文拼写汉字的著作。1606 年刊刻于北京。 |
| 《几何原本》 | 凡 6 卷。是与徐光启合译的欧几里得《原本》的平面几何部分。1607 年刊刻于北京。 |
| 《浑盖通宪图说》 | 凡 3 卷。是与李之藻合译的实用天文学译著。译于 1607 年，1629 年刊刻于北京。 |
| 《斋旨》 | 阐述天主教定斋之意义。撰写时间当早于《畸人十篇》。 |
| 《畸人十篇》 | 凡 2 卷。是《天主实义》的姊妹篇，亦以问答体解说天主教义。1608 年刊刻于北京。 |
| 《圜容较义》 | 凡 1 卷。是与李之藻合译的天文学著作。1608 年刻于北京。 |

---

① 参见张西平：《百年利玛窦研究》，《世界宗教研究》2010 年第 3 期；林金水、代国庆：《利玛窦研究三十年》，《世界宗教研究》2010 年第 6 期。

② 关于各书的刊刻时间，多有不同说法。本表均从通行说法，未及详考。

续表

| 书　名 | 简　介 |
|---|---|
| 《测量法意》 | 是与徐光启合译的应用几何学著作。编著时间在 1607 年《几何原本》刊刻之后。 |
| 《乾坤体义》 | 凡 3 卷。是编译的自然哲学著作。本书中《四元行论》部分，大约于南京初刻，1601 年由冯应京重刻。下卷收入 1629 年刊刻的《天学初函》。全本何时初刻不详。 |
| 《同文算指》 | 是与李之藻合译的克拉维乌斯的《实用算术概要》的中译本。最迟在 1608 年已译竣，但到 1614 年才刊刻。 |
| 《利先生复虞铨部书》 | 原为《辩学遗牍》上篇，是与虞淳熙讨论佛教的书信。大约撰于 1609 年。 |

这 17 种作品可以分为以下类别：一是宗教类四种，包括《天主实义》、《斋旨》、《畸人十篇》、《利先生复虞铨部书》。其中《斋旨》仅 800 字左右，当是《畸人十篇》第六篇的初稿，且当时未曾刊行。[①] 二是伦理类两种，包括《交友论》、《二十五言》。三是科技类七种，包括《坤舆万国全图》、《几何原本》、《浑盖通宪图说》、《圜容较义》、《测量法意》、《乾坤体义》、《同文算指》。四是记忆术一种，即《西国记法》。此书曾在江西举子中风行一时，但后在中国失传，孤本藏于巴黎图书馆。五是歌词集一种，即《西琴曲意》，不少词句带有宗教色彩。六是语言学一种，即《西字奇迹》，内有宗教故事。七是奏疏一种，奏呈于皇帝，当时未曾刊行。概括而言，利玛窦生前刊行的宗教作品，只有《天主实义》和《畸人十篇》两种；《西琴曲意》和《西字奇迹》虽然含有宗教内容，但流传不广。伦理作品虽然也只有两种，但影响远超宗教类作品，尤其是《交友论》，"无论就重版次数，还是引证频率，本篇都堪称利玛窦中文译著内影响最广的一种"[②]。至于科技译著，则是数量多

① 参见顾保鹄：《利玛窦的中文著述》，载《辅仁大学神学论集》第 56 号，1983 年。
② 朱维铮主编：《利玛窦中文著译集》，复旦大学出版社 2001 年版，第 106 页。

而影响大。

利玛窦中文作品的种类和内容，不免给人这样的感觉：他用在知识传播方面的时间和精力，似乎远多于信仰传播，所以后人有"知识传教"、"学术传教"、"以学传教"等种种说法。这种传教方式的形成，经历了一个渐进的过程。利玛窦等传教士入居肇庆后，在仙花寺墙上挂了一幅西文世界地图，引起不少前来造访的中国人的兴趣。在知府王泮的建议和资助下，利玛窦将这幅地图改绘并标注中文，以《山海舆地全图》为名刊印发行。朱维铮认为，利玛窦绘制此图，"直接目的在于取悦地方长官，并非借学术传教"[1]。此话说得可能有点绝对，但从上述利玛窦对学习中文的态度变化看，当时他确实尚未形成"知识传教"的思路。居住南昌期间，他致力于撰写《天主实义》，重心仍在信仰传播，但也应邀撰写了《交友论》和《西国记法》。居住南京期间，主要忙于与士大夫交往，只写了一本小册子《二十五言》，汇集了25则伦理箴言。入居北京之后，除继续交结士大夫外，他投入著述的时间和精力明显增加，虽然也撰写了《畸人十篇》这样一部重要宗教作品，但大多数著作都是科技类的。利玛窦的本意，当然是通过"传知"以实现"传教"，但其具体做法，却明显偏重于"传知"而忽视了"传教"，故朱维铮谓其传教方式是"目的与手段的倒错"。

即使在宗教著作中，利玛窦也很少直截了当地宣传天主教义，而是试图因应中国士大夫的理念与偏好，通过"易佛补儒"，曲折地向他们灌输天主教义。在利玛窦看来，"要向中国人介绍基督教，有必要先将教理分为两部分。一部分是人的理性可以探求得知的真理；另一部分是人的理性不能探求知道，而要等接受了天主的启示之后才可能明白的真理"。他决定放弃"先信后知"的做法，转而采取"先知后信"的路

---

[1] 朱维铮主编：《利玛窦中文著译集》导言，复旦大学出版社2001年版，第23页。

数，即先向中国人讲述前一部分真理。因而在撰写《天主实义》时，删除了《天主实录》中有关天启神学的内容，也没有引用《圣经》中的语句。① 相反地，他大量引用了儒家经典中的语句，使其宗教著作蒙上了一层儒家色彩。如《天主实义》第二篇《解释世人错认天主》中，有一节说明"吾天主乃古经书所称上帝也"的文字②，短短数百字中，遍引《中庸》、《诗经》、《周易》、《尚书》，充分展示了利玛窦对儒家经典的熟悉和博学。对于自己的这种传教策略，利玛窦是有清醒认识的，他曾说过："把儒士派的大多数吸引到我们的观点方面来具有很大的好处，他们拥护孔夫子，所以可以对孔夫子著作中所遗留下的这种或那种不肯定的东西作出有利于我们的解释。"③ 他对这种做法的效果十分满意，去世前一年曾总结说："我们迄今和中国士大夫们交往谨小慎微，他们异口同声地称誉我们为学者、圣贤，我真希望我们能始终保有这个名誉。"④

　　关于"知识传教"形成的原因，学者们的看法不尽相同。有人认为，这是利玛窦经过多年探索"终于摸清了中国文化的主脉"后所做的主动选择，目的是"利用优越于中国传统文化的西方科学技术作为进入上层社会便捷的敲门砖"⑤。朱维铮则认为，这实是利玛窦迫不得已的被动选择，从"'易服色'那时起，便注定了他不再可能用'合法'的宗

---

① 参见包丽丽：《"似非而是"还是"似是而非"——〈天主实义〉与〈畸人十篇〉的一个比较》，《甘肃社会科学》2006 年第 6 期。韩国学者宋荣培《利玛窦的〈天主实义〉与儒学的融合和困境》（《世界宗教研究》1999 年第 1 期）亦指出："《天主实义》之特征在于：不讲启示神学之内容，而一方面按照阿奎纳的道理，另一方面从中国经典自由自在地引用恰当的句子来说明天主教的道理。"

② 参见朱维铮主编：《利玛窦中文著译集》，复旦大学出版社 2001 年版，第 21 页。

③ 利玛窦、金尼阁：《利玛窦中国札记》，广西师范大学出版社 2001 年版，第 465 页。

④ 《利玛窦书信集》下册，光启出版社、辅仁大学出版社 1986 年版，第 415 页。

⑤ 参见王俊才：《论利玛窦等传教士的知识传教及其西学带来的影响》，《河北师范大学学报》2006 年第 1 期。

教家身份从事传教活动，而只可能把'学术'当作手段，进行曲线传教"，"他可以公开地说和写有关欧洲哲学、伦理学或数学、地理学等论著，也可以赶学界的时髦，当众辩论儒释道三教该合还是该分，乃至指斥梵士佛学不过剽窃泰西古哲毕达哥拉斯遗说，但是对于他理所当然地需要'大声宣扬'的天主教道理，他却欲言又止，著书则比附儒家经典，口传则只敢造膝密谈"①。事实上，"知识传教"的逐步形成，既不完全是主动选择，也不完全是被动适应。正如钟鸣旦所指出的，将"利玛窦规矩"视为其个人独创的结果，"忽略了中国这一他者施加的影响"，实际上"他者在'利玛窦规矩'形成过程中的作用与利玛窦本人的活动同样重要，甚至可以说，正是他者塑造了利玛窦"②。换句话说，进入中国社会网络和文化语境的利玛窦，既是一个"传播者"，也是一个"接受者"。而他接受什么和传播什么，都是与中国士大夫相互作用的结果。

（四）"利子"与"利妖"：接受者的认识与反应

在跨文化交流中，任何一个"传播者"都难以获得"接受者"的一致认同，利玛窦当然也不会例外。尽管他在传教方面总是保持谨慎的态度，尽力在天主教义和早期儒学之间建立直接的精神联系，但他传播的那些宗教论以及科学知识，对于晚明士大夫来说还是具有一定的陌生感。站在不同立场上的士大夫，对利玛窦的真实身份和目的做出了不同的判断，于是有人尊称他为"利子"、"利公"、"利先生"，有人贬称他为"利妖"、"利夷"③，两极之间还有各种各样的中间态度。

从晚明到现今，徐光启一直被视为利玛窦传教方式的一个成功

---

① 朱维铮主编：《利玛窦中文著译集》导言，复旦大学出版社 2001 年版，第 27—28 页。
② 参见钟鸣旦：《利玛窦：因人成己》，《学术研究》2012 年第 8 期。
③ 参见庞乃明：《晚明所见利玛窦名称字号琐谈》，《西北师大学报》2011 年第 1 期。

象征。他是利玛窦最坚定的支持者和最早皈依的天主教徒之一。万历二十三年（1595 年），徐光启会试落第，远赴韶州，在那里"尝瞻仰天主像设"，后又看到几种中文世界地图，"乃知有利先生焉"。万历二十八年，"邂逅留都，略偕之语，窃以为此海内博物通达君子矣"。后在北京"游从请益，获闻大旨"，才真正对利玛窦心悦诚服。徐光启在《跋二十五言》中自述："启生平善疑，至是若披云然，了无可疑；时亦能作解，至是若游溟然，了亡可解。乃始服膺请事焉。"① 《几何原本》、《测量法意》等重要科技著作，就是在徐光启的建议与协助下翻译成中文的。但他并非仅接受利玛窦带来的科技知识，也真心接受利玛窦传播的天主教义，赞扬天主教"其说以昭事上帝为宗本，以保救身灵为切要，以忠孝慈爱为功夫，以迁善改过为入门，以忏悔涤除为进修，以升天真福为作善之荣赏，以地狱永殃为作恶之苦报，一切戒训规条，悉皆天理人情之至"。他甚至对利玛窦等传教士描述的西洋理想国深信不疑，称扬"西洋邻近三十余国奉行此教，千数百年以来以至于今，大小相恤，上下相安，路不拾遗，夜不闭关，其久安长治如此"②。

对于利玛窦的传教士兼学者的身份，徐光启是十分清楚的，他在《泰西水法序》中谈到："余尝谓其教必可以补儒易佛，而其绪余更有一种格物穷理之学，凡世间世外、万事万物之理，叩之无不河悬响答，丝分理解。"可见徐光启完全明了利玛窦"西来何意"，认为天主教是根本，而"格物穷理之学"是天主教之"绪余"。因此他不仅自己虔心信奉天主教，还曾劝导自己的家庭成员皈依。徐光启所说"补儒易佛"，实际上把利玛窦传播的教义，从"此土不欠少"提升到"东土不曾逢"的境界。利玛窦为了吸引中国士大夫，比较重视"合儒"，强调天主教

---

① 朱维铮主编：《利玛窦中文著译集》，复旦大学出版社 2001 年版，第 135 页。

② 朱维铮、李天纲主编：《徐光启全集》九，上海古籍出版社 2010 年版，第 250—251 页。

义与早期儒家的契合，即将"此土不欠少"而后来被遮蔽的真理发扬光大；而徐光启"补儒"之说，实际上是强调天主教义乃是"东土不曾逢"的，正可以"补益王化，左右儒术"，弥补儒术的欠缺，救正儒术的阙失。此后传教士又将"补儒"发展到"超儒"，试图将儒学天主教化，实是这一思路的自然演进。

与徐光启相对的另一极，是要求驱逐传教士的士大夫。由于利玛窦在传教方面十分谨慎，有些士大夫虽然不同意他宣扬的理论，但尚未出现激烈的应对行为。其他传教士并不十分认同利玛窦的做法，他们致力于在普通民众中传教，很快引起一些士大夫的猜疑，以致利玛窦去世仅数年，即于1616年发生了南京教案。自此出现了一股反教潮流，而利玛窦作为传教士的代表和象征，也成为反教人士的抨击对象。

关于南京教案，由于沈㴶的三次上疏和其他相关文件完整地保存在《南宫署牍》和《圣朝破邪集》中，以致学者们习惯于将注意力集中在沈㴶身上，甚至将这次教案理解为沈㴶的个人化的行为。其实事情未必如此简单。当时首先倡议驱斥传教士者，似是礼部郎中徐如珂。他比沈㴶早两年到南京任职，注意到传教士王丰肃（Alfonso Vagnone）"专以天主教惑众，士大夫暨里巷小民间为所诱"，遂"倡议驱斥"，并与"侍郎沈㴶、给事中晏文辉等合疏斥其邪说惑众，且疑其为佛郎机假托，乞急行驱逐"①。徐如珂"倡议驱斥"传教士的一个重要原因，就是对其"西来何意"产生了怀疑，他提出一连串质疑："若曰观光上国，则贡琛而来，何不航海而去？若曰乐附内地，则慕化而至，何必分教而驰？若曰中无他肠，则阳招阴至，诱我良民者何意？……"②如果说，前揭李贽所谓"毕竟不知到此何干"，确实表达了个人的一种迷惑，那么徐如珂的一连串质疑，实际上本身就是一种答案，已将传教士判定为阴谋危

---

① 《明史》卷326《外国传》。

② 徐如珂：《徐念阳集》卷2《处西人王丰肃议》。

害中国社会秩序和正统思想的"狡夷"。

稍后一些士大夫，对利玛窦等传教士的"西来何意"，进行了更加深入的揭露。如王启元《清署经谈》云："天主之教首先辟佛，然后得入其门。次亦辟老，亦辟后儒。尚未及孔子者，彼方欲交于荐绅，使其教伸于中国，特隐忍而未发耳。"① 黄贞《尊儒亟镜叙》揭露"天主教以媚窃害儒"云："然夷固不即灭儒也，而其计先且用媚与窃。媚能显授人以喜，窃能阴授人以不惊。喜焉从而卑之，不惊焉遂即混之。爪牙备，血力强，一旦相与，蹲素王之堂，咆哮灭之矣。"② 林启陆《诛夷论略》也谈到："崇祯八年，利妖之遗毒艾儒略辈入丹霞，送余有《天主实义》、《圣水纪言》、《辨学遗牍》、《鸮鸾不并鸣说》、《代疑续编》诸妖书等，其言极肤浅，极虚诞，阳斥二氏之邪妄，阴排儒教之歧途。然其辟儒处，未敢十分启口者。窃欲藉儒冠儒服者，达其教于朝廷，使得以肆其奸毒也。"③ 他们的用词和说法，确实太过偏激和蛮横，但从另一角度看，的确说中了传教士来华的真实意图。

当时绝大多数士大夫，都处在两个极端之间，他们对传教士传播的某些知识和思想感到兴趣，但缺乏深入的了解，既没有全盘接受，也没有全盘否定。东林党人邹元标的态度颇具代表性，他在回复利玛窦的信中谈到："门下二三兄弟，欲以天主学行中国，此其意良厚。仆尝窥其奥，与吾国圣人语不异。吾国圣人及诸儒发挥更详尽无余，门下肯信其无异乎？中微有不同者，则习尚之不同耳。门下取《易经》读之，乾即曰统天，敝邦人未始不知天。不知门下以为然否？"④ 邹元标清楚地知

---

① 转引自黄一农：《两头蛇：明末清初的第一代天主教徒》，上海古籍出版社 2006 年版，第 124 页。

② 徐昌治编：《圣朝破邪集》卷 3。

③ 徐昌治编：《圣朝破邪集》卷 6。

④ 邹元标：《吉水邹忠介公愿学集》卷 3《答西国利玛窦》。

道，利玛窦来华是"欲以天主学行中国"，但他既不抵触也不鼓励，因为在他看来，利玛窦所宣扬的道理，都是"此土不欠少"的，中国圣人及诸儒不但业已讲过，而且讲得更加深透。还有人虽然与传教士有所交往，但很长时间竟然不知有天主教。如大学士蒋德璟，是有"西来孔子"之誉的耶稣会士艾儒略（Jules Aleni）的朋友，但他在为《破邪集》所写序言中说："向与西士游，第知其历法，与天地球、日圭、星圭诸器以为工，不知其有天主之教也。比读其书，第知其窃吾儒事天之旨，以为天主即吾中国所奉上帝，不知其以汉哀帝时耶稣为天主也。"① 这或许是晚明大多数士大夫的感觉，因此对当时西学带来的思想冲击，不宜估计过高。

（五）成功与失败：观察者的两极评价

与利玛窦同时或稍后的传教士，以及自那时以来的教内人士和其他学者，都是利玛窦传教事业的"观察者"。与晚明士大夫一样，这些人对利玛窦的评价，也呈现出两极化的局面。

在利玛窦身边陪伴十多年的庞迪我（Diego de Pantoja），就不太认同利玛窦遮掩"西来何意"的做法。他批评利玛窦"将太多的时间花在了李之藻的身上，每天给他上数学课"②。与利玛窦致力于结交士大夫不同，庞迪我更愿意直接向宫中的太监和郊区的村民传教。③ 被利玛窦指定为接班人的龙华民（Nicolas Longobardi），"当其仅为传教士时，对于其道长利玛窦之观念与方法，已不能完全采纳，但为尊敬道长，不便批评。一旦自为会督后，以为事关信仰，遂从事研究，而在理论与事实上

---

① 徐昌治编：《圣朝破邪集》卷3。

② 参见邓恩：《从利玛窦到汤若望：晚明的耶稣会传教士》，上海古籍出版社2003年版，第83页。

③ 参见林中泽：《利玛窦与庞迪我关系辨析》，《史学月刊》2003年第1期。

所得之结论，有数点与前任会督之主张完全背驰"①。在龙华民笔下，"利玛窦似乎是一个畏缩不前的人，缺少信心，或者至少过于谨慎"②。龙华民在中国传教长达 58 年，但其中文著作的数量和质量远不能与利玛窦相比，而且大多是经文的译本③，从中可以看出从知识传播向信仰传播的转变。他热衷于向民间直接传教，并曾亲自以济南与青州为活动范围在山东传教。④ 另一位有"西来孔子"之誉的耶稣会士艾儒略，常被人与利玛窦合称"利艾"，但在传教方式上也与利玛窦有明显的差异，主要体现是把传教重心从上层转向中下层、从中央转向地方，传教方式上则是从间接传教转向直接传教。⑤ 与艾儒略一同来到中国的毕方济（Francesco Sambiasi），也只愿意谈论教义，方以智《膝寓信笔》记述："西儒利玛窦泛重溟入中国，读中国之书，最服孔子。……顷南中有今梁毕公，诣之问历算、奇器，不肯详言，问事天则喜。"这与利玛窦对问学者"随问随答"的态度迥然有别。

庞迪我、龙华民、毕方济与利玛窦同属耶稣会，虽然对利玛窦的传教方式不无异议，但总体上还是尊重和赞扬利玛窦的功绩的。从 1632 年陆续进入中国的多明我会士和方济各会士，则向利玛窦的传教方式发起直接挑战。他们先前在吕宋向华侨传教时，就主张直接传布福音，入华后自然也将传教重点放在平民百姓那里⑥ 此后爆发"礼仪之争"并日趋激烈，"利玛窦规矩"遭到教廷全面否定，这种敌视中国传

---

① 费赖之：《入华耶稣会士列传》，中华书局 1995 年版，第 65 页。

② 邓恩：《从利玛窦到汤若望——晚明的耶稣会传教士》，上海古籍出版社 2003 年版，第 95 页。

③ 参见费赖之：《入华耶稣会士列传》，中华书局 1995 年版，第 76—83 页。

④ 参见夏伯嘉：《天主教与明末社会：崇祯朝龙华民山东传教的几个问题》，《历史研究》2009 年第 2 期。

⑤ 罗群：《艾儒略与〈口铎日抄〉研究》，浙江大学博士学位论文，2009 年。

⑥ 黄一农：《两头蛇：明末清初的第一代天主教徒》，上海古籍出版社 2006 年版，第 443 页。

统文化的做法，招致清廷禁止天主教在华传播，此后尽管仍有地下传教活动存在，但其影响和声望一落千丈。直到鸦片战争后，传教士才伴随坚船利炮重返中国，但此时的传教事业已堕落为殖民主义的组成部分，自然难以博得中国人的好感。这些殖民主义的传教士，具有强烈的自我优越感，对于利玛窦模糊传教意图、适应中国文化的做法，自然不屑一顾，甚至大加讥讽。清末民初有一份法文《教务月志》，每月都刊载文章，"深文锻炼周内利子泊同会诸先生若汤、南者"，马相伯将其概括为三条："一者罪其喜引古书上帝，而不专用天主名"；"二者罪其阿悦华人，而将顺其礼俗。究之教士数十，历年数十，而被化者不过千许，尚不及若辈一月之功"；"三者罪其日间所事，治钟表，会宾客而已，著书则徒有其名，而惟李、徐二公是赖，然于文学科学，毕生无足观也"。①这三条，可以说全面否定了利氏在华的活动与业绩。

利玛窦也有自己的坚定支持者。其日记整理者金尼阁就是其中的代表。金尼阁向欧洲人介绍说：中华帝国是对一切外国人封闭的，只有三种人法律许可入境，一是来自邻国的进贡者，二是佯称进贡的撒拉逊商人，三是"羡慕这个伟大帝国的声名而来此永久定居的"。前两种不能在中国长住，"不可避免地要被遣返他们本国"。传教士属于第三类人，正是因为具有这种资格，"神父们才被允许在中国居留，他们的教友才得以入境"。针对利玛窦等传教士是否表明了传教意图的问题，金尼阁特地解释说："但是人们不应认为他们隐瞒了他们来这里的目的，那就是传播福音。凡是和他们打过交道的人都很了解这一点，而他们那些当大臣的朋友们也是用这一合法的借口来保护他们的，使他们能在中国呆下去。"②他给予利玛窦极高的评价："他比任何其他人更勇敢地以他的行为实现了这次传教的原定计划并坚定地努力去发展它，直到他生命

---

① 朱维铮主编：《马相伯集》，复旦大学出版社 1996 年版，第 224—225 页。

② 参见利玛窦、金尼阁：《利玛窦中国札记》，广西师范大学出版社 2001 年版，第 429 页。

的最后时刻。"①

对于西方历史论著里"相当牢固地存在"这样一种说法，即"相当肯定地认为：利玛窦隐藏了他的传教使命，没有讨论过宗教问题"，现代耶稣会士邓恩（George H.Dunne）也提出了反驳，他指出："《天主圣教实录》的内容可以驳斥这些指责。恰好有更为确定的证据从耶稣会档案里找到了。这是一本由利玛窦在肇庆生活期间所编纂的《中葡词汇表》。这份词汇表有 9 页，这是他为帮助自己记忆而写的。它概括了利玛窦与来访的中国学者所讨论的那些话题。它证明以下这两点是毫无疑问的，即宗教是利玛窦讨论的主要议题，以及利玛窦在介绍他的信仰时是充分完整的。"② 不过，邓恩的辩护不够有力，因为他所列举的证据，都是利玛窦居住肇庆期间的，当时他确实一度充满了传教热情。但当他离开广东、改穿儒服后，他在展示传教使命方面反而变得更加谨慎了。这当然不是由于畏惧，而是他意识到必须采取变通的方法，才可能为未来的广泛传教奠定基础。

20 世纪上半叶，在华基督教出现了"本色化运动"，天主教会则有"中国化运动"，"中国礼仪问题"得到重新认识。罗马教廷虽然并不承认过去有误，但态度有所松动，1939 年下令允许教徒向祖先和孔子的牌位或画像鞠躬致敬③。随着认识的改变，对利玛窦传教策略及其历史地位的评价自然也会逐渐变化。1982 年，教皇约翰·保罗二世（John Paul II）在利玛窦到中国四百周年国际学术研讨会上称赞说："利玛窦神父在'福音本色化'工程上有其特殊的贡献。他把天主教神学和礼仪术

---

① 参见利玛窦、金尼阁：《利玛窦中国札记》，金尼阁致读者，广西师范大学出版社 2001年版，第 24 页。

② 邓恩：《从利玛窦到汤若望——晚明的耶稣会传教士》，上海古籍出版社 2003 年版，第16 页。

③ 黄一农：《两头蛇：明末清初的第一代天主教徒》，上海古籍出版社 2006 年版，第 400—401、478 页。

语译成中国语言，创造了中国人认识天主的条件，并为福音喜讯和教会'在中国文化土壤的植根'开辟了园地。"在 2001 年召开的利玛窦来北京四百周年之际国际学术研讨会上，他重申了上述评价，并再次称扬说："作为先驱者，利玛窦是历史和文化上的一个枢纽，他把中国和西方、悠久的中国文明和西方世界连接起来。"①

## （六）结语

利玛窦离开故乡来到遥远的中国，当然是为了传播天主的"福音"，使中国"归化"于天主教。但中国与西方传教士到达的许多其他地方不同，这里不是落后的"蛮荒"之地，而具有不逊于西方的高度发达的文明和成熟的社会政治制度。要想在这样一个国度立足和传教，赤裸裸地宣示自己的真实目的，显然不是聪明的选择，只有采取"文化适应"的策略，才容易获得中国人的认可和接受。这就有必要对自己的传教意图进行一定程度的掩饰和包装，有必要在天主教义和儒家理论之间架设一道沟通的桥梁。"知识传教"和"易佛补儒"的路线，就是在这样的场域和语境中逐渐形成的，既不能将其完全归因于利玛窦的主动选择，也不能将其完全归因于利玛窦的被动适应，而是西方文化与中国文化、利玛窦与士大夫相互作用的结果。

对于自己所处的境地和自己所能发挥的作用，利玛窦其实是有清醒认识的。1609 年 2 月 15 日，他给远东副省会长巴范济写了一封长信，回顾和总结了自己在中国的传教事业。他谈到，居住在中国的传教士，"开罪皇帝的只有两件事"，一是"和外国有来往"，二是"在中国宣传天主圣教"。针对第二项，他做出如下解释："对此第二项，因为它是我们来华的主要目的，当然不能放弃。一方面我们依赖天主上智的安排，

---

① 约翰·保罗二世：《利玛窦来北京四百周年之际致词》，http://www.chinacath.org/article/doctrina/letter/china/2009-05-03/2862.html。

祂不断地以奇迹帮助我们，例如今天我们能够在此定居、传教，以智慧从事，虽未大声宣扬，但是利用良好读物与推理，对读书人逐渐介绍我们的教义，让中国人知道，天主教的道理不但对中国无害，为中国政府尚且大有帮助，它为帝国缔造和平。以此原则我设法使知识分子成为教友，对象不是大批的民众；假如有一批知识分子或进士、举人、秀才以及官吏等进教，由于知识分子能进教，自然可以铲除一般人可能对我们的误会。"他再次强调"目前我们没有其他办法，只有谨小慎微，慢慢地进行传教"①。

利玛窦临终之际，对身边的神父说："我把你们留在一个大门洞开的门槛上，它可以把你们引向能得到极大的报偿，但必须是经过艰难险阻才行。"② 可惜他的经验之谈，被后继者视为"畏缩不前"、"缺少信心"的表现。他们更喜欢表露无遗地展示自己"归化"中国的雄心，深入平民大众之中直接传教。结果正如田海（Barend.J.ter Haar）所说，在不少中国人眼中，天主教成了类似白莲教那样的秘密宗教组织。③ 晚明发生了几起教案，一些传教士被驱逐出境，与此有很大关系。此后爆发了"礼仪之争"，天主教对于中国文化的态度日趋僵硬，其结果是不但未能迈过"大门洞开的门槛"，连利玛窦打开的那扇大门也最终关闭了。

黄一农在考察明末清初的第一代天主教徒时，将他们形象地比喻为"两头蛇"。其实，当时远渡重洋来到中国的传教士，特别是利玛窦这样第一批长居中国的传教士，身处中西两大文化传统之间，也要不可避免地徘徊于天儒之间，经历一番矛盾和挣扎。现代耶稣会士史若瑟（Joseph Shih）评论说："对于福音化中国的问题，利玛窦从未形成过任

① 《利玛窦书信集》下册，光启出版社、辅仁大学出版社1986年版，第410页。
② 利玛窦、金尼阁：《利玛窦中国札记》，广西师范大学出版社2001年版，第431页。
③ 参见孙尚扬、钟鸣旦：《1840年前的中国基督教》，学苑出版社2004年版，第13—14页。

何明确的见解，而他对为了皈化中国人所采取的手段和方法在他予以落实的过程之中又是有变化的"①。利玛窦的艰难探索，为当今的中西文化交流提供了很多有益的启示。

# 四、章学诚"六经皆史"说诠释

"六经皆史"是清代著名思想家章学诚（1738—1801 年）理论体系中的一个重要命题。长期以来，学术界围绕这一命题歧见迭呈，莫衷一是，本文对此略作探讨。

## （一）史之含义

"六经皆史"命题是由"六经"和"史"两个概念构成的，尤以"史"字为关键。然而，正是在这个问题上，出现了一些误解。在这些误解中，最为流行的一个，也许就是把"史"理解为史料。钱穆曾经指出："（六经皆史）此四字中的这个'史'字，我们近代学者如梁任公、胡适之，都看错了。……梁任公曾说：卖猪肉铺柜上的帐簿也可作史料，用来研究当时的社会经济或其他情况。"② 可惜的是，梁、胡二氏的看法至今仍在流行。仓修良认为，"六经皆史"之"史"具有"史料"之史的含义，并补充说："史料本身就包含有史义，决不会有脱离史料的抽象史义。"③ 从一般的史学方法论的意义上说，过去所遗留的一切都有助于了解实际的历史过程，都将被史学家作为史料运用，六经亦不例外。但是，这只是现代史学家的观念，绝不能归之于章学诚。张舜徽言：

---

① 利玛窦、金尼阁：《利玛窦中国札记》，广西师范大学出版社2001年版，第469—470页。
② 钱穆：《中国史学名著》，台湾三民书局 1980 年版，第 315 页。
③ 仓修良：《章学诚与〈文史通义〉》，中华书局 1984 年版，第 114—117 页。

“举凡六籍所言，可资考古，无裨致用。六艺经传以千万数，其在今日，皆当以史料目之。”[①] 特标出“今日”二字，不以己意强加古人，比较客观。另外，视“史”为史料的学者往往拈出“盈天地间，凡涉著作之林，皆是史学”一语作为佐证，实是对这句话有意或无意的“误读”，说见下文。

那么，这个“史”字是什么意思呢？这应以章氏自己的解释为依据。在《文史通义》一开篇，章氏即写道：“六经，皆史也。古人不著书，古人未尝离事而言理，六经皆先王之政典也。”（《易教上》）将这个论述转化为逻辑推理，即是：政典是史，六经是政典，故六经是史。可见，弄清“史”之含义须了解何为“政典”。钱穆指出，“章实斋所谓六经皆史之‘史’字，近人只有王国维有篇文章叫《释史》，阐发甚是。王国维说史字篆文作‘史’，上面‘中’是一枝笔，下面‘又’是一只手，一只手里拿着一枝笔，就是个书记”。钱氏还进一步论证说，章学诚“在《文史通义》里就特写了一篇文章名《史释》，正是解释这个史字。……他是说六经都是古代的‘官司掌故’，如我们说现在教育部、外交部多存有许多档案，有些是教育部、外交部的职官必须时时翻阅的，此等档案叫做‘史’，掌管这些档案的人也叫做‘史’”[②]。与钱氏意见相近者不乏其人，如吕思勉释为“凡先王之政典必为史官所记也”[③]，金静庵认为“古人于史官以外无著作，故掌于史官者，悉得称史”[④]，皆属此类。

然而，章学诚谓政典是史，意在强调“若夫六经，皆先王得位行道、经纬世宙之迹，而非托于空言”（《易教上》），他注重的是政典的功

① 张舜徽：《史学三书平议》，中华书局1983年版，第179—180页。

② 钱穆：《中国史学名著》，台湾三民书局1980年版，第315—316页。

③ 吕思勉：《史学四种》，上海人民出版社1981年版，第194页。

④ 金静庵：《中国史学史》，台北鼎文书局1979年版，第280—281页。

用，而非"掌于史官"这一外在因素，故尔上述诸氏解释不确。钱氏将政典释为档案，尤欠周详。在《史释》篇中，章氏指出，"周官府史之史，与内史、外史、太史、小史、御史之史……无异义也"，因为府史与其他五史"皆守掌故，而以法存先王之道也"。不过，这样说并不意味着府史与五史没有区别；事实上，无论从地位上还是从职能上来看，二者都存在重大差异。以地位而论，二者有"官"与"吏"之别：

> 府史之史，庶人在官供书役者，今之所谓书吏是也；五史，则卿、大夫、士为之，所掌图书、纪载、命令、法式之事，今之所谓内阁六科、翰林中书之属是也。官役之分，高下之隔，流别之判，如霄壤矣。

以职能而论，其本质差别在于"卿、士、大夫（五史）能论其道，而府史仅守其法"。

> 史守掌故而不知择，犹府守库藏而不知计也。先王以谓太宰制国用，司会质岁之成，皆有调剂盈虚、均平秩序之义，非有道德贤能之选，不能任也，故任之以卿、士、大夫之重。若夫守库藏者，出纳不敢自专，庶人在官，足以供使而不乏矣。然而卿、士、大夫讨论国计，得其远大；若问库藏之纤悉，必曰府也。
>
> 五史以卿、士、大夫之选，推论精微；史则守其文诰、图籍、章程、故事，而不敢自专。然而问掌故之委折，必曰史也。

这些论述没有受到足够重视，然而正是理解"六经皆史"命题的关键性文字。需要说明的一点是，章氏描述的周官旧制未必符合历史事实，吕思勉已对"其谓府史之史，亦即后世书吏，能备存掌故之委折"① 深表怀疑。不过对本文来说，此点无关宏旨，具有重要意义的是章氏的论点，而不是其论据。

从上引几段话中可以看出，章氏把作为职官的"史"区分为两层，与此相应，他把史官所掌典籍也划分为两类，若用章氏自己的理论术语来说，即撰述和记注。他曾指出，"三代以上，记注有成法，而撰述无定名"。也正因为"记注有成法，而后撰述可以无定名，以谓纤悉委备，有司具有成书，而吾特举其重且大者笔而著之，以示帝王经世之大略"（《书教上》）。在章氏看来，记注的目的在于"欲往事之不忘"，所以应该力求"纤悉委备"，而这一点只有依靠完备的制度才能做到。府史的作用就在于谨守固有之章程，保存帝王经世行道过程中产生的各种文书档案，"而不敢自专"，即不能丝毫以己意损益之。当然，档案必须加以分类整理才便于保存和查阅，这种"整齐故事之业"亦须府史进行，章氏所谓"有司具有成书"之书，当即是府史整理的"比次之书"。然而，尽管"道"就在这些档案之中，但由于"史守掌故而不知择"，这些档案的意义和功能还无法发挥出来，尚须由五史"推论精微"，揭示出内含于其中的道。此即所谓"先王道法，非有二也，卿、士、大夫能论其道，而府史守其法"（《史释》）。这种道器合一的"典籍"，才是具有无穷功用的"政典"，才是章学诚心目中真正的"史"，"六经皆史"之"史"是指阐述先王之道的"撰述"。这一点章氏在《答客问上》中有明晰诠述：

> 六经，皆史也。形而上者谓之道，形而下者谓之器。孔子之作《春秋》也，盖曰："我欲托之空言，不如见诸行事之深切明著。"然则典章事实，作者之所不敢忽，盖将即器而明道耳。其书

---

① 吕思勉：《史学四种》，上海人民出版社 1981 年版，第 217 页。

足以明道矣，笾豆之事，则有司存，君子不以是为琐琐也。

## （二）六经之地位

厘清了"史"之含义，对"六经皆史"命题存在的另一个严重误解就凸显出来。如果仅视"政典"为档案，则"政典是史，六经是政典，故六经是史"的逻辑推论就可变换为"档案是史，六经是档案，故六经是史"，这自然可以进一步推衍出"史官所掌，属于史料之科，即章氏所谓记注"的结论。[1] 仓修良亦谓："章学诚再三说明，'夫子述而不作'，'夫子未尝著述'，六经只不过是他删订而已。故六经是选辑，是掌故，是记注，而不是著述。"[2] 这种说法不符合章氏本意，已如上述。金静庵似已意识到此点，故说"章氏所谓六经皆史者，不过档案之渐就整理者耳"[3]，强调了"整理"，惜仍视六经为记注，未达一间。

必须说明，将"六经是记注"的思想加之于章学诚，并不是一个无关宏旨的误解，而是涉及到章氏在中国思想史上的地位的大问题。侯外庐谓章氏"六经皆史"论"大胆地把中国封建社会所崇拜的六经教条，从神圣的宝座拉下来"；仓修良同意此说，并谓"'六经皆史'说的出现，说明了（正统与反正统）这两种思想斗争达到了高峰"[4]。恐皆出于上述误解。余英时亦极重视"六经皆史"之说，认为此说"是整个清代学术史上，继'经学即理学'（顾炎武语）以后一项最大的突破"，意义主要有如下几项：（1）首先要打破六经载道的见解。（2）六经中所可见者，只是三代官师未分那一阶段中道的进程，三代以后的道，则不可

---

[1] 金静庵：《中国史学史》，台北鼎文书局 1979 年版，第 280 页。
[2] 仓修良：《章学诚与〈文史通义〉》，中华书局 1984 年版，第 115 页。
[3] 金静庵：《中国史学史》，台北鼎文书局 1979 年版，第 280—281 页。
[4] 仓修良：《章学诚与〈文史通义〉》，中华书局 1984 年版，第 101、107 页。

能向六经中去寻找。（3）六经已不足以尽道，而经学家从事考证训诂复不足以通经，则其去道之远，可以想见。（4）六经既不足以尽道，遂进而有"文史不在道外"之说。（5）六经既只是古史，则最多只能透露一些道在古代发展的消息。至于"事变之出于后者，六经不能言"，三代以下之道，便只有求之于三代以后之历史了。① 余氏条分缕析，心细如发，然笔者对其结论不能无惑。纵观《文史通义》，章氏不仅没有贬低六经之意，反而通过系统化论述强调了六经的崇高地位。

章氏认为，史之功用在于体现、弘扬"道"，因而特著《原道》一篇，对"道"加以界定和阐述。他写道：

> 道之大，原出于天。天固谆谆然命之乎？曰：天地之前，则吾不得而知也。天地生人，斯有道矣，而未形也。三人居室，而道形矣，犹未著也。人有什伍而至百千，一室所不能容，部别班分，而道著矣。仁义忠孝之名，刑政礼乐之制，皆不得已而后起者也。

这段话是否说明章氏具备了"进化论的历史观"姑置不论，但他主张"圣人创制，一似暑葛寒裘"，"而非有所容心"，则论思甚精，与王夫之有不谋而合之处。但是，他又认为，道的显现和对道的认识到了一定时代就必然达到完备状态，在他看来，这个时代就是周公的时代：

> 自有天地，而至唐虞夏商，迹既多，而穷变通久之理亦大备。周公以天纵生知之圣，而适当积古留传，道法大备之时，是以经纶制作，集千古之大成。（《原道上》）

---

① 乔衍琯编撰：《文史通义：史笔与文心》，台北时报文化出版企业有限公司1987年版，第55—56页。

这固然也是"时会使然，非周公之圣智能使之然也"，但毕竟具有特殊的地位和价值，故曰："创制显庸之圣，千古所同也；集大成者，周公所独也"（《原道上》）。

"周公既集群圣之成，则周公之外，更无所谓学也"（《原道上》）。孔子之圣，并非逊于周公，但他"生不得位，不能创制立法，以前民用"（《易教上》），故"表章六籍，存周公之旧典"以"明教于万世"（《原道中》），故亦可以一言而尽孔子，"曰学周公而已矣"（《原道上》）。前已指出，章氏心目中的"史"乃是据档案著成的体现"帝王经世之大略"的"撰述"，而六经乃孔子深知"空言不可以教人"，取以"明先王之道"之书，故可以说"古人不著书，古人未尝离事而言理，六经皆先王之政典也"（《易教上》），故可以说"若夫六经，皆先王得位行道，经纬世宙之迹，而非托于空言"（《易教上》），故可以说"六经皆器也"（《原道中》）。对于后代人来说，"不见先王，当据可守之器，而思不可见之道"（《原道中》），只能诵读六经，因为"道体无所不该，六艺足以尽之"（《诗教上》）。

总而言之，六经产生于道法大备的周公时代，又经孔子有选择地强调，故对后人来说，其价值固已崇高至极，无以复加。章氏指斥"儒家者流，尊奉孔子，若将私为儒者之宗师，则亦不知孔子矣。孔子立人道之极，岂有意于立儒道之极耶"（《原道中》）。此足可见孔子与六经在章氏心中地位之高。在《文史通义》中，章氏论及诸经的文字很多，每加颂扬。如评《春秋》曰："史之大原，本乎《春秋》。《春秋》之义，昭乎笔削。笔削之义，不仅事具始末，文成规矩已也。以夫子义则窃取之旨观之，固将纲纪天人，推明大道"（《答客问上》）。如果认为，在章氏心目中，六经是"记注"之书，或者认为，章氏要"打破六经载道的见解"，"大胆地把六经从神圣的宝座拉下来"，这与章氏自己的议论不是大相龃龉吗？

### （三）"六经皆史"说之渊源

"六经皆史"说并非章学诚所首创。长期以来，学术界已关注到在章氏之前间接或直接提出过类似说法的许多学者，比较重要的有隋代王通，明王守仁、王世贞、胡应麟、李贽，清顾炎武、袁枚。王通《中说·王道篇》：

> 圣人述史三焉。其述书也，帝王之制备，故索焉而皆获；其述诗也，兴衰之由显，故究焉而皆得；其述春秋也，邪正之迹明，故考焉而皆当。

王守仁《传习录》卷上：

> 以事言谓之史，以道言谓之经。事即道，道即事。春秋亦经，五经亦史。易是包羲氏之史，书是尧舜以下史，礼、乐是三代史。其事同，其道同，安有所谓异。

王世贞《艺苑卮言》：

> 天地间无非史而已。六经，史之言理者也；编年、本纪、志、表、书、世家、列传，史之正文也；叙、记、碑、碣、铭、述，史之变文也；训、诰、命、册、诏、令、教、礼、上书、封事、疏、表、启、笺、弹事、奏记、檄、露布、移、驳、谕、尺度，史之用也；论、辨、说、解、难、议，史之实也；颂、赞、铭、箴、哀、祭，史之华也。

胡应麟《少室山房笔丛》卷2《四部正讹》：

　　夏商以前，经即史也，尚书、春秋是已。至汉而人不任经矣，于是乎作史继之。魏晋其业浸微，而其书浸盛，史遂析而别为经。

李贽《焚书》卷5《经史相为表里说》：

　　春秋一经，春秋一时之史也；诗经、书经，二帝三王以来之史也；而易经则又示人以经之所自出，史之所从来，为道屡迁，变易非常，不可以一定执也。故谓六经皆史可也。

顾炎武《日知录》卷3《鲁颂商颂》：

　　孟子曰：其文则史，不独春秋也，六经皆然。

袁枚《随园文集》卷10《史学例议序》：

　　古有史而无经。尚书、春秋，今之经，昔之史也；诗、易者，先王所存之言；礼、乐者，先王所存之法。其策皆史官掌之。

　　揆诸以上各家，论述角度不同，立言之旨各殊，与章氏议论之清晰、义蕴之丰厚相较，差异甚明，然与章氏之说亦有相合之点。王通提及三史，认为一备帝王之制，一明邪正之迹，一显兴衰之由，如此分断自是不当，然将三者渗合，固可得出史为政典与史有明道之用两点，章氏在《方志立三书议》一文中曾援引此言。王守仁之言，喻博文认为"比章学诚的话讲得还要清楚明白一些"，诚有未当，仓修良已予以批评①，但章氏所揭器道合一、即器明道之旨，实与王氏之论相合。王世贞区分诸籍，殊无条理，与"六经皆史"似无思想上之渊源，然章氏所谓"盈天地间皆史也"，则与其"天地间无非史而已"语极相近。胡应麟之论简略不明，然直揭出"经即史也"一语。李贽之论显受王守仁之影响，然主旨在于说明"为道屡迁，变易非常"，且在《焚书》卷3《童心说》中谓六经"非其史官过为褒崇之词，则其臣子极为赞美之语"，与章氏之看法判若冰炭，但"六经皆史"之提法实自此始。顾炎武之言在于论证六经乃经世之书，章氏之看法与之合。袁枚与章氏同时稍前，所言与章氏有相似处，故"论者或疑章氏识大之言，容有窃取于袁"，钱钟书、张舜徽亦谓袁氏之言即章氏所揭"六经皆史"之论②，其实二者并不全同，袁氏的看法接近于章氏所说的府史掌管的"掌故"，而章氏的思考在此基础上又进了一步。

必须指出，上面的分析只能说是纯语词性的，除非有确凿证据，我们不能武断地判定章氏受到或未受到哪位先人的影响。钱穆指出，章学诚"不站在史学立场来讲史学，而是站在整个学术史立场来讲史学"③，洵为高论。我们探寻"六经皆史"说之渊源，亦应立足于学术史或思想史的广阔基础之上。前已指出，"六经皆史"说的要义在于视六经为政典，在于"古无私门之著述"（《方志立三书议》），钱穆谓其源出于《汉书·艺文志》之"诸子皆出于王官之学"论④，不为无据。需要说明的一点是，此说乃刘向、刘歆所创，章氏对他们极推崇，而对班固则颇有不满，认为"自班固删辑略，而刘氏之绪论不传（自注：辑略乃

---

① 仓修良：《章学诚与〈文史通义〉》，中华书局 1984 年版，第 101—104 页。

② 钱钟书：《谈艺录》，中华书局 1984 年版，第 262 页；张舜徽：《史学三书平议》，中华书局 1983 年版，第 206 页。

③ 钱穆：《中国史学名著》，台湾三民书局 1980 年版，第 312 页。

④ 同上书，第 313 页。

总论群书大旨。)"(《和州志艺文书序例》)。不过，依笔者浅见，此说尚有更远的源头，当溯至《庄子》。钱钟书已注意到了此说与道家的关系，指出：

> 《庄子·天运篇》记老子曰："夫六经，先王之陈迹也，岂其所以迹哉"；《天道》篇记，桓公读圣人之书，轮扁谓书乃古人糟粕，道之精微，不可得传。《三国志·荀彧传》注引何劭《荀粲传》，记粲谓："孔子言性与天道，不可得闻，六籍虽存，固圣人之糠秕"云云。是则以六经为存迹之书，乃道家之常言，六经皆史之旨，实肇端于此。①

笔者以为，钱氏所引"先王之陈迹"、"古人糟粕"云云，乃道家贬斥儒家之言，稍失之正。更可注意者，是《庄子·天下》篇中的这段议论：

> 古之人其备乎？配神明，醇天地，育万物，和天下，泽及百姓，明于本数，系于末度，六通四辟，小大精粗，其运无乎不在。其明而在数度者，旧法世传之史，尚多有之。其在诗、书、礼、乐者，邹鲁之士，缙绅先生多能明之。……其数散于天下而设于中国者，百家之学时或称而道之。天下大乱，圣贤不明，道德不一，天下多得一察焉以自好。……悲夫，百家往而不反，必不合矣。后世之学者，不幸不见天地之纯，古人之大体，道术将为天下裂。

章学诚缕述先秦学术之流变，实以此段议论为依归，如谓"诸子

---

① 钱钟书：《谈艺录》，中华书局 1984 年版，第 266 页。

百家，不衷大道，其所以持之有故，而言之成理者，则以本原所出，皆不外于周官之典守，其支离而不合道者，师失官守，末流之学，各以私意恣其说尔，非于先王之道，全无所得，而自树一家之学也"（《易教下》），其沿袭之迹甚明。在《原道下》中，章氏指斥了后儒分别门户——如陆学与朱学之弊，且以"庄生所谓百家往而不反，必不合矣，悲夫"作结语，可见《天下》篇之言必深契其心。

最后，顺便解释一下前面提及的一个小问题。章学诚在《报孙渊如书》中说："愚之所见，以为盈天地间，凡涉著作之林，皆是史学，六经特圣人取此六种之史以垂训者耳，子集诸家，其源皆出于史。"许多学者以此证明章氏所言之"史"即史料，实误。细绎章氏之言，实是从学术发展史的角度立论。在他看来，古无私门著述，皆为政典，为王官之学，故皆是史，子集诸家，皆出于王官之学，皆为史之流裔，故亦可视为史。必欲解此"史学"为史料，则对"整辑排比，谓之史纂，参互搜讨，谓之史考，皆非史学"（《浙东学术》）又作何解释？笔者由此想到，《文史通义》是一部内容极为丰富的"论文集"，所论问题很多，撰写时间不一，显得有些缺乏系统性和逻辑严密性。在把握书中的概念时，必须注意其论述的主题的层面和语境。比如使用最多的"史"字，其内涵和外延在全书中绝非统一的、固定不变的。若想真实地了解其含义，只能将其放到特定的范围，比如学术思想史、史学发生论、史学本体论、史学认识论、历史编纂学中去把握。本文的诠释仅限于"六经皆史"之"史"，并非章氏在各种场合所使用的"史"字的全部含义。

# 五、自主意识与社会责任

## ——读《朱子学与阳明学》

　　基于对民族命运与中国现代化进程之关切，近十年来不少学者致力于探讨中国文化之特性，挖掘"国民性"之根源。有些人把根寻到"道学"身上，甚或认为作为中国文化主干的儒家到宋代发展成为"儒教"，彻底桎梏了人的灵魂。这种说法并非没有道理，却也有失偏颇。事实上，朱子学的创立，是中国思想史的一大跃进，而从朱子学的内在理路衍化出阳明学，又是一大跃进。侯外庐和荒木见悟这两位在不同文化背景下进行思想史研究的杰出学者，都认为明代中后期思想界的活跃气氛可与战国时代的百家争鸣媲美，而这种活跃局面的出现，正是理学内在发展逻辑的必然结果之一。日本的岛田虔次教授著有《朱子学与阳明学》①，尽管作者自称这不是专门著作，仅是一本概说书，但这本书以简洁的文字提供的内容是丰富的、深刻的，实在是作者潜研宋明理学数十载的总结。读过此书，会使人对宋明理学有更深入的理解，领悟到古代思想家的热诚与期望，矛盾与痛苦。

　　中国古代的儒家学者们，既不重视自然，也不醉心神灵，始终把着眼点放在人类本身，思考人的地位、责任以及理想人格的实现等主题。可以说，在其本质上，儒学呈现出关于人的理性主义哲学形态。不过，在汉代，儒学杂糅了不少谶纬迷信内容，皓首穷经的书本主义也开始流行起来。到唐代，佛、道流行，儒家学者依然在经典训释的樊篱里转圈，儒学被压缩成没有生机、没有吸引力的僵化伦理教条，已难保独

---

① 　此书日文本 1980 年由岩波书店出版。中译本于 1986 年由陕西师范大学出版社出版。

尊的地位。这样，伴随着因科举制度的发展而崛起的新知识阶层——岛田先生称之为"士大夫"——的集团意识的增强，一些知识分子先后起来抨击佛道，儒学在斗争中逐步凝化成一个既承继了早期儒学的人性因素又颇具创造性的理论体系。

"为天地立心，为生民立命，为往圣继绝学，为万世开太平。"张载《西铭》中的这四句话，绝不是残阳暮钟声里的空喊，它洋溢着高度的自觉精神，流露出了"士大夫"这个新生阶级跃跃欲试的情怀。在此以前，知识并不是进身的决定性阶梯，社会地位由门第决定，儒学的传承者——如汉代的博士弟子员、六朝的经生——并不一定有担负天下大任的机会。随着科举制度的建立和完备，朝廷向臣民提供了相对来说比较平等的进入仕途的机会，不少下层社会成员得以进入统治行列，逐渐形成"士大夫"这一阶层。他们一般是地主，但这并不是首要特征，最重要的是他们都是"读书人"，依靠儒家的教养（知识与道德）而进身，也就以学识、道德、天下大任自许。"这一高昂的意气所向，正统和异端的辨别被强调了。对佛教、道教的对抗意识，并反过来吸取之的事开始出现"[①]。由韩愈开其端，中经周敦颐、张载、程颢和程颐，到朱熹集大成，终于构造成一个前所未有的庞大体系。这个体系所展现的意蕴是多方面的，其中有关自主意识和社会责任的探讨无疑是核心问题之一。

理学首先确立了人的特殊地位。从理论上讲，人和万物都是从太极这一本原，经过阴阳动静，或者经过气的氤氲组合而成的，似乎没有本质的区别。但是，由于人禀承了特殊的灵性（良知良能），也就取得了超越万物的特殊地位，以至于可以"与天地参"。人成为"天地之心"，是赞助天地之化育的唯一生灵。

理学把人抬到这样崇高的地位，实际上也就加重了人的责任。在

---

① 岛田虔次：《朱子学与阳明学》，陕西师范大学出版社 1986 年版，第 11 页。

新儒学的重要文献《西铭》中，张载正是经典性地表达了这种看法："乾称父，坤称母；予兹藐焉，乃浑然中处。故天地之塞，吾其体；天地之帅，吾其性。民吾同胞，物吾与也。"这样，人也就没有权力宣布天地间哪怕一个最微小的事物与其无关，更不用说与之同类的人了。人与生俱来就负有发挥自己的良知良能，传播天道的使命，他必须自动关心他人，努力减轻他人的痛苦，增加他人的福利，使天下太平。而要出色地完成这些义务，必须从修身开始，这是根本，本根不正，即使能建立某些事功，也是不值得称道的"霸者"行为，而非"王道"，因而绝不可能成圣成贤，完成尧舜那样的辉煌事业。在孟子至周敦颐这一千余年的漫长岁月中，应该说是出现了不少建功立业的杰出人物的，可理学家们却视这千年历史为绝断了道统的黑暗时代，其根据即在于此。理学的首席经典《大学》的首章所规定的格物——致知——诚意——正心——修身——齐家——治国——平天下的涵养实践序列，经程朱表彰，在几百年的时间里成为知识分子深信不疑的信条，以至于每当朝政颓败时，总有大臣上疏要求皇帝"崇正学"、"涵养圣心"，以为只要做到这点，纲举目张，一切问题都会迎刃而解。这就因过于强调道德伦理、强调个人修养和责任而走向迂腐了。当对国事日蹙感到忧虑时，这种个人责任感往往转化成知识分子对危机的忧患意识以及"救济斯民"的冲动。

从这里，我们可以体会到佛、道与儒家的本质区别。理学的确吸收了佛、道的某些术语和思辨性内容，但不可否认，理学也正是在对佛、道的抨击中诞生发展的。正如一代又一代理学家反复辩白的那样，理学与佛、道在出发点上是不一致的。事实上，可以说它们都强调"个人"，强调个人的自主意识，但佛、道追求的是个人的解脱，亦即对国家、家庭、伦理、责任的逃避，以此而获得一己的"自由"，所谓"普度众生"，不过是想让更多的人到达彼岸世界。这是消极的个人主义，任其泛滥，将损坏社会组织的基础，中国历史上发生的禁毁佛道运动，不能说与此无关。理学表现出来的则是近乎狂热与空想的淑世主义，他们十分看重个人的良知与责任，把哲学与政治一体化，标榜"志伊尹之所志，学颜子之所学"，强调"合内外，平物我"，既想建立伊尹那样治国平天下的伟绩，也想达到颜渊那样高深的道德涵养。这可以说是进取的积极的个人主义。

这种积极的个人主义，正如上文指出的，强调个人的修养。所谓修养，也就是通过"敬"和"格物致知"等方法，保存德性的完整，以使个人成为纯粹伦理的个人。中国从先秦时代起，在思想家中间就展开了"性善"与"性恶"的争论，说明哲学无法否认活生生的人的自然本性。西方思想家用日神和酒神表征人存在的两种倾向：静观、睿智、完美的精神状态和生命本能的欲望、激情、冲动。理学则用"本然之性"与"气质之性"把人的"心"分割开来。岛田先生图示如下①：

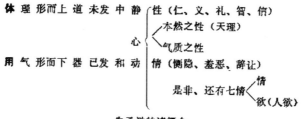

朱子学的诸概念

人的任务便是"复初"，从"气质之性"复归到"本然之性"。而且不止如此，"恶"并不一定就是恶的行为，正像岛田先生所说，"恶不是相对于'善'的原理性的对立者，而只不过是'过、不及'罢了。这样的观点，一点也不妨碍把这样的善恶之对立变为天理人欲二者择一的对立"，"于此，将一念之动亦作为人欲而企图压抑的严肃主义产生了，特别重要的是，儒教的一切习俗道德、所谓礼，被视为理之表现的可能

---

① 岛田虔次：《朱子学与阳明学》，陕西师范大学出版社1986年版，第61页。

性来展开"①。这样，理学实际上把人置于时刻摆脱不掉天理人欲大战的紧张状态。而且，理学家很强调实践，要求人们高度自觉地，即具有自我意识地实践"理"这个普遍法则，而不是在外在力量的强迫命令下，或在私利的影响下，去勉强地遵循它。

但是，这种思想体系包含着巨大的矛盾。它实际上在强调个人的同时又取消了个人，只注重了人的社会责任，而压抑了人的丰富多彩的个性和自然本能。所以，理学既未能真正解决个人与社会的关系问题，也不能真正调和"性"和"情"。理学本来强调个人的道德自律，但由于把"理"置于主体之上，成为绝对的东西，实际上削弱了主体对"理"的责任意识。人的"性"得之于"理"，似乎理对性有最终责任，而性对理则没有最终责任。正是由于理学的内在矛盾以及用理压性以调和矛盾的努力，使理学出现了两个突出后果：一是王阳明所批判的虚伪的假道学风气流行；二是理学在朱熹之后趋于教条化，再也产生不了引人注目的新发展。

正是为了消解理学的内在矛盾，王阳明才举起心学的旗帜。尽管王阳明与陆象山在理论上有共同点，但与其说王阳明继承了陆象山，毋宁说王学是在对朱熹哲学的批判和吸收的基础上发展起来的。

事实上，从理学转向心学的最初趋势，在元代即已出现。明初思想界被理学所统治，显得死气沉沉，即如大儒吴与弼等人，再也提不出什么新理论，只能反复强调实现朱熹的道德训条。可以说，在其创立时期显得意气昂扬的理学，这时委实已是老气横秋了。不过，明初在学者中间也出现了"经书是糟粕"的观点，这可视为转向心学之潜流的表现。到陈献章，正式开了心学的先河，但他的学说影响不大、流传不广。而当王阳明揭出"致良知"的宗旨后，心学很快风靡了思想界。阳

---

① 岛田虔次：《朱子学与阳明学》，陕西师范大学出版社 1986 年版，第 62 页。

明学比白沙学幸运，一方面由于陈献章几乎终生僻居广东，而王阳明则高居显位，便于传播自己的思想；另一方面，更重要的是，王阳明的时代正是明代开始走下坡路的时代，各种矛盾都暴露出来，士大夫产生了深深的危机意识，王阳明是其中最敏感、观察最深刻的一位。当一个时代面临着巩固的制度被瓦解的危险，人们对自己以往深信不疑的价值感到怀疑时，实际上就会出现相对主义的倾向，人们也就只能回到自己的内心世界，期望在这里找到一个究极的、绝对的、坚实的立脚点。不过，心学毕竟禀承了儒家的淑世传统，在危机意识的压迫下，他们尽管彻底地回到自我的内心，但并不像存在主义者那样感到人是孤独的，他人是地狱，相反，回归内心使他们更强烈地感到自己对人类的使命，"心即理"，再也没有外在的绝对的原则，个人对实践道德伦理负有完全的责任。这无疑是一种将最强烈的自我意识与社会责任感融合在一起的思想体系。

　　但是王阳明毕竟是从朱子学出发，他无法跳出儒家的矩矱。尽管他把外在的理移到人的内心深处，但理的内容基本上仍是朱熹界定的范围，"阳明的实践原则也在于存天理去人欲这一点"①。有意味的是，"若以浑一的心之全体作为理，则在理论上就一定不能不把心中具备的情的部分（乃至人欲的部分）作为理而加以肯定"②。正因为这一点，心学蕴含着丰富的发展可能性。在他死后，心学也确实分成几个派别向不同方向发展，其中泰州学派的"认欲为理"的倾向，甚至使一些人惊呼"荡轶礼法，蔑视伦常"，"非名教之所能羁络矣"。这种情况在理学中是绝不可能出现的。

　　与理学一样，心学试图确定个人与社会的关系，社会的伦理规范与个人的自然本性的关系。在前一关系上，心学依然保持了依靠个人的

_____

①　岛田虔次：《朱子学与阳明学》，陕西师范大学出版社 1986 年版，第 85 页。

②　同上书，第 86 页。

内心涵养以逐步达到治国平天下的逻辑序列，只不过因为把外在的原理转化成内在的原理，进一步加强了人的道德自律性。在后一关系上，既然认为"心即理"，也就不能不在某种程度上承认人的个性和情欲。王阳明主张，人的良知是相同的，但人的行动不要抹去个性色彩，"狂者便从狂处成就他，狷者便从狷处成就他"。他以竹子为喻，认为"只要同此枝节，便是大同"，不能要求一园竹子枝枝节节高下大小都一样，否则"便非造化妙手矣"。对于喜怒哀惧爱恶欲这七情，王阳明也主张"俱是人心合有的"，不过"要认得良知明白"。七情与良知的关系是："七情顺其自然之流行，皆是良知之用，不可分别善恶，但不可有所着，七情有着，俱谓之欲，俱为良知之蔽。"这是试图在肯定七情的基础上限制它。到王学左派那里，这一点被继承发展，欲的因素不断强化，尽管有人说他们的理论已接近自然人性论未免估计过高。

满街都是圣人，人人都可成为圣人，这是心学汲取禅宗的精义而产生的一个理论突破。它一方面把圣人从可望不可即的高处拉回普通平凡的人群中；另一方面，也是更为重要的方面，是这个理论包含着个人是一切的尺度这样的意向。只有个人的心才是判断一切的绝对准则："求之于心而非也，虽其言出于孔子不敢以为是"；"在良知而心安，则是，安则必为，举世非难，不须顾虑也"。这样，在心学家中，就出现了一种"狂"的意识，王阳明的弟子们中甚至"出现了这样的主张：狂是为了变成圣人的真正的道"①。如王龙溪就认为，狂者志太高，实行也许不那么容易。但是，什么虚饰也没有，什么隐处也没有，照本心率直地行动。若犯了错误，则只要改正就可以。这才是入圣的真路头。

循此种思路推衍下去，伦理道德作为一种行为规范的作用就有可能被取消，正像岛田先生所指出的，"在这里看到的是理想主义、自然

---

① 岛田虔次：《朱子学与阳明学》，陕西师范大学出版社 1986 年版，第 91 页。

主义，或者就理想主义之极而转向自然主义"，而且，这不仅是主张，他们还掀起一场运动，"把什么都作为伪善者而开始批判、谴责"，这对于当时的士大夫社会确实是剧烈的冲击，是一种可怕的危险思想。[①] 这种理论的最终结果也许会走向汤因比在《历史研究》中援引的希特勒的话："我以梦游者的自信，按照我的意思去做，即按照上天差遣我的意思去做。"[②] 当然，明代的思想家们不可能走这么远，客观条件也不允许他们走这么远。他们内心深处都以张扬儒家传统为己任。

　　大体上说，我们至少可以从两方面来认识明中后期这一思想史上波澜壮阔的时期。一方面，尽管思想家们提高个人的地位是为了加强个人对社会的主动的责任，但他们确实强调了自我确立、自我意识，在一定程度上导致了个性的张扬和发展，但这种思想受到的束缚很大，随着清朝正统主义的确立，这条发展道路被阻断了；另一方面，从哲学上说，思想家们把"理"发展成为一个新概念，即从去人欲的"理"逐步变为包含着欲的"理"，这条理路在清代及近代被继承发展了。

　　值得说明的是，我认为在评价儒学时，必须充分重视士林儒学与大众儒学的差异。一般说来，理学家们在各种概念的复杂细致的讨论中，产生了许多新的思想或其萌芽。但文化较低的大众，是无法理解这些理论范畴的，他们最容易接受的是一些明白易懂、可据以行动的教条。如果说朱熹的格物致知、理、性、情等概念没有得到大众的普遍了解，但他的忠、孝、礼、义的说教却深入人心，托名于他的旨在指导人们在一些重要礼仪场合的规则行为的《朱子家礼》也流传甚广。可以说，对一般大众来说，理学和心学这样差别巨大的理论体系并没有什么不同，都是指导他们行为的伦理教条。也许，这种大众接受水平的局限，正是宋明理学中的新因素无法充分发展的原因之一，它们找不到丰

① 　岛田虔次：《朱子学与阳明学》，陕西师范大学出版社 1986 年版，第 92 页。

② 　汤因比：《历史研究》中册，上海人民出版社 1966 年版，第 259 页。

厚的土壤和坚实的基础。

社会是所有的人的行为和众多的个人之间不可避免的相互作用的总和，因而必须探讨有关人与社会以及人本身的各种问题，这也是摆在处于社会转型时期的我们面前的一项重要而急迫的任务。尽管存在着很大局限性，古代的思想家们，包括理学家和心学家，毕竟进行了可贵的探索，取得了许多富有启发意义的成果，值得我们深入研究和反思。

# 六、转型的内在理路：晚明思潮的反思

晚明时代，经济、社会、思想领域都出现了明显的变化。对于这些变化的性质、趋向和意义，学术界尚未取得一致意见。国内学术界居于主导地位的观点，是认为晚明已是中国"封建社会"的末期，旧的生产关系和意识形态开始解体，新的带有"近代"性质的生产关系和意识形态正在萌动。具体到思想史方面，就是认为晚明出现了与西方"过渡"时期极其相似的思想成果和社会思潮。这样一幅涂抹上西方式"近代性"色彩的思想图画，在多大程度上反映了历史实况呢？对此似乎还值得进一步加以思考。

## （一）对晚明"近代性"的反思

中国古代曾多次上演王朝兴衰的戏剧。导致许多王朝灭亡的那些痼疾和征兆，在晚明也都显现出来。但是，学者们普遍认为，决不能仅从王朝兴衰的角度来理解晚明，因为晚明已踏上"走出中世纪"的路途，出现了一些不同于已往的变化，这些变化实质上就是从封建社会向资本主义社会转变的最初迹象。换句话说，晚明之所以不同于汉、唐、宋等朝代的晚期，是因为后者仅仅是在社会性质没有发生变化的条件下的某个王朝的衰落，而前者不但是一个王朝的衰落，更重要的是延续了近 2000 年的中国封建社会的衰落，新的社会正在这衰落的母体中孕育生长。也就是说，晚明社会在一定程度上具有了"近代性"。

上述看法，并非是从中国历史本身的发展脉络中推论出来的。在中国历史上，即使在所谓"长期延续"的"封建社会"中，许多时期都发生过"不同于已往的变化"——如唐宋之际就发生过重大社会变迁，为什么学者们认为只有晚明的社会变迁才具有"近代性"呢？很明显，这种认识并非"本土的"，而是跨文化比较的产物。跨文化比较是历史研究的一种常用的重要方法，通过比较可以更加深刻地理解各种文化的特点和实质。但是，跨文化比较又有严格的方法论要求，不能用一种文化的话语霸权去规约另一种文化，使此种文化成为彼种文化的附属物。遗憾的是，近代西方在世界上确立经济霸权的同时，也确立了话语霸权，跨文化比较在许多时候便成了展示西方文化之"典范性"的工具。

20 世纪以来，特别是在 20 世纪后半期，学术界关于古代中国的认识，在很大程度上就是以西方为"典范"将中国历史与西方历史进行"比附"而不是"比较"的产物。通过这种比附，我们固然得到了一个清晰的历史发展脉络，但却模糊了中国历史的独特性质。这就像是用中国的秦砖汉瓦建造起一座西方哥特式教堂，虽然整体看上去颇为壮观，局部细察也确是古物，但却不能说这是真正的"秦汉风貌"。关于具有"近代性"的晚明，在一定程度上也是根据西方理论演绎出来的中国社会发展史中的一个必然要出现的特定阶段。既然中国与西方一样也有奴隶社会、封建社会，当然接下去也要有资本主义社会，与西方资本主义兴起期在时间上大体相当的晚明，遂被赋予具有过渡性质的特殊意义。

荷兰学者佛马克在讨论文学理论问题时提出了"研究"和"批评"两个方法论概念，"前者强调经验材料和客观性以及方法的可重复性、结果的可检验性"，"后者强调主观的参与和创造，强调内在的合理性"①。其实，历史研究中也存在着同样的方法区别，尽管在具体的研究工作中二者常常交融在一起，但两者的确是"各有各的规则"。关于晚明社会是否在一定程度上具有"近代性"的问题，显然不是一个"研究"问题而是一个"批评"问题，对这一问题的回答取决于回答者的"前见"，即他们业已接受的并且认为是不证自明的理论模式。主张晚明社会具有"近代性"的学者，基本上都承认人类历史有着共同的发展规律。但这一"共同规律"，并不是在研究了各民族的发展史后归纳出来的，而只是从西方社会发展过程中抽取出来的"理想类型"。正如一位学者所说，"自从马克思发现了唯物史观，使我们理解了西方近代社会的近代化历程乃是人类历史必然性的欧洲表现，是一种典型的形式"②。

　　在晚明社会寻找"近代性"的做法，不仅受到线性目的论历史观的影响，也受到民族主义和爱国主义的情感的影响。帝国主义侵略对殖民地和半殖民地社会的影响，既有掠夺破坏的一面，也有刺激变革的一面，从来都不是单一性的，马克思就曾对帝国主义侵略的两面性作出深刻分析。③ 但是，长期以来，学者们却很难接受使中国饱经凌辱的帝国主义侵略可能促动了本土社会变革这类看法，而中国在相当长的历史时期里在世界各国中保持着领先地位这一事实更使学者们不愿意从外部寻找现代化的动因。这样，在中国传统社会内部寻找"资本主义萌芽"或者说"现代化因素"的学术理路自然就应运而生了。通过对晚明以来中国社会内部业已出现现代化趋势的理论预设，不但可以说明中国的现代化是"内生"的而非"外铄"的，而且还可以证明帝国主义入侵是打乱

---

① D. 佛马克、E. 蚁布思：《文学研究与文化参与》，北京大学出版社 1996 年版，前言，注释 1。

② 李亚宁：《明清之际的科学文化与社会》，四川大学出版社 1992 年版，第 2—3 页。

③ 什洛莫·阿维内里：《马克思与现代化》，载罗荣渠主编：《现代化：理论与历史经验的再探讨》，上海译文出版社 1993 年版，第 3—25 页。

中国现代化固有进程的外来阻碍力量。

有趣的是，近些年来，在反思和批评"西方中心主义"的学术背景下，西方有些学者的思路和观点变得与中国学者的思路和观点颇为相近。比如，美国的中国学研究者过去基本上是在以费正清为代表的"挑战—反映"模式和以列文森为代表的"传统—现代"模式下展开研究的，他们把鸦片战争以前的中国视为"停滞的帝国"，认为近代中国社会的剧烈变化是在西方势力的刺激下发生的；20 世纪 80 年代以来，这种观点受到质疑，以柯文为代表的新一代学者提倡"中国中心观"，力图从中国社会内部探寻中国历史发展变化的趋势和动力。① 毫无疑问，美国学者的学术反思精神是值得赞扬的，但这种学术转向并不能反证中国学者所持的观点更具真理性，也不能说明新一代美国学者的历史观比其前辈更接近中国历史的真实状况，他们只不过是由"欧洲中心论"演进到沃勒斯坦所说的"反欧洲中心的欧洲中心论"②。当然，两国学者在相同的"规范认识"之下也存在着明显的学术观念差异：与中国学者强调中国历史本身的积极发展趋势和外来阻力不同，标榜"中国中心观"的美国学者则是力图缩小和淡化西方势力对中国社会的影响。这种从中国社会内部挖掘"现代化指向"的做法，如果不能适可而止，很可能会从与费正清、列文森相反的方向歪曲中国历史。

（二）对晚明"启蒙思潮"的反思

主张晚明社会具有一定程度的"近代性"的学者，或多或少地相信社会诸因素发展的同步性，并运用经济基础与上层建筑的对应性关系模式对这种同步性加以解释。他们认为，晚明经济领域已产生了"资本主义生产关系"的最初萌芽，上层建筑对经济基础的变革迅速地、直接

---

① 柯文：《在中国发现历史——中国中心观在美国的兴起》，中华书局 1989 年版。

② 沃勒斯坦：《进退两难的社会科学》，《读书》1998 年第 3 期。

地作出了反应，出现一系列新变化。表现在思想领域，就是充溢着人文主义精神和批判意识的"启蒙思潮"的出现，它与欧洲的文艺复兴和启蒙运动在起因、内容、作用及价值方面都具有相似性和可比性。对于这种看法，有必要略作辨析。

在西方，"人文主义"是一种与文艺复兴紧密联系在一起的思想态度，这种思想态度的本质，是认为人和人的价值具有首要的意义，人是衡量一切事物的标准。[①] 从表面上看，晚明以李贽为代表的一批思想家和文人，提出了"肯定个人情欲"之类的主张，与西方文艺复兴时期的一些思想观念确有相似之处。但是，也应注意，这些人的主张，虽然也"强调个性，强调人的价值"，但将"人文主义"的标签贴到他们头上并不一定合适。[②] 在中国历史上，对人格独立的追求，一直是士人高标的理想，历史上确实也出现了不少任情纵性的特行狂放之士，也出现过凸显个性和人格独立的思潮。如余英时认为，"十四、五世纪意大利知识分子个性发展之环境与历程与吾国汉晋之际之士极多相似之处"[③]。的确，从表面看来，余英时称之为"士之新自觉"的汉晋之际的思潮和风尚与意大利文艺复兴之间的相似性并不在晚明之下，为什么仅说后者而不说前者具有"近代"色彩呢？在对待人的情欲问题上，中国文化一向具有一种现实主义的态度，"食色性也"是儒家经典早就确立的原则，历代思想家也基本上都肯定人的正常的生理欲望的合理性。从当时的文学作品中，确实可以感觉到晚明有一定的"色情泛滥"倾向，但我们似乎不能说纵欲的或色情的就是"近代"的。

---

① 中国大百科全书出版社《简明不列颠百科全书》编辑部译编：《简明不列颠百科全书》第 6 卷，中国大百科全书出版社 1986 年版，第 761 页"人文主义"条。

② 包遵信：《明清之际的社会思潮和文艺复兴》，载中国文化书院讲演录编委会编：《中外文化比较研究》，三联书店 1988 年版。

③ 余英时：《士与中国文化》，上海人民出版社 1987 年版，第 310 页注 1。

　　在讨论晚明"启蒙思想"时，学者们大多强调其"批判意识"。事实上，与"人文主义"一样，"启蒙"在西方也是与特定时代——主要是 18 世纪——相联系的有着特定涵义的思想概念。正如卡西勒所说，启蒙思想"这整个不断起伏的过程是不能分解为个别学说的单纯总和的"，如果把启蒙思想"归纳为种种特殊的学说、公理和定理"而不"着眼于它的发展过程，着眼于它的怀疑和追求、破坏和建设"，"则这些方面看起来就是一堆不可调和的矛盾，或是五花八门的思想成分凑成的大杂烩"。启蒙思想之所以说在整体上"具有新意，显示出新的面貌"，是因为"通常被认为是由千差万别的思想成分凑成的大杂烩的启蒙哲学，实际上是由一些表述得极其严谨、条理分明的伟大的基本观点统领的"。概略说来，18 世纪的启蒙思想是以新的方法论纲领为特征的，它以分析还原和理智重建的方法取代了 17 世纪盛行的形而上学的抽象演绎方法。正是启蒙哲学的这种最根本的方法论特征，极大地推动了西方思想的世俗化过程，促成了科学技术的蓬勃发展。[①] 但是，国内学者在移植"启蒙"这一概念讨论晚明思潮时，却抽去了其方法论基础而只保留了所谓"批判"的精神或态度，"启蒙"被简化成为对旧制度和旧思想的批判，而明清之际对君主的过分集权和人欲的过分压制提出批评的一些学者，的确可以很方便地套入这一缺乏方法论基础的"启蒙"模式中。有些学者还通过片言只语的比较，认为明末清初的"启蒙主义思潮"在某些方面达到甚至超过西方启蒙思想的深度。诚然，若以寻章摘句的方法，把黄宗羲的《明夷待访录》与卢梭的《民约论》相比较，在某些观念上的确有不谋而合之处，但这是两种不同性质的思想，其深度也不可同日而语。[②]

---

① E. 卡西勒：《启蒙哲学》，山东人民出版社 1988 年版，序及第一章。

② 张立平：《夕阳与曙光——〈明夷待访录〉与〈民约论〉之比较》，《人文杂志》1993 年第 2 期。

由于 18 世纪的启蒙思想对于西方科学技术的发展起到良好的推动作用，主张晚明具有"近代性"的学者也非常强调晚明的"科学精神"，认为这是当时"启蒙思潮"的又一重要表现。这种说法是值得商榷的。众所周知，中国古代科学技术在世界上曾长期保持着领先地位，李约瑟主持编写的《中国科学技术史》有力地证明直到 1500 年中国在科学技术方面还没有落后于西方。如果晚明出现了"科学精神"，为什么中国的科学技术却开始落后了呢？当然，可以辩护说，是清代的文化专制政策和考证学派的兴起阻碍了科学精神的发展。然而，对这一点似乎不能强调得太过分，因为"明代不一定比清代有更大的学术自由"①，尤其是对自然科学，清代并没有禁止研究。应该说，晚明的确出现了李时珍、宋应星、徐霞客、朱载堉、徐光启、方以智等热衷于科学事业的人士，他们或者发扬了中国传统的实证精神，或者吸收了西方传入的数理精神，使晚明科学一时呈现出空前繁荣的局面。但倘若因此断言，从 16 世纪中叶到 17 世纪中叶的 100 年间中国知识阶层中已洋溢着"科学精神"，中国传统科学已出现了向近代科学转变的萌芽和趋向，恐怕有些武断。西方启蒙思想奠定了以分析还原和理智重建为特征的方法论基础，而晚明的科学家们却仍然在很大程度上沿袭了传统科学固有的以经验性、应用性和技术性为特征的方法，由此不可能引发"科学革命"。更重要的是，中国传统社会文化缺乏滋生"科学精神"的土壤，晚明大师们的著作，在当时和清代影响极微，被誉为"百科全书"的宋应星的《天工开物》在中国还失传了，只是因为先曾流传到日本，我们才有机会重新引进。

---

① 余英时：《中国思想传统的现代诠释》，江苏人民出版社 1995 年版，第 136 页。

### （三）从"内在理路"理解晚明思潮

认识和评价晚明思潮，不应把焦点放在对其与西方思想的相似度的鉴别上，而应放在探究其产生与发展的"内在理路"（Inner Logic）上。也就是说，应当把注意力集中在晚明社会内部，看一看晚明社会出现了什么样的变化和发展，存在着什么样的问题和危机，以及思想家对这些变化和发展、问题和危机的回应。晚明的思想家们，无论是生活在这一时代开端的王阳明，还是生活在这一时代中间的泰州学派、东林学派，抑或是生活在这一时代晚期的顾炎武、黄宗羲、王夫之三大家，都是针对着他们所面临的现实的社会、政治和学术问题生发议论的，因而不能通过与西方思想家的比附来理解和评价他们的学说和思想。从总体上看来，处于王朝衰退阶段的晚明，面临的主要问题和危机依然是传统的，思想家们对这些问题的思考和解答也依然未脱离传统理路；当然，这并不是说他们在重复前人，在许多问题上，他们的思考确实大有进步。他们的光芒只有放到中国思想发展史的背景中才能显现出来，无须给他们披上一件西方色彩的外衣以证明其价值。

众所周知，在中国思想发展史上，作为中国文化之主体的儒学，其内涵和形态随着时代推移几经变化。从唐朝中叶开始，中国社会再一次出现剧烈的变动，士大夫逐步取代门阀世族成为社会的主体。这种新的社会格局到宋代已基本定型，士大夫"成为确乎不动的势力的独特的统治阶级"[1]。理学就是在这种社会基础上产生的新兴士大夫阶层的意识形态，张载的《西铭》在一定程度上可以看作这个阶层的宣言书。张载喊出的"为天地立心，为生民立命，为往圣继绝学，为万世开太平"，

---

[1]　岛田虔次：《朱子学与阳明学》，陕西师范大学出版社 1986 年版，第 9 页。

表达了高度的社会责任感和历史使命感，体现了新兴的理学积极向上的一面。但是，作为一种思想体系，理学也有明显的缺陷，这主要表现在三方面：一是过分强调天理与人欲的统一性，形成"存天理，灭人欲"的僵硬伦理主义；二是过分强调"内圣"而忽视"外王"，重内在修养轻外在事功，淡漠了经世致用的传统；三是强调读书穷理，导致迷信经书、抱残守缺的教条主义。

从南宋末年开始，程朱理学取得思想界的主宰地位。元代虽是异族入主中国，但也着力推广理学，使得程朱理学的权威性和普及性大为提高。明朝建立后，朱元璋在元朝旧制的基础上加以发展，程朱理学的地位更加绝对化，其内容和形式日趋僵化，消极后果表现得越来越突出，理学创立者们所阐扬的充满理想主义色彩的伦理价值已彻底沦落成为士大夫戴在头上的面具。在给聂豹的一封信中，王阳明曾这样描述当时的社会状况："天下之人，用其私智，以相比轧。是以人各有心，而偏琐僻陋之见，狡伪阴邪之术，至于不可胜说。"[1] 这种社会现象的出现，王阳明认为是"良知之学不明"的缘故，因而力倡"致良知"之说。王阳明的本意是重新收拾世道人心，提倡"只在此心去人欲存天理上用功便是"[2]，但他把人心提高到本体论的高度，却为个性的张扬和解放开辟了一条必然的道路。作为王学后学的泰州学派，正是沿着这一理路前进的，他们把"天理"消融在"百姓人伦日用"之中，至此已"非名教所能羁络"[3]。到李贽，则以"童心"说、"人皆有私"说为武器，向虚伪的、僵硬的伦理主义发起猛烈攻击，奏出了中国古代"异端"思想的最强音。不过，李贽等人的思想也就到"异端"为止，他虽然对"假道学"进行了痛快淋漓的批判，但并不是否定传统的伦理

---

[1]  王守仁：《王文成公全书》卷2《答聂文蔚》。

[2]  王守仁：《王文成公全书》卷1《传习录上》。

[3]  黄宗羲：《明儒学案》卷32《泰州学案》。

秩序，而是期望借批判恢复他们心目中理想的伦理秩序，而这仍是传统的。

王阳明及其后学的思想无疑是对已陷入危机之中的程朱理学的反动，但他们的贡献主要是在反对违反人性的伦理主义和迷信经书的教条主义方面。尽管王阳明本人在立德、立功、立言方面均有所成就，但作为一种思想体系的"阳明学"，其重内在修养轻外在事功的性格却比程朱理学还要突出。而且，在反对迷信经书的教条主义的同时，王学后人又走向另一极端，这就是"束书不观，游谈无根"。于是，一些学者起而力矫王学末流之弊，提倡经世致用之学。万历时期的东林学派就是一种颇具代表性的思潮。他们提倡"经世"、"实用"的学风，并以高度的社会责任感关注现实政治，提出一些革新主张。在明清之际的三大思想家中，顾炎武、王夫之对心学是痛加指责的；黄宗羲在思想上倾向心学，但对蹈空之习也提出严厉批评。如果说，泰州学派和李贽的思想是在一定程度上逸出儒家传统轨道的"异端"，以三大家为代表的思想潮流则是在猛烈批评"异端"的基础上对儒家正统的复归。

在现实政治方面，明代可谓弊端丛生，但其最根本的症结，则是专制政体的空前强化。如何减弱君主专制对社会造成的危害，成为晚明思想家集中思考的另一大主题。对于这一问题，东林党人曾有过不少论述①，而作为东林精神继承者的黄宗羲，在《明夷待访录》中对君主专制政体进行了系统批判，其深度在中国思想史上确实是前所未有的。因此，学术界将黄宗羲等人尊为"启蒙思想家"，予以高度评价。如有学者指出，"从历史的观点来看，先秦的民本思想是新兴的地主阶级的进步思想，其历史作用是维护并改善新兴的封建制度"，黄宗羲等人的启蒙思想"是新兴的市民阶级的先进思想"，"代表了新兴的市民阶级的

①　小野和子：《从东林党到黄宗羲》，载吴光主编：《黄宗羲论》，浙江古籍出版社 1987 年版。

要求和愿望，两者有着原则性的区别"①。此类看法，恐怕是作者的心目中先有了一个从西方历史套来的分期模式，然后又用这种模式剪裁思想史，并不一定合乎历史实际。因为第一，这些思想家虽然激烈批判暴君，但并未否定君权，他们都期待"明君"出现，像王夫之还大力宣扬君权至尊；从他们提出的扩大宰相和地方守令的职权、发挥学校议政作用等措施看，其核心是要充分发挥士大夫阶层在国家决策和治理中的作用。第二，当时是否出现了"新兴市民阶级"还值得怀疑，所谓"市民阶级"、"市民社会"等概念，都是从西方政治模式中概括出来的，有特定内涵，并不是说商品经济发展了，城市繁荣了，就自然会形成"市民阶级"。

日本学者沟口雄三一方面认识到"'近代'这一概念，本来是地区性的欧洲的概念……可是随着欧洲自我膨胀到世界一样大，不知不觉地就成了世界性的概念"；另一方面又感到完全抛弃这个概念已不可能，提议"既然接受了'近代'这个概念，那么索性使它扎根于亚洲"。与许多学者一样，沟口雄三也把明末清初期看作是一个重要的"转换点"，认为这一时期的思想中"孕育着近代的胚芽"。但他并不是将中国史比附于欧洲史，而是试图用中国固有的概念重新构成"近代"。针对晚明君主观的变化，他指出："将他们的这些思想比拟为欧洲的民权思想是非事实的，而将之视为仅只是孟子以来民本思想传统的延长也是非历史的；另一方面，把这些思想看作'地主阶级自救的好方策'而加以嘲笑，也不是我们所能谅解的。"在他看来，当时出现的"批判君主的一己的或一元的专制，认为政治应是为民的，要求君主尊重民声（和民欲），政治上要求分治"的思想的实质，是"以中坚地主阶层的身份在其主导之下谋求安定和强化地主制式的结构"，"换言之即走向地主制的

---

① 高炳生：《黄宗羲启蒙思想再评价》，《北京大学学报》1993 第 5 期。

分权专制的趋向，可以说这反而必然地使其孕育着近代的胚芽"。① 沟口雄三的看法是否恰当可以讨论，但他试图探寻晚明思潮内在理路的做法是值得赞赏的，也是我们今后应当努力的方向。

---

① 沟口雄三：《中国前近代思想的演变》，中华书局 1997 年版，第 7、18、19、43、431 页。

# 结　语

# 变与乱：光怪陆离的晚明时代

　　"晚明"并非一个严格的断代概念，有人将其收得很窄，仅限于天启、崇祯两朝，也有人将其放得很宽，从成化、弘治一直延续到南明。较为通行的用法，是指称万历至崇祯这一时间段。当然，历史是一条连绵不断的河流，没有明显的起点和终点，晚明时代呈现的诸多现象和变动趋势，的确可以上溯到明代中叶，下延到清朝时期。

　　晚明的时代特征，如果做一简单化的概括，似可归纳为两个字："变"与"乱"。这是一个光怪陆离的时代，充满了张力和矛盾。从中既可以看到社会经济的蓬勃发展，又可以看到贫富分化的日益加剧；既可以看到为国为民的政治抗争，又可以看到结朋结党的宗派混斗；既可以看到改革志士的励精图治，又可以看到官僚群体的腐败无能；既可以看到个性的空前张扬，又可以看到欲望的极度膨胀……

## （一）挣脱束缚：晚明的变化与活力

　　肇建大明王朝的朱元璋，是中国历史上出身最为低微的皇帝。他在继承融汇前代制度的基础上，建立了一套颇能体现其个人性格的国家体制和治理模式。"洪武体制"的特征，一是加强君权，即通过废除丞相制、分立五军都督府、地方上设置"三司"等办法，将军政权力集中在皇帝手中，消除威胁皇权的各种潜在因素；二是固化社会，即通过推行里甲、户役、路引等制度，强调邻里之间的监督责任与扶助义务，严格限制人口迁移与流动，尽量使百姓的居住地和职业保持稳定；三是钳制思想，即通过宣讲"六谕"、移风易俗、学习《大诰》等活动，力图实现社会风习的淳美和思想意识的统一。朱元璋的目标，是建立一个统治有序、安土重迁、邻里相助、稳定和谐的理想社会；他确实获得了部分成功，但这种"画地为牢"的统治模式，也不可避免地带来社会凝固、思想僵化等负面影响。滥觞于明代中叶，至晚明臻于极致的各种变化，其总体特征就是对"洪武体制"的背离和挣脱。

初期的明朝，基本上是一个纯农业国家，工商业所占比重很小。朱元璋虽然并不否认商业具有"通有无"的作用，但却强调"崇本而祛末"，以严刑峻法打击"游民"，要求出外经商者必须申领"路引"，不许商人之家穿着绸、纱。这些规定和限制，在他死后逐渐松动和废阁，到晚明时代，商品经济空前发达，成为经济发展的主要驱动力量。如在江南经济中心的苏州，"商贩之所走集，货财之所辐辏，游手游食之辈，异言异服之徒，无不托足而潜处焉"①。处在辇毂之下的政治中心北京，也呈现出同样的情景，"市肆贸迁，皆四远之货，奔走射利，皆五方之民"②。商人的社会地位大为提高，"士而商"、"商而士"现象日益普遍，以致发出"良贾何负闳儒"③的呐喊。在许多地区，特别是经济发达地区，形成了重商崇利的社会氛围。

朱元璋着力打造的凝固化、扁平化的社会结构，到晚明时代也变得面目全非。在追逐商业利益、寻求生存机会、逃避赋役负担等多重因素的共同作用下，人口流动性越来越大，里甲组织已难以维持空间的稳

---

① 姜良栋：《镇吴录》。转引自韩大成：《明代城市研究》，中国人民大学出版社 1991 年版，第 79 页。
② 谢肇淛：《五杂俎》卷 3《地部一》。
③ 汪道昆：《太函集》卷 55《诰赠奉直大夫户部员外郎程公暨赠宜人闵氏合葬墓志铭》。

定性和户数的完整性，基本丧失了基层组织的功能。依存于里甲制度的粮长、里长、老人等"职役性地方精英"，难以保持原有的社会经济地位，而以绅士为主体的"身份性地方精英"，成为乡村社会的支配阶层。这一方面提高了社会自我管理能力，另一方面也给地方治理制造了不少障碍。晚明另一引人注目的现象，是民间组织广泛兴起，既有半官方性质的保甲、乡约，也有纯民间性质的宗族，此外文人结社遍地开花，就连光棍流氓也成立了"打行"、"访行"等组织。晚明的社会风尚，与明代前期也迥然不同，侈靡风气弥漫社会，人们不再恪守传统的礼仪规范，安于既定的社会秩序，正如万历《重修昆山县志》所描述的："邸第从御之美，服饰珍羞之盛，古或无之。甚至仆隶卖佣，亦泰然以侈靡相雄长，往往有僭礼逾分焉。"①

晚明的政治体制，也难以维持朱元璋原初的设计，皇帝的决策权受到官僚集团的很大约束，重大事务都要交付廷议，参加者包括六部尚书、都御史、大理寺卿、通政使以及科道官，但负责票拟的内阁大学士不能与会。遇到特别重大的事情，还要采用记名投票的方式进行表决。晚明言谏之风甚盛，皇帝也常常受到激烈批评。一个广为人知的事例，是大理寺评事雒于仁竟然上疏指责皇帝嗜酒、恋色、贪财、尚气。这样的奏章，在其他时代恐怕很难出现。晚明党社之活跃、党争之激烈，在中国帝制时代也是罕见的，以东林党、复社为代表的清流派，举起"天下之公论"的旗帜，进行了长期的政治抗争。复社非常重视积累社会资源，开展了许多社会政治活动，甚至帮助周延儒谋得了首辅大位。在民间层面，晚明也是一个政治意识高涨的时代，社会舆论空前活跃，爆发了多次被称为"民变"的民众反抗运动。

明初定于一尊的思想意识，从明代中叶逐渐打破，晚明思想界多

---

① 万历《重修昆山县志》卷1《风俗》。

元而活跃，理学与心学争鸣，玄谈与实学并立，中学与西学交融。兴起于明代中叶的心学，到晚明已是广泛流衍，激发出一股崇尚个性的自由精神，最终造就出李贽这样敢于"颠倒万世之是非"的异端思想家。晚明的文艺，也是异彩纷呈，风行一时的"公安派"重视个性与情感，提倡"独抒性灵，不拘格套，非从自己胸臆流出，不肯下笔"①。作为晚明标志性产品之一的"小品"，随兴漫笔，直抒胸臆，隽永有味，诙谐有趣，鲜明地显露出当时的文学趣味。最能反映晚明时代特征的，或许还是小说创作的繁荣，最为脍炙人口的当属长篇小说《金瓶梅》和短篇小说集"三言二拍"，这些作品满足了普通大众的阅读需求，反映了当时商品经济的繁荣、市民社会的发达、思想意识的多样和开放。

（二）由变生乱：晚明的失序与混乱

变与乱似乎是一对孪生兄弟，凡是剧烈变动的时代，往往也是混乱失序的时代。不过，变与乱的结果，往往差别很大。有些社会最终走过动荡的变革时期，逐步确立了新的体制和秩序；有些社会则缺乏变革因素的增量积累机制，无法形成新的体制和秩序，只能通过恢复旧秩序而结束混乱局面。晚明时代，几乎各个领域都出现了新因素、新趋向，在带来生机与活力的同时，也加剧了社会矛盾、贫富分化、政局动荡、道德失范。换句话说，晚明时代虽然出现了一些不可逆的新变化，却未能引发根本性的制度变迁，明朝在变与乱的交缠中走向灭亡。

从经济方面观察，晚明商业虽然高度发达，但发挥的建设性作用不够充分。梁方仲曾经指出，明代商业资本"一马当先"、"一枝独秀"，远远跑在农业和手工业之前，因此是"虚有其表、外强中干"的"虚假的繁荣"②。这种看法是否完全妥当，当然可以讨论，但当时确实存在这

---

① 袁宏道撰，钱伯城笺校：《袁宏道集笺校》卷 4《叙小修诗》。
② 梁方仲：《明代粮长制度》，上海人民出版社 1957 年版，第 126—127 页。

种现象：商业经营积累了巨额利润，但转入生产性领域的数额却很小，大部分都消耗于生活性的或奢侈性的消费。这并非是商人的短视，而是没有形成稳定的投资渠道与激励性的制度环境。大量金钱游离于非生产领域，滋养了穷奢极欲的生活态度和社会氛围，甚至贫穷人家也追慕仿效，造成"若狂举国空豪奢，比岁仓箱多匮乏"①的局面，给社会稳定造成很大挑战，所以张瀚叹息说："今之世风，上下俱损矣！"②

更为重要的是，晚明经济的发展繁荣，并未使社会各阶层都得到实惠，反而加剧了贫富分化和社会对立。以绅士为主体的地方势力，利用投献、强夺、购买等手段，占据了大量田地，积聚了巨额财富。顾炎武根据亲身见闻指出："自万历以后，天下水利、碾硙、场渡、市集，无不属之豪绅，相沿以为常事矣。"③势豪大户千方百计逃避赋税，"膏腴万顷，输税不过三分"④，其负担都被转嫁到庶民百姓身上。在经济发达的江南等地，还兴起了蓄奴之风，豪奴与劣绅相济为恶，"倚势横行，里党不能安居"⑤。当整个社会陷入"富者极其富，而每至于剥民；贫者极其贫，而甚至于不能聊生"⑥的境况时，要想保持稳定的统治已不可能，社会经济发展也丧失了渐进变革的机会。

皇帝权威的下降和党社运动的活跃，也未能促进政治体制的变革，反而干扰了朝廷解决问题的能力。明遗民朱一是沉痛地说："万历中，一二大君子研讲道术，标立崖畔，爰别异同。其后同同相扶，异异交击，有好恶而无是非，急友朋而忘君父，事多矫激，人用偏私……道术流而意气，意气流而情面，情面流而货赂，狐城鼠社，蔓引茹连，冈上

---

① 崇祯《吴县志》卷10《风俗》。
② 张瀚：《松窗梦语》卷4《百工纪》。
③ 顾炎武著，黄汝成集释：《日知录集释》卷13《贵廉》。
④ 佚名：《民抄董宦事实》（不分卷）。
⑤ 顾公燮：《消夏闲记摘抄》卷上。
⑥ 《崇祯长编》卷2，崇祯十七年正月丙午条。

行私，万端一例。遂致事体蛊坏，国势凌夷，局改时移，垣垒石破。"①
这话虽然说得有点过于愤激，但确实点中了当时政局的要害。更加严重
的是，晚明官僚集团出现了"结构性腐败"，"出仕专为身谋，居官有同
贸易"②，给事中韩一良曾叹息说："今之世局，何处非用钱之地？今之世
人，又何官非爱钱之人？"③ 很多地方官员"为民父母虎狼心"④，不思兴
利除害，专务刻剥聚敛。百姓揭竿而起，实属必然选择。

晚明张扬个性、放纵情欲的思想潮流，其作用也是"破"大于
"立"。它打破了传统礼教的束缚，肯定了人欲的正当，促进了思想的解
放，但却未能形成一套有助于维持社会秩序和道德规范的新价值观。一
个社会要想富于活力而又保持稳定，必须在自由和秩序之间维持平衡。
对个性与情欲的过分重视，很容易导致极端的个人主义和享乐主义，从
而忽视甚至鄙夷自己所应承担的社会责任，漠视甚至践踏社会所必需的
伦理规范。比如李贽声称："成佛证圣，惟在明心，本心若明，虽一日
受千金不为贪，一夜御十女不为淫也。"⑤ 在他自己，或许确有保持"童
心"的自信与能力，但对信奉此语的大多数人来说，可能只是热衷于
"受金"和"御女"，而早已将"明心"抛诸脑后。可以说，在晚明时
代，自我意识的觉醒与伦理道德的崩溃，彼此纠缠，相互促动，其破坏
性可能要大于建设性。

（三）复调历史：对晚明的不同认识

变乱交缠的晚明时代，是一个复杂的多面体，不同时代的人们，

① 朱一是：《为可堂初集·谢友人招入社书》。
② 计六奇：《明季北略》卷 13《责臣罪己》。
③ 《崇祯长编》卷 11，崇祯元年七月丁卯条。
④ 辛升：《寒香馆遗稿》卷 3《世变十更》。
⑤ 周宾所：《识小编》。转引自傅衣凌：《明清社会经济变迁论》，中华书局 2007 年版，第
　202 页。

以及同时代的不同个人，自然会有不同的看法。有人看到了新时代的曙光，有人看到了旧时代的暮色，有人听到了新生儿的呱呱哭声，有人嗅到了木乃伊的浓浓臭味。各种看法相互矛盾甚至尖锐对立，可能都揭示了晚明的某个侧面。

生活在晚明时代的人们，似乎不太欣赏当时的社会变化。歙县知县张涛曾以四季为喻描述说：明初到弘治年间，相当于"冬至以后、春分以前之时"，此时"家给人足"、"闾阎安堵"、"比邻敦睦"，一派盛世景象。正德、嘉靖年间，相当于"春分以后、夏至以前之时"，人们开始舍本逐末，出现了"东家已富，西家自贫"的社会分化，人心日坏，风俗日靡，"锱铢共竞，互相凌夺"。嘉靖末到隆庆初，相当于"夏至以后、秋分以前之时"，商品经济占据了主导地位，致使"富者愈富，贫者愈贫"，风俗更加窳坏，"诛求刻核，奸豪变乱，巨滑侵牟"。万历年间则进入"秋分以后、冬至以前之时"，社会完全被金钱主宰，人心道德彻底沦落，"金令司天，钱神卓地，贪婪罔极，骨肉相残"，贫富分化更加怵目惊心，"富者百人而一，贫者十人而九"。[①] 可以看出，张涛完全是站在传统立场上，对明代社会变化进行猛烈抨击。这并非他个人的私见，代表了当时很多人的共同看法。

明朝灭亡后，不少遗民进行了深刻反思，对晚明提出诸多批评。如顾炎武批评晚明"王纲弛于上，而私党植于下"[②]，认为士大夫集团已整体堕落，"衣冠而为囊橐之寄，朝列而有市井之容"[③]。他尤其愤恨王学末流空谈性命、鄙薄实务的习气，"以明心见性之空言，代修己治人之实学，股肱惰而万事荒，爪牙亡而四国乱，神州荡覆，宗社丘墟"[④]。

---

① 万历《歙志》卷5《风土》。
② 顾炎武著，黄汝成集释：《日知录集释》卷5《邦朋》。
③ 顾炎武著，黄汝成集释：《日知录集释》卷3《承筐是将》。
④ 顾炎武著，黄汝成集释：《日知录集释》卷7《夫子之言性与天道》。

清朝的官方意识形态，对晚明也持否定态度。如《四库全书总目》严厉批评晚明玄虚放诞的风气，对于李贽更是痛加抨击："贽书皆狂悖乖谬，非圣无法。惟此书排击孔子，别立褒贬，凡千古相传之善恶，无不颠倒易位，尤为罪不容诛。"① 该书还将党争视为明亡的祸根，严厉指责说："门户角争，递相胜败，党祸因之而大起，恩怨纠结，辗转报复，明遂以亡。"② 到了清朝后期，政治氛围趋于宽松，士大夫集团重新焕发了对政治事务的责任感，东林党重新受到重视和肯定，不少人编书撰文，讴歌东林先辈的道德风范和救世精神③。

　　五四新文化运动的兴起，唤起了对于晚明时代的重视和肯定。周作人在 1932 年发表的《中国新文学的源流》中，指出明末文学运动与五四文学运动"很有些相像的地方，两次的主张和趋势，几乎都很相同"。林语堂次年发表《有不为斋随笔》，也认为晚明公安派、竟陵派"已抓住近代文的命脉，足以启近代文的源流"。刘大杰 1949 年出版的《中国文学发展史》中，也认为公安派"重个性、重自由、重内容、重情感的新理论"，"与五四时代的文学运动精神完全相同"。嵇文甫则从思想史的角度对晚明作出高度评价，他于 1944 年出版《晚明思想史论》，对晚明思想进行了简明而系统的梳理，认为晚明"是一个动荡时代，是一个斑驳陆离的过渡时代，照耀着这时代的，不是一轮赫然当空的太阳，而是许多道光彩纷披的明霞"，"它把一个旧时代送终，却又使一个新时代开始"。

　　20 世纪二三十年代开展的社会史论战，促使人们从社会形态转变的角度认识晚明时代。吕振羽在 1937 年出版的《中国政治思想史》中，认为中国传统社会后期已出现了资本主义萌芽，到明清之际，布尔乔亚

---

① 永瑢等撰：《四库全书总目》卷 50《史部六·别史类存目》之《藏书》提要。

② 永瑢等撰：《四库全书总目》卷 96《子部六·儒家类存目二》之《小心斋札记》提要。

③ 艾尔曼：《经学、政治和宗族》，江苏人民出版社 1998 年版，第 210—214 页。

的都市经济的成长，已成为社会经济中一个重要因素。新中国成立后，"资本主义萌芽"研究蓬勃兴起，逐渐形成了一种综合性的经典认识，认为由于生产力水平的提高、市场经济的繁荣、自由雇佣劳动的发展，到明代后期已经出现了资本主义的萌芽，与之相适应，社会和思想文化领域也出现重大变化，表现在市民意识的觉醒、早期启蒙思想的出现、人文主义的兴起、通俗文学的繁荣等各个方面。90 年代以来，"资本主义萌芽"基本退出主流话语的行列，取而代之的是"现代化因素"、"近代化萌芽"、"社会变迁"、"社会转型"等比较中性的概念，晚明被视为中国早期近代化历程的起点。

当然，也有一些人对于这种经典看法提出质疑。如台湾学者龚鹏程怀疑学术界揭示的晚明"时代转变之事例与思想，乃是被'制造'出来的。也就是说，当时未必有此，或虽有之而未必如是，然而在近代研究者特殊的关怀中，此一部分却被扭曲或放大了"[①]。美籍华裔学者黄仁宇则彻底否定晚明的变化，认为晚明时代僵化得要死，"当时的士绅官僚，习于一切维持原状，而在这种永恒不变的环境中，形成注重内思的宇宙观，使今人看来，晚明时期显得停滞而无生气"[②]。

光怪陆离的晚明，从不同的角度去看，定会看到不同的样貌，不同的色彩。无论如何，只要翻阅一下晚明文献，就会发现那是一个踔厉风发、尚奇求怪、日变月异的时代。这可能是希望的欢歌，也可能是绝望的悲鸣，但终归活得有声有色，对后世也产生了深远影响。

---

① 龚鹏程：《晚明思潮》，商务印书馆 2005 年版，第 4 页。
② 黄仁宇：《中国大历史》，三联书店 1997 年版，第 195 页。

# 后 记

出版这本小书，还是从鲁迅先生那里得到的启发。从中学以来，就一直断断续续地读鲁迅的作品，尤其喜欢他的杂文。前年在网上购买了一套《鲁迅手稿丛编》，打开第二卷《杂文》，第一篇就是《〈坟〉的题记》。鲁迅以冷峻诙谐的笔调，说明"将这些体式上截然不同的东西，集合了做成一本书样子的缘由"，其中谈到："在我自己，还有一点小意义，就是这总算是生活的一部分的痕迹。所以虽然明知道过去已经过去，魂神是无法追蹑的，但总不能那么决绝，还想将糟粕收敛起来，造成一座小小的新坟，一面是埋藏，一面也是留恋。"

其实以前多次看过这段话，这次面对娟秀而古朴，且有涂改痕迹的手稿，不知怎得，竟忽然有了一点感触，想起自己发表文章的旧事来。记得自己在正式刊物上发表的第一篇文字，是《读书》1986年第8期上的一则"补白"。该年初，正为考明史方向的硕士生做准备，一位诗人朋友向我推荐《万历十五年》，读过感到很新鲜，遂乘兴写了一篇读后感，题为《入乎其内，出乎其外》，投给《读书》杂志。虽然发表出来，但两千字左右的文章，竟萎缩成一个"豆腐块"，看了自然有点沮丧；但那位朋友安慰说，首投即发，已属不易，听了又感到有点鼓舞。那年考中许大龄先生的研究生，得以重回北大读书。次年因选修宋明理学课程，看了《陈白沙哲学思想研究》，又写了一篇读后感《执其机而用之》，这次倒是全须全尾地被《读书》该年第 7 期刊登出来。当时发的文章都署名"达生"，也是受了那位诗人朋友使用笔名的传染。

硕士毕业后，因种种缘由，对于明史研究，我既非全心全意，也未完全放弃，时间长了，自然也积累了一堆相关文章。其中有关明代北京的论文，近年辑成《明代北京社会经济史研究》刊行；前些年出版的《明代农业经济与农村社会》，也收录了一些经济史方面的论文和评论。剩下的散篇零什，讨论的主题相当庞杂，有的本来就没有什么创见，有的发表时觉得有一点自己的看法，但在其后日益增多的同类成果面前，恐怕也早就变成明日黄花了。因此，我似乎从来没有重读过这些文章。

受鲁迅先生这段话触动，也想回头看看自己"生活的一部分的痕迹"，于是利用假日时光，翻检起那些杂七杂八的旧文来。有些文章的粗陋，确乎使自己感到惭愧；也有一些文章，觉得还有一点资料价值或个人心得，而且相互之间也有一定联系，似乎可以从不同的点和面，展现一点明朝的变化。就这样，敝帚自珍的心理又做起怪来，于是着手分类整理，首先挑选与社会和思想相关的部分论文和评论，整合成现在这种模样的一本书。所收文章的时间跨度超过 20 年，许多文章不免带有当时的印记。除早期手写文章系据发表本外，其他文章皆据电子底稿录入，有些文章与发表本略有差异，乃是当时编辑做过删节或改动所致，此外还校改了一些文字讹误。少数文章原来是用数字分节，为了全书风格统一，此次加上了小标题。

这么多年来，得到很多师友的指导和帮助，也得到家人的大力支持。由于人数太多，无法一一列举，只能在此一并表示感谢。编辑这样一部冗杂的书稿，肯定需要付出很多时间和精力，对于本书责编陆丽云女士耐心细致的工作，在此致以特别的谢意。

高寿仙<br>2018 年元月谨识于乐闲斋

责任编辑：陆丽云

封面设计：木　辛

**图书在版编目（CIP）数据**

变与乱：明代社会与思想史论 / 高寿仙 著 . — 北京：人民出版社，2018.12
（2024.3 重印）

ISBN 978 - 7 - 01 - 020200 - 6

I.①变… 　II.①高… 　III.①社会史 - 研究 - 中国 - 明代②思想史 - 研究 -
中国 - 明代 　IV.① K248.07 ② B248

中国版本图书馆 CIP 数据核字（2018）第 286188 号

变与乱：明代社会与思想史论

BIAN YU LUAN: MINGDAI SHEHUI YU SIXIANG SHILUN

高寿仙　著

**人民出版社** 出版发行

（100706　北京市东城区隆福寺街 99 号）

北京汇林印务有限公司印刷　新华书店经销

2018 年 12 月第 1 版　2024 年 3 月北京第 2 次印刷

开本：710 毫米 × 1000 毫米 1/16　印张：22.25

字数：290 千字

ISBN 978 - 7 - 01 - 020200 - 6　定价：108.00 元

邮购地址 100706　北京市东城区隆福寺街 99 号

人民东方图书销售中心　电话（010）65250042　65289539